国学经典

大讲堂
双　色
图文版

刘凤珍◎主编　孙沛◎编著

中国华侨出版社
北京

图书在版编目（CIP）数据

国学经典大讲堂 / 孙沛编著 . —北京：中国华侨出版社，2016.12
（中侨大讲堂 / 刘凤珍主编）
ISBN 978-7-5113-6542-2

Ⅰ . ①国… Ⅱ . ①孙… Ⅲ . ①国学—通俗读物
Ⅳ . ① Z126-49

中国版本图书馆 CIP 数据核字（2016）第 292766 号

国学经典大讲堂

编　　著 / 孙　沛

出 版 人 / 刘凤珍

责任编辑 / 千　寻

责任校对 / 王京燕

经　　销 / 新华书店

开　　本 / 787 毫米 ×1092 毫米　1/16　印张 /24　字数 /482 千字

印　　刷 / 三河市华润印刷有限公司

版　　次 / 2018 年 3 月第 1 版　2018 年 3 月第 1 次印刷

书　　号 / ISBN 978-7-5113-6542-2

定　　价 / 48.00 元

中国华侨出版社　北京市朝阳区静安里 26 号通成达大厦 3 层　邮编：100028

法律顾问：陈鹰律师事务所

编辑部：（010）64443056　　64443979

发行部：（010）64443051　　传真：（010）64439708

网　　址：www.oveaschin.com

E-mail：oveaschin@sina.com

前　言

P r e f a c e

　　国学又被称为"中国学""汉学""国故""国故学"，是"西学东渐"之后，针对西方学术而提出的名词。国学是中国传统文化的精髓，对中国政治、经济、军事、文化、思想等各方面都影响极大，对于传承文明，增强民族凝聚力，以及中华民族的复兴都起着重要作用。中国的国学思想，是中华民族共同的血脉和灵魂，是连接炎黄子孙的血脉之桥、心灵之桥。

　　任何一个民族，要想屹立于世界之林，必须拥有自己独特的文化，而中国的国学就具备这种独一无二的特质。国学经典中蕴藏着中华五千年文明和智慧的精髓，作为中国历史和文化的基础，它构成了中华民族精神生活的客观环境，维系着中华文化之根。千百年来，国学已渗透到社会的方方面面，直接影响着国人的思想、意识、伦理、道德和行为。学习国学，阅读经典，不仅可以帮助我们了解中华民族的优秀文化传统，而且能帮助我们从中学会为人处世的道理。

　　在走向世界的今天，每一个中国人都应该有良好的国学素养。然而，国学典籍汗牛充栋，国学内容庞杂浩繁，即使穷尽毕生之力，也难通万一；而诸子百家的著述更是浩如烟海，且文字艰深，阅读起来费时费力。为了让读者在短时间内领略诸子百家的智慧，掌握其精髓，也为了传承经典，让更多的人与先贤近距离接触，编者对浩如烟海的国学经典著述进行了适当的取舍，辑成本书。

　　《国学经典大讲堂》是我们精心选编的中国文化典籍中的精粹之作，全书包括《尚书》《礼记》《诗经》《楚辞》《论语》《孟子》等经典名作。其中，《尚书》又称《书》《书经》，为一部多体裁文献汇编，是中国现存最早的史书，也是儒家"五经"之一。《礼记》是中国古代一部重要的典章制度书籍，唐代被列为"九经"之一，到宋代被列入"十三经"之中，为士者必读之书。《诗经》是中国第一部诗歌总集，所反映的社会生活内容十分丰富，其信息量之大、文献价值之高，令人惊叹。楚辞又称"楚词"，是战国时代的伟大诗人屈原创造的一种诗体，是继《诗经》以后，对中国文学具有深远影响的一部诗歌总集，也是中国第一部浪漫主义诗歌总集。《论语》是儒家学派的经典著作之一，由孔子的弟子及其再传弟子编撰而成，对中国两千多年的思想文化发展产生了深远影响。《孟子》是孟子及他的弟子记录孟子的治国思想和政治策略的儒家经典。

　　本书在参考多家集注的基础上，设置了"题解""注释""译文"等多个栏目，对国学典籍中一些难懂的字句进行解释，并对作者的创作意图和文章的意旨进行分析，力求更加准确、流畅地翻译原典，尽可能真实地体现经典精神。由于国学典籍多难字，读者往往不会念或不认识，影响阅读，因此，我们对文中出现的一些难字、生僻字进行注音，并对其字形、字义，与相似词的异同加以解释，减小阅读难度，提升学习的兴趣，增进学习的能力，方便读者更加深入地了解和把握国学经典。同时，书中还选配了近100幅包含多种文化元素的精美图片，与文字相辅相成，使读者身临其境，激发起读者对中华文化经典之作的阅读激情，使读者对国学产生浓厚的兴趣，进而体味到中国文化的博大精深。

目 录
Contents

第三卷　楚　辞

第四卷　论　语

第五卷　孟　子

第一卷

尚书·礼记

尚 书

虞 书

尧 典

【原文】

　　曰若稽古①，帝尧，曰放勋，钦明文思安安②，允恭克让③，光被四表④，格于上下⑤。克明俊德⑥，以亲九族⑦。九族既睦，平章百姓⑧，百姓昭明。协和万邦，黎民于变时雍⑨。

【注释】

　　①曰若：文言中的句首发语词，用作追述往事文章的开头，没有实际意义。稽：该处用作动词，是考察、检验的意思。古：这里指古代流传的传说。②钦：恭敬、谨慎、严肃。③允：诚实。恭：恭谨、恭敬。克：能够。让：推举贤能。④被：覆盖，蒙受，在此可以引申为照耀。四表：四方很远的地方，在古代，用以指天下。⑤格：到达、抵达之义。⑥克：能够。俊德：指才德兼备的人。⑦九族：指同族的人。其中包括父族，也就是指自己一族。出嫁的姑母及其儿子、出嫁的姐妹及外甥、出嫁的女儿及外孙。母族，是指外祖父一家、外祖母的娘家、姨母及其儿子。妻族，是指岳父的一家、岳母的娘家。在中国古代，对九族的解释说法不一，如：另外一种认为是从本人算起向上五代，向下五代，共是九代为九族，九代的直系亲属，包括高祖、曾祖、祖父、父亲、自己、儿子、孙子、曾孙、玄孙。在中国古代"九族"是与"抄家"和"灭族"联系在一起的，目的在于解除后患。从中可以看出中国古代复仇文化的特征与中国古代某些法令的残酷性。⑧平：辨别。章：使明显，也可引申为表彰。百姓：百官族姓。⑨黎民：广大民众或称之为人民。于：随着。时：友善。雍：和睦的样子。

【译文】

　　考察古代历史，尧帝的名字叫放勋。他处事谨慎、聪明，有文采、有思想，神态安详。能够推举贤能，道德照耀四方，充满天地间。推举贤德之人治理自己的族人，使自己的族人和睦而强大，表彰百姓，使人们有明确分工。统一无数部落，黎民友善和睦。

【原文】

　　乃命羲、和①，钦若昊天②，历象日月星辰③，敬授人时。分命羲仲，宅嵎夷④，曰旸谷⑤。寅宾出日⑥，平秩东作⑦。日中⑧，星鸟⑨，以殷仲春⑩。厥民析⑪，鸟兽孳尾⑫。申命羲叔，宅南交⑬。平秩南讹⑭，敬致⑮。日永⑯，星火⑰，以正仲夏。

【注释】

　　①羲和：传说中的羲氏与和氏，根据记载是掌管天地之间四时变化的官重黎氏的继承

人。②若：顺从，遵从，遵循。昊：广大、浩瀚的意思。③历：推算，估测。象：用作动词，即观察天象，另外还有解释，说是法、取法的意思。④宅：居住。嵎夷：地名，在东海的边上。⑤旸谷：传说中太阳升起的地方。在古代人的视觉中太阳升落的时候仿佛有山的影子，所以认为太阳是住在山谷里的，后来就将其称为旸谷。⑥寅：恭敬，敬重。宾：迎接，欢迎。⑦平秩：辨别、分辨、测定。作：开始、起始。东作，太阳从东方升起的时刻。⑧日中：指农历二十四节气中的春分。从春分这天开始白天与黑夜的时间就相等了，因此称其为日中。⑨星鸟：星座的名称，黄昏时出现在正南方，就是指南方朱雀七宿。朱雀是鸟名，所以就称为星鸟。⑩殷：正、定，确认。仲：第二的意思，古代经常"伯仲"并称，在这里是指每个季度三个月中的第二个月。⑪厥：其。析：分散开来。⑫孳尾：动物交配繁殖，后多指交尾。⑬交：地名，指交趾，据说是在今天越南的北部。⑭讹：运转，运行，转移。⑮致：归，回归，回来。⑯日永：指农历二十四节气里的夏至。在夏至这天白天达到一年中的最长，因此叫日永。⑰星火：星宿，指火星，东方青龙七宿之一，夏至这天黄昏，火星出现在天空中的南方。

【译文】

于是尧便命令羲和恭谨地遵循上天的意旨行事，根据日月星辰的运行情况来制定历法，以教导人民按时令节气从事生产活动。又命令羲仲住在东方海滨名叫旸谷的地方。恭敬地等待着日出，并通过观察来辨别不同时期日出之特点。以昼夜平分的那天作为春分，并以鸟星见于南方正中之时作为仲春。这时人民分散在田野里劳作，鸟兽也顺时生育繁殖起来。又命令羲叔住在太阳由北向南转移的地方。在这里观察太阳向南移动之规律，以规定夏天所应该从事的工作，并恭敬地等待着太阳的到来。以白昼时间最长的那天为夏至，并以这天火星见于南方正中之时，作为考定仲夏的依据。

尧帝像

【原文】

厥民因①，鸟兽希革②。分命和仲，宅西，曰昧谷。寅饯纳日③，平秩西成④。

【注释】

①因：意思是居住在高处。②希：通假字，通"稀"，稀疏。希革：意思是鸟兽皮毛稀少、不浓密。③饯：送行，送别。纳日：日落。④西成：是指太阳在西边落下的时刻。

【译文】

这时人民住在高处，鸟兽的毛也都稀疏起来。又命令和仲住在西方名叫昧谷的地方，以测定日落之处，恭敬地给太阳送行。

【原文】

宵中①，星虚②，以殷仲秋。厥民夷③，鸟兽毛毨④。申命和叔，宅朔方⑤，曰幽都⑥。平在朔易⑦。日短，星昴⑧，以正仲冬。厥民隩⑨，鸟兽氄毛⑩。帝曰："咨！汝羲暨和。期三百有六旬有六日，以闰月定四时成岁。允厘百工，庶绩咸熙。"

【注释】

①宵中：指农历中二十四节气里的秋分。秋分这天白天和黑夜的时间相等，因此叫宵中。②星虚：星座名，指虚星，北方玄武七宿之一。③夷：平，平坦。在此用为动词，指住到平地上。④毛毨：生长出新的羽毛。⑤朔方：北方。⑥幽都：幽州，指今内蒙古东北一带。⑦在：察，观察，观看。易：变化，在此特指太阳的运行。⑧日短：指农历二十四节气之一的冬至。冬至这天白天最短，所以叫日短。星昴：星名，指昴星，西方白虎七宿之一。⑨隩：通"奥"，意思是内室，里面的屋子。为躲避严寒而进入室内居住。⑩氄：鸟兽身上细软的绒毛。

【译文】

观察太阳入山时的规律，以规定秋季收获庄稼的工作，以秋分这天昼夜交替的时候和虚星见于南方正中的时候作为考定仲秋的依据。这时，人民离开高地而住在平原，从事收获庄稼的劳动，这时鸟兽毛盛，可以选用。又命令和叔居住在北方叫作幽都的地方，以观察太阳从南向北运行的情况。以白昼最短的那天作为冬至，并以昴星见于南方正中的时候作为考定仲冬的依据。这时，人民都住在室内取暖，鸟兽为了御寒，毛长得特别细密丰茂。尧说："羲与和啊！望你们以三百六十六日为一周期，剩下的天数，每三年置一闰月，以推定春夏秋冬四时而成岁。由此确定百官的职务，这样许多事情便得以顺利进行了。"

【原文】

帝曰："畴咨若时？登庸。①"

放齐曰②："胤子朱启明③。"

帝曰："吁！嚚讼④，可乎？"

帝曰："畴咨若予采⑤？"

驩兜曰⑥："都⑦！共工方鸠僝功⑧。"

帝曰："吁！静言庸违⑨，象恭滔天⑩。"

【注释】

①畴咨若时，登庸：畴：谁，哪一位。咨：语气词，没有实在意义。若：善，管理好。时：四时，四季。登庸：升用，提拔。②放齐：人名，是尧的一个臣子。③胤：后嗣，后代。朱：就是丹朱，是尧的儿子。启：发、开，打开。④吁：表示惊叹的词。嚚：不忠信的话。讼：争、争论、争辩。⑤若：善，管理好。采：事，政务。⑥驩兜：尧的大臣，传说中的四凶之一。又作欢兜或驩头，是中国古代传说中的三苗族首领，传说因为与共工、鲧一起作乱，而被舜流放至崇山。现今的崇山在湖南张家界市，当地山上有欢兜墓、欢兜屋场、欢兜庙等古遗迹。⑦都：语气词，表称赞。⑧共工：中国古代神话人物之一，是西北方的洪水神，传说他与黄帝族的颛顼发生了战争，没有胜利，一气之下头撞在不周山上，于是天地就倾斜了。后来被颛顼杀掉了。此外还有一说，谓共工是尧的大臣，与驩兜、三苗、鲧并称"四凶"，被尧流放于幽州。在古代文献中记录颇多，如《山海经·海内经》："炎帝之妻，赤水之子，听沃生炎居，炎居生节并，节并生戏器，戏器生祝融，祝融降处于江水，生共工。"方：通"防"。鸠：通假字，通"救"。这句是说共工防救水灾，已经取得了功绩。⑨静言：

善言，好听的话语。庸：常常。⑩象恭：表面上看起来很恭敬的样子。滔天：滔，通"谄"，轻慢。

【译文】

尧说："谁能顺应四时的变化获得功绩呢？"

放齐说："你的儿子丹朱，聪明能干，可以让他担任这项职务。"

尧说："像他那样愚笨而不守忠信的人，可以担任这种职务吗？"

尧说："谁能够根据我的意见来办理政务呢？"

驩兜说："哦！还是共工吧！他现在在安抚人民方面已经取得一定成效了。"

尧说："这个人很会说些漂亮话，但却阳奉阴违，貌似恭敬，实际上对国君十分轻慢。"

【原文】

帝曰："咨！四岳①。汤汤洪水方割②，荡荡怀山襄陵③，浩浩滔天④。下民其咨，有能俾乂⑤？"

佥曰："於！鲧哉⑥。"

帝曰："吁！咈哉⑦，方命圮族⑧。"

岳曰："异哉！试可乃已⑨。"

帝曰："往，钦哉⑩！"九载，绩用弗成。

【注释】

①咨：嗟。四岳：此处为官名，中国上古时代的部落首领，主要负责四岳的祭祀。②汤汤：形容水极其大的样子。割：害处，灾害。③荡荡：广大的样子。怀：围绕。襄：介词，上。④浩浩：形容水势很大。滔天：覆盖、弥漫与天空相接，形容波浪巨大的样子。⑤俾：使、让、令。乂：治理、管理。⑥鲧：尧的大臣，夏禹的父亲，是古代神话中的人物之一，曾奉命治水。⑦咈：违误，违法乱纪的意思。⑧方命：方，放。谓放弃教命。圮：毁坏，破坏。族：族类，同族的人。⑨异：不一样。试可乃已：是说让他试一试，如果不行，再免去他的职务。⑩钦：恭敬、谨慎。

【译文】

尧说："四方诸侯之长啊！奔腾呼啸的洪水普遍为害，吞没一切的洪水包围了大山，冲上了高空，水势大极了，简直要遮蔽天空。在下的臣民都愁苦叹息，有谁能治理洪水，使人民得以安居乐业呢？"

大家都说："哦，还是让鲧来担负这项责任吧！"

尧说："这个人常常违背法纪，不遵守命令，危害同族的人。"

四方诸侯之长说道："我们知道的情况和你说的不一样，还是让他试一试，如果实在不行，再免去他的这项职务也不迟。"

尧说："去吧，鲧，可要恭敬地对待你的职务啊！"鲧治水九年，毫无功绩。

【原文】

帝曰："咨！四岳。朕在位七十载，汝能庸命①，巽朕位②？"

岳曰："否德忝帝位③。"

曰："明明扬侧陋④。"

师锡帝曰⑤："有鳏在下⑥，曰虞舜。"

帝曰："俞⑦？予闻。如何？"

【注释】

①庸：动词，顺从，顺应。庸命，就是顺应天意的意思。②巽：用作"践"，意思是实践，付诸实际行动，这里指接替首领的位置这件事情。③否：鄙陋。忝：侮辱，意思是不适合、没有资格。④明明：第一个"明"活用为动词，是观察、考察的意思。这个词，在此指考察贤明的人。扬：推荐，举荐。侧陋：隐伏于下面的，指地位卑贱的人。⑤师：众人，大家。锡：赐，这里指提供参考的意见。⑥鳏：困苦的人，处境困难的人。⑦俞：对，是这样的，表示对对方观点的赞成。

【译文】

尧舜禅位图

尧说："四方诸侯之长啊！我在位七十年，你们之中有谁能够顺应上天的命令，代替我登上天子大位呢？"

四方诸侯之长回答说："我们的德行鄙陋，不配登上天子的大位。"

尧说："应该考察贵戚中的贤人，或是隐伏在下面、地位虽然低贱，实际上却是贤能的人，还是让贤德之人登上天位吧！"

大家告诉尧说："在民间有一个处境艰难的人，名字叫作虞舜。"

尧说："是啊，我也听说过这个人，但他的德行到底怎样呢？"

【原文】

岳曰："瞽子①，父顽，母嚚，象傲；克谐以孝，烝烝乂②，不格奸③。"

【注释】

①瞽：瞎子，这里指舜的父亲乐官瞽瞍。②烝烝：指德行美好。乂：管理、治理。③格：至，达到，抵达。奸：奸邪、为人不正。

【译文】

四方诸侯之长回答说："他是乐官瞽瞍的儿子，其父心术不正，其母善于说谎，其弟十分傲慢，对舜的态度很不友好。而舜和他们却能和睦相处，以自己的孝行美德感化他们，家务处理得十分妥善。家人也都改恶从善，使自己的行为不致流于奸邪。"

【原文】

帝曰："我其试哉！"女于时①，观厥刑于二女②。厘降二女于妫汭③，嫔于虞④。

帝曰："钦哉！"

【注释】

①女：嫁出女儿。时：代词，这，指这个人，这里说的是舜。②厥：其，代词，指舜。

刑：法度，法则，规则。二女：指尧的女儿娥皇和女英。③厘：动词，让、命令。妫：水名。一种说法认为妫水是山西西南部的一条小河，向西流入黄河。另一相近说法是其源出北京延庆区，流入桑干河。汭：河流拐弯的地方。④嫔：妇人，嫁给别人做妻子。

【译文】

尧说："让我考察考察他吧！"于是决定把两个女儿嫁给舜，从两个女儿那里考察他的德行。尧命令在妫河的拐弯处举行婚礼，让两个女儿做了虞舜的妻子。

尧说："恭敬地处理政务吧！"

舜　典

【原文】

曰若稽古，帝舜，曰重华协于帝。浚咨文明，温恭允塞，玄德升闻，乃命以位。慎徽五典①，五典克从②；纳于百揆③，百揆时叙④。

【注释】

①徽：美，善。五典：指五典之教，即父义、母慈、兄友、弟恭、子孝五种伦理道德的教化。②克：能、能够。从：顺从，依从。③纳：入、进，授予官职。百揆：管理一切政务和百官的官。④时叙：承顺，服从命令。

【译文】

考察古代历史，舜帝名叫重华，他的光辉与尧相合。智慧明鉴，温柔诚实，德行远播，尧帝也有所听闻，于是让他治理国家。

先使舜负责推行德教，舜便教导臣民以父义、母慈、兄友、弟恭、子孝五种美德指导自己的行动，臣民都能听从这种教导而不违背。然后又让舜总理百官，百官都能服从命令，使百事振兴，无一荒废。

【原文】

宾于四门①，四门穆穆②；纳于大麓③，烈风雷雨弗迷。

【注释】

①宾：迎接宾客，接待宾客。②穆穆：形容仪容整齐，态度谨慎、恭敬。③大麓：麓，山脚。大麓，是指山野，在古代也指主管山林的官。

【译文】

又让舜在明堂的四门负责接待四方前来朝见的诸侯，使诸侯们都能和睦相处。最后使舜进入山麓的森林中，经受风雨的考验。舜在烈风雷雨中也没有迷失方向。

【原文】

帝曰："格汝舜①！询事考言②，乃言底可绩③，三载。汝陟帝位④。"舜让于德，弗嗣。

①格：来，来到。②询：谋，考虑，思谋。 考：考察，察看。③底：求得的意思。④陟：登上。

【译文】

尧说："来吧，舜啊！你谋事周到，提的意见也都十分正确，经过三年考验，你的确取得了不少成绩，你现在可以登上天子的大位了。"舜以为自己的德行尚差，推让不愿就位。

【原文】

正月上日①，受终于文祖②。在璿玑玉衡③，以齐七政④。肆类于上天⑤，禋于六宗⑥，望于山川⑦，遍于群神。辑五瑞⑧，既月⑨，乃日觐四岳群牧⑩，班瑞于群后⑪。

【注释】

①上日：佳日，吉日，吉祥的日子。②终：这里的意思是指尧退下了帝位。文祖：尧太祖的宗庙，古代国家大事都是在此举行。③在：考察。璿玑玉衡：指北斗七星。该观点是沿袭了司马迁的说法。玉衡是杓，璿玑是魁。后来的文献当中对此的说法不一，解释颇多。从汉代起，有的人认为璿玑玉衡是仪器，如孔安国就曾说璿玑玉衡为"正天之器，可运转"，很明确地认定璿玑玉衡就是仪器。拥有此观点的人还有郑玄等。④齐：列举。七政：指祭祀、班瑞、东巡、南巡、西巡、北巡、归格艺祖七项政事。⑤肆：连词，于是。类：一种祭祀场合使用的礼节，在这里指向上天报告承袭帝位的事情。⑥禋：祭祀的名称。六宗：在这里指天、地、春、夏、秋、冬四时。 但在后来的年代里，这一说法发生了很大的变化。如汉朝的刘歆认为这"六宗"就是乾坤六子，包括水、火、雷、风、山、泽。三国时期魏国的刘劭认为是太极冲和之气，是六气之宗，称为"六宗"。还有晋代的司马彪称为天宗、地宗及四方之宗，等等。⑦望：祭祀山川的仪式。⑧辑：收集，聚敛。五瑞：是指五种标志不同等级的玉，作为诸侯们的信符。⑨既月：挑选吉祥的日期。⑩觐：入朝拜见天子。 牧：古时的一种官员。⑪班：通假字，通"颁"，颁布、颁发。后：指诸侯国君。

【译文】

正月初一这天，在尧的太庙举行禅位典礼。舜代尧接受了天子的大命。舜继位后，便考察了北斗七星的运行规律。接着举行了祭天的大典，把继位之事报告给上天。然后又诚心诚意地祭祀天地四时，祭祀山川和群神。随后聚集了诸侯的信圭，择定吉月吉日，召见四方诸侯君长，举行隆重的典礼，把信圭颁发给他们。

【原文】

岁二月，东巡守，至于岱宗①，柴②，望秩于山川③，肆觐东后④。协时月正日⑤，同律度量衡⑥。修五礼、五玉、三帛、二生、一死贽⑦，如五器⑧，卒乃复⑨。五月南巡守，至于南岳，如岱礼。八月西巡守，至于西岳，如初。十有一月朔巡守⑩，至于北岳，如西礼。归，格于艺祖，用特⑪。

【注释】

①岱宗：指东岳泰山。②柴：古代祭祀天的仪式。③秩：次序，依次。④东后：东方

诸侯的国君。⑤协：符合。时：春夏秋冬四季。正：认定。⑥同：统一，使统一，使一致。律：指的就是阴阳十二律，其中阴律和阳律各占一半。度：丈尺。量：斗斛。衡：斤两。⑦五礼：指公、侯、伯、子、男五等朝聘之礼，是中国古代礼仪与等级的重要特征之一。五玉：即前面说的五瑞。三帛：三种颜色不同的丝织品，用来铺在玉的下面。二生：活羊羔和活的大雁。一死贽：一只死了的野雉。⑧如：而，连词。五器：即上文所说的五瑞。⑨卒乃复：完事之后就归还。⑩朔：北方。⑪特：专指公牛。

【译文】

　　这一年的二月，舜到东方进行视察。到了泰山，举行了祭祀泰山的典礼。对于其余的山川，都根据其大小给予不同的祭祀。于是便召见了东方的诸侯，首先根据对天象的观察，使月日的记时与自然运行的实际情况相符，并且统一了律、度、量、衡。制定了公、侯、伯、子、男五等礼节和相应的五种信圭，规定了诸侯以红、黑、白三种颜色的丝织物作为朝见时的贡献，卿大夫则以活的羊羔和雁作为朝见时的贡献，士则以一只死雉作为朝见时的贡献。朝见的典礼结束之后，便把三种颜色的丝织物及信圭退还给诸侯。五月在南方巡行视察，到了衡山，像祭祀泰山一样祭祀衡山。八月在西方巡行视察，到了华山，也像祭祀泰山一样祭祀华山。十一月在北方巡行视察，到了恒山，像祭祀华山一样祭祀恒山。回朝之后，去了尧的大庙，用一头牛做了祭祀。

【原文】

　　五载一巡守，群后四朝。敷奏以言①，明试以功，车服以庸②。

【注释】

　　①敷：普遍的、全面的。②庸：奖励。

【译文】

　　每隔五年，舜都要进行一次全面的巡行视察。四方诸侯分别在四岳朝见天子，向天子报告自己的政绩，天子也认真地考察诸侯国的政治得失，把车马衣服奖给有功的诸侯。

【原文】

　　肇十有二州①，封十有二山，浚川②。

【注释】

　　①肇：这里指划分地域。②浚：动词，疏通河道。

【译文】

　　开始划定十二州的疆界，在十二座大山上封土为坛，做祭祀之用，同时又疏通河道。

【原文】

　　象以典刑①，流宥五刑②，鞭作官刑，扑作教刑③，金作赎刑。眚灾肆赦④，怙终贼刑⑤。钦哉，钦哉，惟刑之恤哉⑥！

【注释】

　　①象：在此用作动词，刻画，镂刻。典：通常的，经常使用的。典刑：常用的墨、劓、

刵、宫、大辟五种刑罚。②流：流放，放逐。宥：原谅、宽恕。③扑：槚楚，古代用作惩罚的用具。④眚：过失、错误。肆：连词，就。⑤怙：依仗。贼：借为"则"，连词，就。⑥恤：谨慎小心。

【译文】

在器物上画着五种刑罚的形状，使人民有所警诫。用流放的办法代替五刑，以表示宽大。庶人做官而又有俸禄者，犯了过错，罚以鞭刑。掌管教化的人，使用刑罚时，则用扑刑，犯了过错可以出金赎罪。如果犯了小错，或过错虽大，只是偶一为之，可以赦免；如果犯的罪较大而又不知悔改，便要给予严厉的惩罚。"小心啊！小心啊！在使用刑罚时，可要十分慎重啊！"

【原文】

流共工于幽州①，放驩兜于崇山②，窜三苗于三危③，殛鲧于羽山④。四罪而天下咸服。

【注释】

①幽州：地名，位于北方的边远地区。②崇山：地名，在现在湖北黄陂以南。③三苗：古代的国名之一，又称有苗或苗民，大致居住在现在的河南南部、湖南、江西。三危：地名，在现在甘肃敦煌一带。④殛：流放、放逐。羽山：地名，在东方，位于现在的江苏东海县和山东临沭县交界的地方。

【译文】

把共工流放到幽州，把驩兜流放到崇山，把三苗驱逐到三危，把鲧流放到羽山。罪人都受到了应得的惩罚，天下的人便都心服口服了。

【原文】

二十有八载，帝乃殂落①。百姓如丧考妣，三载。四海遏密八音②。

月正元日，舜格于文祖③，询于四岳，辟四门，明四目，达四聪。

【注释】

①殂落：死亡。②遏：制止、停止。密：静、使安静、静止。八音：金、石、丝、竹、匏、土、革、木制作的乐器打出的八种声音，后来泛指音乐。③格：动词，至，到，抵达。

【译文】

当舜总理政务二十八年的时候，帝尧便死去了。百官和人民好像死去父母一样悲痛，在三年中，全国上下未奏音乐。守丧三年以后的正月初一，舜到了文祖庙，和四方诸侯之长共商国家大事，开明堂的四门，明察四方政务，倾听四方意见。

壁画中宁静的尧舜时代

《史记》载，舜在 20 岁时就以孝闻名。30 岁时，尧询问可用的人才，四岳诸侯都推荐舜。经过一番长期的考察，尧对舜很满意，就把帝位禅让给了舜。

【原文】

咨十有二牧①，曰："食哉，惟时！柔远能迩②，惇德允元③，而难任人④，蛮夷率服。"

【注释】

①牧：指州的行政长官。②柔：安抚。能：善，爱护。迩：与远相对，近。③惇：浓厚。允：取信。元：善。④难：拒绝，抵制。任人：佞人，指不忠实的人。

【译文】

舜对十二州的君长叹息着说："只有衣食才是人民的根本啊！安抚远方的臣民，爱护周围的臣民，并顺从他们的意志去处理政务。德行厚，才能取信于人，才能使政务达到至善的地步；拒绝使用那些花言巧语的人，边远地方的民族才能都对你表示臣服。"

【原文】

舜曰："咨，四岳！有能奋庸熙帝之载①，使宅百揆②，亮采惠畴③？"

【注释】

①奋：奋起、奋发。庸：动词，用功，努力。熙：广大，光大。载：事业。②宅：居住。百揆：古代官名。③亮：帮助、协助。采：事情。惠：助词，无实在意义。畴：疑问代词，谁。

【译文】

舜说："四方诸侯之长啊，有谁能够奋发努力，以发扬先帝的事业，能够主持政务率领百官，并帮助百官使他们遵循大法行事呢？"

【原文】

佥曰："伯禹作司空①。"

帝曰："俞，咨！禹，汝平水土，惟时懋哉②！"禹拜稽首，让于稷、契暨皋陶。

帝曰："俞，汝往哉！"

【注释】

①司空：古代三公之一，管理全国土地的官员。②时：代词，代指百揆之职。懋：勉力，鼓励，激励。

【译文】

大家都说："伯禹担任司空，工作做得很好。"

舜说："好吧！禹啊，你治理水土有功，希望你再努力地承担起这份责任吧！"禹行礼拜谢，并且谦虚地让稷、契和皋陶来担任这项职务。

舜说："你的态度很好，不过这项职务还是由你来担任吧！"

【原文】

帝曰："弃，黎民阻饥①，汝后稷②，播时百谷③。"

帝曰："契，百姓不亲，五品不逊④。汝作司徒⑤，敬敷五教⑥，在宽。"

①黎：众多。阻饥：为饥饿所苦。②后：担任，主持。稷：原为"谷神"，这里指的是农官，主管播种谷物的事情。③时：通假字，通"莳"，耕种，播种，种植。④五品：父、母、兄、弟、子。逊：和顺，谦和，恭顺。⑤司徒：上古时期的官名，是三公之一，据说在尧帝的时候设立，主要负责教化民众和管理行政事务。⑥敷：布，推行。五教：五品之教，即父义、母慈、兄友、弟恭、子孝五种伦常。

【译文】

舜说："稷啊！现在人民苦于没有饭吃，你担任后稷这项职务，带领人民种植庄稼吧！"

舜说："契啊！现在人民很不友好，君臣之间、父子之间、夫妇之间、长幼之间、朋友之间，不能恭顺。你担任司徒这种官职，对他们进行五常教育，推行这些教育的时候，一定要本着宽厚的原则。"

【原文】

帝曰："皋陶，蛮夷猾夏①，寇贼奸宄②。汝作士③。五刑有服④，五服三就⑤，五流有宅⑥，五宅三居⑦。惟明克允⑧！"

【注释】

①猾：骚扰，侵扰。夏：古代时期指中国。②寇：抢劫，掠夺。贼：杀人。奸宄：犯法作乱。外部的叫作奸，内部的叫作宄。宄，也作轨。③士：狱官的首领。④服：用，使用。⑤就：表处所。⑥五流：五种流放的方式。宅：处所。⑦三居：三种处所。⑧明：明察。允：公允，允许。

【译文】

舜说："皋陶啊！外族部落经常来侵犯我们，他们在我国境内到处为非作歹，抢夺人民的财产。望你担任法官，能根据犯人罪行的大小使用五种刑罚。罪大者，便带到原野上行刑，罪轻者，可分别带到市、朝内行刑。把他们的罪行告示出来，使人有所警诫，或者为了表示宽大，也可以用流放来代替。流放也要根据罪行大小分为五种，把犯人流放到远近不同的地方，这些地方可在九州之外，四海之内，并分作三等以区别其远近。只有明察案情，处理得当，人民才会信服啊！"

【原文】

帝曰："畴若予工①？"

佥曰："垂哉！"

帝曰："俞，咨！垂，汝共工②。"垂拜稽首，让于殳斨暨伯与③。

【注释】

①若：善。工：官名，即主百工之官。②共工：上古时期的官名，治理百工之事。③殳斨暨伯与：殳、斨、伯与，都是古代的人名。

【译文】

舜说："谁来担任百工这项职务？"

大家都说:"还是让垂来担任吧!"

舜说:"好吧!垂啊,你来担任百工的职务吧。"垂行礼拜谢,并表示谦让于殳、斨和伯与来担任这项职务。

【原文】

帝曰:"俞,往哉!汝谐①。"

帝曰:"畴若予上下草木鸟兽②?"

佥曰:"益哉③!"

帝曰:"俞,咨!益,汝作朕虞④。"益拜稽首,让于朱虎、熊罴⑤。

帝曰:"俞,往哉!汝谐。"

【注释】

①谐:共同,一起。②上下:上指山川,下指河泽。③益:人名,即伯益。伯益是一位具有远见的人物,早在舜征讨三苗的时候,就因为使用了伯益的建议,才使得三苗归顺。④虞:掌管山林的官职。⑤朱虎、熊罴:皆人名。《左传》中就有"伯虎、仲熊"的记载。

【译文】

舜说:"好吧!让他们也和你一起去负责这项工作吧!"

舜说:"谁能替我管理山林川泽中的草木鸟兽?"

大家都说:"让益来担任这项职务吧!"

舜说:"好吧!益啊,你来担任我的虞官吧!"益叩头拜谢,并谦虚地表示要把这项职务让给朱虎、熊罴。

舜说:"好吧!让他们和你一起去负责这项工作吧!"

【原文】

帝曰:"咨!四岳,有能典朕三礼①?"佥曰:"伯夷②!"

帝曰:"俞,咨!伯,汝作秩宗③。凤夜惟寅④,直哉惟清⑤。"伯拜稽首,让于夔、龙⑥。

帝曰:"俞,往,钦哉!"

【注释】

①典:主。三礼:指事天、地、人的礼。②伯夷:人名。下面的"伯"也是指的伯夷。③秩宗:官名,掌管次序尊卑等礼仪的官职。④凤夜:早晚。寅:敬,恭谨。⑤直:正直。清:洁,清明。⑥夔、龙:二人名。

【译文】

舜说:"四方诸侯之长啊!有谁能替我主持三礼?"

大家都说:"伯夷可以。"

舜说:"好吧!伯夷,你来担任祭祀鬼神的职务吧!一早一晚都要恭敬地去祭祀鬼神,祭祀时的陈词,要正直而清明。"伯夷叩头拜谢,谦逊地要把这个职务让给夔和龙。

舜说:"好吧!还是让你去担任这项职务吧,一定要恭敬啊!"

帝曰^①："夔^②！命汝典乐^③，教胄子^④。直而温^⑤，宽而栗^⑥，刚而无虐^⑦，简而无傲^⑧。诗言志^⑨，歌永言^⑩，声依永，律和声。八音克谐，无相夺伦^⑪，神人以和。"

【注释】

①帝：舜帝。②夔：人名，据说是在舜的时期掌管音乐的人。③汝：你。典乐：管理音乐。④胄子：胄，长，意思是教育子弟，让他们成长。⑤直：正直。温：温和。⑥宽而栗：宽宏而庄严。栗：坚。⑦刚：刚毅。无：不要。虐：苛刻。⑧简而无傲：简易而不傲慢。⑨诗言志：中国古代诗歌创作的传统，诗歌是要用来表达人的意志的。⑩永：长。歌永言，说的是歌是延长诗的语言。⑪夺：失去，弄乱。

【译文】

舜说："夔啊！命令你主持乐官，去教导那些年轻人，要把他们教导得正直而温和，宽大而谨慎，性情刚正而不盛气凌人，态度温和而不傲慢。诗是用来表达思想感情的，歌则借助语言把这种感情咏唱出来，唱歌的声音既要根据思想感情，也要符合音律。八类乐器的声音能够和谐地演奏，不要弄乱了相互间的顺序，让神人听了都感到快乐和谐。"

【原文】

夔曰："於^①！予击石拊石^②，百兽率舞。"

【注释】

①於：音同"乌"，叹词。②拊：轻轻地敲击。石：石磬。

【译文】

夔说："好啊！让我们敲着石磬，奏起音乐来，让那些无知无识的群兽都感动得跳起舞来吧！"

【原文】

帝曰："龙！朕堲谗说殄行^①，震惊朕师^②。命汝作纳言^③，夙夜出纳朕命，惟允！"

【注释】

①堲：同"忌"，讨厌、厌恶。谗说：讲谗言或说坏话。殄：危害。②师：民众，人民。③纳：在这里指的是纳言，古代的官职名称。

【译文】

舜说："龙啊！我非常讨厌那种说坏话和阳奉阴违的人，因为这种人常常以一些错误的话使我的民众震惊。命令你负责纳言的官职，一早一晚，或代我发布命令，或向我汇报下面的意见，都必须实事求是。"

【原文】

帝曰："咨！汝二十有二人^①，钦哉！惟时亮天功^②。"三载考绩，三考黜陟幽明^③，庶绩咸熙^④。分北三苗^⑤。

【注释】

①有：又，用于整数零数之间。②亮：辅助、帮助。天功：大事，治理百姓一类的事情。③黜：废、罢免。陟：提升、提拔。幽：昏庸的，有错误的。明：贤明，圣明。④熙：兴，振兴。⑤北：同"背"，别。

【译文】

舜说："唉！你们二十二人，都要恭敬地对待自己的职务，时刻想着接受上天的命令并帮助上天治理臣民。每隔三年，就要检查一下你们的政绩。经过考察，凡是有功的人，便提拔他，凡是有过错的人，便罢免他。"经过这番整顿，许多工作都振兴起来了，并把三苗流放到边远地方。

【原文】

舜生三十征庸①，三十在位②，五十载，陟方乃死③。

【注释】

①征：被召征，被征用，被任用。庸：同"用"，任用。②三十：现在的说法是二十。③陟：升，登上。

【译文】

舜三十岁时被征用，三十年后接替了尧的帝位，五十年后南巡，登上了衡山，并在那里去世。

夏 书

禹 贡

【原文】

禹敷土①，随山刊木②，奠高山大川③。

【注释】

①敷：分，划分。敷土：划分九州的土地。②随：沿着，顺着。刊：动词，砍，用斧头砍。③奠：定。这里也指定位命名的意思，以山川界定地域。

【译文】

禹为了区分九州的疆界，便在经过的山上插上木桩作为标记，并负责为高山大河命名。

【原文】

冀州既载①，壶口治梁及岐②，既修太原③，至于岳阳④；覃怀底绩⑤，至于衡漳⑥。厥土惟白壤⑦，厥赋惟上上错⑧，厥田惟中中。恒、卫既从⑨，大陆既作⑩。岛夷皮服⑪，夹右碣石，入于河⑫。

①冀州：在尧时是当时的政治中心。在今山西与河北西部。载：此处为动词，事，施工。②壶口：山名，在今山西吉县南，黄河就是从此流过。梁：山名，也就是现在的吕梁山，在今山西。岐：山名，山的支脉，大概是狐岐山，在今天的山西省内。③太原：今山西太原一带，汾水上游。④岳阳：《水经·汾水注》：“《禹贡》所谓岳阳，即霍太山。”霍太山即太岳山，在今山西霍县东，汾水所经之地。阳：山的南面。⑤覃怀：地名，在今河南黄河以北地区。底：致，得到。绩：成功。⑥衡：通“横”。漳：漳水，在覃怀之北。⑦厥：其，代指冀州。惟：为，是。壤：柔土。⑧赋：赋税。上上：《禹贡》将赋税和土质分了九个级别，上上就是第一等。错：杂。⑨恒：滱水。卫：滹沱河。从：沿着河道。⑩大陆：泽名，在今河北巨鹿县西北。作：耕种。⑪岛夷：住在海上的东方民族。在古代时期往往将中原以外的区域的其他民族称为蛮夷。⑫夹：同“挟”，接近。碣石：山名，在今河北昌黎县的西北方向。

【译文】

在冀州，壶口的工程已经结束了，便开始开凿梁山和岐山。太原周围的河道也治理好了，一直修到太岳山的南面。覃怀一带的水利工程也取得很大成绩，从这里向北一直到横流的漳水，一些河道也都得到了治理。这里是一片白色而土质松软的田地，这里的臣民应出一等赋税，也可间杂出二等赋税，这里的土地属第五等。恒水、卫水也已疏通，其水可以流入大海，大陆泽的工程也开始动工。沿海一带诸侯进贡皮服时，可从碣石入黄河来贡。

【原文】

济、河惟兖州①。九河既道②，雷夏既泽③，灉、沮会同④。桑土既蚕⑤，是降丘宅土⑥。厥土黑坟⑦，厥草惟繇⑧，厥木惟条⑨。厥田惟中下，厥赋贞⑩，作十有三载乃同⑪。厥贡漆丝⑫，厥篚织文⑬。浮于济、漯⑭，达于河。

【注释】

①济：水名。源出河南济源县，汉代在今河南武陟县流入黄河，又向南溢出，流向山东，与黄河平行入海。兖州：今河北、山东境内。②九河：黄河流到兖州，分为九条河。道：引入大海。③雷夏：泽名，在今山东菏泽东北。④灉：黄河的支流，已消失。沮：灉河的支流，也湮灭了。会同：汇合流入雷夏泽。⑤桑土：宜养桑的田。蚕：养蚕。⑥是降丘宅土：是，于是。降，下。宅，居住。⑦坟：马融说：“有膏肥也。”大致相当于高山，有突起的意思。⑧繇：茂盛的样子。⑨条：长，高大。⑩贞：《孔疏》说：“贞即下下，为第九也。”但是，在其他的文献当中还有别的说法。有的认为同“中”，也就是第五等。⑪作：耕作。乃同：才与别的八州相同。⑫漆丝：这里说的是人们进贡的漆和丝。⑬厥篚织文：篚，竹器。《孔传》中认为织纹就是文锦。⑭浮：船行于水上。漯：水名，黄河的支流，流经山东。

【译文】

济河与黄河一带是兖州地区，黄河下游的九条河道都疏通了，雷夏泽的工程也完成了，灉河、沮河汇合流入雷夏泽。水退以后土地能够种植桑，可以养蚕了，因此人民便从小土山上搬下来，住在平地上。这里是一片黑色的沃土，这里的草已经冒出新芽，树木也已经长出细细的枝条。这里的土地属第六等，这里的人民缴纳第九等赋税。开垦十三年之后，再和其他州的赋税相同。这里的人民应当进贡漆和丝一类的物品，并且要将丝织品染成各种花纹，放在竹篮子里贡来。进贡的道路，可由济河、漯河乘船顺流入黄河。

禹王治水　版画

【原文】

海、岱惟青州①。嵎夷既略②，潍、淄其道③。厥土白坟，海滨广斥④。厥田惟上下，厥赋中上。厥贡盐缔⑤，海物惟错⑥。岱畎丝、枲、铅、松、怪石⑦。莱夷作牧⑧。厥篚檿丝⑨。浮于汶⑩，达于济。

【注释】

①海：就是现在的渤海。岱：泰山。青州：就是现在的山东半岛。②嵎夷：地名，现在的胶东半岛。略：划分土地。③潍、淄：皆水名，在现在的山东。道：疏导。④斥：名词，指的是盐碱地。⑤缔：细葛布。⑥错：杂，多种东西交杂在一起。⑦畎：谷、山谷。枲：麻。铅：一种金属，锡。⑧莱夷作牧：莱夷，地名，当时用作放牧。今莱州、登州一带。⑨檿：山桑，柞树。⑩汶：水名，济水的支流，在今山东。

【译文】

横跨渤海和向东至泰山，这是青州地区：嵎夷的水利工程，只花了较少的力量便完成了。潍河与淄河的故道都已经疏通。这里是一片地势较高的灰白色的土壤，沿海的广大地区都是这种盐卤之地。这片土地的质量在九州中属第三等，其赋税是第四等。这里的人民应该进贡盐、细葛布和各种各样的海产品。泰山一带要进贡丝、大麻、铅、松树和奇特美好的怪石。莱夷一带可以从事放牧了，还要把山桑和丝放在筐内运来作为贡品。进贡的路线由汶水直入济水。

【原文】

海、岱及淮惟徐州①。淮、沂其乂②，蒙、羽其艺③，大野既猪④，东原底平⑤。厥土赤埴坟⑥，草木渐包⑦。厥田惟上中，厥赋中中。

【注释】

①海：指黄海。淮：淮河。徐州：位于今江苏、安徽北部，山东南部。②沂：沂水，在山东，最后流入淮河。乂：治理。③蒙：山名，在山东蒙阴县西南。羽：羽山，在今江苏赣榆县西南。艺：动词，种植。④大野：巨野泽，在山东巨野县。猪：潴，水停的地方。⑤东原：今山东东平县地区，在汶水、济水之间。底：到，得到。平：治。⑥埴：黏土。⑦渐包：滋长而丛生。包，同"苞"，所以又写作"渐苞"。渐，逐渐地，渐渐地。

【译文】

东起大海，南至淮河，北到泰山，这是徐州地区。淮河和沂水都已经治理好了，蒙山和羽山一带的土地，也许要种植庄稼了，大野泽已容纳四周的流水，东原一带的土地也可以耕种了。这里是一片高起的、土性较黏的红土地，草木也逐渐茂盛起来。这里土地的质量在九州之中属第二等，应该缴纳第五等的赋税。

【原文】

厥贡惟土五色①，羽畎夏翟②，峄阳孤桐③，泗滨浮磬④，淮夷蠙珠暨鱼⑤。厥篚玄纤、缟⑥。浮于淮、泗，达于河⑦。

【注释】

①土五色：《孔传》说："王者封五色土为社，建诸侯则各割其方色土与之。"②羽：羽山。畎：谷、山谷。夏：大。翟：野鸡，羽毛可用作装饰。③峄：峄山，在今天的江苏邳州市境内。阳：山的南面。孤桐：独自生长的桐木。④泗：水名，源出今山东泗水县，淮河的支流。浮磬：一种可以做磬的石头。⑤蠙珠：蠙蚌所产之珠。⑥玄：黑色。纤：细缯，绸。缟：白缯，绢。⑦达于河：金履祥说："达于河，《古文尚书》作达于菏。《说文》引《书》亦作菏。今俗本误作河耳。菏泽水与济水相通。"

【译文】

这里的人民应该进贡五色土，羽山的山谷要进贡夏翟的羽毛，峄山的南面要进贡其特产——桐树，泗水边的人民要进贡泗水中可以制磬的石料，淮河一带的人民进贡蠙珠和鱼，同时还要把纤细的黑缯和白缯放在筐内作为贡物献来。进贡的路线由淮水入泗水而后入黄河。

【原文】

淮、海惟扬州。彭蠡既猪①，阳鸟攸居②。三江既入③，震泽底定④。筱簜既敷⑤，厥草惟夭⑥，厥木惟乔⑦。厥土惟涂泥⑧。厥田惟下下，厥赋下上，上错⑨。

【注释】

①彭蠡：一说是今鄱阳湖。猪：同"潴"，水停下聚合的地方。②阳鸟：鸟读为岛。阳岛，即扬州附近海上的各个岛屿，大概如台湾岛、海南岛等岛屿，南方阳位也。另有说法是指候鸟，如大雁一类。攸：以。③三江：就是指的岷江、汉水与彭蠡。入：流入大海。④震泽：江苏太湖。底定：得到安定。⑤筱：小的竹子。簜：大的竹子。⑥夭：茂盛，繁盛。⑦乔：高，大。⑧涂泥：潮湿的泥土。《说文》中解释说："泥，黑土在水中者也。"⑨上错：依照阮元校增"上"字。孔安国曰："田第九，赋第七，杂出第六。"

【译文】

北至淮河，南至大海，这是扬州地区：彭蠡泽已经贮存了又多又深的水，南方岛屿上的人们也可以在上面安居乐业。浩浩的长江已经流入大海，震泽的水利工程也已获得成功。小竹和大竹到处生长起来，原野的草生长得很茂盛，树木也都长得很高。这里是一片低洼潮湿的土地，土地的质量在九州中属第九等。这里的人民缴纳第七等赋税，也可以间杂缴纳第六等的赋税。

【原文】

厥贡惟金三品①，瑶、琨、筱、簜②，齿、革、羽、毛惟木③。岛夷卉服④。厥篚织贝⑤，厥包橘柚锡贡⑥。沿于江、海，达于淮、泗。

【注释】

①金三品：指金、银、铜三种金属。②瑶：美玉。琨：美石。③齿：象牙。革：犀牛的皮。羽：鸟的羽毛。毛：旄牛尾。惟：与、和。木：木材。④岛夷：沿海各岛的人。卉服：草服，蓑衣、草笠之类可以避雨的东西。⑤织贝：吉贝，贝锦，是夷语的音译。⑥包：裹，围。锡贡：黄式三曰："锡亦贡也。"锡，一说是同"赐"，一说是金属的一种。

【译文】

其贡品是金、银、铜三种金属，还有美玉、小竹、大竹、象牙、犀牛皮、鸟羽和旄牛尾。海岛一带进贡草制的衣服，还要把丝织品放在筐内，把橘子和柚子打成包裹作为贡品进献。进贡的路线沿长江两岸者由长江入淮河，由淮河入泗水。沿海各地则顺着海岸进入长江，由长江入淮河，再由淮河入泗水。

【原文】

荆及衡阳惟荆州①。江、汉朝宗于海②，九江孔殷③。沱、潜既道④，云土、梦作乂⑤。厥土惟涂泥，厥田惟下中，厥赋上下。厥贡羽、毛、齿、革惟金三品⑥，杶、干、栝、柏⑦，砺、砥、砮、丹⑧，惟箘、簵、楛⑨。三邦底贡厥名⑩，包匦菁茅⑪，厥篚玄纁玑组⑫，九江纳锡大龟⑬。

【注释】

①荆：山名，在现在的湖北南漳县的西北部。衡：山名，在今湖南衡山县。②朝宗：诸侯朝见天子，春天时候的朝见叫朝，夏天时候的朝见叫宗。这里是比喻的用法，说的是长江汉水流入大海。③九江：指的是湖北武汉到江西九江之间的众多的河流。孔：大。殷：盛大，多。④沱、潜：沱水，长江的支流，在今湖北省枝江市。潜水，汉水的支流，在今湖北潜江。道：疏导。⑤云土、梦：即云梦，二泽名。《左传》说："江南为云，江北为梦。"作：指耕作。乂：治理，管理。⑥毛：通"旄"，指的是旄牛尾。惟：连词，和、与。⑦杶：椿树。干：可以用来做弓的柘木。栝：桧树。⑧砺：质地粗的磨刀石。砥：质地细的磨刀石。砮：石制的箭镞。丹：丹砂。⑨箘、簵：美竹，可以用来制作箭杆。楛：一种灌木名，它的条能够做箭杆使用。⑩三邦：《孔传》说的是近泽三国，此处大概应该是泛指诸多邦国。名：名产。⑪包：包裹。匦：匣子。⑫玄：赤黑色。纁：绛红色。玄纁，指彩色丝绸。玑：不圆的珠。组：丝带。⑬纳：入。锡：同"赐"，进贡。

【译文】

从荆山到衡山南面是荆州地区。长江和汉水共同流入大海，许多长江支流的水集中在洞庭湖一带，水势大极了！长江的支流和汉水的支流也都已经疏通了，云梦泽一带的土地也大都可以耕种了。这里也是一片低洼潮湿的土地，土地的质量在九州中属第八等，应该缴纳第三等赋税。应该进贡鸟羽、牛尾、象牙、犀牛皮和三种金属，以及杶、干、栝、柏四种木材，还有磨刀的石头、制箭头的石头、丹砂，以及竹笋、美竹、楛树等。州内各国，都贡上当地的特产，将带有毛刺的茅草放在匣内包装起来，把黑色的、浅红色的丝织品和珍珠、丝带子一类东西放在竹筐内，一并贡来。沿江一带及长江的许多支流地区还要贡上大龟。

浮于江、沱、潜、汉，逾于洛①，至于南河②。

【注释】

①逾：越。②南河：指河南省巩义市一带的河。

【译文】

进贡的路线由长江顺流入其支流，再由长江的支流进入汉水的支流，由汉水的支流入汉水，然后登岸由陆路到洛水，再由洛水进入黄河。

【原文】

荆河惟豫州①。伊、洛、瀍、涧既入于河②，荥波既猪③，导菏泽④，被孟猪⑤。厥土惟壤，下土坟垆⑥。厥田惟中上，厥赋错上中。厥贡漆、枲、絺、纻⑦，厥篚纤、纩⑧，锡贡磬错⑨。浮于洛，达于河。

【注释】

①荆：荆山，在现在的湖北南漳县西北。②伊：水名，源出今河南卢氏县。洛：水名，源出今陕西洛南县。瀍：水名，源出今河南孟津县。涧：水名，源出今河南渑池县。③荥波：即荥播，泽名，在今河南省荥阳市境。猪：潴，水停聚。④导：疏通。菏泽：地名，在今山东定陶县。⑤被：修筑堤坝。孟猪：泽名，在今河南商丘东北。⑥垆：硬土。⑦纻：麻。⑧纩：细棉絮。⑨磬错：可以做成玉磬的石头。

【译文】

从荆山到黄河是豫州地区。伊水、洛水、瀍水、涧水都流入黄河。荥波泽已经治好，可以贮存大量的河水，使河水不致横溢了。菏泽与孟猪泽之间也疏通了，只有水势极大的时候才可能覆被孟猪泽。这里是一片石灰性的冲积土，土的底层是砂浆。这片耕地在九州之中属第四等，应该缴纳第二等赋税，间或缴纳第一等赋税。应进贡漆、大麻、细葛布、麻，还要把细棉用筐子包装起来和治琢好的磬一并贡来。进贡的路线由洛水直入黄河。

【原文】

华阳、黑水惟梁州①。岷、嶓既艺②，沱、潜既道。蔡、蒙旅平③，和夷底绩④。厥土青黎⑤，厥田惟下上，厥赋下中，三错⑥。厥贡璆、铁、银、镂、砮、磬⑦，熊、罴、狐、狸、织皮⑧，西倾因桓是来⑨。浮于潜，逾于沔⑩，入于渭，乱于河⑪。

【注释】

①华：华山。黑水：说法很多，一说是怒江。②岷：岷山，现在四川北部。嶓：嶓冢山，在陕西宁强县西北。艺：管理。③蔡：峨眉山。蒙：山名，在今四川雅安北。旅：大道、大路。④和：水名，即今大渡河。⑤青：黑。黎：疏散。⑥三错：《孔传》说："杂出第七第九三等。"⑦璆：美玉。镂：钢铁。⑧织皮：毛织物。⑨西倾：山名，位于甘肃、青海交界处。桓：桓水，就是白水，今名白龙江。⑩沔：汉水的上游，源出陕西。⑪乱：横渡。

【译文】

从华山的南面西至黑水，是梁州地区。岷山和嶓冢山都已经能够种庄稼了，沱江和潜水也都疏通了。蔡山和蒙山的工程也已完工，和水一带的民众也前来报告治理的成绩。这里是一片黑色的土地，土地的质量在九州之中属第七等，应缴纳第八等赋税，也可间或缴纳第七等与第九等赋税。要进贡美玉、铁、银、钢铁、硬石和磬，以及熊、罴、狐、狸四种兽皮。毛皮织物可由西倾山区顺着桓水前来，经过汉水支流入沔水，然后舍舟登陆，由沔水进入渭水，由渭水横渡入黄河。

【原文】

黑水、西河惟雍州①。弱水既西②，泾属渭汭③，漆沮既从④，沣水攸同⑤。荆、岐既旅⑥，终南、淳物，至于鸟鼠⑦。原隰底绩⑧，至于猪野⑨。三危既宅⑩，三苗丕叙⑪。厥土惟黄壤，厥田惟上上，厥赋中下。厥贡惟球、琳、琅玕⑫。浮于积石⑬，至于龙门⑭、西河，会于渭汭。织皮昆仑、析支、渠、搜⑮，西戎即叙⑯。

【注释】

①西河：冀州西边的黄河。②弱水：西流入居延海。③泾、渭：都是陕西的大河。泾水流入渭水处叫渭汭。属：流入。④漆沮：即洛水。漆沮注入洛水，后来人们就把洛水又叫漆沮。⑤沣水：流入渭河，源出陕西。⑥荆：荆山，在今陕西富平县西南，而非湖北的荆山。岐：岐山，在今陕西岐山县东北。旅：治理，管理。⑦终南：就是现在的秦岭。淳物：太白山。鸟鼠：山名，在今甘肃源县西南。⑧原隰：就是现在的邠县和旬邑县。隰，低湿的地。⑨猪野：泽名，在今甘肃民勤县。⑩三危：山名，在现在的甘肃敦煌以南。⑪三苗：远古的一个部族。《史记·五帝本纪》说："舜迁三苗于三危。"丕，大。叙：顺。⑫球：美玉。琳：美石。琅玕：圆形的玉石。⑬积石：山名，在今青海西宁西南。在这里指的是流经该山下的黄河。⑭龙门：山名，在今陕西省韩城市东北。黄河从中穿过。⑮析支：山名，在今青海西宁西南。渠、搜：山名。⑯西戎：古代我国西北部民族的总称。即：就。

【译文】

从黑水到西河是雍州地区。弱水在疏通之后，便向西流去；泾水已经疏通，从北面流入渭水；漆水和沮水在疏通之后，从北面流入渭水，沣水从南面流入渭水。荆山和岐山的工程已经完工，终南山、淳物山一直到鸟鼠山的水利工程都已经全部竣工。平原一带一直到猪野的水利工程都取得了很大成绩。三危这个地方已经允许住人了，因而三苗人民得到了很好的安置。这里是一片黄色的土壤，土地的质量在九州中属第一等，这里的人民应该缴纳第六等赋税。应该进贡的是美玉、美石和宝珠一类物品。进贡的路线由积石山附近进入黄河，顺流至龙门、西河，所有运送贡物的船只聚集在渭河的弯曲处。昆仑、析支、渠、搜等西戎国家都要按照规定进贡皮制衣料。

【原文】

导岍及岐①，至于荆山②，逾于河；壶口、雷首至于太岳③；底柱、析城至于王屋④；太行、恒山至于碣石⑤，入于海。

①导：疏通道路。岍：山名，在今陕西陇县。岐：岐山，在今陕西岐山县。②荆：荆山，在今陕西富平县。③壶口：山名，在黄河的东岸。雷首：山名，在今山西省永济市。太岳：霍太山。④底柱：即三门山，位于今天的河南。析城：山名，在今山西阳城县。王屋：山名，在今河南与山西垣曲县之间。⑤太行：山名，在今山西、河南、河北三省交界处。恒山：在今河北曲阳县，古称北岳（清顺治中移祀北岳于山西浑源境今恒山后，通称此山为大茂山）。碣石：山名，在今河北昌黎县、抚宁区交界处。

【译文】

疏通了岍山和岐山，一直疏凿到荆山，穿过黄河，其间从壶口山、雷首山一直到太岳山都得到了疏凿。从底柱山、析城山到王屋山，再从太行山、恒山一直到碣石的水利工程都得到了很好的治理，黄河得以畅流入海了。

【原文】

西倾、朱圉、鸟鼠至于太华①；熊耳、外方、桐柏至于陪尾②。

【注释】

①朱圉：山名，在今甘肃甘谷县。太华：即华山，也被称为西岳。②熊耳：山名，在今河南桐柏县。外方：即嵩山，古称中岳。桐柏：山名，在今河南桐柏县。陪尾：山名，在今湖北省安陆市。

【译文】

由西倾山、朱圉山、鸟鼠山到太华山，再由熊耳山、外方山、桐柏山一直到陪尾山的水利工程都得到了治理。

【原文】

导嶓冢，至于荆山①；内方，至于大别②。岷山之阳，至于衡山③，过九江，至于敷浅原④。

【注释】

①嶓冢：山名，现在的陕西宁强县西北。荆山：在今湖北南漳县西南。②内方：山名，又名章山，在今湖北省钟祥市西南。大别：即大别山。③岷山：在今四川松潘县北。衡山：古称南岳，在今湖南衡山县。④九江：一说是洞庭湖。一说是从现在的湖北武汉到江西九江之间的众多支流。敷浅原：就是今天的庐山东麓。

【译文】

从嶓冢山到荆山，从内方山到大别山也都得到了疏通和开凿。从岷山的南面到衡山，越过九江，一直到鄱阳湖一带的水利也都得到了治理。

【原文】

导弱水①，至于合黎②，余波入于流沙③。

导黑水，至于三危，入于南海。

①导：疏导。②合黎：山名，在今甘肃山丹、张掖、高台、酒泉之北。③余波：指河水的下游。流沙：就是合黎山以北的沙漠。

【译文】

把弱水疏通到合黎，下游流入沙漠地带。

把黑水疏通到三危，下游流入南海。

【原文】

导河积石，至于龙门；南至于华阴①；东至于底柱，又东至于孟津②，东过洛汭，至于大伾③；北过绛水④，至于大陆；又北，播为九河⑤，同为逆河⑥，入于海。

【注释】

①华阴：华山的北面。②孟津：位于现在的河南西北部的孟津县。③大伾：山名，在今河南浚县西南。④绛水：指漳、绛合流的漳水，在今河北境内进入黄河。⑤播：分布。九河：指兖州之九河。⑥同为逆河：同，重合。下游又合而名为逆河。

【译文】

又疏导黄河，先在积石山施工，一直疏凿到龙门山；又向南到华山的北面，然后向东经过底柱山、孟津、洛水的弯曲处到大伾山；然后又折转向北，途经绛水，到大陆泽，再向北分为九条支流，这九条支流共同承载着黄河的大水，把它顺利地导入大海。

【原文】

嶓冢导漾①，东流为汉，又东，为沧浪之水②，过三澨③，至于大别，南入于江。东，汇泽为彭蠡，东，为北江④，入于海。

【注释】

①漾：汉水的上游。②沧浪：就是现在的汉水的下游。③三澨：水名，大概位置在今天的湖北境内。④北江：即汉水。

【译文】

从嶓冢山开始疏导漾水，向东流则为汉水，再向东流便是沧浪水；经过三澨水，到达大别山，向南流入长江。向东便汇成大泽，即彭蠡泽，向东称北江，然后由长江流入大海。

【原文】

岷山导江，东别为沱，又东至于澧①；过九江，至于东陵②；东迤北③，会于汇④；东为中江⑤，入于海。

【注释】

①澧：古代流入长江的一个水系，在今天的岳阳城。②东陵：旧注为汉代庐江郡金兰县西北的东陵乡，在现在的河南固始、商城之间。③迤：水斜向流淌。④汇：是"淮"的假借字。⑤中江：指岷江。

从岷山开始疏导长江，向东则分出一条支流称沱水；再向东到澧水；经过九江到了东陵，然后蜿蜒斜行而东北和汇水相会；向东则为中江，然后流入大海。

【原文】

导沇水^①，东流为济，入于河，溢为荥^②；东出于陶丘北^③，又东至于菏，又东北，会于汶，又北东，入于海。

【注释】

①沇：水名，济水的上游，在今天的河南省济源市以西。②溢：原意是因为水多而向外流，这里引申为水动荡奔突而出。荥：荥泽，在今天的河南荥阳东边的黄河以南，在汉代时已成平地。③陶丘：在今山东定陶县西南部。

【译文】

疏导沇水，东流则名为济水，然后流入黄河，河水流溢而成为荥泽；然后自陶丘的北面向东流去，一直流入菏泽；再向东北和汶水相会，又向北流，然后反转向东流入大海。

【原文】

导淮自桐柏，东会于泗、沂^①，东入于海。

导渭自鸟鼠同穴^②，东会于沣，又东会于泾，又东过漆沮，入于河。

导洛自熊耳，东北，会于涧、瀍；又东，会于伊，又东北，入于河。

【注释】

①东会于泗、沂：沂水流入了泗水，泗水后来又流入淮河。淮河在今江苏阜宁县东入海。②鸟鼠同穴：山名，即鸟鼠山，就是渭水的源头。

【译文】

从桐柏山开始疏导淮河，向东和泗水、沂水相会，再向东流入大海。

从鸟鼠山开始疏导渭水，向东和沣水相会，再向东和泾水相会；然后向东经过漆水、沮水流入黄河。

从熊耳山开始疏导洛水，向东北则与涧水、瀍水相会；又向东和伊水相会，然后从东北流入黄河。

【原文】

九州攸同，四隩既宅^①，九山刊旅^②，九川涤源^③，九泽既陂^④，四海会同^⑤。六府孔修^⑥，庶土交正^⑦，底慎财赋^⑧，咸则三壤^⑨，成赋中邦^⑩。锡土姓^⑪，祗台德先^⑫，不距朕行^⑬。

【注释】

①隩：可以定居的地方。宅：动词，居住。②九山：见前面注解。刊：削除，砍。旅：管理、治理。③涤源：疏通水流。④九泽：上文所列举的九个湖泽。陂：修筑堤坝。⑤四海：泛指九州大地。《尔雅·释地》："九夷八狄七戎六蛮，谓之四海。"会同：指进

贡的道路被疏通了。⑥六府：水、火、金、木、土、谷。孔：很。修：治。⑦交：俱，遍。正：同"征"。⑧底：定，规定，确定。⑨则：准则，取法。三壤：指的就是各种等级的土壤。⑩成：定。中邦：就是中国，所谓的天子之邦，即华夏族的聚居地。⑪锡：赐。⑫祗：敬，敬重。台：以。⑬不距朕行：郑玄说："不距违我天子政教所行。"意思就是不违背天子所推行的德教。

大禹像

【译文】

九州水利工程都已经完工，四方的土地都可以居住了，九州的大山都已经开凿治理，九州的河流也都已疏通，九州的大泽也都筑起堤防，不至于决堤了。海内的贡道都畅通无阻了。六府的政务都治理得非常好，九州的土地都得到了正确的考察，并根据各地区土地质量，谨慎地规定了不同的赋税，各地人民都要根据土质优劣的三种规定缴纳赋税。九州之内的土地都分封给诸侯并赐之以姓氏。诸侯们应该把尊敬我的德行放在第一位，不准违背我所推行的德教。

【原文】

五百里甸服①。百里赋纳总，二百里纳铚②，三百里纳秸服③，四百里粟，五百里米。

五百里侯服④。百里采⑤，二百里男邦⑥，三百里诸侯⑦。

五百里绥服⑧。三百里揆文教⑨，二百里奋武卫⑩。

五百里要服⑪。三百里夷⑫，二百里蔡⑬。

五百里荒服⑭。三百里蛮⑮，二百里流⑯。

【注释】

①甸服：根据离天子的距离而穿着的衣服，按远近分为甸服、侯服、绥服、要服、荒服。②纳：交。总：指禾的总体，连秆带穗都包括在内。铚：就是禾穗。③秸：谷子秆。④侯服：江声说："侯之言候，候顺逆，兼司候王命。"⑤采：事，指为天子服役。⑥男邦：男，任，男邦，管理国家的事务。⑦诸侯：《孔传》说："同为王者斥侯。"《孔疏》说："斥侯，谓检行险阻，伺候盗贼。"诸，多。⑧绥服：《孔传》说："安服王者之政教。"指为天子安抚远邦，所以就叫绥服。绥，安。⑨揆：度。⑩奋武卫：奋力练武来保卫王者。⑪要服：要，要求。接受王者的命令而服事之，叫要服。⑫夷：平，相约和平地相处。⑬蔡：法，就是约定好一致遵守王法。⑭荒服：荒，远，替天子守卫边远地区就叫荒服。⑮蛮：动词，意思是维持隶属关系。⑯流：随便处理进贡这件事情，贡否不定。

【译文】

王城以外的五百里属于甸服。相距王城一百里者，将割下的庄稼贡来，二百里者，将庄稼的穗头贡来，三百里者，将庄稼脱去芒尖贡来，四百里者贡粟，五百里者贡米。

甸服以外五百里为侯服。其间百里者，人民为国王服各种劳役，二百里者，人民为国王服规定的劳役，三百里以外者，人民主要担任戍守之责。

侯服以外的五百里为绥服。其间三百里以内者要设立掌管文教的官来推行文教，二百里的人民要勤奋地熟悉武事，以便保卫国王。

绥服以外的五百里为要服。其间三百里以内的人民要服从与其他地方和平相处；二百里的人民，要遵守相同的法令。

要服以外的五百里为荒服。对其间三百里以内的人民的各种要求可以从简；二百里的人民可以流动迁移。

【原文】

东渐于海①，西被于流沙②，朔南暨声教讫于四海③。禹锡玄圭④，告厥成功。

【注释】

①渐：入，到。②被：及，到。③声教：有声之教。四海：就是指全天下。④锡：赐，被赐。玄圭：玄色的、上圆下方的瑞玉。

【译文】

东面到大海，西面到沙漠地带，从北方到南方，四海之内都受到了国王的德教。因此帝舜赐给禹以玄圭，用以表彰禹所完成的巨大功业。

商 书

盘庚上

【原文】

盘庚迁于殷①，民不适有居②，率吁众慼③，出矢言④，曰："我王来⑤，即爰宅于兹⑥，重我民⑦，无尽刘⑧。不能胥匡以生⑨，卜稽⑩曰'其如台⑪？'先王有服⑫，恪谨天命⑬，兹犹不常宁，不常厥邑，于今五邦⑭，今不承于古⑮，罔知天之断命⑯，矧曰其克从先王之烈⑰？若颠木之有由蘖⑱，天其永我命于兹新邑⑲，绍复先王之大业⑳，底绥四方㉑。"

【注释】

①迁于殷：殷，今河南安阳。迁于殷，即将迁到殷。杨遇夫说："此定计决迁之辞，实为未迁也。"也就是说这句话所陈述的事件还没有发生，只是在计划之中。②适：往，去，到。有居：居住的地方。有：助词，没有实在意义。③率吁众慼：率，连词，于是，因而。慼：作戚，指的是贵戚大臣。④矢：陈说，陈述。⑤我王：指南庚。⑥爰：变更，更改。宅：动词，居住。兹：这里，在此。⑦重：重视，爱护，一说解为"厚"，是厚待的意思。⑧刘：杀，伤害，祸害。⑨胥：相。匡：救助，救。⑩卜稽：卜而考之。稽，考。卜，占卜。⑪曰：语首助词，表即将说话。其：将。如台：疑问代词，如何，怎样。⑫服：事情。⑬恪：恭敬，谨慎。谨：慎。⑭五邦：就是迁徙了五个地方。杨遇夫说："五邦，中丁迁嚣，一也；河亶甲迁相，二也；祖乙迁耿，三也；耿圮迁庇，四也；南庚迁奄，五也。中丁迁嚣，河亶甲迁相，祖乙居庇，南庚迁奄，并见古本《竹书纪年》，祖乙圮于耿，见《书序》。⑮承：继承，沿袭。古指的就是先王恪谨天命。⑯断命：断送我命。⑰矧：况且，何况。烈：事业，宏伟的事业。

⑱颠：倒仆。由：倒木新生的枝条。蘖：被砍了的树长出的新芽。⑲新邑：指奄。⑳绍：继续，接着。复：兴复，复兴。㉑底：定。绥：安。

【译文】

盘庚准备迁都于殷。臣民都不愿意住在新邑，于是盘庚便把那些贵戚近臣全都叫来并和他们一起去向臣民陈述自己的意见。他说："我把你们带到这里来，变更了居住的地方而住在这里，这是重视我的臣民生命，不使你们完全遭到杀害。假如大家不能互相支持而求得生存，就是研究了占卜的结果，又将如何呢？按照先王的制度，必须恭敬地顺从天的命令，因此他们不敢永久居住在一个地方。由于不永久居住在一个地方，因此从立国到现在，已经迁徙五次了。如果现在不去继承先王的遗志，不了解上天的意志，那还谈什么继承先王的事业呢？譬如那被伐倒的树木，干枯的地方可以冒出新芽，砍伐剩下的地方也可以冒出新芽。上天本来要使我们的生命在这新邑里绵延下去，要我们在这里继续复兴先王的伟大事业，安定四方。"

【原文】

盘庚敩于民①，由乃在位②，以常旧服③，正法度。曰："无或敢伏小人之攸箴④。"王命众⑤，悉至于庭。

【注释】

①敩：同"教"，开导，劝说。②由：《方言》："正也。"乃：其。在位：指的是在位的大臣。③常：遵守。④或：有的人。伏：凭借，用来。攸：所。箴：规劝，劝诫。小人之攸箴，也就是上文所讲到的那些不愿意迁走的人们所说的话。⑤众：群臣，众多贵族。

【译文】

盘庚感觉到臣民不愿迁移，是在位大臣以浮言鼓动的缘故，便打算用先王的制度来整顿当时的法纪。于是告诫大臣说："无论是谁都不许按那些不愿迁徙的人的言语行事！"于是王命令众人到王庭上来。

【原文】

王若曰："格汝众①，予告汝训，汝猷黜乃心②，无傲从康③；古我先王，亦惟图任旧人共政④。王播告之修⑤，不匿厥指⑥，王用丕钦⑦；罔有逸言⑧，民用丕变。今汝聒聒⑨，起信险肤⑩，予弗知乃所讼⑪。

【注释】

①格：动词，到，来。②猷：过，责备。黜：降，贬。乃：代词，你们的。黜乃心，希望群臣消除自己的私心相从。③无：不要。傲：倨傲放肆。从康：从，追求。康，安逸。④任：任用。旧人：长期在位的官员，就是所谓的老臣。共政：共同管理国家事务。⑤王：指先王。播告之修：播告，指发布教令。播告之修据黄式三解释说："谓修明王之教令也。"修，美好。⑥匿：隐瞒，隐藏。指：同"旨"，意旨。⑦丕：大。钦：敬重，尊敬。⑧逸：过错，过失，错误。⑨聒聒：大声喧嚷的样子。⑩起：兴起。信：同"伸"，伸说，述说。险：险恶的。肤：浮夸的，表面的而实际没有作用的。⑪讼：争辩，争论。

王说："你们来！我要告诫你们，教训你们，为的是要去掉你们的私心，使你们不致倨傲放肆而又追求安逸。从前我们的先王，也总是考虑任用世家旧臣，和他们共同管理政事。先王向群臣发布政令，群臣都不敢隐匿先王的意旨而不下达，因此先王对那些臣子们非常看重。大臣们不敢说越轨的话，因而人民的行动都大有变化。现在你们大嚷大叫编造出一些邪恶浮夸的话来，蛊惑人心，我真不知道你们所要争辩的是什么！

【原文】

"非予自荒兹德^①，惟汝含德，不惕予一人^②。予若观火，予亦拙，谋作乃逸^③。若网在纲^④，有条而不紊^⑤；若农服田力穑^⑥，乃亦有秋^⑦。汝克黜乃心^⑧，施实德于民^⑨，至于婚友^⑩，丕乃敢大言^⑪，汝有积德。

【注释】

①荒：废弃，舍弃。兹德：这种美德。指的就是任用老臣的美德。②含：怀着，藏着。惕：施，施加，给予。③谋作：谋略，这里应当解释为威严。乃：则，就。逸：过失、错误、过错。④纲：拿起网的时候承担其主要重量的大绳。⑤紊：乱。⑥服：治理，作。力穑：努力地收获庄稼。⑦秋：指收成。⑧黜乃心：使得你们傲慢的心能够放低。⑨实德：切实的德行，其实就是实惠。⑩婚：指有姻亲关系的亲戚。⑪丕乃：于是，才。

【译文】

"我根据先王的法度办事，我没有失德之处，只是你们隐瞒了我的政令，不把我的政令下达给每一个人。我的威严好像热火一样旺盛，只是没对你们发出这种威严，便使得你们任意放肆起来。譬如只有把网结在纲上，才会有条理而不至于紊乱；譬如农夫，只有尽力耕作，才会有秋天的收获。假如你们能够除去私心，把真实的好意留给人民和你们的亲戚朋友，那么，你们不就有资格说出你们满意的话来，说你们一向是积德的吗？

【原文】

"乃不畏戎毒于远迩^①，惰农自安，不昏作劳^②，不服田亩，越其罔有黍稷^③。

【注释】

①乃：若，假使，如果。戎：大。毒：害，大害，指大水的灾害。迩：与远相对，近。②昏：加强，勉励。③越其：表示承接关系的连词，于是就。

【译文】

"你们不怕你们的浮言会大大地毒害远近的臣民，而心安理得地做个怠惰的人，不努力做劳苦的事，不在田中种庄稼，这样便不会获得黍稷一类的谷物了。

【原文】

"汝不和吉言于百姓^①，惟汝自生毒^②，乃败祸奸宄^③，以自灾于厥身。乃既先恶于民^④，乃奉其恫^⑤，汝悔身何及？相时憸民^⑥，犹胥顾于箴言，其发有逸口^⑦，矧予制乃短长之命^⑧？汝曷弗告朕^⑨，而胥动以浮言，恐沈于众^⑩？若火之燎于原，不可向迩，其犹可扑灭。则惟汝众自作弗靖^⑪，非予有咎。

①和：在这里用作动词，宣布。吉言：这里指的就是善意的话。②毒：祸害，损害。③败：败露，败坏。奸宄：违法作乱的坏事。④先：倡导，发起。⑤奉：承受，蒙受。恫：痛苦。⑥相：看，视。时：代词，是，这些。憸民：小民。憸，就是小的意思。⑦发：说出，提到。逸口：从口中说出来的错话。⑧矧：况且，何况。制：控制，操纵，把握。短长之命：指的是生命的长或者短。⑨曷：疑问代词，何，为什么。⑩恐：恐吓，吓唬。沈：通"扰"，蛊惑，引诱。⑪靖：善，安。

【译文】

"你们不把我的善言向百姓宣布，这是你们咎由自取。你们所做的坏事已经败露，这样会害了你们。你们既然引导人民做了坏事，痛苦也当然应该由你们来承担，到那时你们再后悔也就来不及了！你们看，一般小民还顾及我所规诫的话，恐怕嘴里说错了话，何况我操纵着你们的生杀之权呢？你们有话为什么不事先来告诉我，竟用浮言去蛊惑人心呢？人心是容易蛊惑的，这好像大火在原野上燃烧起来，连接近都无法接近，还能够扑灭吗？这种情形是你们做了许多坏事造成的，不是我的过错。

【原文】

"迟任有言曰①：'人惟求旧，器非求旧，惟新。'古我先王，暨乃祖乃父②，胥及逸勤③，予敢动用非罚④？世选尔劳⑤，予不掩尔善⑥。

【注释】

①迟任：人名，相传是上古时期的贤吏。②暨：与，和。③胥及：相与，一起。逸勤：安逸、勤劳。④非罚：不恰当的惩罚。⑤选：数。劳：功劳。⑥掩：掩蔽，遮盖。

【译文】

"迟任曾经说过：'用人应该专用世家旧臣，不能像使用器具一样，不用旧的而用新的。'过去我的先王和你们的前辈，大家在一起过着安乐和勤劳的生活，我怎能对你们动用非分的刑罚呢？如果你们能够把你们祖先世代的勤劳传统继承下来，我决不会埋没你们的美德。

【原文】

"兹予大享于先王①，尔祖其从与享之②。作福作灾，予亦不敢动用非德③。

【注释】

①兹：句首的引领词。享：祭祀。②尔祖其从与享之：古代天子祭祀祖先的时候，也会让功臣的祖先一起享受祭祀。与，参与。③非德：不合适的赏赐。

【译文】

"现在我要大祭先王，你们的祖先也将一同跟着受祭。你们作善受福，作恶受灾，都由先王和你们的祖先来处置，我也不敢动用非分的刑罚和赏赐。

【原文】

"予告汝于难，若射之有志①。汝无侮老成人②，无弱孤有幼③。各长于厥居④，勉出乃力，听予一人之作猷⑤。

"无有远迩，用罪伐厥死⑥，用德彰厥善⑦。邦之臧⑧，惟汝众。邦之不臧，惟予一人有佚罚⑨。凡尔众，其惟致告⑩：自今至于后日，各恭尔事⑪，齐乃位⑫，度乃口⑬。罚及尔身，弗可悔。"

【译文】

"我告诉你们行事的困难，就像射箭，必须中的，才算恰到好处。你们不许轻慢上年纪的人，也不许藐视年少的人。你们要各自长久地居住在新居，勤奋地使出你们的力量。或行或止，听我一人决定。

无论亲疏，都一律对待，以刑罚惩其罪行，以爵禄赏赐、表彰其善行。国家治理好了，是你们大家的功劳；治理得不好，是我一人的过失。"

"你们应当把我的话互相转告：从今以后，你们应该努力做好分内的事，不许到处乱说。否则，惩罚就会用到你们身上，到那时再后悔也就来不及了！"

盘庚中

【原文】

盘庚作①，惟涉河以民迁②。乃话民之弗率③，诞告用亶其有众④。咸造勿亵在王庭⑤，盘庚乃登进厥民。

【译文】

盘庚制造了一些船只，打算把臣民迁过黄河去。于是集合了那些不愿迁徙的人，准备尽心地讲出一番至诚的话。许多臣民都恭敬地来到王庭。盘庚便把这许多臣民都叫到自己的面前来。

【原文】

曰："明听朕言，无荒失朕命①！呜呼！古我前后，罔不惟民之承②。保后胥慼③，鲜以不浮于天时④。殷降大虐⑤，先王不怀⑥。厥攸作视民利，用迁⑦。汝曷弗念我古后之闻？承汝俾汝⑧，惟喜康共⑨，非汝有咎⑩，比于罚⑪。予若吁怀兹新邑⑫，亦惟汝故，以丕从厥志⑬。

【注释】

①荒：废，废弃。失：通"佚"，忽视的意思。②罔不惟民之承：从前的君王都是顺应民心来做事情。③胥：清楚，清爽。感：通"戚"，贵戚大臣。后胥感，说的就是君主清楚、贵戚明白。④浮：动词，罚。⑤殷降：殷，盛，旺。降，下。虐：灾难，主要指洪水的灾害。⑥怀：安。⑦攸作：所作，指所作之居邑。用：以。厥攸视民利，意思就是根据人民的利益去迁徙。⑧承：顺从。俾：从。⑨康：安康。⑩非：反对。咎：过失、过错。⑪比：动词，入，陷入。⑫吁：呼吁。怀：安。新邑：指新迁徙的地方，奄。⑬惟：思念，考虑。故：灾祸。丕：大。从：顺从，遵从。意思是，也是为了你们，依从你们的愿望。

渡黄河
盘庚打算将他的臣民迁过黄河，于是造了一些船，还把不愿迁徙的人集合起来，对他们进行劝告。

【译文】

盘庚说道："你们要努力听我的话，不要轻视我的命令。啊！从前我的先王，无不顺从人民的心理和意见去办事。而人民也都能体贴先王的用心，因此没有遭到上天的惩罚。过去上天把大祸降给我国，先王不安于自己的住所，根据人民的利益去迁徙。你们为什么不想一想我们先王做的这些事情呢？现在我也应当像先王那样顺从你们，希望你们都能得到安乐的生活，不是因为你们有罪便这样惩罚你们。我这样呼吁你们到新邑，正是为了你们，大大地顺从你们这种愿望啊！

【原文】

"今予将试以汝迁，安定厥邦。汝不忧朕心之攸困，乃咸大不宣乃心①，钦念以忧动予一人②。尔惟自鞠自苦③，若乘舟，汝弗济，臭厥载④。尔忱不属⑤，惟胥以沈⑥。不其或稽⑦，自怒曷瘳⑧？汝不谋长，以思乃灾，汝诞劝忧⑨。今其有今罔后⑩，汝何生在上？

【注释】

①宣：表露。②钦：甚。忱：读为"扰"，不正的话。③鞠：穷困，穷苦。④臭：朽。载：事情。⑤忱：真诚。属：合的意思。⑥胥以：相与，一起。⑦不其或稽：其，助词。或，克。稽，进的意思。不其或稽，意思是说不能前进。⑧怒：怨恨的意思。曷：疑问代词，何，怎么。瘳：病好了。⑨劝：劝勉。⑩其：将。有今罔后：罔，无。罔后：将要死亡。

【译文】

"现在我要把你们迁徙过去，希望在那里好好地创建你们的国家。你们不体谅我的苦衷，你们不把你们的内心向我暴露，不为我敬顺民意的诚心所感动。你们真是自寻穷困，自找苦吃，譬如乘舟，坐上船后却不愿渡过河去，坐待船的朽烂。这样不但你们要沉没，大家也都要跟着你们一起沉没。而你们不去找出沉没的原因，却一味愤怒，那能得到什么好结果呢？你们不做长远打算，想办法除去灾害，只劝我不必忧愁。这样，虽然现在还能过下去，往后便没有活路，你们有什么办法在这片土地上继续过下去呢？

【原文】

"今予命汝一^①，无起秽以自臭^②。恐人倚乃身，迁乃心^③。予迓续乃命于天^④，予岂汝威？用奉畜汝众^⑤。

【注释】

①一：全，都，同心一志。②起秽：生起污秽，比喻散播流言。③倚乃身：使你们身子不正。倚，偏斜。迁乃心：使你们的思想歪斜。迁，曲，斜，歪斜。④迓：作"御"字，指要求的意思。⑤威：威胁。奉：助。畜：养。

【译文】

"我现在要求你们专心听从我的意见，不要被浮言所欺骗，否则，恐怕坏人就要利用你们身上的毛病，使你们回心转意。我要求上天使你们能继续生存下去，我哪里是要用我的威势去压迫你们，我是为了养育你们啊！

【原文】

"予念我先神后之劳尔先^①，予丕克羞尔^②，用怀尔然^③。失于政，陈于兹^④，高后丕乃崇降罪疾^⑤，曰'曷虐朕民^⑥？'汝万民乃不生生^⑦，暨予一人猷同心^⑧，先后丕降与汝罪疾，曰：'曷不暨朕幼孙有比^⑨？'故有爽德^⑩，自上其罚汝^⑪，汝罔能迪^⑫。"古我先后，既劳乃祖乃父，汝共作我畜民^⑬，汝有戕^⑭，则在乃心^⑮。我先后绥乃祖乃父^⑯，乃祖乃父乃断弃汝^⑰，不救乃死。

【注释】

①神后：神圣的君主。②丕：当作"不"。克：能够。羞：辱。③用：以。④陈：长久地居住。⑤丕乃：连词，于是就。崇：重，崇敬。⑥曷：疑问代词，何，为什么。虐：虐待。⑦乃：却。生生：营生。⑧猷：谋求，谋取。⑨幼孙：就是指盘庚。有比：亲近。比，亲。⑩爽：差错，错误。⑪上：上天，苍天。⑫迪：逃脱，逃离，脱离的意思。⑬作：为。畜：养。⑭有：通假字，通"又"。戕：残害，毒害。⑮则：通"贼"，害。⑯绥：安。⑰断：断然，确切地。

【译文】

"我想我的先王曾经役使过你们的祖先，因此我很应该向你们提出上面的意见，用以表示我对你们祖先的怀念。既然在这里不能把我们的国家治理好，长久地住在这里，先王便要降下罪责说：'为何虐待我的臣民？'你们这些臣民，不肯去营造幸福的生活，不跟我一心，不听从我的谋划，这样先王就会大大地惩罚你们说：'为什么不跟我的幼小孙儿和好？'所以，有了差错，上天便会重重地惩罚你们，你们是无法逃脱这些惩罚的。从前我的先王既然役使过你们的先祖先父，你们当然都是顺从我的德教的臣民。如果你们心里藏着歹毒的念头，先王就会把他的意见告诉你们的先祖先父。你们的先祖先父就会抛弃你们，不把你们从死罪中救出来。

【原文】

兹予有乱政同位^①，具乃贝玉^②。乃祖乃父丕乃告我高后曰：'作丕刑于朕孙！'迪高后，丕乃崇降弗祥^③。

【注释】

①乱政：乱政之臣。同位：在位的。②乃：其。贝玉：贝和玉，就是指财物。③迪：启发。崇：重。

【译文】

"现在那些乱政的大臣，执掌权柄，只知道聚敛财货。他们的先祖先父便竭力要求我的先王说：'快给我的子孙用些严厉的刑罚吧！'从而引导先王，把不祥降给他们。

【原文】

"呜呼！今予告汝不易^①！永敬大恤^②，无胥绝远^③。汝分猷念以相从^④，各设中于乃心^⑤。乃有不吉不迪^⑥，颠越不恭^⑦，暂遇奸宄^⑧，我乃劓殄灭之^⑨，无遗育^⑩，无俾易种于兹新邑^⑪。

【注释】

①易：轻易，任意。②敬：警，警诫，警示。恤：忧患，忧虑。③胥：相，与。绝远：隔绝、疏远。④分：当。猷：谋。⑤中：和，共同地。⑥乃：若。吉：善。迪：道，正路。⑦颠：陨，坠落。越：越轨，违法。⑧暂：欺诈。遇：奸邪，不正。⑨劓：断。殄：灭绝。⑩育：后嗣，后代。⑪俾：使。易：延续。种：种族。新邑：新迁的都城，指奄。

【译文】

"现在我可以告诉你们：迁徙的计划是不会变更了，你们应当体谅我的忧虑，不要互相疏远，应当同心同德遵照我的意见行事，把正道放在心里。假如你们行为不善，不按正道办事，猖狂放肆，违反法纪，不尊敬国王，曲巧诈伪，胡作非为，我就要把你们杀掉，并且还要杀掉你们的后代，不让你们的后代在新邑里繁衍。

【原文】

"往哉！生生^①！今予将试以汝迁，永建乃家。"

【注释】

①生生：生活。

【译文】

"去吧，去寻求幸福的生活吧！我将要把你们迁走，在新邑重建你们的家园。"

盘庚下

【原文】

盘庚既迁，奠厥攸居^①，乃正厥位，绥爱有众^②。曰："无戏怠，懋建大命^③。今予其敷心腹肾肠④，历告尔百姓于朕志⑤。罔罪尔众，尔无共怒，协比谗言予一人⑥。

【注释】

①莫：定。攸：所。②绥：动词，告诉。爰：相当于"于"。有：助词，无实在意义。③懋：勉励、鼓励。建：布告。④敷：全。敷心腹肾肠，即披肝沥胆的意思。⑤历：数说。百姓：指的是百官。于：以。⑥协比：相互一致。

【译文】

　　盘庚迁民于新邑之后，首先安定他们的住地，其次辨正宗庙、朝廷的方位。然后告诉大家说："不要玩乐和怠惰，要努力完成重建家园的大业。现在我要披肝沥胆，把我的意见全都告诉给你们。我没有惩罚你们，希望你们不要心怀不满，互相勾结在一起，说我的坏话。

【原文】

　　"古我先王，将多于前功①，适于山②。用降我凶德③，嘉绩于朕邦。今我民用荡析离居④，罔有定极⑤。尔谓朕：'曷震动万民以迁⑥？'肆上天将复我高祖之德，乱越我家⑧。朕及笃敬⑨，恭承民命⑩，用永地于新邑⑪。肆予冲人⑫，非废厥谋⑬，吊由灵⑭。各非敢违卜⑮，用宏兹贲⑯。

【注释】

①将：要。多：光大的意思。前功：前人的功劳。②适：往，到，去，迁往。③用：因此，于是。降：减少。凶：灾祸，灾难。德：升。④荡析：荡泆，动荡奔突而出。⑤极：止，至。⑥曷：疑问代词，何，为什么。震动：惊动，震惊。⑦肆：今，将，要。⑧乱：助词。越：扬。⑨及：就是汲汲。⑩承：继续，延续。⑪用：率领，带领。永地：永久居住。地，是名词用作了动词。⑫冲人：年幼的、未成年的人，是指盘庚。⑬厥谋：你们的谋略。⑭吊：善。灵：灵，神，指上天。⑮各：善用上天的谋度。⑯宏：宏扬，发扬。贲：美好。

【译文】

　　"古时我的先王成汤，功劳应当大大超过前人，他把人民迁到亳这样的山谷地带，因此得到上天的嘉奖，使我们的国家繁荣昌盛。现在，我们所居住的耿地，地势凹陷，因此上天把大祸降给我们，使我们的臣民由于水灾而流离失所，没有固定的住处。你们责问我为什么要兴师动众地让无数臣民迁到远处去，这是因为现在上天将恢复我高祖成汤的大业，把我们的国家治理好。我当然要急迫地、恭谨地根据上天的意见拯救臣民，因此我们要永久地居住在新邑。现在我这年幼的人，不是不听从大家的意见，迁都之意实在是上天通过深知天命的人传达下来的。因此迁都新邑不仅不是违背卜兆，正是大大彰显卜兆的灵异！

【原文】

　　"呜呼！邦伯、师长①。百执事之人②，尚皆隐哉③！予其懋简相尔④，念敬我众。朕不肩好货⑤，敢恭生生⑥。鞠人谋人之保居⑦，叙钦⑧。

【注释】

①邦伯：邦国的首领，指诸侯。师长：众位长官。师，多。②百执事：执行政事的各位官员。③尚：庶几，表祈使。隐：揣测，考虑。④懋：勉励。简相：观察，考察。⑤肩：

使用。好货：贪财的官员。⑥恭：举用，推荐。生生：用作名词，获得美好生活的人。⑦鞠：抚养，养育。保：安。⑧叙：依照次序。钦：敬。

【译文】

"各位诸侯，各位大臣，各位官员，你们应该各自考虑自己的责任。我将要检查你们的工作，看你们是否服从我的命令，恭谨地治理民事。我不任用那些贪财聚货的人，而任用努力为臣民生财致富的人。凡能养育百姓并能想办法使臣民安居乐业的人，我都按照他们的贡献大小而依次尊敬他们。

【原文】

"今我既羞告尔于朕志①，若否②，罔有弗钦。无总于货宝③，生生自庸④。式敷民德⑤，永肩一心⑥！"

【注释】

①羞：进，主张。②若：顺从，赞成。否：反对，否定。③总：聚敛，收集。④庸：功，说的是建功。⑤式：应当，应该。敷：施加。德：恩德，恩惠。⑥肩：克，能够。

【译文】

"现在我既然已经把主张什么反对什么都告诉给你们了，就是希望你们顺从这些意见，不要贪婪地聚敛财货，而努力经营臣民的幸福！广布德教，永远同心同德建立新的家园。"

周 书

洪 范①

【原文】

惟十有三祀②，王访于箕子。王乃言曰："呜呼！箕子，惟天阴骘下民③，相协厥居④，我不知其彝伦攸叙⑤。"

【注释】

①洪范：洪，大，法。洪范，就是大法。②有：通"又"。祀：年。十有三祀，指周文王建国后的第十三年，也是周武王即位后的第四年、灭商后的第二年。③阴骘：意思是庇护，保佑。④相：助。协：和。厥：代词，他们，指臣民。⑤彝伦：常理，法度。攸：所。叙：顺序，这里的意思是规范。

【译文】

十三年，武王访问箕子。武王说道："箕子，是上天繁衍了下界的臣民，要他们和睦地居住在一起，不知道上天使下界臣民各安所居的常理究竟有哪些？"

【原文】

箕子乃言曰："我闻在昔，鲧堙洪水①，汩陈其五行②。帝乃震怒，不畀'洪范'九畴③，彝伦攸斁④。鲧则殛死⑤，禹乃嗣兴，天乃锡禹'洪范'九畴⑥，彝伦攸叙⑦。

周武王像

周文王次子，姓姬名发，谥号武王，西周的创建者。武王继位后，继承父志，重用姜尚、周公、召公等人。受命十年（约公元前1048年）在盟津会盟八百诸侯。在牧野之战中，商朝奴隶兵阵前倒戈。商朝灭亡后，武王释放了被纣王囚禁的箕子。

【注释】

①鲧：人名，夏禹的父亲。堙：堵塞，堵住。②汨：扰乱。陈：列举。行：用。③畀：给予。畴：种类。④攸：因此。斁：败坏。⑤殛：诛，杀，这里指流放。⑥锡：通"赐"，给，赏。⑦叙：依照次序制定。

【译文】

箕子回答说："我听说在过去鲧采取堵塞的办法治理洪水，结果扰乱了上天所创造的五行的规律。上天大怒，就没有把九种大法传给他，因而使臣民和睦相处的那种治国安民的常理遭到了破坏。后来鲧在流放中死去了，禹便继承他父亲的事业继续治理洪水，上天把那九种大法传给了禹，因而禹便掌握了这种使臣民和睦相处的治国安民的常理。

【原文】

"初一曰五行，次二曰敬用五事①，次三曰农用八政②，次四曰协用五纪③，次五曰建用皇极④，次六曰乂用三德⑤，次七曰明用稽疑⑥，次八曰念用庶征⑦，次九曰向用五福⑧，威用六极⑨。

【注释】

①五事：指貌、言、视、听、思，在下文即将提到的五件事。②农：努力。八政：八种政事。③协：合。五纪：五种记录时间的方法。④建：建立，设立。⑤乂：治理，管理，指治理子民。⑥稽：考察。⑦念：审察。庶：众，多。征：征兆。⑧向：读为"飨"，劝勉，鼓励。⑨威：畏惧。

【译文】

"第一，五行；第二，恭敬地做好五方面的事情，第三，努力办好八方面的政务，第四，根据日月运行的情况来校订历法，使之与日月的运行相吻合，从而正确地使用五种计时方法；第五，建立最高的原则，第六，推行三种治理臣民的办法，第七，要明辨是非，就必须采用一种解决疑难问题的方法，第八，要用心考察各种征兆，第九，要用五种幸福劝人为善，要用六种惩罚戒人作恶。

【原文】

"一、五行：一曰水，二曰火，三曰木，四曰金，五曰土。水曰润下①，火曰炎上，木曰曲直②，金曰从革③，土爰稼穑④。润下作咸⑤，炎上作苦⑥，曲直作酸⑦，从革作辛⑧，稼穑作甘⑨。

【注释】

①润：润湿。曰：语中助词，在这里陈述的是性质方面。②曲直：能曲能直。③从：顺从。革：变化。④稼穑：播种和收获。⑤润下：指水。作：就。⑥炎上：指的是火。

⑦曲直：指木。⑧从革：指金。⑨稼穑：指农作物。

【译文】

"一、五行：第一叫作水，第二叫作火，第三叫作木，第四叫作金，第五叫作土。水向下面润湿，火向上面燃烧，木可以弯曲或伸直，金在熔化后可以根据人的要求变成不同形状，土可以生长庄稼。向下面润湿的水，它的味道是咸的；向上面燃烧的火，它的味道是苦的；可以弯曲或伸直的木，它的味道是酸的；在熔化后可以根据人的要求变成不同的形状的金，它的味道是辣的；土地上生长的庄稼，味道是甜的。

【原文】

"二、五事：一曰貌①，二曰言，三曰视，四曰听，五曰思。貌曰恭，言曰从②，视曰明，听曰聪③，思曰睿④。恭作肃⑤，从作乂⑥，明作哲⑦，聪作谋⑧，睿作圣⑨。

【注释】

①貌：容貌、态度。②从：合理。③聪：听得清楚。④睿：通达，深远。⑤作：连词，则，就。肃：敬。⑥乂：治，和。⑦哲：明。⑧谋：谋划。意思是听取意见聪敏就会谋事。⑨圣：圣明。思虑通达就是圣明。

【译文】

"二、五方面的事情：一是态度，二是语言，三是观察，四是听闻，五是思考。态度要恭敬，言语要合乎道理，观察要清楚明白，听取意见要聪敏，思考问题要通达。态度恭敬，天下的人就会严肃；言语合乎道理，天下就会大治；观察事物清楚明白，就不会受到蒙蔽；听取意见聪敏，就不会打错主意；考虑问题通达，就可以成为圣人。

【原文】

"三、八政①：一曰食②，二曰货③，三曰祀④，四曰司空⑤，五曰司徒⑥，六曰司寇⑦，七曰宾⑧，八曰师⑨。

【注释】

①八政：八种政务。②食：掌管农业。③货：货财，指的是工商业。④祀：掌管祭祀。⑤司空：管理居民的居住等工程。⑥司徒：管理教育。⑦司寇：治理盗贼。⑧宾：管理朝觐、礼宾事务。⑨师：管理军队事务。

【译文】

"三、八方面的政务：一是农业生产，二是商业贸易，三是祭祀，四是管理臣民的居住交通，五是管理教育，六是管理司法，七是接待宾客，八是管理军务。

【原文】

"四、五纪：一曰岁，二曰月，三曰日，四曰星辰①，五曰历数②。

【注释】

①星：指的是包括北斗、金、木、水、火、土等在内的二十八宿。辰：指十二辰。②历数：纪年的方式。

"四、五种记时方法：一是年，二是月，三是日，四是星辰，五是历法。

【原文】

"五、皇极：皇建其有极①，敛时五福②，用敷锡厥庶民③。惟时厥庶民于汝极④。

【注释】

①建：立，设立。极：中道，法则，原则。②敛：收取，集中。时：代词，这。五福：五种幸福，就是长寿、富贵、康宁、美德和善终。③敷：普遍，全部。锡：同"赐"，赏赐、施予。④惟：只。于：大，重。

【译文】

"五、至高无上的原则：天子应当建立起至高无上的原则。要把这五种幸福集中起来，一并赏赐给臣民。这样，臣民就会对天子所建立起来的原则表示拥护，天子也就能够要求他的臣民遵守以下原则。

【原文】

"锡汝保极①。凡厥庶民，无有淫朋②，人无有比德③，惟皇作极。凡厥庶民，有猷有为有守④，汝则念之⑤。不协于极，不罹于咎⑥，皇则受之⑦。而康而色⑧，曰：'予攸好德⑨。'汝则锡之福⑩。

【注释】

①锡：赐，贡献。保：保持，保住。②淫朋：私下结成的小集团。③人：指官员。比，勾结，比德的意思是串通一气。④猷：计谋，谋略。为：作为。守：操守。有猷有为有守，意思是百姓中的贤能的人。⑤念：经常地思考。⑥罹：陷入。咎：罪过，过失。⑦受：成，成就。⑧康：平，和。色：容貌温润。⑨攸：指任用。⑩福：爵禄，好处。

【译文】

"向您贡献保持最高法则的方法：凡是臣民，都不允许结成私党为非作歹。只要人们不结成私党，那就会把天子所建立的原则作为最高准则。凡是臣民都应当为天子谋虑，为天子办事，都应当根据天子所建立的原则要求自己，你们要牢记这一点。虽然他们的作为有时不合于最高原则，但只要还没有达到犯罪的程度，天子就应当宽容他们。假如有人态度谦恭地告诉你说：'我所爱好的就是你所建立的道德规范。'你就应当赏赐他一些好处。

【原文】

"时人斯其惟皇之极①。无虐茕独而畏高明②。人之有能有为，使羞其行③，而邦其昌。凡厥正人④，既富方谷⑤，汝弗能使有好于而家⑥，时人斯其辜⑦。

【注释】

①斯：将，把。惟：思。②茕独：指鳏寡孤独、没有依靠的人。高明：位高而显赫的人。③羞：进，贡献。行：好多行为。④正人：拥有官位的人。⑤方：常常。谷：俸禄。⑥好：

善，贡献。家：家国。⑦辜：罪，归罪于。

【译文】

　　"这样，人们就会把国王所建立的道德规范当作至高无上的准则而加以遵守了。不要虐待那些无依无靠的人，然而，对那些高贵显赫的贵族却要畏惧。人们中有能力、有作为的，便应当让他们继续发展其才能，提高其德行，这样，你的国家就会繁荣富强了。凡是做官的，都应当给他们以丰厚的待遇，使他们又富又贵。假如你不能让你的臣下为王室做出贡献，这样的臣下就将走上邪路。

【原文】

　　"于其无好德，汝虽。锡之福，其作汝用咎①。无偏无陂②，遵王之义③。无有作好④，遵王之道。无有作恶，尊王之路。无偏无党⑤，王道荡荡。无党无偏，王道平平⑥。无反无侧⑦，王道正直。会其有极⑧，归其有极。

【注释】

　　①作：使，让。用：施以。咎：责怪。②无：不要。偏：不正，偏袒。陂：差错，偏颇。③义：法，原则。④好：私好，偏好。⑤党：结为朋党。⑥平平：平坦、通畅的样子。⑦反：违反、违背。侧：倾侧，意思是违法。⑧会：合。

【译文】

　　"对于那些不喜欢你所建立的道德规范的人，你虽然赏赐给他许多好处，但他一定还会给你带来许多灾害。不应当有任何的偏颇，要完全遵照你所建立的规范行事，不要有任何私人爱好，要完全遵照你所确定的道路行进，不要为非作歹，要根据你所指出的正路要求自己。没有偏私，没有朋党，道路就是广阔的；没有朋党，没有偏私，道路就是通畅的；不违反王道，不违犯法度，道路就是正直的。要任用那些能够按照王道的准则办事的人为官吏，以便使所有臣民都能遵守王道的最高准则。

【原文】

　　"曰皇极之敷言①，是彝是训②，于帝其训③。凡厥庶民，极之敷言，是训是行，以近天子之光。曰天子作民父母，以为天下王。

【注释】

　　①皇：君。敷：陈述、述说。极之敷言，就是天子所说的话。②彝：常法，法度。训：遵守。③于：句首语气词。训：顺从。

【译文】

　　"所以说，天子所宣布的至高无上的准则，就是要经常遵守的法令，就是天子的教导，这个教导是符合上天的意旨的。凡是臣民都应当把天子所宣布的准则当作最高准则，只要按照这个最高准则行事的，就算是亲附天子的了。所以说，天子应当像做臣民的父母一般，来做天下臣民的君主。

【原文】

　　"六、三德：一曰正直，二曰刚克①，三曰柔克②。平康正直③，强弗友刚克④，燮友柔克⑤。沈潜刚克⑥，高明柔克⑦。惟辟作福，惟辟作威，惟辟玉食⑧。臣无有作福、作威、玉食。臣之有作福、作威、玉食，其害于而家，凶于而国。人用侧颇僻，民用僭忒⑨。

【注释】

①刚克：就是以刚克。克，战胜，取胜。②柔克：以柔顺克制之。③平康：和平安顺的人。平，平和。康，安静。④友：亲近，友善的。强弗友，强硬而不可亲近的人。⑤燮：和，柔和。燮友：柔和而可亲的人。⑥沈潜：意思是强制，压制。⑦高明：位高而显赫的人。⑧玉食：美味佳肴。⑨僭：越轨，超过，逾越。忒：恶，邪恶。

【译文】

"六、三种治理臣民的办法：一是能够端正人的曲直，二是以刚取胜，三是以柔取胜。要想使人平和安静，就必须使人正直。对于那些强硬而不能亲近的人，必须用强硬的办法镇压他们；对那些可以亲近的人，就用柔和的办法对待他们。对下面的小人，必须镇压；对高贵显赫的贵族，必须柔和。只有天子才有权给人以幸福，只有天子才可以给人以惩罚，只有天子才可以吃美好的食物。而臣下没有权力给人以幸福和惩罚，也就没有权力吃美好的饭食。假如臣下擅自给人以幸福和惩罚，吃美好的饭食，就会给你的王室带来危害，给你的国家带来危害。人们也将因此而背离王道，小民也将因此而犯上作乱。

【原文】

"七、稽疑：择建立卜筮人①，乃命卜筮②。曰雨，曰霁，曰蒙，曰驿，曰克，曰贞，曰悔③，凡七。卜五，占用二，衍忒④。立时人作卜筮⑤。三人占，则从二人之言。

【注释】

①卜筮：卜，用龟甲来占卜吉凶祸福；筮，古代占卜用的蓍草。②命：让，下令，命令。命卜筮，下令他们进行占卜。③雨、霁、蒙、驿、克、贞、悔：雨，兆之体气如雨。霁，晴。蒙，雾天。驿，色泽光明。克，如袄气之色相交错。贞，内卦。悔，外卦。④衍：估测。忒：变化，改变。⑤时人：这样的人，指卜筮的官员。

【译文】

"七、解决疑难的方法：选择善于卜筮的人，分别让他们用龟甲卜卦或用蓍草占卦，这样的人选定之后，便命令他们进行卜筮。卜筮的征兆如下：兆形像雨一样；兆形像雨后初晴时云气在空中一样；兆形像雾气蒙蒙；兆形像不连贯的云气；兆相交错，内卦，外卦，共有七种。前五种用龟甲卜卦，后两种用蓍草占卦，对卦爻的意义，要认真地加以研究以弄清所有变化。任用这些人从事卜筮时，三个人占卜，应当信从其中两个人的判断。

【原文】

"汝则有大疑，谋及乃心，谋及卿士，谋及庶人，谋及卜筮。汝则从①，龟从，筮从，卿士从，庶民从，是之谓大同。身其康强，子孙其逢吉②。汝则从，龟从，筮从，卿士逆，庶民逆，吉。卿士从，龟从，筮从，汝则逆，庶民逆，吉。庶民从，龟从，筮从，汝则逆，卿士逆，吉。汝则从，龟从，筮逆，卿士逆，庶民逆，作内吉③，作外凶④。龟筮共违于人，用静吉，用作凶。

【注释】

　①从：同意。②逢：相当于"繁"，昌盛，繁盛。③作内：在内部做事。④作外：指在外部做事。

【译文】

　"假如你遇到了重大的疑难问题，首先你自己要多加考虑，然后再和卿士商量，再后和庶民商量，最后问及卜筮。你自己同意，龟卜同意，筮占同意，卿士同意，庶民同意，这就叫大同。这样，你的身体一定会健康强壮，你的子孙也一定会大吉大利。你自己同意，龟卜同意，筮占同意，卿士不同意，庶民不同意，也是吉利的。卿士同意，龟卜同意，筮占同意，你自己不同意，庶民不同意，也是吉利的。庶民同意，龟卜同意，筮占同意，你自己不同意，卿士不同意，也是吉利的。你自己同意，龟卜同意，筮占不同意，卿士不同意，庶民不同意，这样，就只对内吉利，对外就不吉利了。如果龟卜不同意，筮占不同意，即使你自己同意，卿士同意，庶民同意，也是不可轻举妄动，安静地守着就吉利，有所举动就不吉利了。

【原文】

　"八、庶征：曰雨、曰旸①、曰燠②、曰寒、曰风，曰时。五者来备，各以其叙③，庶草蕃庑④。一极备⑤，凶。一极无⑥，凶。曰休征。曰肃，时雨若⑦。曰乂，时旸若。曰晰，时燠若。曰谋，时寒若。曰圣，时风若。曰咎征。曰狂⑧，恒雨若。曰僭⑨，恒旸若。曰豫⑩，恒燠若。曰急⑪，恒寒若。曰蒙⑫，恒风若。曰王省惟岁，卿士惟月，师尹惟日。

【注释】

　①旸：日出或者晴天。这里指晴天。②燠：暖。③叙：次序，这里指时序。④蕃：茂盛的。庑：芜，草木丰盛，繁茂。⑤一：指雨、旸、燠、寒、风五种现象中的一种。极备：极多，极，过度。⑥极无：极缺。⑦若：好像。⑧狂：猖狂，傲慢。⑨僭：差错。⑩豫：安逸享受。⑪急：炎热。⑫蒙：昏暗，寒冷。

【译文】

　"八、各种不同的征兆：一是雨，二是晴，三是暖，四是寒，五是风。假若这五种现象，都能按照一定的规律发生，那么各种草木就会茂盛地生长，庄稼也会丰收。假若其中一种现象过多，年成就不好，一种现象过少，年成也会不好。各种好的征兆：天子办事谨慎，雨水就按时降下来；天子的政治清明，就会有充足的阳光；天子办事明白，炎热的气候就会按时到来；天子能够深谋远虑，寒冷的气候也会应时而至；天子通达事理，风也就会按时产生。各种坏的征兆：天子的行为狂妄，大雨就会下个不停；天子办事出了差错，天气就会干旱不雨；天子贪图安逸享受，天气就会经常炎热；天子办事浮躁，天气就会经常寒冷；天子办事不精明，风就刮个不停。天子有了过失，就会影响一年；卿士有了过失，就会影响一月；官吏有了过失，就会影响一天。

【原文】

　"岁月日时无易①，百谷用成②，乂用民，俊民用章③，家用平康。日月岁时既易，百谷用不成，乂用昏不明，俊民用微^④，家用不宁。庶民惟星，星有好风^⑤，星有好雨^⑥。日月之行，则有冬有夏^⑦。月之从星，则以风雨^⑧。

【注释】

①岁月日时无易：年、月、日之间不发生异常的变化。在这里是对君臣关系的一种隐喻。易，改变，变化。②用：因。③俊民：有才能的人。俊，杰出。章：同"彰"，显明。④微：隐没，不显。⑤好：喜好。⑥星有好雨：有的星好雨的意思。⑦日月之行，则有冬有夏：这是对臣子的要求。⑧以：用。

【译文】

"年、月、日都不发生异常的变化，各种庄稼便都会茂盛地生长，政治就会清明，贤能的人就会得到任用，国家也就会平安无事。假如日、月、年发生了异常的变化，许多庄稼就长不好，政治就昏暗，贤能的人就得不到任用，国家就会混乱。庶民好比星，有的星好风，有的星好雨。由于日月的运行，便产生了冬天和夏天。假若月亮离开太阳而顺从于星，那么接近箕星就多风，接近毕星就多雨。

【原文】

"九、五福：一曰寿，二曰富，三曰康宁，四曰攸好德^①，五曰考终命^②。六极：一曰凶短折^③，二曰疾，三曰忧，四曰贫，五曰恶^④，六曰弱。"

【注释】

①攸：遵行。②考：同"老"。考终命：老而善终。③凶：没有到换牙就死去。短：不到二十岁就死去。折：没有结婚就死去。这些都是短寿的说法。④恶：邪恶。与攸好德相反。

【译文】

"九、五种幸福：一长寿，二富贵，三平安而无疾病，四喜好天子所建立的道德规范，五长寿善终。六种惩罚：一早死，二多病，三多忧愁，四贫穷，五丑恶，六懦弱。"

酒 诰^①

【原文】

王若曰："明大命于妹邦^②。乃穆考文王^③，肇国在西土^④。厥诰毖庶邦庶士越少正、御事^⑤，朝夕曰：'祀兹酒^⑥。'惟天降命。肇我民^⑦，惟元祀^⑧。天降威^⑨，我民用大乱丧德^⑩，亦罔非酒惟行^⑪；越小大邦用丧，亦罔非酒惟辜^⑫。

【注释】

①酒诰：周公命令康叔在卫国宣布戒酒的告诫之辞，所以就命名为《酒诰》。②明：颁布。妹邦：指殷商的故土。③穆：意思是受人尊敬的。④肇：开始，开创。西土：就是指周朝。⑤厥：代词，指文王。诰毖：教导，告诫。庶：众，多。御事：办事的官员。御，治理。⑥兹：才，就。⑦肇：教导。⑧惟：只，只有。元：大。⑨威：惩罚。⑩用：因。大乱造反，反叛。⑪罔：无。惟：为了。⑫辜：罪过、过错、错误。

王说："我要在这股商的旧都向你明确地颁布教令了。你那尊敬的父亲——文王，在西方缔造了我们的国家。他曾经从早到晚告诫诸侯国君及其官吏们说：'只有在祭祀的时候，才可以用酒。'想一下上天所下达的旨意吧！当上天开始为我们臣民造酒的时候，就是为了那盛大的祭祀啊。上天降下惩罚了，是因为我们的众民胆敢犯上作乱，丧失了他们应当遵守的道德，究其原因，无非是以酒乱行；有些诸侯国灭亡了，那也是众民饮酒过度带来的灾害。

戒酒防微

大禹之时，有个叫仪狄的人，善于造酒。他将酒进上大禹，禹饮后，觉得味道甚是甘美，于是说后世必有纵酒亡国者。疏远仪狄，再不许他进见；屏去旨酒，绝不以之进御。以酒供祭祀、燕乡的礼仪不废。但纵酒过度，则内生疾病，外废政务，乱亡之祸就成为必然。所以圣人谨始虑微，预先以之为戒，哪知夏朝末代王桀，以酒池牛饮为乐，终至亡国。

【原文】

"文王诰教小子有正有事①，无彝酒②。越庶国③，饮惟祀，德将无醉④。

【注释】

①小子：在这里指的是文王的子孙后代们。有正有事：指的就是各级官员。②无：不要。彝：经常。③越：于。庶国：指的是在各个封地任职的诸侯国的国君。④将：助。德将：以德相助。

【译文】

"文王告诫他的子孙以及官员们不许经常饮酒，同时也要求诸侯国君，只有在祭祀的时候才可以饮酒，在饮酒的时候，要严格要求自己，以免喝醉了。

【原文】

"惟曰我民迪小子①，惟土物爱②，厥心臧③。聪听祖考之彝训④，越小大德⑤，小子惟一⑥。

【注释】

①迪：开导，启迪。小子：指子孙。②土物：由土里长出来的农产品或者庄稼。爱：爱惜。③臧：善，美好的。④聪：听觉敏锐。祖考：就是指文王。彝：法度。⑤越：发扬。⑥小子：指殷的遗民。惟：只。

【译文】

"文王还说，要经常教导我的臣民及子孙，要他们经常想到土地上生长的庄稼是应当爱惜的，这样他们的心地就会善良了。一定要很好地听取我们的前辈所留下的这些教训，无论德行大小或者是年轻人，都应当同样戒酒。

【原文】

"妹土嗣尔股肱①，纯其艺黍稷②，奔走事厥考厥长③。肇牵车牛④，远服贾⑤，用孝养厥父母。厥父母庆⑥，自洗腆⑦，致用酒⑧。

【注释】

①嗣：用，尽力。股肱：脚和手。②纯：专一地，专心致志地。艺：种植，耕种。③事：动词，赡养，侍奉。④肇：勉力。⑤服：从事，进行。贾：贸易，买卖。⑥庆：高兴，喜悦。⑦洗：洁，这里专指准备。腆：丰盛的膳食。⑧致：可以。

【译文】

"殷商旧都的殷民们，从今以后，你们要辛勤劳动，专心致志地种好庄稼，要为你们的父兄，以及你们的长官奔走效劳。在农事完毕以后，你们就可以赶快牵着牛车，到外地从事贸易，以孝敬赡养你们的父母，你们的父母一定会高高兴兴地自己动手准备丰盛的饭食，在这时，你们就可以饮酒了。

【原文】

"庶士有正越庶伯君子①，其尔典听朕教②。尔大克羞耇惟君③，尔乃饮食醉饱。丕惟曰④，尔克永观省⑤，作稽中德⑥，尔尚克羞馈祀⑦，尔乃自介用逸⑧，兹乃允惟王正事之臣⑨。

【注释】

①庶士有正越庶伯君子：对官员的统称。越：和，与。②其：希望。典：经常，常常。③克：能够，可以。羞：进献。惟：与。④丕：语气助词，没有实在意义。⑤省：反省，反思。⑥作稽：举止行为。中：符合，合乎。⑦馈祀：国君举行的祭祀。⑧介：求。用逸：指饮酒作乐。⑨允：诚。惟：是。正：治理。

【译文】

"官员们，希望你们要经常听取教导。只要你们能够很好地孝敬长辈和国君，你们就不但饭可以吃得饱，酒也可以喝得足了。这样，就可以说你们是能够长久地省察自己的行为，使自己的言行举止合乎我们的道德标准。这样，你们也就基本上可以参与国王所举行的祭祀，你们也就可以向上天祈求安乐了。这就是说你们都是为国王所信任并为国王办理各种政务的官员。

【原文】

兹亦惟天若元德①，永不忘在王家②。"

【注释】

①若：善，美好的，赞美。元德：大德。②忘：上天使其不忘。 在：于。

【译文】

"你们要能够按照上天所规定的大德行事，时刻不忘自己臣下的身份。"

【原文】

王曰："封，我西土棐徂邦君、御事、小子①，尚克用文王教，不腆于酒②，故我至于今，克受殷之命。"

【注释】

①粜徂：辅助，帮助，协助。②腆：厚，丰厚的。

【译文】

王说："封啊！过去我们西方本土的诸侯国君及其官吏们，能够遵照文王的教导，不好饮酒，所以我们今天能够灭掉殷商并代替殷商接受上天所赐予的大命。"

【原文】

王曰："封，我闻惟曰①，在昔殷先哲王，迪畏天②，显小民，经德秉哲③。自成汤咸至于帝乙④，成王畏相。惟御事厥粜有恭⑤，不敢自暇自逸，矧曰其敢崇饮⑥？越在外服⑦，侯、甸、男、卫邦伯，越在内服，百僚庶尹惟亚惟服宗工，越百姓里居⑧，罔敢湎于酒⑨。不惟不敢，亦不暇。惟助成王德显，越尹人祗辟⑩。

【注释】

①惟：有。②迪：引导。③经：修、行。秉：持。④咸汤：殷商的开国君主。咸：都，全部。帝乙：商纣王的父亲。⑤粜：辅助。恭：恭敬。⑥崇：多，尽。⑦越：过。⑧百僚：百官。庶尹：众长。亚：次。服：任事的官。宗工：宗室官员。⑨湎：沉湎。⑩祗：教。辟：法。

【译文】

王说："封啊！我听到这种说法：从前殷商圣明的国王都是引导小民敬畏上天的，小民都能够遵从道德，对统治者表示敬仰。从成汤到帝乙的王业之所以有成就，就是因为小民对上天和统治者表示敬畏并能自我省察，官吏们各尽其职，办理政务非常谨慎，丝毫不敢擅自贪图享受，何况是尽情饮酒呢？在京城以外的诸侯国君，在朝内的各种官吏和宗室贵族大家都不敢成天喝酒，不单是不敢这样做，也是没有闲暇这样做。他们所考虑的只是怎样帮助国王成就显赫的功业，以及使各种官吏都对国王表示敬畏。"

【原文】

"我闻亦惟曰，在今后嗣王酗身①。厥命罔显于民②，祗保越怨不易③。诞惟厥纵④，淫泆于非彝⑤，用燕丧威仪⑥，民罔不尽伤心⑦。惟荒腆于酒，不惟自息乃逸⑧，厥心疾很⑨，不克畏死⑩。辜在商邑⑪，越殷国灭无罹⑫。弗惟德馨香⑬，祀登闻于天⑭，诞惟民怨⑮。庶群自酒⑯，腥闻在上，故天降丧于殷⑰，罔爱于殷，惟逸。天非虐，惟民自速辜⑱。"

【注释】

①后嗣王：指纣王。嗣，继承。酗：尽情地饮酒。身：自身。②显：明。③祗：病，痛苦，悲哀。保：安。越：在。④诞：大。惟：为。纵：沉湎。⑤泆：放荡。⑥燕：通"宴"，宴饮。⑦尽：痛。⑧乃：代词，你的。逸：过失，错误。⑨疾：恶毒的。很：凶狠。⑩不克畏死：不怕死亡的威胁。⑪辜：罪过，这里是动词用法，作恶的意思。商邑：商的国都。⑫罹：忧虑，担忧。无罹，不忧。⑬惟：有。⑭登：升。⑮诞：大的意思。⑯自酒：尽情地饮酒。⑰丧：灭亡之祸。⑱速：招致，招来，惹来。

"我还听到这样一种说法：现在殷商的后继国王沉醉在饮酒作乐之中，不去成就上天降给他的大命从而建立显赫的功业，安于臣民对他的怨恨，不思改过，纵欲无度，沉湎在极不合乎道德和法度的安乐享受之中。由于贪图安乐和享受以致丧失了应有的威严，臣民无不感到痛苦和伤心。他只考虑如何尽情地饮酒作乐，而不考虑停止自己这种过分的享受。他的心地乖戾狠毒，是个亡命之徒。他在殷商的故都犯下了许多大罪，到殷国灭亡的时候，便形成了众叛亲离的局面。没有德政报告给上天，也不给上天祭祀，臣民对他非常怨恨，都放肆地饮酒，那酒肉的腥味冲到天上，被上天闻到了，所以上天就把亡国的大祸降给了殷。上天之所以不喜欢殷，就是因为他们贪图享受的缘故。不是上天暴虐，而是殷商的臣民自己招来这种亡国的祸害。"

【原文】

王曰："封，予不惟若兹多诰①。古人有言曰：'人无于水监②，当于民监。'今惟殷坠厥命，我其可不大监抚于时③？

【注释】

①惟：思，想。若兹：如此，这样。②无：不要。监：察看，审察。③其：难道，表示反诘语气。监抚：察看。

【译文】

王说："封啊！我不仅用这些道理告诫你，还希望你认真考虑古人的遗教：'人，不要把水当作镜子，而应当把臣民当作镜子。'现在殷商已经丧失了上天降给它的大命，我哪里敢不根据殷商灭亡的历史事实认真地总结经验教训呢？

【原文】

"予惟曰：'汝劼毖殷献臣①、侯甸男卫，矧太史友？内史友、越献臣百宗工②，矧惟尔事服休服采③？矧惟若畴圻父④，薄违农父⑤？若保宏父，定辟⑥，矧汝刚制于酒⑦？'"

【注释】

①劼：谨慎小心。毖：劝解。献：同"贤"。②越：与，和，连词。百宗工：许多尊贵的官员。③尔事：服侍你的近臣。服休：管理游宴的官员。服采：管理朝祭的官员。④若畴：你的三卿，也就是司马、司徒、司空。圻父：管理军事。⑤薄：讨伐。违：违抗，不遵守。农父：管理农业的司徒。若：顺从。保：养。宏父：司空，管理法律的官员。⑥辟：法度。⑦矧：认真。刚：强。制：止，断绝。

【译文】

"我经过一番认真的考虑之后，要这样告诉你：'你要慎重地训诫殷商的遗臣和诸侯国君，以及记事记言的史官，还有原来殷商朝内的许多贤臣。还要告诫你的部下以及你的管理游宴休息和朝祭的近臣，还有你的三种大臣：讨伐叛乱的司马、管理农业生产的司徒、主持司法事务的司空，加上你本人，都要采取严厉手段强行戒酒。'

【原文】

"厥或诰曰①:'群饮。'汝勿佚②。尽执拘以归于周③,予其杀④。又惟殷之迪诸臣⑤,惟工乃湎于酒⑥,勿庸杀之⑦,姑惟教之有斯明享⑧,乃不用我教辞,惟我一人弗恤⑨,弗蠲乃事⑩,时同于杀⑪。"

【注释】

①或:有的。诰:同"告",报告。②佚:放纵。③执拘:逮捕,缉拿。④其:将要。杀:周初严禁群饮,违者杀。⑤迪:辅佐,辅助。⑥惟:与。⑦勿庸:不用,不要。⑧姑:姑且。明享:明显的优待。⑧惟:于。恤:怜惜。⑨蠲:免除罪过。⑩事:治,治理,管理。⑪时:代词,是,这些。

【译文】

"假若有人报告你说:'有一群人在饮酒。'你就不要放纵他们,要把他们尽快逮捕并押送到我这里来,我要把他们杀掉。假若是原来殷商的旧臣以及掌管手工业生产的百工过分饮酒,就不要杀掉他们而应当教育他们。有了这样明确的教令之后,假若有人仍然敢于不遵从我的这些教令,对我的威严不感到畏惧,不使自己的政务清明,对于这样的人也要和上述的人一样把他们杀掉。"

【原文】

王曰:"封,汝典听朕毖①,勿辩乃司民湎于酒②。"

【注释】

①典:常。毖:劝诫。②辩:使,让。司民:治民的官员。

【译文】

王说:"封啊!你要经常听取我的教导,不要使你所统治的臣民喜好饮酒。"

礼 记

礼 运

【原文】

昔者仲尼与于蜡宾①,事毕,出游于观之上②,喟然而叹③。仲尼之叹,盖叹鲁也。

【注释】

①蜡:与"咋"同音。年末之时进行的隆重的祭祀活动,又叫蜡祭。②观:与"灌"同音,指的是古代在宗庙门外的小楼。③喟然:深深地感叹。

【译文】

先前,孔子曾经参与蜡祭,充任蜡祭饮酒的宾客。蜡祭完毕,他外出到门楼上游览时唉声叹气。仲尼叹气，是为鲁国叹气。

言偃在侧，曰："君子何叹？"孔子曰："大道之行也①，与三代之英②，丘未之逮也③，而有志焉。大道之行也，天下为公，选贤与能，讲信修睦。故人不独亲其亲，不独子其子，使老有所终，壮有所用，幼有所长，矜寡孤独废疾者皆有所养④，男有分，女有归⑤。货恶其弃于地也，不必藏于己；力恶其不出于身也，不必为己。是故谋闭而不兴⑥，盗窃乱贼而不作，故外户而不闭⑦。是谓大同。

【注释】

①大道：社会安定时期的行为规范。②三代之英：在这里指的是夏、商、周三代中开明、有丰功伟绩的君王。③逮：赶得上。④矜寡孤独废疾者：老而无妻、无夫的人；年幼无父、年老无子的人；身体残疾的人。矜，与"鳏"同。⑤归：出嫁之地。⑥谋：阴谋计策之意。⑦外户：指的是屋门外的大门。

【译文】

当时子游在旁边，问道："老师为何叹气呢？"孔子说："大道通达于天下的时代和夏、商、周三代，德才出类拔萃的几位当政的时代，我都没有赶上，没法看到，所看到的只是一些记载罢了。大道通达于天下时，把天下作为大家所共有的。选举贤能之人，讲究诚实，重视亲睦，因此人们不只是爱自己的亲人，不只是把自己的孩子当作孩子，要使社会上的老人安享天年，壮年之人能贡献自己的才力，年幼的人可以得到抚育成长，鳏寡孤独和残疾、有病的人，都能得到供养。男人恪守自己的职责，女人各有自己的家庭。人们就就业业，把钱物抛弃在地面不管，但也不让他人为自己收存，据为己有，人们厌恶自己有力而不肯出力的人，但也不让别人为自己出力。各种图谋都杜绝了而不发生，也没有去做劫掠偷窃的盗贼，因而从外面合住门而不关紧。这就叫作大同世界。

【原文】

"今大道既隐①，天下为家，各亲其亲，各子其子，货力为己，大人世及以为礼②，城郭沟池以为固③，礼义以为纪；以正君臣，以笃父子④，以睦兄弟，以和夫妇，以设制度，以立田里⑤，以贤勇知，以功为己。故谋用是作⑥，而兵由此起⑦。禹、汤、文、武、成王、周公，由此其选也⑧。此六君子者，未有不谨于礼者也。以著其义⑨，以考其信⑩，著有过，刑仁讲让⑪，示民有常。如有不由此者，在势者去⑫，众以为殃。是谓小康。"

【注释】

①隐：退去、消散之意。②大人：代指国君。世及：古代传位的两种主要方式，分别指的是父传子和兄传弟。③郭：外城之意。沟池：城外的护城河。④笃：深厚之意。⑤田里：包括所种田地和所住之处。⑥用是：由此。⑦兵：战争。⑧选：表现出色、能成就大事之人。⑨著：表现出来，展露。义：符合礼数之事。⑩考：考验。⑪刑：范式、优秀。⑫势：担负职务。去：辞去、驱逐。

"三代以来，大道已经衰微，天下成为一家一姓的财产，人们只亲爱自己的亲人，各人也只把自己的孩子当作孩子，财物或出力全是为自己。诸侯把国家传给儿子，没有儿子传给兄弟，把城郭沟池搞得更坚固，把礼制仁义作为纲纪，用它来确定君臣名分。专一父子的慈孝，亲睦兄弟的友爱，调和夫妻的感情，并使用礼义来设立制度，划分田地和居宅，尊重勇力才智，把功绩作为个人所有。所以图谋从这儿产生，战争也从这儿兴起。夏禹、商汤、文王、武王、成王和周公用这种礼义治理天下，从而成为才德出众的人。这六位君子没有一人不严守礼制的，用它来表现义，考验信实，昭示过错，效法仁爱，讲究谦让，昭示民众以正常的行为。如果出现不按照礼义去做的，有权势的人也要被驱逐，人人都视他为灾祸。这就叫作小康。"

【原文】

言偃复问曰①："如此乎礼之急也？"孔子曰："夫礼，先王以承天之道，以治人之情，故失之者死，得之者生。诗曰：'相鼠有体，人而无礼。人而无礼，胡不遄死②。'是故夫礼必本于天，殽于地③，列于鬼神④，达于丧⑤、祭、射、御、冠、昏、朝、聘。故圣人以礼示之，故天下国家可得而正也。"

【注释】

①复：再次。②遄：立即、马上的意思。③殽：与"效"相通，仿效的意思。④列：使动用法，使……有顺序的意思。⑤达：表现、显现。

【译文】

子游又问道："礼，真像这样急需吗？"孔子说："礼是先代君王用来承奉自然法则，来控制人们的行为的，所以人们失去这自然法则就会死掉，得到它方可以生存。《诗》曰：'看那只老鼠还有个形，人却没个人样的礼貌。若人没有人样的礼貌，为什么不快点去死？'由此看来，礼必须依据着天，效法着地，充满着过去未来，而表现在丧、祭、射、御、冠、婚、朝、聘等礼上，所以圣人就用礼来昭示天道人情，而天下国家才能做到合乎规范。"

【原文】

言偃复问曰："夫子之极言礼也，可得而闻与？"孔子曰："我欲观夏道，是故之杞①，而不足征也，吾得夏时焉②。我欲观殷道，是故之宋③，而不足征也，吾得坤乾焉④。坤乾之义，夏时之等，吾以是观之。夫礼之初，始诸饮食，其燔黍捭豚⑤，污尊而抔饮⑥，蒉桴而土鼓⑦，犹若可以致其敬于鬼神。及其死也，升屋而号，告曰：'皋！某复。'然后饭腥而苴孰⑧，故天望而地藏也⑨。体魄则降，知气在上，故死者北首，生者南乡，皆从其初。昔者先王未有宫室，冬则居营窟，夏则居橧巢⑩。未有火化⑪，食草木之实，鸟兽之肉，饮其血，茹其毛。未有麻丝，衣其羽皮。后圣有作，然后修火之利，范金合土⑫，以为台榭、宫室、牖户⑬，以炮以燔，以亨以炙⑭，以为醴酪⑮；治其麻丝，以为布帛。以养生送死，以事鬼神上帝。皆从其朔。故玄酒在室，醴酸在户，粢醍在堂，澄酒在下⑯。陈其牺牲，备其鼎俎，列其琴瑟管磬钟鼓，修其祝嘏，以降上神与其先祖，以正君臣，以笃父子，以睦兄弟，以齐上下，夫妇有所。是谓承天之祜。

作其祝号，玄酒以祭，荐其血毛，腥其俎，孰其殽，与其越席⑰，疏布以幂，衣其浣帛，醴醆以献，荐其燔炙⑱，君与夫人交献，以嘉魂魄。是谓合莫。然后退而合亨⑲，体其犬豕牛羊⑳，实其簠簋、笾豆、铏羹。祝以孝告。嘏以慈告。是谓大祥。此礼之大成也。"

【注释】

①杞：古代的国家名，是夏禹的后代所建。②夏时：夏代通用的历法书。③宋：古代的国家名，是商汤的后代所建。④坤乾：古代占卜算卦的书，主要依托阴阳理论来进行推算。⑤掉豚：掉，与"擘"通假。豚，指所有的兽肉。⑥污：小水坑，这里指的是挖水坑。⑦蒉桴而土鼓：抟土成桴，筑土成鼓。⑧腥：指的是生米。⑨天望而地藏：指的是人死之后对天告诉前来招魂，之后不加棺木直接埋葬。⑩冬则居营窟，夏则居橧巢：营窟，古人用土堆垒成的住处。橧巢，用薪柴搭建成的巢室。⑪火化：在古代指的是用火烧食物吃。⑫范：制造器物时所用的模具。⑬牖：指家中的窗户。⑭以炮以燔，以亨以炙：炮，用土将生食包裹起来进行烘烤。燔，烧制成熟食。亨：与"烹"同，煮熟之意。炙：烤制之意。⑮酪：用新鲜水果调成的汁。⑯醴醆在户，粢醍在堂，澄酒在下：醴醆，与"礼盏"同音，指的是除去残渣的甜酒和盛在盏中的葱白色的酒。粢醍，与"资提"同音，指的是一种浅红色的酒。澄酒，指的是带有残渣的赤红色稍清的酒。⑰越席：结蒲为席。⑱燔炙：指的是将肉烤制成肉干。⑲合亨：之前的制作过程并未将食物完全做熟，所以要再加烹制。⑳体其犬豕牛羊：动物的身体各个部位有贵贱之分，右贵于左，前贵于后，上贵于下。

【译文】

子游又问道："老师如此极力推崇礼，可以让我听听吧？"孔子说："我曾想看看夏朝的礼，因此到杞国去，可惜年代久远，无法验证了，我得了他们的历书《夏时》。我又想看看殷朝的礼，所以到宋国去，也是无法得到验证，我得到他们的易书《坤乾》。我从《夏时》《坤乾》中看到的是阴阳的功用和礼的区分等次，并从此看到了礼的演变道理及周转的程序。原本礼最初是开始于饮食行为的，他们将黍米用水淘洗后，放在烧石上烧熟；把猪肉分开放在烧石上烤熟，在地上凿个坑当作酒樽，用手捧着酒来喝。他们用土块做鼓槌敲打土做的鼓，像是可以按这种生活方式来敬鬼神。到他们死的时候，活着的人就登上屋顶向天空大声喊叫，他们喊：'啊——某人你回来呀！'但死者不能复生，他们就用生米举行饭含之礼并且在下葬时给死者包裹一些熟食，不让他挨饿。因此招魂时望着天而隐藏尸体于地下，身体埋到地下，灵魂却在天上，北方是阴，所以死人的头朝北；南方是阳，所以活着的以南为尊，这都是最初传下来的。先前先代君王没有宫殿房屋，冬天就居住在四周都用土做成的土窟里，夏天就居住在用柴木聚集而成的巢里。当时不知道用火使食物变熟，生吃草木的果实以及鸟兽的肉，喝动物的血，连毛也吃下去。当时没有麻丝，穿羽毛和兽衣。后世有圣人出现，然后利用火的热力，用模子浇铸金属，调和泥土烧制砖瓦，用以建造台榭、宫室和门窗。同时用火来炮烤煮炙食物。酿制醴酒、制作麻丝，供养人们的生活，料理丧事和祭祀鬼神上天。后世的人在这些方面都遵守原始时候的做法。由于遵从原始，所以祭祀时，玄酒最古，放在地位最尊的屋内，醴、醆放在户内，粢醍放在行礼的堂上，而清酒却放在堂下。摆列出那些牺牲，备齐那些鼎俎，安排琴瑟管磬钟鼓，撰写祝词嘏词，用来迎接上神及先祖的降临。在祭祀进行中要辨证君臣的意义，专一父子的慈孝，亲睦兄弟的友爱，沟通上下的声气，夫妇各有自己应处的地位，这就称为承奉上天的福佑。做坛祝词的名号，用玄酒来祭神，进献牲血和毛，然后进献俎上的生肉，还要进献半熟的牲体。行礼时，主人主妇都要亲自踩踏蒲草结的席，端着用粗布覆盖的酒樽，穿着新织的绸衣，献上醴酒和酪酒，进献烤肉与烤肝。主人和主妇相互交替进献，让祖先的灵魂十分欢娱，这叫作人神感通，合而为一。祭祀以后退下，把半生不熟的牲体合在一起烹煮，再区别犬豕牛羊的牲体，盛入笾、笾、豆之中，祝词将主人孝顺告诉鬼神，嘏词把神的慈爱转达给主人，这叫作大祥。这是礼的大功告成。"

【原文】

孔子曰："於呼哀哉^①！我观周道，幽、厉伤之^②，吾舍鲁何适矣^③！鲁之郊禘^④，非礼也。周公其衰矣。

"杞之郊也^⑤，禹也；宋之郊也，契也^⑥。是天子之事守也。故天子祭天地，诸侯祭社稷。"祝嘏莫敢易其常古^⑦，是谓大假^⑧。

【注释】

①於呼哀哉：表示深深叹息的语气词。②幽、厉：周幽王和周厉王，他们是西周末年的两个昏君。③舍：离开。适：到……去。④禘：与"第"同音。是古代的祭祀名，指帝王诸侯祭祀始祖或者夏季宗庙中举行的祭祀。⑤杞：杞国，是周代的诸侯国，在今河南杞县。⑥契：与"谢"同音。传说中商的始祖。⑦嘏：与"假"同音，或者与"鼓"同音，福禄的意思。⑧大假：与大祥意思相通。"假"也是"大"的意思。

【译文】

孔子说："唉，太可悲啊！我考察周代的制度，自幽王、厉王起周礼就败坏了，为今只有鲁国秉承周礼，我舍弃鲁国到什么地方去呢？可是，鲁国举行郊之祭，不合乎周礼，周公之礼衰微了！

"杞国人祭天是祭禹，宋国人祭天是祭契，这是天子的分内之事。只有天子可以祭天地，诸侯只能祭自己国内的社稷之神。祝词嘏词不敢更改旧有制式，这叫作大假。

【原文】

祝嘏辞说，藏于宗祝巫史，非礼也，是谓幽国。醆斝及尸君^①，非礼也，是谓僭君^②。冕弁兵革藏于私家^③，非礼也，是谓胁君^④。大夫具官^⑤，祭器不假^⑥声乐皆具，非礼也，是谓乱国。故仕于公曰臣，仕于家曰仆。三年之丧与新有昏者^⑦，期不使^⑧。以衰裳入朝，与家仆杂居齐齿，非礼也，是谓君与臣同国。故天子有田以处其子孙^⑨，诸侯有国以处其子孙，大夫有采以处其子孙，是谓制度。故天子适诸侯，必舍其祖庙^⑩，而不以礼籍入，是谓天子坏法乱纪。诸侯非问疾吊丧而入诸臣之家，是为君臣为谑^⑪。是故礼者，君之大柄也，所以别嫌明微，傧鬼神^⑫，考制度，别仁义，所以治政安君也。故政不正则君位危，君位危，则大臣倍^⑬，小臣窃。刑肃而俗敝^⑭，则法无常，法无常而礼无列，礼无列则士不事也。刑肃而俗敝，则民弗归也。是谓疵国。

①醆：与"盏"同，一种酒器。斝：与"假"同音。一种铜制的酒器，圆口，三只脚。②僭：与"见"同音，超越本分的意思。③冕：大夫以上的贵族所戴的礼帽。弁：与"变"同音，皮革做成的帽子。④胁：威胁、胁迫。⑤具官：完备的执事官吏。⑥假：与"借"相通。古代规定，凡是没有采邑封地的大夫，不能私自制造祭器；有采邑封地的大夫可以制造祭器，但是并不完备，必须向他人去借。⑦昏：与"婚"相通。⑧期：与"鸡"同音，一年。⑨处：使动用法，使……居住，安置的意思。⑩适：到……去。⑪谑：戏谑。⑫傧：与"宾"同音，接待、招待。⑬倍：与"背"相通，背叛的意思。⑭肃：严峻。敝：败坏。

【译文】

　　祝词嘏词不藏宗庙而藏到宗、祝、巫、史的家，这不合于礼。这叫作典礼幽暗不明的国家。玉是先王重器，诸侯用来献尸，这不合乎礼。这叫作僭越君王。冕弁是国君有命才可穿的尊服，兵器甲革是国家的武卫，却藏在大夫家中，这不合于礼。这叫作威胁国君。大夫家中有完备的执事官吏，祭器自备不用去借，声乐全具备，这不合礼。这叫作纲纪悖乱的国家。为国君效力的官叫臣，为大夫效力的官叫仆。父母的丧事要守丧三年，新婚就给假一年，在这期间，不因公事而唤用他们。在这期间，穿着丧服入朝，或是和家仆杂役一起平等并列，这都不合礼。把朝廷当作他的家，这叫作君臣共国。所以天子有田来安置自己的子孙，诸侯有国来安置自己的子孙，大夫有封地来安置自己的子孙，这叫作制度。因此天子到诸侯国去，必须止宿在诸侯的祖庙，如果不按典章礼制进入祖庙，这就是天子败坏法纪。诸侯不是探问病人或吊丧，却随便进入诸臣的家中，这叫国君与诸侯戏谑。所以，礼是国君用来治理国家的重要工具，用礼来判别是非洞察幽隐、接待鬼神、孝敬祖先、划分等级、规定秩序、建立伦常、区别尊亲，礼是使政事得到治理、国君能够安乐的东西。因此政事不能行正道，那么，国君的地位就危险，国君的地位一危险，那么大臣就悖逆犯上，小臣就非法据有权力。刑罚严峻，却习俗风气败坏，那么法令就经常变化；法令经常变化，礼就秩序紊乱，礼的秩序紊乱，那么士人就无所事事。刑罚严峻却习俗风气败坏，则民众不归顺。这叫疵国。

节孝芝瑞

父慈、子孝才合乎礼，礼能使政事得到治理、国君安乐。

【原文】

　　故政者，君之所以藏身也①。是故夫政必本于天，殽以降命②。命降于社之谓殽地，降于祖庙之谓仁义，降于山川之谓兴作，降于五祀之谓制度③。此圣人所以藏身之固也④。故圣人参于天地⑤，并于鬼神，以治政也⑥。处其所存⑦，礼之序也；玩其所乐⑧，民之治也。故天生时而地生财，人其父生而师教之，四者君以正用之，故君者立于无过之地也。

①所以：用来……的人、用来……的食物、用来……的地方。②殷：与"效"相通，仿效。③五祀：指户、灶、中霤、门、行。④固：稳固。⑤参：参考。⑥治政：制定各项政策法规。⑦所存：指天地运行的道理。⑧玩：研习。

【译文】

政治是国君托身以保安定之处。因此政治的原理，必定依照天理来制定政令。政令应用到地上叫作效法；应用到祖庙中叫作仁义；应用到山川叫作兴建；应用到依时运行叫作制度。这就是圣人托身之处稳固的缘故。"因而圣人配合天地，与鬼神一起来治理政事。处理观察到的，是礼制的秩序。研习所喜好的，是民众的作为。因此天有四季，地有资财，人的身体是父母生养，知识才能是老师教给，这四者国君用来使它们各得其正，所以做国君的必须正身立于无有过错之地。

【原文】

故君者，所明也①，非明人者也②。君者，所养也，非养人者也。君者，所事也，非事人者也。故君明人则有过，养人则不足，事人则失位。故百姓则君以自治也③，养君以自安也，事君以自显也。故礼达而分定④，故人皆爱其死而患其生⑤。故用人之知⑥，去其诈；用人之勇，去其怒；用人之仁，去其贪。故国有患，君死社稷谓之义⑦，大夫死宗庙谓之变。

【注释】

①明：指让别人效仿，给他人做榜样。②明人：指仿效别人。③则：以……为准则、效仿。④达：畅达。分：本分。⑤爱：吝惜。⑥知：与"智"相通，智慧。⑦死：这里用作动词，为……而死。

【译文】

所以国君是别人所仿效的，而不是仿效别人。国君是别人所供养的，而不是供养别人。国君是别人所服侍的，而不是服侍别人。若国君仿效别人就会有差错，供养别人就会有不足，服侍别人就会失去自己的地位。百姓仿效国君来管理自己，供养国君以安定自己，侍奉国君来显扬自己。礼通达天下而且职分得到确定，人们习惯于安定生活而舍不得去死。国君用人们的智慧而去掉作假的成分，用人们的勇气而去掉冲动情绪，利用人们的仁心而去掉贪欲。所以国家有危难，国君为国家去死叫作义，大夫为宗庙去死叫作变。

【原文】

故圣人耐以天下为一家①，以中国为一人者，非意之也②，必知其情，辟于其义，明于其利，达于其患③，然后能为之。何谓人情？喜、怒、哀、惧、爱、恶、欲，七者弗学而能。何谓人义？父慈、子孝、兄良、弟弟④、夫义、妇听、长惠、幼顺、君仁、臣忠，十者谓之人义。讲信修睦⑤，谓之人利。争夺相杀，谓之人患。故圣人之所以治人七情，修十义，讲信修睦，尚辞让，去争夺，舍礼何以治之？饮食男女，人之大欲存焉。死亡贫苦，人之大恶存焉。故欲恶者，心之大端也⑥。人藏其心，不可测度也。美恶皆在其心，不见其色也。欲一以穷之⑦，舍礼何以哉！

【注释】

①耐：能。②意：与"臆"相通，随意猜测。③达：明白、知道。④弟：与"悌"相通，敬爱、顺从兄长。⑤修：提倡。⑥大端：最基本的表现征兆。⑦穷：穷尽。

【译文】

圣人能把天下当作一家，把天下人看作同自己一样，这不是随意猜度出来的，他一定要懂得人情，通晓义理，明白利害所在，然后才可能做到这个地步。何为人情？喜、怒、哀、惧、爱、恶、欲，这七情不学就会。什么是仁义？为父须慈，为子须孝，为兄须良，为弟须悌，为夫须义，为妇须听，为长须惠，为幼须顺，为君须仁，为臣须忠，这十种叫作仁义，讲究诚实，重视亲睦，叫作人利，争夺而互相残杀，叫作人患。所以君子要协调人们的七情、十义，讲究诚实，重视亲睦，推崇辞让，摒弃争夺。舍弃礼制，用什么去协调呢？人最强烈的欲望存在于饮食男女之中，人最畏惧的，存在于死亡贫苦之中。因此欲望和畏惧是人们心理的主要内容。人们为某种原因隐藏自己的感情，别人无法测测。喜爱与厌恶都藏在心里，而不表现在神情上。要想整个穷尽人们的心理，舍弃礼制用什么呢？

【原文】

"故人者，其天地之德，阴阳之交，鬼神之会，五行之秀气也。故天秉阳，垂日星；地秉阴，窍于山川①。播五行于四时②，和而后月生也③，是以三五而盈④，三五而阙⑤。五行之动，迭相竭也。五行、四时、十二月，还相为本也。五声、六律、十二管，还相为宫也。五味、六和、十二食，还相为质也。五色、六章、十二衣，还相为质也。故人者，天地之心也，五行之端也，食味、别声、被色而生者也。

【注释】

①窍：动词，形成洞穴、贯通。②播：散播、分散。③和：协调、和谐。④三五：十五天。盈：满。⑤阙：与"缺"相通。

【译文】

人类是天地的客观规律造就的，交错着阴阳性，会合着过去与未来，是五行的灵秀之气。天秉持阳性，太阳与群星从天空照临到大地；地秉持阴性，负载着山川大河，把五行分散到四季之中，阴阳两气交融而后生出各种月形。所以月亮十五日充盈圆满，又十五日趋于残缺。五行的消长，轮流承载，五行四时十二月，旋转着互相为主，各有所本。五声六律十二管，旋转着互相为宫。五味六和十二食，五色六章十二衣，也都肇转着互相为主。因此人类顺从自然法则而生，是五行消长的起始，是饮食有不同口味，能辨别各种声音，穿彩色色衣裳的动物。

【原文】

故圣人作则①，必以天地为本，以阴阳为端，以四时为柄，以日星为纪，月以为量，鬼神以为徒②，五行以为质，礼义以为器③，人情以为田④，四灵以为畜。以天地为本，故物可举也。以阴阳为端，故情可睹也。以四时为柄，故事可劝也。以日星为纪，故事可列也。月以为量，故功有艺也。鬼神以为徒，故事有守也。五行以为质，故事可复也。礼义以为器，故事行有考也^⑤。人情以为田，故人以为奥也^⑥。四灵以为畜，故饮食有由也^⑦。

【注释】

①则：法则、制度。②徒：同伴、伴侣。③器：工具。④田：指治理对象。⑤考：成。⑥奥：主体。⑦由：由来。

【译文】

圣人制作法则，一定以天地作为根据，阴阳为大端，四时为总纲，太阳和群星为准则，月亮为限度，鬼神为伴侣，五行为主体，礼义为工具，人情为治理对象，四灵为家畜。以天地作为根据，因此包罗万物。以阴阳为大端，因此两方的情形都可以看见。以四时为总纲，所以可劝勉人们做事。以太阳和群星为准则，所以事情有条有理。以月亮为限度，所以做事有界限。以鬼神为伴侣，所以循守职事。以五行为主体，所以事情可以终而复始。以礼义为工具，所以做事情就有成效。以人情为治理对象，所以把人作为主要对象。以四灵为家畜，所以饮食有所由来。

【原文】

何谓四灵？麟、凤、龟、龙，谓之四灵。故龙以为畜，故鱼鲔不淰^①；凤以为畜，故鸟不獝^②；麟以为畜，故兽不狘^③；龟以为畜，故人情不失^④。

【注释】

①淰：与"审"同音，鱼惊走的意思。②獝：与"叙"同音，鸟惊飞的意思。③狘：与"谑"同音，兽惊走的意思。④失：失误。

【译文】

何为四灵？麟、凤、龟、龙叫作四灵。所以养了龙，水生的大鱼小鱼就不会被惊走；养了凤和麟，鸟兽就不会受到惊吓而乱飞乱窜；养了灵龟，可以预卜人情真伪却不失误。

【原文】

故先王秉蓍龟^①，列祭祀，瘗缯^②，宣祝嘏辞说，设制度，故国有礼，官有御，事有职，礼有序。故先王患礼之不达于下也，故祭帝于郊，所以定天位也；祀社于国，所以列地利也；祖庙，所以本仁也；山川，所以傧鬼神也^③；五祀，所以本事也。故宗祝在庙，三公在朝，三老在学。王前巫而后史，卜筮瞽侑皆在左右^④。王中心无为也，以守至正。故礼行于郊而百神受职焉，礼行于社，而百货可极焉，礼行于祖庙而孝慈服焉，礼行于五祀而正法则焉。故自郊、社、祖庙、山川、五祀，义之修而礼之藏也^⑤。

【注释】

①蓍：与"诗"同音，用来占卜的草。②瘗：与"意"同音，掩埋的意思。缯：与"增"

同音，丝织品的总称。③俟：接待、招待。④瞽：乐师。侑：劝人酒食。这里特指饮食的时候陪侍的人。⑤藏：归宿。

【译文】

因此先王秉持占卜用的蓍草和龟甲，安排鬼神的祭祀，埋帛以降神，宣示祝词，制定制度，于是国家有礼制，官吏有执掌，事情有职分，礼制有秩序。先王忧虑礼不能通达天下，因此在南郊祭上天，用来明定天的阳位；在国中祭地祇，陈列土地的养人之功；祖庙的祭祀是依照亲尊关系的差等，祭祀山川的目的是接待鬼神；祭祀户、灶、中霤、门、行等五祀之神，是本着制度之所出而报答。所以，宗祝在庙里帮助君王行礼，三公在朝谈论其道，三老在学以乞言，君王前有接待鬼神的巫，后有记录言行的史，卜筮、乐师和侑都守在身旁，君王处于中心无所作为，来保持最纯正的态度，作为万民的效仿对象。在郊外行礼，那么天之群神就各率其职；在社中行礼，那么孝顺、慈爱就可实行；在五祀行礼，则法则可以匡正。在郊、社、祖庙、山川、五祀这些地方的祭祀中修饰了义，而礼又寄托在其中。

【原文】

**　　是故夫礼，必本于大一^①，分而为天地，转而为阴阳，变而为四时，列而为鬼神。其降曰命，其官于天也。夫礼必本于天，动而之地，列而之事，变而从时，协于分艺^②。其居人也曰养，其行之以货力、辞让、饮食、冠、昏、丧、祭、射、御、朝、聘。**

**　　故礼义也者，人之大端也^③。所以讲信修睦，而固人之肌肤之会、筋骸之束也；所以养生、送死、事鬼神之大端也；所以达天道、顺人情之大窦也^④。故唯圣人为知礼之不可以已也^⑤。故坏国、丧家、亡人，必先去其礼。**

【注释】

　　①大一：即太一，最至高无上的，天地未分之前混合统一的状态。②协于分艺：和各种各样的事情相契合协调。③大端：最根本点。④大窦：最基本的情理。⑤已：停止。

【译文】

由此可见，礼必定本于天地未形成以前的混沌物质之元气，这元气分化而成天地这具体的世界，旋转而成为阴阳这对立的事物，演化成为四季之轮流交替的现象，排列成为过去未来这屈伸变化的世界。天理运行而赋予万物的就是命，它是取法天理，礼出自于天，应用于地上，就成为朝、庙、乡、党之异；罗列于事物中，就成为吉、凶、军、宾之分；演变就依照四季的更替，并且必须合于分界。体现在人身上便是理性之'义'，借助财货物力和辞让精神来推行，具体表现为饮食、冠、婚、丧、祭、射、御、朝、聘等项礼仪。

所以说，礼义是人类极其重要的特征，人类依据礼义，才能讲究诚实，重视和睦，如同肌肤之会、筋骸之束对人的作用一样，使社会上的人们融洽相处在一起。人类凭借礼义来供养自己，料理死者身后诸事、祭祀鬼神等重大事情；人类用礼义通达天理，沟通人类的感情。所以，只有圣人知道礼是不可废止的，那些败坏国家和亡命的人，肯定先抛弃了礼义。

【原文】

**　　"故礼之于人也，犹酒之有糵也^①；君子以厚，小人以薄。故圣王修义之柄、礼**

之序，以治人情。故人情者，圣王之田也②，修礼以耕之，陈义以种之，讲学以耨之③，本仁以聚之④，播乐以安之。故礼也者，义之实也。协诸义而协，则礼虽先王未之有，可以义起也。义者，艺之分，仁之节也。协于艺，讲于仁，得之者强。仁者，义之本也，顺之体也，得之者尊。故治国不以礼，犹无耜而耕也⑤；为礼不本于义，犹耕而弗种也；为义而不讲之以学，犹种而弗耨也；讲之于学而不合之以仁，犹耨而弗获也；合之以仁而不安之以乐，犹获而弗食也；安之于乐而不达于顺，犹食而弗肥也。

四体既正，肤革充盈，人之肥也。父子笃⑥，兄弟睦，夫妇和，家之肥也。大臣法，小臣廉，官职相序，君臣相正，国之肥也。天子以德为车，以乐为御，诸侯以礼相与⑦，大夫以法相序，士以信相考，百姓以睦相守，天下之肥也。是谓大顺。大顺者，所以养生、送死、事鬼神之常也。故事大积焉而不苑⑧，并行而不缪⑨，细行而不失，深而通，茂而有间，连而不相及也，动而不相害也。此顺之至也。故明于顺⑩，然后能守危也。故礼之不同也，不丰也⑪，不杀也⑫，所以持情而合危也。

【注释】

①蘖：酿酒制酱发酵时候用的曲。②田：操作的场所。③耨：除草。④聚：团结、联合。⑤耜：与"四"同音，古代一种类似于铁锹的农具。⑥笃：忠信。⑦相与：相交、相处。⑧苑：汇集、堵塞。⑨缪：悖谬、不合情理。⑩明：明白、通晓。⑪丰：过度。⑫杀：减少。

【译文】

因此礼对于人来说，就像酒曲对酒一样，酒曲厚重酒就美，酒曲轻薄酒就劣。礼义厚重就成为君子，礼义轻薄就变为小人。圣人遵照义的根本和礼的秩序来培育人情。所以人情是圣王的田地，用修礼耕田，用陈义种田，用讲学锄田，用仁爱来收获，用播乐来习惯这礼义的行为。礼是义的果实，凡是合乎事情之义的行为，要加以协调。虽先王没有礼，那么可以依据义来制定。义是人类天赋的才分，仁心的节次。协调人们的才能，讲究仁爱之心的人是非常强大的。仁是义的依据，顺的主体，能做到的人，无人不尊崇他。因此说，治理国家不用礼，就像没有农具却要耕田一样；制定礼制不依据义，就像耕田而不播种，有义却不加以研习，就如同播种以后却不去锄草，研习不把仁合于义，就像锄草却没有收获，把仁合于义而不能做到以乐来安定生活，就像收获了却不能享受果实，做到以乐来安定生活，而不能通达于礼的终极，就像享受到了果实，却没有能使身体健康起来。四肢正常，皮肤丰润，这是健康的身体。父子情深，兄弟和睦，夫妇相爱，是健康的家庭。大臣守法，小臣廉法，官吏配合有序，群臣互相匡正，这是健康的国家。天子用德行作为车，用乐来推行德政，诸侯之间以礼让相互交往，大夫们用法令相配合，士人们把信用作为成效，百姓们用和睦来相处、生活，这就是健康的世界。这才叫作大顺。大顺是供养人们生活、料理死者身后之事、祭祀鬼神的法则。因此诸事堆积却不郁结窒塞，两事并行去做却不互相错杂，微末小事也不会遗忘，深奥却可通晓，繁茂却有条理，连接运动却不互相侵害，这是顺的至极。因此了解'顺'的意义，然后方可守住高位而不危乱。礼是讲究尺度差别的，既不过分，也不减少，用来维持人情，和合上下，不使危乱。

【原文】

　　故圣王所以顺，山者不使居川，不使渚者居中原①，而弗敝也②。用水、火、金、木，饮食必时。合男女、颁爵位必当年德③，用民必顺，故无水旱昆虫之灾，民无凶饥妖孽之疾。故天不爱其道④，地不爱其宝，人不爱其情。故天降膏露，地出醴泉，山出器、车⑤，河出马图，凤凰、麒麟皆在郊棷⑥，龟、龙在宫沼，其余鸟兽之卵胎，皆可俯而窥也。则是无故，先王能修礼以达义，体信以达顺故，此顺之实也。

【注释】

　　①渚：水中小洲。②敝：凋敝、败落。③颁：颁赐。④爱：吝惜。⑤器车：这里指制造车辆所用的材料。⑥棷："薮"的假借字，草木丛生的地方。

【译文】

　　圣王用天地人的和顺来制礼。因此不让居住在山区的人到平川居住生活，也不让居住在海岛水边的人到平原地区生活。这样人们的生活不会感到疲惫、衰败，使用水、火、木材和金属都不同，饮食顺应天地人等条件。男女之间嫁娶、颁赐爵位，必使其年德相适。用民必须这样，则不会有水旱昆虫等灾害，也不会发生饥荒怪异祸事。天不吝惜自己的道，地不吝惜自己的宝，人也不吝惜自己的情。所以，天才降下甘露，地才涌出甘美的泉水，山才出现宝器车辆，河才跃出龙马驮着河图洛书，凤凰麒麟都在郊外草泽，龟、龙供奉畜养在宫殿和池沼，其余鸟兽的卵和胎，都可俯身而看。这没有其他原因，这是先王能够遵循礼而通义，依循信诚而通达和顺的缘故。这是顺应天理的结果。

中 庸

【原文】

　　天命之谓性①，率性之谓道②，修道之谓教③。道也者，不可须臾离也，可离非道也。是故君子戒慎乎其所不睹，恐惧乎其所不闻。莫见乎隐④，莫显乎微，故君子慎其独也。喜怒哀乐之未发，谓之中⑤；发而皆中节⑥，谓之和。中也者，天下之大本也；和也者，天下之达道也。致中和⑦，天地位焉，万物育焉。

【注释】

　　①天命：天生禀赋。朱熹说："天以阴阳五行化生万物，气以成形，而理亦赋焉，犹命令也。"这里的天命指的是人天生的禀赋，是实实在在存在的，没有神授的意思。②率性：依照本性的意思。③修道：遵循道的原则来修炼自己。④莫见乎隐：隐蔽的时候也能被发现。⑤中：与"重"同音，相吻合的意思。⑥中节：法度、规矩。⑦致：到达之意。

【译文】

　　天所赋予人的东西就是性，遵循天性就是道，遵循道来修养自身就是教。道是片刻不能离开的，可离开的就不是道。因此，君子在无人看见的地方也要小心谨慎，在无人听得到的地方也要恐惧敬畏。隐蔽时也会被人发现，细微处也会昭著，因此君子在独处时要慎重。喜怒哀乐的情绪没有表露出来，这叫作中。表露出来但合于法度，这叫作和。中是天下最为根本的，和是天下共同遵循的法度。达到了中和，天地便各归其位，万物便生长发育了。

【原文】

　　仲尼曰：“君子中庸[1]，小人反中庸。君子之中庸也，君子而时中；小人之反中庸也，小人而无忌惮也[2]。”

　　子曰：“中庸其至矣乎！民鲜能久矣[3]。”

　　子曰：“道之不行也[4]，我知之矣，知者过之[5]，愚者不及也；道之不明也，我知之矣，贤者过之，不肖者不及也[6]。人莫不饮食也，鲜能知味也。”

　　子曰：“道其不行矣夫[7]！”

【注释】

　　[1]中庸：中和之美。庸，敦厚、温和之意。[2]忌惮：畏惧、顾忌之意。[3]鲜：极少的意思。[4]道：指的是中庸之道。[5]知者：与“智者”同，指那些有着超常智慧的人。[6]不肖者：不贤之人，与贤者相对。[7]不行：不能实行。

【译文】

　　孔子说：“君子的言行符合中庸，小人的言行却违反中庸。君子的言行符合中庸，因为君子的言行时刻都不偏不倚。小人的言行违反中庸，因为小人的言行无所顾忌、无所畏惧。”

　　孔子说：“中庸是最高的境界，人们很少能够长期实行它。”

　　孔子说：“中庸之道不能被实行，我是知晓的啊，有智慧的人做得太过，愚昧的人达不到它。中庸之道不能被发扬，我是知晓的啊，贤明的人做得太过，不贤明的人达不到它。这就好像人没有不吃饭的，但能够品尝滋味的人却非常少。”

　　孔子说：“恐怕中庸之道是不能实行的了！”

【原文】

　　子曰：“舜其大知也与！舜好问而好察迩言[1]，隐恶而扬善，执其两端，用其中于民，其斯以为舜乎[2]！”

【注释】

　　[1]迩言：容易让人理解的话。[2]其斯以为舜乎：这就是舜之所以被尊称为舜的原因吧。

【译文】

　　孔子说：“舜是有大智慧啊！他喜欢询问且喜欢审察那些浅近的话，他隐瞒别人的坏处，表扬别人的好处。他掌握好两个极端，对人民使用折中的办法，这就是为何他被尊称为舜啊！”

孔子讲学图　清
此图表现了春秋时期孔子在杏坛讲学的情景。图中孔子端坐讲授，弟子们在周围恭敬地聆听。

【原文】

　　子曰：“人皆曰予知，驱而纳诸罟擭陷阱之中[1]，而莫之知避也[2]。人皆曰予知，择乎中庸而不能期月守也③。"

【注释】

①罟擭：罟，与"古"同音，专门用来捕获猎物的网。擭，与"获"同音，有机密装置，专用来捕获猎物的笼子。②避：躲避、躲闪之意。③期月：一个月。

【译文】

孔子说："人们都说自己是有智慧的，但他们被驱使而落入渔网、木笼和陷阱之中，却不知道躲闪。人们都说自己是有智慧的，但他们选择了中庸之道，却不能坚持一个月。"

【原文】

子曰："回之为人也①，择乎中庸，得一善，则拳拳服膺而弗失之矣②。"

【注释】

①回：孔子的弟子，颜回。②拳拳服膺：深深地铭记在心。拳拳，真诚、用心的样子。服膺，放在心间之意。

【译文】

孔子说："颜回是这样做人的，他选择了中庸之道，得到一条善理，他就牢牢记在心上而不失掉它。"

【原文】

子曰："天下国家可均也①，爵禄可辞也②，白刃可蹈也③，中庸不可能也。"

【注释】

①均：公平治理之意。②爵禄可辞：爵，爵位，官职。禄，官吏从朝廷获得的俸禄。辞，舍弃之意。③白刃可蹈：白刃，锋利的刀刃。蹈，踩踏之意。

【译文】

孔子说："天下国家是可以公正治理的，爵位俸禄是可以辞掉的，利刃是可以踩上去的，只是中庸之道不容易实行。"

【原文】

子路问强①。子曰："南方之强与？北方之强与？抑而强与②？宽柔以教，不报无道，南方之强也，君子居之③。衽金革④，死而不厌⑤，北方之强也，而强者居之。故君子和而不流⑥，强哉矫！中立而不倚，强哉矫⑦！国有道，不变塞焉⑧，强哉矫！国无道，至死不变，强哉矫！"

【注释】

①子路：孔子的弟子，名仲由。②抑：连词，"还是"之意。而：指你。③居：属于之意。④衽金革：衽，枕着。金，铁制的兵器。革，皮革制的甲盾。⑤死而不厌：战死了也不后悔。⑥和而不流：要有平和的心境，但绝不随波逐流。⑦矫：刚强之意。⑧变塞：变节、变志之意。

　　子路问什么是强大。孔子说："你问的是南方的强大呢？还是北方的强大呢？或者是你所认为的强大？用宽容温柔的态度去教化，对无理的行为不实行报复，这是南方的强大，君子就属于这类。头枕武器、盔甲睡觉，死不反悔，这是北方的强大，强悍的人属于这一类。因此，君子要随和但不随波逐流，这才是真正的强大！独立而不偏不倚，这才是真正的强大！国家政治清明，不改变志向，这才是真正的强大！国家政治晦暗，至死不变节，这才是强大的！"

　　子曰："素隐行怪①，后世有述焉②，吾弗为之矣。君子遵道而行，半途而废，吾弗能已矣③。君子依乎中庸，遁世不见知而不悔④，惟圣者能之。"

　　君子之道费而隐⑤。夫妇之愚⑥，可以与知焉⑦，及其至也，虽圣人亦有所不知焉；夫妇之不肖，可以能行焉；及其至也，虽圣人亦有所不能。天地之大也，人犹有所憾。故君子语大，天下莫能载焉；语小，天下莫能破焉⑧。诗云"鸢飞戾天，鱼跃于渊⑨。"言其上下察也⑩。君子之道，造端乎夫妇；及其至也，察乎天地。

　　①素隐行怪：素，与"索"同。隐，隐蔽之意。怪：荒诞不经之意。②述：记录、诉诸之意。③已：停止。④见知：被知道。⑤费而隐：广大而又精微。⑥夫妇：指的是平民老百姓。⑦与：参与。⑧破：破裂、分开。⑨鸢飞戾天，鱼跃于渊：此句诗出自《诗经》。鸢，老鹰。戾，达到。⑩察：通显，显豁的。⑪造端：发轫、发端之意。

　　孔子说："追求生僻的道理，行为荒诞不经，后代对此会有所称述，但我不这样去做。君子依循中庸之道行事，半途而废，而我是不会停止的。君子依靠中庸之道行事，虽然在世上声迹少闻，不为人知，但不后悔，只有圣人才能做到这一点。"君子所奉行的道既广大又精微。黎民百姓虽然愚昧但还是可以知道它的，但至于最高境界的道，即使圣人也有不知晓的地方。普通百姓虽然不贤明，但还是可以实行它，但至于最高境界的道，即使圣人也有不能做到的地方。天地如此之大，但人仍有不满意的地方。因此，君子说的"大"，天下都载不起；君子说的"小"，天下都不能够理解。《诗经》上说："鸢在天空中飞翔，鱼在深水处跳跃。"这是说君子的中庸之道在天地上下之间都是显豁的。君子所奉行的道，发端于普通百姓，在达到最高境界时便彰著于天地之间。

　　子曰："道不远人。人之为道而远人，不可以为道。诗云：'伐柯伐柯，其则不远①。'执柯以伐柯，睨而视之②，犹以为远。故君子以人治人，改而止。忠恕违道不远③，施诸己而不愿，亦勿施于人。君子之道四，丘未能一焉：所求乎子，以事父未能也；所求乎臣，以事君未能也；所求乎弟，以事兄未能也；所求乎朋友，先施之未能也。庸德之行④，庸言之谨，有所不足，不敢不勉，有余不敢尽；言顾行，行顾言，君子胡不慥慥尔⑤！

君子素其位而行⑥，不愿乎其外。素富贵，行乎富贵；素贫贱，行乎贫贱；素夷狄，行乎夷狄⑦；素患难，行乎患难；君子无入而不自得焉⑧。在上位不陵下⑨，在下位不援上⑩，正己而不求于人则无怨。上不怨天，下不尤人。故君子居易以俟命⑪，小人行险以侥幸。

【注释】

①伐柯伐柯，其则不远：出自《诗经·豳风·伐柯》。伐柯，制作斧柄之意。则，所制作的斧柄的样式。②睨：斜着眼睛看的意思。③违道：与道相背离之意。④庸：平常。⑤慥慥：与"造"同音，真诚敦厚的样子。⑥素其位：满足于现在所处的位置。⑦夷狄：都是指少数民族。夷，东部的少数民族。狄，西部的少数民族。⑧无入：不论在什么样的位置上。⑨陵：欺凌之意。⑩援：攀登向上之意，在这里指的是靠权势向上。⑪居易以俟命：居易，待在平常人的位置上。俟命，听从天意的安排。

【译文】

孔子说："中庸之道不远离人。人去实行中庸之道却远离了人，他就不是在实行中庸之道。《诗经》上说：'砍伐斧柄，砍伐斧柄，斧柄制作的方法就在手边。'手握斧柄伐木制斧柄，斜着眼审度两者，仍然觉得相差太远。所以，君子应以对待人的方式治理人，直到他们改正为止。忠恕与道不远，不愿施与己身的，也不要施与别人。君子所奉行的道有四条，我孔丘一条都做不到。对侍奉父亲的儿子所要求的，我尚未做到，对侍奉国君的臣下所要求的，我尚未做到，对侍奉兄长的弟弟所要求的，我尚未做到，要求朋友做到的自己先做，我尚未做到。在日常德行的实施方面，在日常语言的慎重方面，我做得还不好，不敢不继续努力，即使有做得完满的地方也不敢把话说尽。言语要照顾到行为，行为要照顾到言语，君子怎么能不笃实忠厚呢？君子安于目前的地位做他所应该做的事，不羡慕自己地位以外的东西。地位富贵，就做富贵人做的事；地位贫贱，就做贫贱人应该做的事；处在夷狄的地位上，就做夷狄应该做的事；处在患难的地位上，就做患难时应该做的事。如此，君子无处不感觉到悠然自得。居上位，不欺凌下级。在下位，不攀附上级。端正自己不苛求他人，这样就没有怨恨，对上不怨恨天命，对下不归咎别人。所以，君子安于自己的地位等候天命的到来，小人则冒险求得本不应该获取的东西。"

【原文】

子曰："射有似乎君子①，失诸正鹄②，反求诸其身。"君子之道，譬如行远必自迩③，譬如登高必自卑。诗曰："妻子好合，如鼓瑟琴；兄弟既翕，和乐且湛；宜尔室家，乐尔妻孥④。"

【注释】

①射：射箭。②正鹄：都指的是箭靶子，正，是画在布上的，鹄，是画在皮上的。③迩：近。④妻子好合……乐尔妻孥：出自《诗经·小雅·常棣》。好合，和睦相处之意。翕，与"西"同音，和谐相处之意。湛，安贫乐道之意。孥，子孙后代之意。

【译文】

孔子说："射箭的道理与君子的行为有相似的地方：假如没有射中靶子，就应反过来责求自己。实行君子的中庸之道，就好像是走远路，必须从近处开始；就如同是登高，必须从低处开始。《诗经》上说：'夫妻情投意合，协调有如琴瑟，兄弟和睦相处，快乐安顺长久。家庭美满，妻儿愉快。'"

【原文】

子曰："鬼神之为德，其盛矣乎！视之而弗见，听之而弗闻，体物而不可遗。使天下之人，齐明盛服①，以承祭祀。洋洋乎！如在其上，如在其左右。诗曰：'神之格思，不可度思，矧可射思②？'夫微之显，诚之不可揜如此夫③。"

【注释】

①齐明盛服：齐，与"斋"通假，斋戒之意。明，干净。盛服，正式的服装。②神之格思……矧可射思：出自《诗经·大雅·抑》。格，到来之意。思，没有实际意义的语气词。度，揣摩。矧，与"审"同音，况且之意。射，与"意"同音，懈怠之意。③揜：隐藏。

【译文】

孔子说："鬼神的功用真是宏大啊！看，看不到它，听，听不到它。它养育万物，没有一种事物可以遗弃它。它使天下的人斋戒沐浴，身穿华丽的祭服，举行祭祀典礼。它浩浩荡荡，好像在天之上，在人身旁。《诗经》上说：'鬼神来到，不可揣测，不敢对它厌怠不敬啊！'从隐微到明显，真诚的心意就是这样隐藏不住啊。"

【原文】

子曰："舜其大孝也与！德为圣人，尊为天子，富有四海之内。宗庙飨之①，子孙保之。故大德必得其位，必得其禄，必得其名，必得其寿。故天之生物，必因其材而笃焉②。故栽者培之，倾则覆之③。《诗》曰：'嘉乐君子，宪宪令德。宜民宜人，受禄于天。保佑命之，自天申之④。'故大德者必受命。"

【注释】

①飨：古代一种隆重的祭祀仪式。之：这里指的是舜。②材：个人天生的资质。笃：忠厚、诚恳地对待。③覆：颠覆之意。④嘉乐君子……自天申之：出自《诗经·大雅·假乐》。嘉乐，即诗名"假乐"，快乐之意。宪宪，即"显显"，光明显盛的意思。令，美好之意。

【译文】

孔子说："舜可是个最孝敬的人吧！有圣人的德行，有天子的尊贵地位，有普天下的财富。宗庙祭他，子孙维护他。因此，有崇高德行的人必然会获得应有的地位，必然会获得应有的俸禄，必然会获得应有的名望，必定会获得应有的寿命。因此，上天生育的万物，必会因为它们的资质而受到厚爱。所以，能够栽培的就培养它们，而歪斜的就让它们歪斜。《诗经》上说：'快快乐乐的君子，美德盛明。让上下都感到快乐，上天赐给他福禄。保佑他，任用他，上天这样告诫。'因此，有伟大的德行的人一定是受了天命的。"

【原文】

子曰："无忧者其惟文王乎①！以王季为父，以武王为子，父作之②，子述之③。武王缵大王、王季、文王之绪，壹戎衣而有天下，身不失天下之显名，尊为天子，富有四海之内。宗庙飨之，子孙保之。武王末受命，周公成文武之德，追王大王、王季，上祀先公以天子之礼。斯礼也，达乎诸侯大夫，及士庶人。父为大夫，子为士；葬以大夫，祭以士。父为士，子为大夫，葬以士，祭以大夫。期之丧达乎大夫，三年之丧达乎天子，父母之丧无贵贱一也。"

【注释】

①无忧：没有忧虑。②作：开创。③述：继承。

【译文】

孔子说："恐怕只有周文王是个无忧无虑的人吧！王季是他的父亲，周武王是他的儿子。他有父亲开创事业，有儿子继承事业。周武王继续着大王、王季、文王未完成的功业，披挂战衣，取得了天下。他没有失去自己显赫的名声，获得了天子的尊贵，获得了普天下的财富。宗庙祭奉他，子孙维护他。武王年迈的时候才承受天命。周公成就了文王、武王的德业，追尊大王、王季为王，用天子的礼制祭祀祖先。这种礼制一直贯彻到诸侯、大夫、士和普通百姓。假如父亲是大夫，儿子是士，父死就要按大夫的礼制安葬，按士的礼制祭祀。如果父亲是士，儿子是大夫，父死就要按士的礼制安葬，按大夫的礼制祭祀，守丧一年，通行到大夫，守丧三年，通行到天子。但给父母守丧本身没有贵贱的区别，都是一样的。"

元圣周公庙

周公庙是祭祀周公的庙宇。周公曾辅佐武王伐纣两次东征，并在西周初期辅佐周成王，制定了各种典章制度，是我国古代著名的政治家。后世帝王曾将周公封为"元圣"，故周公庙又称元圣庙。

【原文】

子曰："武王、周公其达孝矣乎①！夫孝者：善继人之志，善述人之事者也。春秋修其祖庙，陈其宗器，设其裳衣②，荐其时食③。宗庙之礼，所以序昭穆也；序爵，所以辨贵贱也；序事，所以辨贤也；旅酬下为上，所以逮贱也；燕毛，所以序齿也④。践其位，行其礼，奏其乐，敬其所尊，爱其所亲，事死如事生，事亡如事存，孝之至也。郊社之礼，所以事上天也；宗庙之礼，所以祀乎其先也。明乎郊社之礼，禘尝之义，治国其如示诸掌乎。"

【注释】

①达孝：特别孝道，最守孝道。②设：摆设。③荐：供奉，贡献。④燕毛，所以序齿也：宴饮时按头发的黑白次序坐，这样就使老少有次序。

【译文】

孔子说："武王、周公真是最守孝道的人啊！守孝道的人，善于继承先人的遗志，善于继承先人未完的功业。在春秋两季，修缮祖上庙宇，陈列祭祀器具，摆设祭祀服饰，贡献应时的食品。宗庙祭祀的礼制，是要排列父子、长幼的顺序。按官爵排列次序，就可以分辨出贵贱，按职位排列次序，就能分辨出贤与不贤，敬酒时晚辈先向长辈举杯，这样祖先的恩惠就会延及晚辈；宴饮时按头发的黑白次序坐，这样就使老少有次序。站在应该站的位置上，行先王传下的祭礼，演奏先王的音乐，尊敬先王所尊敬的，亲爱先王所亲爱的。侍奉死者如同侍奉着活着的人，侍奉亡故的人如同侍奉现存的人，这是最高境界的孝啊。郊社祭礼，是用于侍奉上天的。庙宇的祭礼，是祭祀祖先的。明白了郊社的祭礼，大祭小祭的意义，治理国家就如同看手掌一样容易吧！"

【原文】

哀公问政①。子曰："文武之政，布在方策②。其人存，则其政举③；其人亡，则其政息。人道敏政④，地道敏树。夫政也者，蒲庐也⑤。故为政在人，取人以身，修身以道，修道以仁。仁者人也，亲亲为大；义者宜也，尊贤为大；亲亲之杀⑥，尊贤之等，礼所生也。在下位，不获乎上，民不可得而治矣！故君子不可以不修身；思修身不可以不事亲思事亲，不可以不知人；思知人不可以不知天。

【注释】

①哀公：春秋时期鲁国国君。"哀"是谥号。②布在方策：布，展示、显露之意。方，策，书写用的木板和竹简。③其人：这里指的是周文王和周武王。④敏：致力之意。⑤蒲庐：指芦苇。柔软、可塑性强。⑥杀：音"晒"，亲疏之分。

【译文】

鲁哀公问孔子如何治理好政事。孔子说："文王、武王的政令，都写在木板竹简上。像他们那样有贤臣，政令就会得到贯彻施行，没有贤臣，政令就会消失。以人立政，政治就会迅速清明，这就像用沃土植树，树木会迅速生长。这政事啊，就好像是蒲苇。因此，治理政事取决于贤臣，贤臣的获得取决于明君的修德养性，修养德行取决于遵循天下的大道，遵循天下大道取决于仁爱之心。所谓仁，就是人，亲爱亲人是最大的仁。所谓义，就是相宜，尊重贤臣是最大的义。亲爱亲人时的亲疏之分，尊重贤臣时的等级划分，是从礼制中产生出来的。处在下位的人得不到上级的信任，人民就不可能治理好了。因此，君子不能不修德养性；想要修德养性，不能不侍奉亲人；想要侍奉亲人，不能不知贤善用；想要知贤善用，不能不知道天理。

【原文】

天下之达道五，所以行之者三：曰君臣也，父子也，夫妇也，昆弟也①，朋友也，五者天下之达道也。知、仁、勇三者，天下之达德也，所以行之者一也。或生而知之，或学而知之，或困而知之，及其知之一也；或安而行之，或利而行之，或勉强而行之，及其成功一也。子曰："好学近乎知，力行近乎仁，知耻近乎勇。"知斯三者，则知所以修身；知所以修身，则知所以治人；知所以治人，则知所以治天下国家矣。

【注释】

①昆弟：指兄弟，包括亲兄弟和堂兄弟。

【译文】

普天下的大道有五种，实践大道的美德有三种。君臣、父子、夫妇、兄弟、朋友交往，这五项是天下的大道。智慧、仁爱、英勇这三者是天下的大德行。实践大道的道理是同样的。有的人生来就通晓大道，有的人通过学习才通晓大道，有的人经历过困惑后才通晓大道；他们最终通晓大道，这是一样的。有的人从容不迫地实行大道，有的人凭着利害关系去实行大道，有的人勉强去实行大道，最终成功的时候是一样的。"孔子说："喜爱学习就接近智慧了，尽力去实行就接近仁爱了，知晓羞耻就接近英勇了。知道这三点，就知道如何修养德行，知道怎样修养德行，就知道怎样治理人，知道怎样治理人，就知道怎样治理国家了。

【原文】

凡为天下国家有九经①，曰：修身也，尊贤也，亲亲也，敬大臣也，体群臣也②，子庶民也，来百工也，柔远人也，怀诸侯也。修身则道立，尊贤则不惑，亲亲则诸父昆弟不怨，敬大臣则不眩，体群臣则士之报礼重，子庶民则百姓劝③，来百工则财用足④，柔远人则四方归之⑤，怀诸侯则天下畏之⑥。齐明盛服，非礼不动，所以修身也；去谗远色⑦，贱货而贵德，所以劝贤也；尊其位，重其禄，同其好恶，所以劝亲亲也；官盛任使⑧，所以劝大臣也；忠信重禄，所以劝士也；时使薄敛⑨，所以劝百姓也；日省月试⑩，既禀称事⑪，所以劝百工也；送往迎来，嘉善而矜不能⑫，所以柔远人也；继绝世⑬，举废国⑭，治乱持危，朝聘以时⑮，厚往而薄来，所以怀诸侯也。

【注释】

①经：原则之意。②体：体恤之意。③子：以……为子。④来百工：来，召集。百工，各种类型的工匠。⑤柔远人：优待异族来的人。⑥怀：安抚之意。⑦谗：指说别人坏话的人。⑧官盛任使：官，下官。盛，多。任使，随便地调用。⑨时使薄敛：时使，使用老百姓时，不占用他们的农忙时节。薄敛，少收赋税。⑩日省月试：省，访视之意。试，考察之意。⑪既禀称事：既，音同"西"。既禀，赠给别人粮食。称事，与其所干的公事相符合。⑫矜：怜悯之意。⑬继绝世：将已经断开的家族世系继续延续。⑭举废国：将行将没落的国家重新整治。⑮朝聘：古代诸侯朝见天子是有时间规定的。小聘是每年朝见一次，大聘是三年朝见一次，朝聘是五年朝见一次。

【译文】

治理天下国家大凡有九条准则，分别是修养德行、尊重贤人、亲爱亲族、敬重大臣、体贴众臣、爱民如子、招集各种工匠、优待边远异族、安抚四方的诸侯。修养德行，大道就能够顺利实行。尊重贤人，就不会被迷惑。亲爱亲族，父、兄、弟就不会抱怨。敬重大臣，处事就不会恍惚不定。体贴众臣，士就会以重礼相报。爱民如子，百姓就会勤奋努力。招集各种工匠，财富用度就充足。优待边远异族，四方就会归顺。安抚各诸侯，普天下就会敬畏。清心寡欲，服饰端正，无礼的事不做，这是修养德行的方法；摒弃谗言，远离美色，轻视财物重视德行，这是勉励贤人的方法；尊崇亲族的地位，重赐他们俸禄，与亲族有共同的爱和恨，这是尽力亲爱亲族的方法；为大臣多设下官以供任用，这是鼓励大臣的方法；以忠诚信实、最重俸禄相待，这是勉励士的方法；根据节令使役，赋税微薄，这是鼓励百姓的方法；日日访视，月月考察，赠送给他们的粮食与他们的劳动相称，这是鼓励工匠的方法；盛情相迎，热情相送，奖励有才干的，同情才干不足的，这是优待边远异族的方法。

承续中断的家庭世系，复兴没落的国家，整治混乱，解救危难，定期朝见聘问，赠礼丰厚，纳贡微薄，这是安抚诸侯的方法。

【原文】

凡为天下国家有九经，所以行之者一也。凡事豫则立^①，不豫则废。言前定则不跲^②，事前定则不困，行前定则不疚，道前定则不穷。

【注释】

①豫：与"预"同，预谋之意。②跲：音同"夹"，言语不通顺。

【译文】

尽管治理天下国家共有这九条准则，但实行它们的道理是相同的。凡事有预先计划就会成功，没有预先计划就会失败。说话事先想好就不会语塞，做事事先想好就不会感到困难，行动之前事先想好就不会内心不安，法则事先想好就不会陷入绝境。

【原文】

在下位不获乎上^①，民不可得而治矣；获乎上有道：不信乎朋友，不获乎上矣；信乎朋友有道：不顺乎亲，不信乎朋友矣；顺乎亲有道：反诸身不诚^②，不顺乎亲矣；诚身有道：不明乎善，不诚乎身矣。诚者，天之道也；诚之者，人之道也。诚者不勉而中，不思而得，从容中道，圣人也。诚之者，择善而固执之者也。

【注释】

①获：得到信任的意思。②诸身：自己的心。

【译文】

在下位的人得不到上级的信任，百姓就治理不好。得到上级的信任是有途径的，得不到朋友的信任就得不到上级的信任。得到朋友的信任是有途径的，不顺从父母就得不到朋友的信任。顺从父母是有途径的，自己心不诚就不能顺从父母。心诚是有途径的，不知晓善就不能心诚。诚实是上天的法则。做到诚实是人的法则。诚实，不必努力就能达到，不必思考就能获得，从容不迫地达到天道法则，这就是圣人。做到诚实，就是选择善并坚持做到它。

【原文】

博学之，审问之，慎思之，明辨之，笃行之。有弗学，学之弗能弗措也^①；有弗问，问之弗知弗措也；有弗思，思之弗得弗措也；有弗辨，辨之弗明弗措也；有弗行，行之弗笃弗措也；人一能之己百人；人十能之己千之。果能此道矣，虽愚必明，虽柔必强。

【注释】

①弗措：不厌倦、不罢休之意。

【译文】

　　要广泛地学习，仔细地询问，审慎地思考，清晰地分辨，忠实地实践。要么就不学，学了没有学会就不中止。要么就不问，问了还不明白就不中止。要么就不思考，思考了不懂得就不中止。要么就不辨别，辨别了不分明就不中止。要么就不实行，实行了但不够忠实就不中止。别人一次能做的，我用百倍的工夫；别人十次能做的，我用千倍的工夫。如果真能这样做，即便愚笨也会变得聪明，即使柔弱也会变得刚强。

【原文】

　　自诚明^①，谓之性；自明诚，谓之教。诚则明矣，明则诚矣。惟天下之至诚，为能尽其性^②；能尽其性，则能尽人之性；能尽人之性，则能尽物之性；能尽物之性，则可以赞天地之化育^③；可以赞天地之化育，则可以与天地参矣^④。

【注释】

　　①自诚明：自，从。明，通晓之意。②尽其性：充分展示自己的天性。③赞天地之化育：赞，帮助之意。化育，养育。④天地参：与天地并列之意。

【译文】

　　由真诚达到通晓事理，这叫天性。由通晓事理达到真诚，这叫教化。真诚就会通晓事理，通晓事理就会真诚。只有天下最真诚的人才能充分发挥天赋的本性，能发挥天赋的本性才能发挥所有人的本性，能发挥所有人的本性才能充分发挥事物的本性，能够发挥事物的本性才能帮助天地养育万物，可以帮助天地养育万物，才可以与天地并列。

【原文】

　　其次致曲^①，曲能有诚，诚则形^②，形则著^③，著则明^④，明则动，动则变，变则化^⑤。惟天下至诚为能化。至诚之道，可以前知^⑥。国家将兴，必有祯祥^⑦；国家将亡，必有妖孽^⑧；见乎蓍龟^⑨，动乎四体^⑩。祸福将至：善，必先知之；不善，必先知之。故至诚如神^⑪。

【注释】

　　①其次：次于"自诚明"的下一等的人，可以贤人相称。致曲：致力于细微之处。②形：表现出来。③著：显著之意。④明：远大光明。⑤化：感化之意。⑥前知：预测未来。⑦祯祥：吉祥的前兆。⑧妖孽：异于常态的动植物。妖多指草木类，孽多指虫豸类。⑨蓍龟：都是用来占卜的器物，分别指蓍草、龟甲。⑩四体：两手两足之意。⑪如神：像神灵一样。

【译文】

　　次一等真诚的人从细微处入手。细微之处也能达到真诚的境界，达到真诚就会表现出来，表现出来就会昭然显著，昭然显著就会光辉明亮，光辉明亮就会感动万物，感动万物就会发生变革，发生变革就会感化人们。只有天下最真诚的人才能感化人们。最高境界的真诚可以预知未来。国家将要兴盛，必定有吉祥的前兆；国家将要衰败，必定有妖孽作怪。它呈现在蓍草龟甲上，体现在身体仪态上。祸福要来临时：好事一定会提前知道，不好的事也一定提前知道。因此，最高境界的真诚如同神灵一般。

【原文】

诚者自成也①，而道自道也②。诚者物之终始，不诚无物。是故君子诚之为贵。诚者非自成己而已也，所以成物也。成己，仁也；成物，知也。性之德也，合内外之道也，故时措之宜也。

【注释】

①自成：成全自己、完善自己之意。②自道：自己引导之意。

【译文】

真诚，是自己成全自己。道，是自己引导自己。真诚贯穿万物的始终，没有真诚就没有万物。因此，君子把真诚看得非常珍贵。真诚，并不只是成全自己就完了，还要成全万物。成全自己是仁义，成全万物是智慧。这是发自本性的德行，是结合了内外的道，因此，适合在任何时候实行。

【原文】

故至诚无息①。不息则久，久则征②，征则悠远，悠远则博厚，博厚则高明。博厚，所以载物也；高明，所以覆物也；悠久，所以成物也。博厚配地，高明配天，悠久无疆③。如此者，不见而章④，不动而变，无为而成。

【注释】

①息：停止。②征：检验、校验。③无疆：没有穷尽。④不见而章：见，音同"现"，显露之意。章，与"彰"同，彰显。

【译文】

所以，最高境界的真诚是永不休止的。永不休止就会长久，长久就会有效验，有效验就会深远无穷，深远无穷就会博大深厚，博大深厚就会高大光明。博大深厚，能够负载万物；高大光明，可以覆盖万物；深远无穷，可以生成万物。博大深厚与地相配，高大光明与天相配，深远长久可以无穷无尽。这样，不表现也会显著，不行动也有改变，不做也会成功。

【原文】

天地之道，可一言而尽也①：其为物不贰②，则其生物不测。天地之道：博也，厚也，高也，明也，悠也，久也。今夫天，斯昭昭之多③，及其无穷也，日月星辰系焉，万物覆焉。今夫地，一撮土之多，及其广厚，载华岳而不重④，振河海而不泄⑤，万物载焉。今夫山，一卷石之多⑥，及其广大，草木生之，禽兽居之，宝藏兴焉。今夫水，一勺之多，及其不测⑦，鼋鼍、蛟龙、鱼鳖生焉，货财殖焉。诗曰："维天之命，于穆不已⑧。"盖曰天之所以为天也。"于乎

华山

华岳，即华山，为五岳之一，山势陡峭，以雄奇著称。古人常用华山来比喻事物的高大和沉重。

不显^⑨，文王之德之纯！"盖曰文王之所以为文也，纯亦不已。

【注释】

①一言：一字之意，在这里是指前面说到的"诚"字。②不贰：始终如一的意思。③斯昭昭：斯，这。昭昭，明亮、光明。④华岳：地名，华山。⑤振：与"整"通假，治理、改善之意。⑥一卷石：卷，与"拳"通假，指的是拳头大的石头。⑦不测：深不可测之意。⑧维天之命，于穆不已：出自《诗经·周颂·维天之命》。穆，深远之意。不已，没有穷尽。⑨不显：不，与"丕"通假，大的意思。显，光明之意。

【译文】

天地的法则，可以用一句话涵盖：作为物它纯一不二，因而它化生万物就不可测度了。天地的法则，博大、深厚、高大、光明、深远、长久。现在来说天，（论小）它不过是一小片光明，而它（的整体）无穷无尽，日月星辰悬挂在天上，覆盖着万物。现在来说地，（论小）它不过是一小撮土，而它（的整体）广大深厚，负载着华山不觉得重，收拢着江河湖海没有泄，负载着万物。现在来说山，（论小）这不过是一小块石头，但它（整体）高峻厚重，草木生长在上面，飞禽走兽居住在上面，宝藏从里面开发出来。现在来说水，（论小）它不过是一小勺水，但它（的整体）深不可测，里面生活着鼋鼍、蛟龙、鱼鳖，繁殖着货物财富。《诗经》上说："只有上天的定命，深远不止。"这大概是说天之所以成为天的原因。"啊，难道不光明！文王的德行这么纯洁！"这大概是说文王之所以被尊奉为文王，是因为他纯一，而且永无止境。

【原文】

大哉圣人之道！洋洋乎！发育万物^①，峻极于天。优优大哉^②！礼仪三百^③，威仪三千^④。待其人而后行^⑤。故曰：苟不至德^⑥，至道不凝焉^⑦。故君子尊德行而道问学^⑧，致广大而尽精微，极高明而道中庸。温故而知新，敦厚以崇礼。是故居上不骄，为下不倍^⑨，国有道其言足以兴，国无道其默足以容^⑩。诗曰："既明且哲，以保其身^⑪"，其此之谓与！

【注释】

①洋洋：浩浩荡荡之意。②优优：充足、富庶之意。③礼仪：古代社会中的各种礼节。④威仪：古代典礼中接待宾客或是程式化的礼仪动作，也叫作曲礼。⑤其人：专指圣人。⑥苟不至德：苟，假如说。假如说没有很高的德行。⑦凝：聚集之意，在这里包含成功的意义。⑧问学：善问好学之意。⑨倍：与"背"通假，背叛之意。⑩容：保全自己。⑪既明且哲，以保其身：出自《诗经·大雅·烝民》。哲，智慧、聪颖，通晓事理之意。

【译文】

伟大啊，圣人的道。浩浩荡荡，生长发育万物，与天一样高峻。充足而且伟大啊，三百条礼仪，三千条威仪，等待圣人出现后才能实施。因此说，如果达不到最高境界的道德，最高境界的道就不会成功。所以，君子应当尊奉德行，善学好问，达到宽广博大的境界的同时又深入到细微之处，达到极端的高明同时又遵循中庸之道。温习过去所学习过的从而获取新的认识，用朴实厚道的态度尊崇礼仪。这样，在上位时不骄傲，在下位时不背弃。国家政治清明时力争主张被接受采纳，国家政治黑暗时以沉默保全自己。《诗经》上"既明达又聪慧，这样才能保全自身"这句话，说的就是这个意思吧！

【原文】

子曰："愚而好自用①，贱而好自专②，生乎今之世，反乎古之道③。如此者，灾及其身者也。"非天子，不议礼，不制度④，不考文⑤。今天下车同轨⑥，书同文⑦，行同伦⑧。虽有其位，苟无其德，不敢作礼乐焉；虽有其德，苟无其位，亦不敢作礼乐焉。

【注释】

①自用：刚愎自用之意，一味按照自己的想法做事情，过于武断专行。②自专：一意孤行。③反：与"返"通假。恢复、重新回来之意。④制度：做动词，制定制度之意。⑤考文：考核文字。⑥车同轨：车轮之间的距离相等。⑦书同文：书写文字的字体、字形相同。⑧行同伦：言行遵从相同的伦理道德规范。

【译文】

孔子说："愚蠢但又只凭主观意图行事，卑贱但又好独断专行；生活在现在这个时代，却要恢复古代的做法，这样的话，灾难就要降临在他身上了。"不是天子，就不议论礼制，不制定制度，不考核文字。现在普天下车辙统一，文字统一，伦理观念统一。虽然有天子的地位，但如果没有天子的德行，就不要轻易制礼作乐；虽有天子的德行，但是如果没有天子的地位，也不要轻易制礼作乐。"

【原文】

子曰："吾说夏礼①，杞不足征也②；吾学殷礼③，有宋存焉④；吾学周礼⑤，今用之，吾从周。"

【注释】

①夏礼：夏朝的礼法制度。传说是禹建立的。②杞：古代的国名，周武王给夏禹的后代的封地，在今河南杞县。征：检验、证明之意。③殷礼：殷朝的礼法制度。历史上，商朝都城从盘庚迁至殷直到商纣王亡国，称为殷代历史，商朝又叫作殷商或商殷。④宋：古代的国名，商汤后代居住地，在今河南省商丘市。⑤周礼：周朝的礼法制度。

《周礼》书影

所谓周礼有两层意思：一是周代的礼法、政法制度，其中包括分封制、宗法制及与其相对应的政法、礼法制度，它们有力地维护了周的统治；二是礼俗，包括周代的各种文化制度、风俗。后代各种礼法制度的制定多参照周礼。

【译文】

孔子说："我解说夏代的礼法，但杞国的文献不足以验证。我学习殷朝的礼法，仅仅有宋国保持着它。我学习周代的礼法，现在正实行着它，因此，我遵从周代的礼法。"

【原文】

王天下有三重焉①，其寡过矣乎！上焉者虽善无征②，无征不信，不信民弗从；

下焉者虽善不尊③，不尊不信，不信民弗从。故君子之道：本诸身，征诸庶民，考诸三王而不缪④，建诸天地而不悖⑤，质诸鬼神而无疑⑥，百世以俟圣人而不惑⑦。质诸鬼神而无疑，知天也；百世以俟圣人而不惑，知人也。是故君子动而世为天下道⑧，行而世为天下法，言而世为天下则。远之则有望，近之则不厌。诗曰："在彼无恶，在此无斁；庶几夙夜，以永终誉⑨！"君子未有不如此而蚤有誉于天下者也⑩。

【注释】

①王天下有三重焉：王，音同"望"，用作动词。王天下，在天下称王，统治国家之意。三重，三件重要的大事，分别是指仪礼、制度、考文。②上焉者：处在高堂之上的人，指君王。③下焉者：处在下位的人，指臣子。④三王：通常是指夏、商、周三代君王。⑤建：立、树立之意。⑥质：问询之意。⑦俟：等到。⑧道：法则。⑨在彼无恶……以永终誉：出自《诗经·周颂·振鹭》。斁，与"义"同音。庶几：差不多的意思。夙夜：从早到晚。⑩蚤：与"早"通假。

【译文】

统治天下要做三件重要的事情，做好了就会减少损失。居于上位的人，品德虽好但没有验证，没有验证就不权威，不权威百姓就不会服从；居于下位的人，品德虽好，但不尊贵，不尊贵就不权威，不权威百姓就不服从。因此，君子的道，根本在自身，在黎民百姓那里得到验证，考察到三代先王不显现出错误，树立在天地之间没有悖理的地方，卜问鬼神没有可疑的地方，等到百世以后圣人到来不感到困惑。卜问鬼神没有可疑的地方，这是了解了天；等到百世以后圣人到来不感到困惑，这是了解了人。因此，君子的举动能世世代代成为天下的法则，君子的行为能世世代代成为天下的法度，君子的言谈能世世代代成为天下的准则。离得远使人仰慕，离得近也不让人厌烦。《诗经》上说："在那里无人厌恶，在这里不遭人厌恨。几乎是日夜操劳，这样永远保持大家的称赞。"君子没有不先做到这一点就早已闻名于天下的。

【原文】

仲尼祖述尧舜①，宪章文武②；上律天时，下袭水土③。辟如天地之无不持载，无不覆帱④；辟如四时之错行⑤，如日月之代明⑥。万物并育而不相害，道并行而不相悖，小德川流，大德敦化⑦，此天地之所以为大也。

【注释】

①祖述：遵循之意。②宪章：效仿、模仿之意。③袭：符合、相配之意。④覆帱：帱，音同"倒"，覆帱，覆盖之意。⑤错行：更替交错运行。⑥代明：循环交替绽放光明。⑦敦化：淳朴、敦厚。

【译文】

孔子遵循尧、舜的传统，模仿文王、武王。上遵从天时变化，下符合地理位置，好像天地没有什么不能负载，没有什么不能覆盖的，又好像四季的更替运行，日月交替光明，万物同时生长发育互不伤害，天地的道同时运行而互不违背。小德如江河流行，大德敦厚化育，这就是天地之所以为大的原因。

【原文】

惟天下至圣，为能聪明睿知，足以有临也①；宽裕温柔，足以有容也；发强刚毅，足以有执也②；齐庄中正，足以有敬也；文理密察，足以有别也③。溥博渊泉，而时出之。溥博如天，渊泉如渊。见而民莫不敬，言而民莫不信，行而民莫不说。是以声名洋溢乎中国，施及蛮貊；舟车所至，人力所通；天之所覆，地之所载，日月所照，霜露所队④；凡有血气者，莫不尊亲，故曰配天。

【注释】

①有临：能够居上位而统治下民。②有执：有很强的决断能力。③有别：能够分辨区别是非曲直。④霜露所对："队"与"坠"相通假。霜雪坠落的意思。

【译文】

只有天下最高尚的圣人是聪明智慧的，能够居上位临下民；宽大为怀，温和柔顺，能够包容天下；奋发勇健，刚强坚毅，能够决断天下大事；威严庄重，忠诚正直，能够博得人们的尊敬；条理清晰，详细观察，能够分辨区别是非曲直。（圣人的德行）广博深厚，时时会表现出来。广博如天，深厚如渊，表现出来百姓没有不尊敬的，说出话来百姓没有不信服的，做起事来百姓没有不高兴的。这样，声誉在中国广泛传播，并延续到蛮貊这样的边远地区。船车所能达到的地方，人的力量所能通到的地方，天所覆盖的地方，地所负载的地方，日月所照耀的地方，霜露落下的地方，凡有血气生命的，没有不尊重亲近他们的，因此说能与天相配。

【原文】

惟天下至诚①，为能经纶天下之大经②，立天下之大本，知天地之化育。夫焉有所倚？肫肫其仁！渊渊其渊！浩浩其天！苟不固聪明圣知达天德者，其孰能知之？

【注释】

①至诚：最高的真诚。②经纶：主宰，治理。

【译文】

只有天下最高的真诚，才能成为治理国家的典范，树立天下的根本，认识到天地化育万物的道理。这需要什么依凭呢？仁爱之心那样诚挚，像潭水那样幽深，像天那样广阔。如果不是真正聪明智慧、达到天德的人，还有谁能知道天下最高的真诚呢？

【原文】

诗曰："衣锦尚絅①"，恶其文之著也。故君子之道，暗然而日章②；小人之道，的然而日亡③。君子之道：淡而不厌，简而文，温而理，知远之近，知风之自，知微之显，可与入德矣。诗云："潜虽伏矣，亦孔之昭④！"故君子内省不疚，无恶于志。君子之所不可及者，其唯人之所不见乎。诗云："相在尔室，尚不愧于屋漏⑤。"故君子不动而敬，不言而信。诗曰："奏假无言，时靡有争⑥。"是故君子不赏而民劝，不怒而民威于斧钺⑦。诗曰："不显惟德！百辟其刑之⑧。"是故君子笃恭而天下平。诗曰："予怀明德，不大声以色⑨。"子曰："声色之于以化民，末也。"诗曰："德遒如毛⑩"，毛犹有伦⑪；"上天之载，无声无臭⑫"，至矣！

【注释】

①衣锦尚炯：出自《诗经·卫风·硕人》。衣，用作动词，穿衣之意。锦，有花纹装饰物的衣服。尚，添加之意。炯，与"迥"同音，与"裳"同，指的是用麻布做成的外衣。②暗然：隐蔽起来，避免外露。③的然：的，与"地"同音。的然，指的是鲜艳显著的意思。④潜虽伏矣，亦孔之昭：出自《诗经·小雅·正月》。孔，很、特别之意。昭，明显、显眼之意。⑤相在尔室，尚不愧于屋漏：出自《诗经·大雅·抑》。相，观看、察看。屋漏，古代房屋西北角，专为神灵空出。屋漏，代指神明。不愧于屋漏，指人光明磊落，不做坏事，不愧对神灵。⑥奏假无言，时靡有争：出自《诗经·商颂·烈祖》。奏，贡献、敬献之意。假，与"格"通假，与神灵相沟通、对话。靡，无。⑦斧钺：在古代执行法令时使用的大斧。⑧不显惟德，百辟其刑之：出自《诗经·周颂·烈文》。不显，与前同，大显之意。辟，指称诸侯。刑，与"型"通假，典范、效仿之意。⑨予怀明德，不大声以色：出自《诗经·大雅·皇矣》。声，发号施令。色，专指容貌。⑩德遒如毛：出自《诗经·大雅·杰民》。遒，与"有"同音，古代一种轻型的小车，这里有轻的意思。⑪伦：比。⑫上天之载，无声无臭：出自《诗经·大雅·文王》。臭，指气味、味道。

【译文】

《诗经》上说："内穿锦缎，外罩麻衣。"这是讨厌锦缎衣服的花纹太艳丽了。因此，君子的道，暗淡无光但日见彰显；小人的道，鲜艳显著但日趋灭亡。君子的道，平淡但不令人厌恶，简约但文采熠熠，温和但有条理。知道远是从近开始，知道教化是来自哪里，知道微弱的会变得显著，这样就可进入到圣人的德行行列中去了。《诗经》上说："尽管潜藏隐匿在水下，仍然清晰可见。"因此，君子内心省察自己而不感到内疚，无愧于心。别人不及君子的原因，大概是君子在人看不到的地方也能严格要求自己。《诗经》上说："看你独自一人在室，应当无愧于神灵。"所以，君子即使没有行动也能表现出他的恭敬态度，即使没有言谈也能表现出他的忠诚。《诗经》上说："默默祈祷，不再有争执。"因此，君子不用赏赐，百姓就会受到勉励，不用发怒，百姓就会比看到斧钺还要畏惧。《诗经》上说："让上天的德行大放光彩，凡诸侯都来实行。"因此，君子忠厚恭敬天下就会太平。《诗经》上说："我怀念文王的美德，但不声张宣扬。"孔子说："用声张宣扬来感化百姓，这是最不根本的啊！"《诗经》上说："德行犹如羽毛。"但羽毛仍是可比的。"上天所承载的道，无声无味"，这才是最高的境界啊！

大 学

【原文】

大学之道在明明德①，在亲民②，在止于至善。知止而后有定③，定而后能静，静而后能安，安而后能虑，虑而后能得④。物有本末，事有终始，知所先后，则近道矣。

　　①大学之道：大学的宗旨，大学的最终目的。大学，在古代其含义有两种："博学"之意；与"小学"相对的"大人之学"。古代儿童八岁上小学，主要学习"洒扫、应对、进退、礼乐射御书数"之类的文化课和基本的礼节。十五岁后可进入大学，开始学习伦理、政治、哲学等"穷理正心，修己治人"的学问。两种含义虽有明显的区别之处，但都有"博学"之意。道，本指道路，在这里指的是在学习政治、哲学时所掌握的规律和原则。明明德：第一个"明"是动词，彰显、发扬之意。第二个"明"是形容词，含有高尚、光辉的意思。②亲民：一说是"新民"，使人弃旧图新，弃恶扬善。引导、教化人民之意。③知止：明确目标所在。④得：得到成果。

【译文】

　　《大学》的宗旨，在于弘扬高尚的德行，在于关爱人民，在于达到最高境界的善。知道要达到"至善"的境界方能确定目标，确定目标后方能心地宁静，心地宁静方能安稳不乱，安稳不乱方能思虑周详，思虑周详方能达到"至善"。凡物都有根本有末节，凡事都有终端有始端，知道了它们的先后次序，就与《大学》的宗旨相差不远了。

【原文】

　　古之欲明明德于天下者先治其国，欲治其国者先齐其家①；欲齐其家者先修其身②；欲修其身者先正其心；欲正其心者先诚其意；欲诚其意者，先致其知③；致知在格物④。物格而后知至，知至而后意诚，意诚而后心正，心正而后身修，身修而后家齐，家齐而后国治，国治而后天下平。

　　自天子以至于庶人，壹是皆以修身为本⑤，其本乱而末治者，否矣⑥。其所厚者薄，而其所薄者厚⑦，未之有也⑧。此谓知本，此谓知之至也。

【注释】

　　①齐其家：将自己家庭或家族的事务安排管理得井井有条，人与人之间的关系和谐，家业繁荣的意思。②修其身：锻造、修炼自己的品行和人格。③致其知：让自己得到知识和智慧。④格物：研究、认识世间万物。⑤壹是皆以修身为本：壹是，全部都是之意。本：本源、根本。⑥末：与"本"相对，末节之意。⑦其所厚者薄，而其所薄者厚：厚者薄，该厚待的却怠慢。薄者厚：该怠慢的反倒厚待。⑧未之有也：宾语前置句，"未有之也"。是说还不曾有过这样的做法或是事情。

【译文】

　　在古代，意欲将高尚的德行弘扬于天下的人，则先要治理好自己的国家；意欲治理好自己国家的人，则先要调整好自己的家庭；意欲调整好自己家庭的人，则先要修养好自身的品德；意欲修养好自身品德的人，则先要端正自己的心意；意欲端正自己心意的人，则先要使自己的意念真诚；意欲使自己意念真诚的人，则先要获取知识；获取知识的途径则在于探究事理。探究事理后才能获得正确认识，认识正确后才能意念真诚，意念真诚后才能端正心意，心正端正后才能修养好品德，品德修养好后才能调整好家族，家族调整好后才能治理好国家，国家治理好后才能使天下太平。从天子到普通百姓，都要把修养品德作为根本。人的根本败坏了，末节反倒能调理好，这是不可能的。正像我厚待他人，他人反而慢待我，我慢待他人，他人反而厚待我这样的事情，还未曾有过。这就叫知道了根本，这就是认知的最高境界。

【原文】

所谓诚其意者①，毋自欺也②，如恶恶臭③，如好好色④。此之谓自谦⑤。故君子必慎其独也⑥。小人闲居为不善⑦，无所不至，见君子而后厌然掩其不善而著其善⑧，人之视己如见其肺肝然，则何益矣。此谓诚于中，形于外⑨，故君子必慎其独也。曾子曰："十目所视，十手所指，其严乎！"富润屋⑩，德润身⑪，心广体胖⑫，故君子必诚其意。

【注释】

①诚其意：指意念真诚。②毋：不要。③恶恶臭：第一个"恶"与"误"同音。恶恶臭，指的是讨厌恶臭的气味。④好好色：第一个"好"与"号"同音。好好色，喜爱容貌出众的女子。⑤谦：心满意足的样子。⑥慎其独：在独处时要慎重。⑦闲居：单独在家中。⑧厌然：遮遮掩掩、躲避之意。掩：隐藏之意。著：彰显出来。⑨诚于中，形于外：中，内心。外，指外表。⑩润屋：装饰住所。⑪润身：修炼自己。⑫心广体胖：心胸宽广，身体舒适。胖，音同"盘"，舒适之意。

【译文】

所谓意念真诚，就是说不要自己欺骗自己。就像厌恶难闻的气味，喜爱好看的女子，这就是求得自己的心满意足。所以君子在独处时一定要慎重。小人在家闲居时什么坏事都可以做出来。当他们看到君子后，才会遮掩躲闪，藏匿他们的不良行为，表面上装作善良恭顺。别人看到你，就像能见到你的五脏六腑那样透彻，装模作样会有什么好处呢？这就是所说的心里是什么样的，会显露在外表上。因此，君子在独处的时候一定要慎重。曾子说："一个人被众人注视，被众人指责，这是很可怕的啊！"富能使房屋华丽，德能使人品德高尚，心胸宽广能体态安适，所以，君子一定要意念真诚。

【原文】

诗云："瞻彼淇澳，菉竹猗猗。有斐君子，如切如磋，如琢如磨。瑟兮僴兮，赫兮喧兮。有斐君子，终不可喧兮①！"如切如磋者，道学也②。如琢如磨者，自修也。瑟兮僴兮者，恂栗也③。赫兮喧兮者，威仪也。有斐君子终不可谊兮，道盛德至善，民之不能忘也。诗云："於戏前王不忘④！"君子贤其贤而亲其亲，小人乐其乐而利其利。此以没世不忘也⑤。康诰曰⑥："克明德⑦。"大甲曰⑧："顾误天之明命⑨。"帝典曰⑩："克明峻德⑪。"皆自明也。汤之盘铭曰⑫："苟日新⑬，日日新，又日新。"康诰曰："作新民⑭。"诗曰："周虽旧邦，其命惟新⑮。"是故君子无所不用其极⑯。诗云："邦畿千里，惟民所止⑰。"诗云："缗蛮黄鸟，止于丘隅⑱。"子曰："于止，知其所止，可以人而不如鸟乎？"诗云："穆穆文王，於缉熙敬止⑲！"为人君止于仁，为人臣止于敬，为人子止于孝，为人父止于慈，与国人交，止于信。子曰："听讼，吾犹人也，必也使无讼乎！"无情者不得尽其辞，大畏民志⑳。此谓知本。

【注释】

①瞻彼淇澳……终不可谖兮：出自《诗经·卫风·淇奥》。淇，古代的水名，在今河南北部。澳，音同"玉"，水边之意。斐，才华、文采之意。侗，与"闲"同音。瑟兮侗兮，庄严、心胸开阔之意。赫兮喧兮，显赫的样子。喧，又作"谖"，忘却之意。②道：说、谈论。③恂栗：惊恐、畏惧之意。④於戏前王不忘：出自《诗经·周颂·烈文》。於戏，与"呜呼"同音，感叹词。前王，指的是周文王和周武王。⑤此以没世不忘也：此以，所以。没世，过世之意。⑥康诰：《尚书·周书》中的一篇。"五经"之一的《尚书》是记录古代历史事件和人物的著作，全书分为《虞书》《夏书》《商书》《周书》四大部分。⑦克：能够。⑧大甲：即《太甲》，是《尚书·商书》中的一篇。⑨顾諟天之明命：顾，顾念之意。諟，此。明命，坦荡正义的禀性。⑩帝典：即《尧典》，是《尚书·虞书》中的一篇。⑪克明峻德：《尧典》原句为"克明俊德"。俊，与"峻"通假，是崇高之意。⑫汤之盘铭：汤，历史上的商汤。盘铭：刻在金属器皿上的警示语言或是箴言。这里的金属器皿指的是商汤的洗澡盆。⑬苟日新：苟，假如。新，本义指洗澡时除去身上污浊的东西，清洁身体，在这里是指精神层面的弃旧革新。⑭作新民：作，激发。新民：使民新的意思，弃旧从新，弃恶从善。⑮周虽旧邦，其命惟新：出自《诗经·大雅·文王》。旧邦，旧有的国家。其命，在这里指周朝所秉承的天命。惟，助词，无意义。⑯极：完善、极致。⑰邦畿千里，惟民所止：出自《诗经·商颂·玄鸟》。邦畿，畿，指都城和周边地区。止，停止、栖息，在这里是居住之意。⑱缗蛮黄鸟，止于丘隅：出自《诗经·小雅·绵蛮》。缗蛮，鸟叫声。隅，角落之意。止，栖息。⑲穆穆文王，於缉熙敬止：引自《诗经·大雅·文王》。穆穆，雍容庄重的样子。於，与"误"同音，感叹词。缉，接着。熙，光明、光亮。止，助词，无意义。⑳无情者不得尽其辞，大畏民志：无情者，有违实情的人。辞，花言巧语。民志，指民心。

【译文】

《诗经》上说："看那弯弯的淇水岸边，绿竹苍郁。那文质彬彬的君子，像切磋骨器、琢磨玉器那样治学修身。他庄重威严，光明显耀。那文质彬彬的君子啊，令人难以忘记！"所谓"像切磋骨器"，是说治学之道；所谓"像琢磨玉器"，是说自身的品德修养；所谓"庄重威严"，是说君子谦逊谨慎；所谓"光明显耀"，是说君子仪表的威严，"那文质彬彬的君子啊，令人难以忘记"，是说君子的品德完美，达到了最高境界的善，百姓自然不会忘记他。《诗经》上说："哎呀，先前的贤王不会被人忘记。"后世君子，尊前代贤王之所尊，亲前代贤王之所亲，后代百姓因先前贤王而享安乐，获收益。这样前代贤王虽过世而不会被人遗忘。《尚书·周书》中的《康诰》篇上说："能够弘扬美德。"《尚书·商书》中的《太甲》篇中说："思念上天的高尚品德。"《尚书·虞书》中《帝典》篇中说："能够弘扬伟大的德行。"这些都是说要自己发扬美德。商汤的《盘铭》上说："如果一日洗刷干净了，就应该天天洗净，不间断。"《康诰》篇上说："劝勉人们自新。"《诗经》上说："周朝虽是旧国，但文王承受天命是新的。"因此，君子处处都要追求至善的境界。《诗经》上说："京城方圆千里，都为百姓居住。"《诗经》上说："唧啾鸣叫的黄莺，栖息在多树的山丘上。"孔子说："啊呀，黄莺都知道自己的栖息之处，难道人反而不如鸟吗？"《诗经》上说："仪态端庄美好的文王啊，他德行高尚，使人无不仰慕。"身为国君，当努力施仁政；身为下臣，当尊敬君主；身为人之子，当孝顺父母；身为人之父，当慈爱为怀；与国人交往，应当诚实，有信用。孔子说：

"审断争讼，我的能力与他人的一般无二，但我力争使争讼根本就不发生。"违背实情的人，不能尽狡辩之能事，使民心敬畏。这叫作知道什么是根本。

【原文】

　　所谓修身在正其心者①，身有所忿懥则不得其正②，有所恐惧，则不得其正，有所好乐则不得其正，有所忧患则不得其正。心不在焉，视而不见，听而不闻，食而不知其味。此谓修身在正其心。

【注释】

　　①修身：指的是修养良好的品德。②忿懥：愤怒之意。

【译文】

　　如要修养好品德，则先要端正心意。心中愤愤不平，则得不到端正；心中恐惧不安，则得不到端正；心里有偏好，则得不到端正；心里有忧患，则得不到端正。一旦心不在焉，就是看了，却什么也看不到，听了，却什么也听不到，吃了，却辨别不出味道。所以说，修养品德关键在端正心意。

【原文】

　　所谓齐其家在修其身者，人之其所亲爱而辟焉①，之其所贱恶而辟焉，之其所畏敬而辟焉，之其所哀矜而辟焉②，之其所敖惰而辟焉③。故好而知其恶，恶而知其美者，天下鲜矣。故谚有之曰："人莫知其子之恶，莫知其苗之硕。"此谓身不修不可以齐其家。

【注释】

　　①之："对于"之意。辟：亲近、偏爱之意。②哀矜：同情怜悯之意。③敖惰：敖，骄傲，傲慢。惰，懈怠。

【译文】

　　如要调整好家族，则先要修养好品德，为什么呢？因为人往往对他所亲近喜爱的人有偏见，对他所轻视讨厌的人有偏见，对他所畏惧恭敬的人有偏见，对他所怜惜同情的人有偏见，对他所傲视简慢的人有偏见。所以喜爱一个人但又认识到他的缺点，不喜欢一个人但又认识到他优点的人，也少见。因此有一则谚语说："人看不到自己孩子的过错，人察觉不到自己的庄稼好。"这就是不修养好品德就调整不好家族的道理。

【原文】

　　所谓治国必先齐其家者，其家不可教而能教人者，无之。故君子不出家而成教于国。孝者所以事君也，弟者所以事长也①，慈者所以使众也②。康诰曰："如保赤子③。"心诚求之，虽不中不远矣④。未有学养子而后嫁者也！一家仁，一国兴仁；一家让，一国兴让；一人贪戾，一国作乱。其机如此⑤。此谓一言偾事⑥，一人定国。尧舜率天下以仁而民从之⑦，桀纣率天下以暴而民从之⑧。其所令反其所好而民不从。是故君子有诸己而后求诸人，无诸己而后非诸人⑨，所藏乎身不恕而能喻诸人者⑩，未之有也。故治国在齐其家。诗云："桃之夭夭，其叶蓁蓁。之子于归，宜其家人⑪。"宜其家人，而后可以教国人。诗云："宜兄宜弟⑫。"宜兄宜弟，而后可以教国人。诗云："其仪不忒，正是四国⑬。"其为父子兄弟足法，而后民法之也，此谓治国在齐其家。

【注释】

①弟：与"悌"通假。指弟弟对哥哥要尊重服从。②慈：长辈对晚辈的爱。③如保赤子：出自《尚书·周书·康诰》。如，与"若"同，好像。指的是作为国君保护老百姓就要像保护自己的婴儿一样。④中：与"重"同音，指的是达到预期的目标。⑤机：古代弓箭上的机关，这里指的是关键。⑥偾：与"奋"同音，败坏之意。⑦尧舜：古代仁君的代表。率：带领、领导。⑧桀纣：桀，夏代的最后一位君主，残暴至极。纣，商代的最后一位君主。两人与尧舜相对，是古代暴君的代表。⑨诸："之于"的合音词。⑩恕：恕道之意。孔子曾说："己所不欲，勿施于人。"就是指自己不想做的，也不要让别人去做，这种推己及人的品德就是儒家所提倡的恕道。喻：知晓、明白。⑪桃之夭夭……宜其家人：出自《诗经·周南·桃夭》。夭夭，鲜美的样子。蓁蓁，与"真"同音，浓密茂盛的样子。之子，与"之女子于归"同，是说女子出嫁。⑫宜兄宜弟：出自《诗经·小雅·蓼萧》。是尊敬兄长、爱护兄弟之意。⑬其仪不忒，正是四国：出自《诗经·曹风·鸤鸠》。仪，仪容。忒，差错。

【译文】

要治理好国家，必须先要调整好自己的家族，因为不能教育好自己家族的人反而能教育好一国之民，这是从来不会有的事情。所以，君子不出家门而能施教于国民。孝顺，是侍奉君主的原则；尊兄，是侍奉长官的原则；仁慈，是控制民众的原则。《康诰》中说："像爱护婴儿那样。"诚心诚意去爱护，即便不合乎婴儿的心意，也相差不远。不曾有过先学养育孩子再出嫁的人呀！一家仁爱相亲，一国就会仁爱成风；一家谦让相敬，一国就会谦让成风；一人贪婪暴戾，一国就会大乱——它们的相互关系就是这样。这就叫作一句话可以败坏大事，一个人可以决定国家。尧、舜用仁政统治天下，百姓就跟从他们实施仁爱。桀、纣用暴政统治天下，百姓就跟从他们残暴不仁。他们命令大家做的，与他他自己所喜爱的凶暴相反，因此百姓不服从。因此，君子要求自己具有品德后再要求他人，自己先不做坏事，然后再要求他人不做。自己藏有不合"己所不欲，勿施于人"这一道理的行为，却能使他人明白道理，这是不会有的事情。因此，国家的治理，在于先调整好家族。《诗经》上说："桃花绚烂，枝繁叶茂。姑娘出嫁，合家欢快。"只有合家相亲和睦后，才能够调教一国之民。《诗经》上说："尊兄爱弟。"兄弟相处和睦后，才可以调教一国的人民。《诗经》上说："他的仪容没有差错，成为四方之国的准则。"能使父亲、儿子、兄长、弟弟各谋其位，百姓才能效法。这就叫作治理好国家首先要调整好家族。

桃

《诗经·周南·桃夭》中分别以桃花、桃叶和桃实起兴，突出了婚姻的美满和家庭的和睦。此诗用在这里，则是强调了家族和谐相处的重要性，在此基础上，才能考虑像治国、平天下这样的大事，否则，如同无源之水，一切无从谈起。

所谓平天下在治其国者，上老老而民兴孝^①，上长长而民兴弟^②，上恤孤而民不倍^③，是以君子有絜矩之道也^④。所恶于上毋以使下，所恶于下毋以事上，所恶于前毋以先后，所恶于后毋以从前，所恶于右毋以交于左，所恶于左毋以交于右，此之谓絜矩之道。诗云："乐只君子，民之父母^⑤。"民之所好好之，民之所恶恶之，此之谓民之父母。诗云："节彼南山，维石岩岩。赫赫师尹，民具尔瞻^⑥。"有国者不可以不慎，辟则为天下僇矣^⑦。诗云："殷之未丧师，克配上帝。仪监于殷，峻命不易^⑧。"道得众则得国，失众则失国。

【注释】

①老老：第一个"老"是动词，指的是把老人当作老人看待的意思。老老，尊敬老人之意。②长长：与"老老"的结构相同。长长，敬重长辈之意。③上恤孤而民不倍：恤，体恤怜爱之意。孤，指的是幼年丧父的孤儿。倍，与"背"通假，背离、背叛之意。④絜矩之道：絜，度量之意。矩，画矩形所用的尺子，是规则、法度之意。絜矩之道，是儒家的伦理思想，指一言一行要有模范作用。⑤乐只君子，民之父母：出自《诗经·小雅·南山有臺》。乐，欢快、喜悦之意。只，助词，无意义。⑥节彼南山……民具尔瞻：出自《诗经·小雅·节南山》。节，高耸的样子。岩岩，险峻之意。师尹，指的是太师尹氏，太师是周代的三公之一。瞻，瞻仰、仰视之意。⑦僇：与"戮"通假，杀戮之意。⑧殷之未丧师……峻命不易：出自《诗经·大雅·文王》。师，人民大众。配，与……相符。仪，应该。监，警诫，鉴戒。峻，大。

【译文】

要平定天下，先要治理好自己的国家。因为居上位的人敬重老人，百姓就会敬重老人；居上位的人敬重兄长，百姓就会敬重兄长；居上位的人怜爱孤小，百姓就不会不讲信义。所以，君子的言行具有模范作用。厌恶上级的所作所为，就不要用同样的做法对待下级；厌恶下级的所作所为，就不要用同样的做法对待上级；厌恶在我之前的人的所作所为，就不要用同样的做法对待在我之后的人，厌恶在我之后的人的所作所为，就不要用同样的做法对待在我之前的人；厌恶在我右边的人的所作所为，就不要用同样的方法与我左侧的人交往；厌恶在我左边的人的所作所为，就不要用同样的方法与我右侧的人交往。这就是所说的模范作用。《诗经》上说："快乐啊国君，你是百姓的父母。"百姓喜爱的他就喜爱，百姓厌恶的他就厌恶，这就是所说的百姓的父母。《诗经》上说："高高的南山啊，重峦叠嶂。光耀显赫的尹太师啊，众人都把你仰望。"统治国家的人不能不谨慎，出了差错就会被天下百姓杀掉。《诗经》上说："殷朝没有丧失民众时，能够与上天的意旨相配合。应以殷朝的覆亡为鉴，天命得来不易啊。"这就是说得到民众的拥护，就会得到国家；失去民众的拥护，就会失去国家。

【原文】

是故君子先慎乎德。有德此有人^①，有人此有土，有土此有财，有财此有用。德者本也，财者末也。外本内末，争民施夺^②。是故财聚则民散，财散则民聚。是故言悖而出者亦悖而入③；货悖而入者亦悖而出。康诰曰："惟命不于常。"道善则得之，不善则失之矣。楚书曰："楚国无以为宝，惟善以为宝④。" 舅犯曰："亡人无以为宝，仁亲以为宝⑤。"

【注释】

①此：才。②争民施夺：争民，民众互相争斗之意。施夺，抢夺财富。③悖：逆、反。④楚国无以为宝，惟善以为宝：出自《楚书》。《楚书》是楚昭王时编写的史书，后世史书中对此也有记载。王孙围受楚昭王之命出使晋国。晋国赵简子问楚国珍宝美玉之事。王孙围回应说楚国从来不把美玉当珍宝，而只是将那些和观射父一样的大臣看作珍宝。⑤亡人无以为宝，仁亲以为宝：舅犯，是晋文公重耳的舅舅，名狐偃，字子犯。亡人，逃亡之人，特指重耳。子犯对重耳说这些话的历史情形是，晋僖公四年，晋献公因听信谗言，逼迫太子申生自缢而死。重耳避难逃亡在狄国时，晋献公逝世。秦穆公派人劝重耳回国执政。子犯得知此事，认为不能回去，随即对重耳说了下面的话。

【译文】

所以，君子应该谨慎地修养德行。具备了德行才能获得民众，有了民众才会有国土，有了国土才会有财富，有了财富才能享用。德行为根本，财富为末端。如若本末倒置，民众就会互相争斗、抢夺。因此，财富聚集在国君手中，就可以使百姓离散；财富疏散给百姓，百姓就会聚在国君身边。所以你用不合情理的言语说别人，别人也会用不合情理的言语说你，用不合情理的方法获取的财富，也会被人用不合情理的方法夺走。《康诰》上说："天命不是始终如一的。"德行好的就会得天命，德行不好就会失掉天命。《楚书》上说："楚国没有什么可以当作珍宝的，只是把德行当作珍宝。"舅犯说："流亡的人没有什么可以当作珍宝的，只是把挚爱亲人当作珍宝。"

【原文】

秦誓曰①："若有一介臣，断断兮②，无他技；其心休休焉③，其如有容焉④。人之有技，若己有之；人之彦圣⑤，其心好之，不啻若自其口出⑥，寔能容之。以能保我子孙黎民，尚亦有利哉！人之有技，媢嫉以恶之⑦；人之彦圣而违之⑧，俾不通⑨。寔不能容，以不能保我子孙黎民，亦曰殆哉！"唯仁人放流之⑩，迸诸四夷⑪，不与同中国⑫。此谓唯仁人为能爱人，能恶人。见贤而不能举，举而不能先，命也⑬。见不善而不能退，退而不能远，过也。好人之所恶，恶人之所好，是谓拂人之性，灾必逮夫身⑭。是故君子有大道，必忠信以得之，骄泰以失之⑮。

【注释】

①《秦誓》：《尚书·周书》中的一篇。②断断：心地诚实之意。③休休：胸怀宽广之意。④有容：指能够包容人。⑤彦圣：德才兼备之意。彦，美好。圣，开明。⑥不啻：不只是。⑦媢嫉：忌妒之意。媢，与"貌"同音。⑧违：阻碍之意。⑨俾：使得。⑩放流：流放。⑪迸诸四夷：迸，与"屏"同，驱逐之意。四夷，东南西北各方之夷。夷是古代东方的百姓。⑫中国：指的是国家的中心地区。⑬命：是"慢"之误字。轻慢之意。⑭灾必逮夫身：逮，

等到之意。夫，助词，无意义。⑮骄泰：放肆骄奢。

《秦誓》上说："如果有这样一个大臣，他虽没有什么才能，但心地诚实宽大，能够容纳他人。别人有才能，如同他自己有一样，别人德才兼备，他诚心诚意喜欢，不只是口头上说说而已。能够留用这人，便能够保护我的子孙百姓。这对百姓是多么有利啊。如果别人有才能，就忌妒厌恶，别人德才兼备，就阻拦他施展才干。不能留用这样的人，他不能保护我的子孙百姓，这种人也实在是危险啊。"只有仁德的人能把这种忌妒贤人的人流放，驱逐到边远地区，使他们不能留在国家的中心地区。这叫作只有仁德的人能够爱人，能够恨人。看到贤人而不举荐，举荐了但不尽快使用，这是怠慢。看到不好的人却不能摒弃，摒弃了却不能放逐到远方，这是过错。喜欢人所厌恶的，厌恶人所喜欢的，这是违背了人性，灾害必然会降临到他的身上。因此，君子所有的高尚德行，一定要忠诚老实才能够获得，骄纵放肆便会失去。

【原文】

生财有大道。生之者众，食之者寡，为之者疾，用之者舒，则财恒足矣。仁者以财发身①，不仁者以身发财。未有上好仁而下不好义者也，未有好义其事不终者也，未有府库财非其财者也②。孟献子曰③："畜马乘不察于鸡豚④；伐冰之家不畜牛羊⑤；百乘之家不畜聚敛之臣⑥，与其有聚敛之臣，宁有盗臣。"此谓国不以利为利，以义为利也。长国家而务财用者⑦，必自小人矣。彼为善之，小人之使为国家，灾害并至，虽有善者，亦无如之何矣⑧。此谓国不以利为利，以义为利也。

【注释】

①发身：修炼身心。发，发起之意。②府库：存放国家贵重器物的地方。③孟献子：鲁国的大夫，姓仲孙，名蔑。④乘：与"胜"同音。是四匹马拉的车。古代大夫级的待遇。⑤伐冰之家：办丧事时能够用冰来保存尸体的人家。卿大夫以上的大官能享受的待遇。⑥百乘之家：家中有一百辆车。是古代的大家族，通常是有封地的诸侯王。聚敛之臣：聚敛民财的家臣。⑦长国家：长，与"涨"同音。成为一国之长，指的是帝王。⑧无如之何：无济于事。

【译文】

发财致富有这样一条原则：生产财富的人要多，消耗财富的人要少，干得要快，用得要慢，这样就可以永远保持富足了。有德行的人会舍财修身，没有德行的人会舍身求财。没有居上位的人喜爱仁慈而下位的人不喜爱忠义的；没有喜爱忠义而完不成自己事业的；没有国库里的财富最终不归属于国君的。孟献子说："拥有四匹马拉的车的人，不应计较一鸡一猪的财物，卿大夫家不饲养牛羊；拥有马车百辆的人家，不豢养收敛财富的家臣。与其有聚敛民财的家臣，还不如有盗贼式的家臣。"这是说，国家不应把财物当作利益，而应把仁义作为利益。

掌管国家大事的人只致力于财富的聚敛，这一定是小人的主张。假如认为这种做法是好的，小人被用来为国家服务，那么灾害就会一起来到，纵使有贤臣，也无济于事啊！这就是说国家不要把财利当作利益，而应把仁义当作利益。

第二卷

诗　经

国 风

周 南

关 雎

关关雎鸠①，在河之洲②。
窈窕淑女③，君子好逑④。
参差荇菜⑤，左右流之⑥。
窈窕淑女⑦，寤寐求之⑧。
求之不得，寤寐思服⑨。
悠哉悠哉⑩，辗转反侧⑪。
参差荇菜，左右采之⑫。
窈窕淑女，琴瑟友之⑬。
参差荇菜，左右芼之⑭。
窈窕淑女，钟鼓乐之。

【题解】

　　这是我国第一首经典情诗。诗的格调纯净清新，高雅热烈，流露出我国古代人民那种爽朗、明快、自由的爱情观。全诗没有直接描写梦寐以求的淑女的容貌，而是借助作者的苦苦相思将她的美好、可人展现出来，由此我们可以感受到一位纤纤女子迎面而来。同时，从全诗那种真实、毫无保留的直接抒情当中，我们也可以深刻地感受到那位相思中的男子的性情、姿态和品格，并深深地为其所折服。《关雎》是一首自由恋爱的赞歌，活在爱情之中的人，是最有魅力、最有激情的人。

【注释】

　　①关关：水鸟鸣叫的声音。雎鸠：一种水鸟。②洲：水中的陆地。③窈窕：内心、外貌美好的样子。淑：好，善。④君子：这里是女子对男子的尊称。逑：配偶。⑤参差：长短不齐的样子。荇菜：一种多年生的水草，叶子可以食用。⑥流：用作"求"，意思是选取，择取。⑦窈窕：轻盈、俏丽。淑：善良、端庄。⑧寤：睡醒。寐：睡着。⑨思：语气助词，没有实义。服：思念。⑩悠：忧思的样子。⑪辗转：转动。反侧：翻来覆去。⑫采：摘取。⑬琴瑟：琴和瑟都是古时的弦乐器。友：友好交往，

窈窕淑女，君子好逑

亲近。⑭芼：采摘。

【译文】

　　雎鸠应和相鸣唱，在那黄河小岛上。美丽善良好姑娘，她是我的好对象。
　　荇菜有高又有低，左挑右选忙采摘。美丽善良好姑娘，一心在梦里求娶。
　　求娶心思未实现，日夜把她勤思念。愁思绵绵把忧添，翻来覆去难入眠。
　　荇菜高低一棵棵，左挑右选忙采摘。美丽善良好姑娘，弹琴奏瑟相亲热。
　　荇菜高低一棵棵，左挑右选忙采摘。美丽善良好姑娘，敲钟打鼓逗她乐。

卷 耳

采采卷耳①，不盈顷筐②。
嗟我怀人③，寘彼周行④。
陟彼崔嵬⑤，我马虺隤⑥。
我姑酌彼金罍⑦，维以不永怀⑧。
陟彼高冈，我马玄黄⑨。
我姑酌彼兕觥⑩，维以不永伤⑪。
陟彼砠矣⑫，我马瘏矣⑬，我仆痡矣⑭，云何吁矣⑮。

【题解】

　　这是一首表现思念，描写愁苦的诗。第一节，妇女的思夫之情，从采摘卷耳的活动中漫溢出来，她的心思并没有放在采卷耳上，而是放在思念远方的"他"上。第二至四节采摘活动停止。笔墨浸入思念的内容，写妇女想象中"他"在艰难地爬坡，以及在路途中的困顿。诗的两部分都用了第一人称，两个看似无关本末的部分，被诗中蕴含的一片真情紧紧地维系在一起。采卷耳的意象贯穿全诗，以怎么也采不满的浅筐，突出了这份思念的真切。全诗结构安排得十分巧妙，由事言情，把情感体现得强烈、深刻，十分感人。

【注释】

　　①采采：采了又采。卷耳：野菜名，又叫苍耳。②盈：满。顷筐：浅而容易装满的竹筐。③嗟：叹息。怀：想，想念。④寘：放置。彼：指顷筐。周行：大道。⑤陟：登上。崔嵬：高低不平的土石山。⑥虺隤：因疲乏而生病。⑦姑：姑且。金罍：青铜酒杯。⑧维：语气助词，无实义。永怀：长久思念。⑨玄黄：马因病而改变颜色。⑩兕觥：犀牛角做成的酒杯。⑪永伤：长久思念。⑫砠：有土的石山。⑬瘏：马疲劳而生病。⑭痡：人生病而不能走路。⑮云：语气助词，没有实义。何：多么。吁：忧愁。

【译文】

　　采卷耳啊采卷耳，久采未满斜口筐。可叹我把丈夫念，筐儿丢在大路上。
　　我已登上高山顶，马儿疲劳上山难。且把浊酒来斟满，借此免把亲人念。
　　我又登上高山冈，马儿累得毛黑黄。且把浊酒来斟满，借此浇去久忧伤。
　　我又登上土石山，马儿累病在山间。车夫累病难向前，我的忧愁何时完。

桃 夭

桃之夭夭^①，灼灼其华^②。

之子于归^③，宜其室家^④。

桃之夭夭，有蕡其实^⑤。

之子于归，宜其家室。

桃之夭夭，其叶蓁蓁^⑥。

之子于归，宜其家人。

【题解】

此诗语句简洁明朗，短小精悍。诗以盛开的桃花象征即将出嫁的女子，盛开的桃花娇艳美丽，出嫁的新娘全身喜气，两相对比，色彩鲜明，气氛热烈，表达了对出嫁女子建立幸福家庭的美好祝愿。诗中桃花、女子两个形象有机结合，从桃花写到桃儿，再写到桃叶，完整地概括了女子即将迎来的幸福生活，人与物得到准确、生动的展现，毫无瑕疵地融为一体，二者相应，既和谐又美丽，传达出一种激动、喜悦的信息。

【注释】

①夭夭：桃树含苞欲放的样子。②灼灼：花开鲜明的样子。华：花。③之：这，这个。子：指出嫁的姑娘。于：语气助词，无义。归：女子出嫁。④宜：和顺，和善。室家：夫妇。⑤蕡：果实很多的样子。⑥蓁蓁：树叶茂盛的样子。

【译文】

桃树叶茂枝繁，花朵粉红灿烂。姑娘就要出嫁，夫家和顺平安。

桃树叶茂枝繁，桃子肥大甘甜。姑娘就要出嫁，夫家各乐平安。

桃树叶茂枝繁，叶儿随风招展。姑娘就要出嫁，夫家康乐平安。

芣 苢

采采芣苢^①，薄言采之^②。

采采芣苢，薄言有之^③。

采采芣苢，薄言掇之^④。

采采芣苢，薄言捋之^⑤。

采采芣苢，薄言袺之^⑥。

采采芣苢，薄言襭之^⑦。

【题解】

诗中概括了采芣苢这一劳动的全过程。这首明快的短诗，是一群采芣苢的人们欢唱的短歌，紧张有序的劳动和轻快愉悦的心情交织在一起，读起来让人激动和赞叹。全诗明快有力的节奏，象征了劳动的欢快热烈。读者品读此诗，就像在看一幅人们热火朝天、愉快劳动的生动场景，心灵也会因此而受到鼓舞。

【注释】

①芣苢：植物名称，即车前子，种子和草可做药用。②薄言：发语词，没有实义。采：采摘。③有：得到。④掇：拾取。⑤捋：用手握物，向一端滑动。⑥袺：用手提着衣襟兜东西。⑦襭：把衣襟别在腰间兜东西。

【译文】

车前草啊采呀采，赶忙把它采下来。车前草啊采呀采，赶紧把它摘下来。
车前草啊采呀采，迅速把它取下来。车前草啊采呀采，快速把它捋下来。
车前草啊采呀采，急用衣襟揣起来。车前草啊采呀采，忙用衣襟兜起来。

召 南

草 虫

喓喓草虫①，趯趯阜螽②。未见君子，忧心忡忡③。亦既见止④，亦既觏止⑤，我心则降⑥。

陟彼南山，言采其蕨⑦。未见君子，忧心惙惙⑧。亦既见止，亦既觏止，我心则说⑨。

陟彼南山，言采其薇。未见君子，我心伤悲。亦既见止，亦既觏止，我心则夷⑩。

【题解】

这是一位痴情女子在等待男子时的内心独白。全诗采用了对比的手法，将男子没来与他来到之后女子两种截然不同的状态进行了鲜明的对比。久等不来，心里很是着急；他到来之后，马上笑逐颜开。全诗一唱三和，一波三折，把女子的痴情表现得淋漓尽致。诗体结构紧凑，读起来朗朗上口，展示了该女子由焦急等待到兴高采烈的心理变化。

【注释】

①喓喓：昆虫鸣叫的声音。草虫：蝈蝈。②趯趯：昆虫跳跃的样子。阜螽：蚱蜢。③忡忡：心里跳动，形容心里不安，心神不定。④止：语气助词，没有实义。⑤觏：相遇，遇见。⑥降：悦服、平静。⑦言：语气助词，没有实义。蕨：一种野菜，可食用。⑧惙惙：忧愁的样子。⑨说：同"悦"，高兴。⑩夷：平静，安定。

【译文】

蝈蝈喓喓在鸣叫，蚱蜢时时在跳跃。没有见到我丈夫，无限忧伤心烦躁。
若能立即见到他，若能立即相亲热，忧愁消除心情好。登上那边南山坡，
我把蕨菜来采摘。没有见到我丈夫，心中无乐忧伤多。若能立即见到他，
若能立即相亲热，我的心中就快乐。登上那边南山坡，我把薇菜来采摘。
没有见到我丈夫，心中悲伤无欢乐。若能立即见到他，若能立即相亲热，
我的心中就快活。

江有汜

江有汜，之子归，不我以①。不我以，其后也悔②！
江有渚，之子归，不我与③。不我与，其后也处④！
江有沱，之子归，不我过⑤。不我过，其啸也歌⑥！

【题解】

　　这是一位弃妇的哀怨诗。方玉润说："此必江汉商人远归梓里，而弃其妾不以相从……妾乃作此诗以自叹而自解耳。"(《诗经原始》)古代有一夫多妻制，商人在经商地方娶了妻或妾，当他返回家乡时，却遗弃了她而没有带回乡，弃妇因作此诗以自我安慰。

江有汜

【注释】

　　①汜：江水决堤冲出后重又退回江。以：用，需要。不我以：不用我，不需要我。②其后也悔：想必以后会后悔。其：副词，表推测。也：句中语气词。③渚：水中的小沙洲。与：交往，相交。不我与：不同我交往。④处：忧愁。⑤沱：江水的支流。过：来，至。不我过：不到我这里来。⑥啸：号，心里不平而呼。

【译文】

　　江水浩荡有支流，我的丈夫要回家走，不带我回乡把我丢。不再与我相厮守，你的悔恨在后头！

　　江头宽宽有小洲，我的丈夫要回家走，不再爱我把我丢。不再与我相厮守。你的伤心在后头！

　　江水滔滔有支流，我的丈夫要回家走，不再找我把我丢。不再与我相厮守，你会因悔恨而痛哭！

野有死麕

野有死麕①，白茅包之②。
有女怀春③，吉士诱之④。
林有朴樕⑤，野有死鹿。
白茅纯束⑥，有女如玉。
"舒而脱脱兮⑦！无感我帨兮⑧！无使尨也吠⑨！"

【题解】

　　这首诗描写了一对男女在野外欢聚的场面，这种场面在《诗经》中很少见。诗的开篇即点明地点是在野外——"野有死麕"，很明显是在野地里。同时，白茅的描写和少女的描写是相通的，我们由此可以联想到少女的温柔、皮肤的细腻、相貌的美丽等。诗中通过女子的话语描写了欢聚的场面，可谓是直接描写。但是，这种笔法的运用却让人感到欢愉之感。整首诗情景优美，意境纯净、透明，感觉自然清新，毫无做作。

【注释】

①麕：獐子，与鹿相似，没有角。②白茅：一种白而软的草，可用以包裹。③怀春：对异性产生爱慕。④吉士：古时对男子的美称。诱：求，指求爱。⑤朴樕：小树。⑥纯束：包裹，捆扎。⑦舒：慢慢的，轻柔的。脱脱：徐缓的样子。⑧感：同"撼"，意思是动摇。帨：女子的佩巾。⑨尨：长毛狗，多毛狗。

【译文】

猎获獐子在野外，都用白茅包起来。有个姑娘思配偶，猎人引诱来求爱。
林中小树嫩又青，郊外猎获那野鹿。快用白茅捆死鹿，那位姑娘纯如玉。
姑娘惊喜来规劝：你的动作需舒缓，莫把蔽膝常翻转，勿使狗儿叫得欢！

何彼襛矣

何彼襛矣①？唐棣之华②。曷不肃雍③？王姬之车④。
何彼襛矣？华如桃李⑤。平王之孙，齐侯之子。
其钓维何？维丝伊缗⑥。齐侯之子，平王之孙。

【题解】

这首诗描写了齐侯嫁女的场面。诗中并没有正面描写，而是通过当时的观众，即人民的眼睛来写的。这种写法，既反映了当时齐侯嫁女这一事件的隆重、盛大，也说明了百姓对公侯大家的崇拜与羡慕。对于齐侯嫁女情景的所有描绘都是和人民目之所及、心之所系的美好事物相联系的，从一定程度上衬托出人民生活的恬淡、和谐。由此感叹在人民那里，美随处可见，而且不缺乏发现。

【注释】

①襛：多而密。②唐棣：即"棠棣"，李树的一种。华：花。③肃：庄重。雍：和谐。④王姬：君主的女儿。⑤华：鲜艳美丽。⑥伊：作为。缗：钓鱼的绳线。

【译文】

何物繁茂那样美？乃是棠棣盛开花。何物雍容特华贵？王女嫁车人人夸。
何物繁茂那样美？如同桃李花儿鲜。她是平王乖孙女，她是齐侯好千金。
需拿何物去钓鱼？合成钓绳丝线纯。她是齐侯乖千金，她是平王好孙女。

邶 风

式 微

式微，式微^①，胡不归^②？
微君之故^③，胡为乎中露^④！
式微，式微，胡不归？
微君之躬^⑤，胡为乎泥中！

【题解】

　　天色已晚，家人盼望你回归，为何还不回家？因为要给那些有权有势的人干活！没日没夜地干活，不管风餐露宿、不管泥泞跋涉。全诗短小精悍，感情强烈，充满了穷苦人民的愤懑和埋怨。一方面是君王的无情无义，另一方面是劳苦人民的辛勤困顿。全诗通过第三者之口，采用一问一答的形式把统治者与劳苦人民双方的性格特征都表露出来了，深化了劳苦人民对统治阶级的不满。

【注释】

　　①式：语气助词，没有实义。微：幽暗不明。②胡：为什么。③微：非，不是。故：为了某事。④中露：露中，露水之中。⑤躬：本身、自己。

【译文】

　　天已黑啊天已黑，为何不能把家还？若是不为君王事，何须奔波沾露水？
　　天已黑啊天已黑，为何不能把家归？若非供养君王他，何须忙碌沾泥水？

静 女

静女其姝^①，俟我于城隅^②。爱而不见^③，搔首踟蹰^④。
静女其娈，贻我彤管^⑤。彤管有炜^⑥，说怿女美^⑦。
自牧归荑^⑧，洵美且异^⑨。匪女之为美，美人之贻。

【题解】

　　这首诗描写的是一对青年男女约会的情景。本诗的场景描写十分美好，从等待、见面到约会都透露着美感，给人的感觉很像是初恋。在初恋的情人眼里一切都是美好的，那种对美好情感的期待和想象赋予它周围相关事物以无限的生机和活力，全诗很好地描绘和表达了这层内在的含义，借此我们仿佛看到一个温柔女孩和一个纯真少年俏丽活泼的姿态。

【注释】

　　①静：娴雅贞洁。姝：美好的样子。②城隅：城角。③爱：隐藏。④踟蹰：心思不定，徘徊不前。⑤彤管：指红管草。贻：赠。⑥炜：红色的光彩。⑦说怿：喜悦。⑧牧：旷野，野外。归：赠送。荑：一种香草，男女相赠表示结下爱情。⑨洵：信，实在。异：奇特，别致。

娴静姑娘真艳丽，久立城角等我来。姑娘藏身不露面，心急挠头我徘徊。
娴静姑娘真娇美，赠我彤管表深情。彤管美丽有光泽，爱它美艳特真诚。
郊外归来赠白茅，白茅美丽惹人爱。不是白茅它美丽，因是美人赠我怀。

二子乘舟

二子乘舟，泛泛其景①，愿言思子②，中心养养③。
二子乘舟，泛泛其逝④。愿言思子，不瑕有害⑤。

【题解】

　　本诗写的是孩子驾舟起航远行，做父母的便开始为孩子的安全担心。本诗很短小，只有两节，但其中的感情表达得很强烈。小船悠悠无所顾忌地渐渐远去，母亲的心充满挂牵，却只能在心里默默地为孩子祈祷祝福。另有一说是：卫宣公的两个儿子由于争相而死，人民伤之，因而作诗来表示对宣公的抗议，也表达对死者的哀思。

二子乘舟，泛泛其景

【注释】

　　①泛泛：船在水中行走的样子。景：同"憬"，远行的样子。②愿：思念的样子。言：语气助词，没有实义。③中心：心中。养养：忧愁不定的样子。④逝：往。⑤不瑕：该不会。

【译文】

兄弟两人乘小船，漂漂荡荡走远方。深深怀念把他想，心中不安很忧伤。
兄弟两人乘小舟，漂漂荡荡奔远方。深深怀念把他想，不至遭遇那祸殃。

鄘 风

柏 舟

泛彼柏舟，在彼中河①。髧彼两髦②，实维我仪③。
之死矢靡它④。母也天只⑤，不谅人只⑥！
汎彼柏舟，在彼河侧。髧彼两髦，实维我特⑦。
之死矢靡慝⑧。母也天只，不谅人只！

这首诗感情抒发得很到位。女主人公在诗中表达了她对爱情的忠贞、至死不渝，同时也对母亲的反对态度进行了抗议。该诗的起兴很形象，在婚姻包办制度下，该女子就像随水漂流的小舟一样任人摆布，对于爱情，对于婚姻完全处于被动地位。因此，本诗也是对古代那种不自由的婚姻爱情观的批判。

【注释】

①中河：河中。②髧：头发下垂的样子。两髦：古时未成年男子的发式，头发向两边分梳。③实：是。维：为。仪：配偶。④之：到。矢：誓。靡：无。⑤也、只：语气词，没有实义。⑥谅：相信。⑦特：配偶。⑧愿：改变，变心。

【译文】

双手划动柏木船，河中自由来漂荡。两髦下垂好儿郎，他是我的好对象。
死不移情把他想。啊呀母亲和老天，不肯体谅我衷肠。双手划起柏木船，
自由漂荡河那边。两髦下垂真英俊，是我未来新郎官。死不变心把他恋。
高喊母亲和苍天，不肯体谅我心愿。

相 鼠

相鼠有皮①，人而无仪②。
人而无仪，不死何为？
相鼠有齿，人而无止③。
人而无止，不死何俟④？
相鼠有体，人而无礼⑤。
人而无礼，胡不遄死⑥？

【题解】

这首诗讽刺了高高在上、贪得无厌的统治者，表达了百姓对他们的痛恨。诗以老鼠起兴，将人的贪心比为老鼠的贪心，形象而深刻。写了统治者的没有信义，不节约，不知道礼仪，进而诅咒他们。全诗文字生动形象，语气强烈，在讽刺咒骂统治者的同时也反映了当时人们对礼仪的重视和推崇。

【注释】

①相：察看。②仪：礼仪。③止：节制，一说同"耻"。④俟：等待。⑤礼：道义，道理。⑥遄：迅速。

【译文】

瞧那老鼠尚有皮，你是活人无礼仪。你是活人无礼仪，为何不死没道理。
瞧那老鼠尚有齿，你是活人无羞耻。你是活人无羞耻，不死心中何所期？
瞧那老鼠尚有体，你是活人无道义。你是活人无道义，何不快死离人世？

卫 风

硕 人

硕人其颀①，衣锦褧衣②。齐侯之子，卫侯之妻，
东宫之妹，邢侯之姨，谭公维私④。手如柔荑⑤，
肤如凝脂。领如蝤蛴⑥，齿如瓠犀⑦，螓首蛾眉⑧。
巧笑倩兮⑨，美目盼兮⑩。硕人敖敖⑪，说于农郊⑫。
四牡有骄⑬，朱帻镳镳⑭，翟茀以朝⑮。大夫夙退，
无使君劳。河水洋洋⑯，北流活活⑰。施罛濊濊⑱，
鳣鲔发发⑲，葭菼揭揭⑳。庶姜孽孽㉑，庶士有朅㉒。

【注释】

　　①硕：美。颀：身材修长的样子。②褧：麻布制的罩衣，用来遮灰尘。③东宫：太子。④私：姐妹的丈夫。⑤荑：白茅初生的嫩芽。⑥领：脖子。蝤蛴：天牛的幼虫，身体长而白。⑦瓠犀：葫芦籽，洁白整齐。⑧螓：蝉类，头宽广方正。蛾：蚕蛾，眉细长而黑。⑨倩：笑时脸颊现出酒窝的样子。⑩盼：眼睛里黑白分明。⑪敖敖：身材苗条的样子。⑫说：同"税"，停息。农郊：近郊。⑬牡：雄，这里指雄马。骄：马身体雄壮。⑭朱：红色。帻：马嚼铁外挂的绸子。镳镳：马嚼子。⑮翟茀：车后遮挡围子上的野鸡毛，用作装饰。⑯洋洋：河水盛大的样子。⑰北流：向北流的河。活活：水奔流的样子。⑱施：设，放下。罛：大渔网。濊濊：撒网的声音。⑲鳣：蝗鱼。鲔：鳝鱼。发发：鱼多的样子。⑳葭：初生的芦苇。菼：初生的荻。揭揭：长的样子。㉑庶姜：众姜，指随嫁的姜姓女子。孽孽：装饰华丽的样子。㉒士：陪嫁的媵臣。朅：威武的样子。

【译文】

　　个子高大卫庄姜，身穿斗篷新嫁娘。父乃齐国之国君，丈夫就是卫君王。
东宫得臣是兄长，姐夫是那邢国王，谭侯之妻姐妹行。手如柔荑嫩而白，
肤如凝固柔脂膏。脖似蝤蛴白又长，齿如葫籽齐而好，额像螓首蛾须眉。
两腮酒窝因俏笑，美目流盼情态姣。身材高高卫庄姜，停车城郊修整忙。
四匹公马多健壮，马衔红绸随风扬，她坐翟车见君王。大夫尽早退朝堂，
莫使庄姜劳累伤。河水流淌浩荡荡，流向北方哗哗响。苏苏之声撒渔网，
鲤鳝摆尾畅游荡，芦苇茂盛向高长。陪嫁齐女个子高，送嫁大夫多雄壮。

氓

氓之蚩蚩①，抱布贸丝②。匪来贸丝③，来即我谋④。

送子涉淇⑤，至于顿丘⑥。匪我愆期⑦，子无良媒。

将子无怒⑧，秋以为期。乘彼垝垣⑨，以望复关⑩。

不见复关，泣涕涟涟。既见复关，载笑载言。

尔卜尔筮，体无咎言⑪。以尔车来，以我贿迁⑫。

桑之未落，其叶沃若⑬。于嗟鸠兮！无食桑葚。

于嗟女兮，无与士耽⑭。士之耽兮，犹可说也⑮。

女之耽兮，不可说也。桑之落矣，其黄而陨。

自我徂尔⑯，三岁食贫。淇水汤汤，渐车帷裳⑰。

女也不爽⑱，士贰其行。士也罔极⑲，二三其德。

三岁为妇，靡室劳矣。夙兴夜寐，靡有朝矣。

言既遂矣⑳，至于暴矣。兄弟不知，咥其笑矣。

静言思之，躬自悼矣。及尔偕老，老使我怨。

淇则有岸，隰则有泮㉑。总角之宴㉒，言笑晏晏㉓。

信誓旦旦㉔，不思其反。反是不思，亦已焉哉！

【题解】

这首诗是一位遭丈夫遗弃的女子的深刻控诉，向人哭诉了她的不幸遭遇。诗从男子的求婚开始一直写到女子的被遗弃，这不仅展示了此事件发生的全过程，也描述了女子心理变化的全过程。面对所遭遇的悲惨境遇最后女子的狠心决绝让人不由拍手称赞。其诗中抒写的感情真挚而强烈，让人不禁给予该女子深深的同情；同时也对古代的夫权婚姻表示出强烈的不满。

【注释】

①氓：民。蚩蚩：笑嘻嘻的样子。②布：古时的货币，即布币。贸：交换。③匪：非。④即我：到我这里来。谋：商议，这里指商谈婚事。⑤涉：渡过。淇：河名。⑥顿丘：地名。⑦愆：过，拖延。⑧将：请。⑨乘：登上。垝垣：毁坏了的墙。⑩复关：地名，诗中男子居住的地方。⑪体：卦体。咎言：不吉利的话。⑫贿：财物，这里指嫁妆。⑬沃若：润泽的样子。⑭耽：沉迷，迷恋。⑮说：同"脱"，摆脱。⑯徂：去，往。⑰渐：沾湿，浸湿。帷裳：车饰的帷幔。⑱爽：差错，过失。⑲罔极：无常，不可测。⑳遂：安定无忧。㉑隰：即"湿"，河名，指漯河。泮：岸。㉒总角：古时儿童的发式，借指童年。宴：逸乐。㉓晏晏：和好柔顺的样子。㉔旦旦：诚恳的样子。

【译文】

氓既憨厚又老实，手持钱币来买丝。非是真想把丝买，实来同我议婚事。送你走过淇水河，直到顿丘把步止。非我特意拖婚期，你无良媒把婚提。希望你啊怒别发，秋天结婚好日期。登上倒塌旧城墙，遥望复关把他想。

复关未见他身影，眼泪涟涟好心伤。我见情郎到复关，又说又笑好舒畅。你在家中忙卜筮，卦言显兆皆吉祥。迎亲礼车至我家，满载嫁妆上路忙。桑树生长正勃勃，桑叶翠绿有光泽。可叹那些斑鸠鸟，不要多吃桑树果。

可叹年少好姑娘，莫与男人太亲热。男人女人太亲热，男人尚可得解脱。女人男人太亲热，女人没法来摆脱。桑树生机已衰微，叶儿变黄而后落。自从来到你们家，多年煎熬苦生活。淇水满溢浩荡荡，水湿车幔心事多。

想来自身无过错，丈夫德行有大错。他的思想无准则，朝三暮四变化多。多年为妻患难多，从不逃避苦和累。早起晚睡家常事，也不偷懒来取乐。你的誓言抛脑后，异常暴怒对待我。兄弟知我被遗弃，嘻嘻哈哈嘲笑我。

静心思考这婚变，只能自悲又自责。白头到老心不变，到老使我心愤怨。淇水虽深尚有岸，渭河虽宽还有边。少年一同多欢乐，说笑和乐心相安。诚恳发誓意志坚，谁料你把诺言反。违背誓言你不改，与你分手意志坚！

有 狐

有狐绥绥①，在彼淇梁②。
心之忧矣，之子无裳③。
有狐绥绥，在彼淇厉④。
心之忧矣，之子无带。
有狐绥绥，在彼淇侧。
心之忧矣，之子无服。

【题解】

这首诗描写了社会遭到战火的严重摧残之后，底层人民的生活状况和一位女子对他在外服役的丈夫没有衣穿而产生的内心忧愁。在诗中，狐狸象征她的丈夫，狐狸的徘徊象征着他的孤苦无依，淇水边上的萧瑟象征着他流离失所的落魄与无奈。本诗用词贴切，感情表达诚恳自然，引起人们的无限同情。

有狐绥绥

【注释】

①狐：在这里比喻男子。绥绥：独自慢走求偶的样子。②梁：桥梁。③之子：这个人。④厉：水边浅滩。

【译文】

狐狸慢慢随意走，在那淇河桥梁上。我的心中有忧愁，服役丈夫无衣裳。
狐狸慢慢随意走，在那淇河沙滩边。我的心里有忧愁，丈夫无带系腰间。
狐狸慢慢随意走，在那淇河岸上边。我的心中有忧愁，服役丈夫无衣穿。

木 瓜

投我以木瓜^①，报之以琼琚^②。匪报也^③，永以为好也^④。

投我以木桃，报之以琼瑶^⑤。匪报也，永以为好也！

投我以木李，报之以琼玖^⑥。匪报也，永以为好也！

【题解】

　　这是一首优美的抒情诗。诗句简洁易懂，赞美了爱情的美好。在诗中，"她"送给"他"木瓜、桃子、李子等水果，而"他"却回赠"她"美玉。这看起来很不对等，但正是这种不对等，深刻揭示了爱情的实质不是获取，而是给予。诗中也给出了说明，"他"并不是为了回报，而是为了能和"她"天长地久，永不分离。

【注释】

　　①投：投送。②琼：美玉。琚：佩玉。③匪：非。④永以为好也：希望能永久相爱。⑤瑶：美玉。⑥玖：浅黑色的玉。

【译文】

　　她将木瓜赠送我，我拿琼琚回赠她。此非回赠相报答，欲结深情永爱她。

　　她将木桃赠送我，我拿琼瑶回赠她。不是回赠相报答，欲结深情永爱她。

　　她将木李赠送我，我拿琼玖回赠她。不是回赠相报答，欲结深情永爱她。

王 风

黍 离

彼黍离离^①，彼稷之苗^②。行迈靡靡^③，中心摇摇^④。

知我者^⑤，谓我心忧^⑥；不知我者，谓我何求。

悠悠苍天，此何人哉^⑦？彼黍离离，彼稷之穗^⑧。

行迈靡靡^⑨，中心如醉。知我者，谓我心忧；

不知我者，谓我何求。悠悠苍天，此何人哉！

彼黍离离，彼稷之实^⑩。行迈靡靡，中心如噎^⑪。

知我者，谓我心忧；不知我者，谓我何求。

悠悠苍天，此何人哉？

【题解】

　　这首诗以黍谷成熟起兴，诗中描写了一位东周的官员重游西周故土时，触景生情而作此诗。诗中运用了对比手法，将庄稼的成熟与西周遗址的破败景象进行对比，表达了作者对昔日的回忆与感伤。同时，诗人也向苍天发问，到底是谁把国家弄成这样，表达了他对西周覆亡的感慨，其间透露着对周幽王的声讨。

【注释】

①黍：谷物名。离离：成排成行的样子。②稷：谷物名。③行迈：前行。靡靡：步行缓慢的样子。④中心：心中。摇摇：心中不安的样子。⑤知我者：了解我的人。⑥谓：说。心忧：心里有忧愁。⑦此何人哉：这是怎样的人呢？⑧穗：谷穗。⑨行迈：走路。靡靡：迟缓的样子。⑩实：果实，种子。⑪噎：忧闷之极而气塞，无法喘息。

【译文】

那边黍秧一排排，那边稷苗长得旺。远行路上慢腾腾，心有隐忧暗悲怆。
了解我的人们呀，说我心中有忧伤。不知我的人们呀，说我寻物为哪桩？
请问遥远上苍天，这是何人造灾殃？那边黍秧一排排，高粱结穗长得旺。
远行路上慢腾腾，心中如醉暗凄怆。了解我的人们呀，说我心中有忧愁。
不知我的人们呀，说我寻物为哪桩？请问遥遥上苍天，这是何人造灾殃？
那边黍秧一排排，高粱结粒田地上。远行路上慢腾腾，心如堵塞暗悲怆。
了解我的人们呀，说我心中有忧伤。不知我的人们呀，说我寻物为哪桩？
请问遥远上苍天，这是何人造灾殃？

君子于役

君子于役，不知其期①。曷至哉②？鸡栖于埘③，
日之夕矣，羊牛下来。君子于役，如之何勿思！
君子于役，不日不月④。曷其有佸⑤？鸡栖于桀⑥，
日之夕矣，羊牛下括⑦。君子于役，苟无饥渴⑧？

【题解】

这首诗描写的是丈夫在外为国打仗，妻子在家里思念丈夫的情景。丈夫在外征战，"不知其期"，说明时间已经很长了，怎能不让妻子担心、想念？诗中写到了太阳下山，鸡、牛羊等已经回圈了，此时应是人们归家的时间，恰好与丈夫在外形成鲜明对比，更加衬托了妻子的想念之情。

【注释】

①期：行期，期限。②曷：什么时候。至：回到家。③埘：墙壁上挖洞做成的鸡窠。④不日不月：不分日月。⑤有："又"，再一次。佸：相见，相聚。⑥桀：鸡栖木。⑦括：来。⑧苟：句首语气词，表示希望。

【译文】

丈夫前去服劳役，不知何时是归期。什么时候回家乡？小鸡栖息土窝里。
太阳落山已黄昏，牛羊成群回圈里。丈夫前去服苦役，怎能让我不思念？
丈夫前去服劳役，不知归来是何日，什么时候回家里？木橛上面鸡栖息。
太阳落山已黄昏，牛羊自外进圈里。丈夫前去服苦役，盼他不渴也不饿。

采 葛

彼采葛兮^①，一日不见，如三月兮！
彼采萧兮^②，一日不见，如三秋兮^③！
彼采艾兮^④，一日不见，如三岁兮！

【题解】

　　这首诗简洁明快，表达了一位男子对中意女子的相思之情。诗中反复吟唱了一天不见，就像隔了"三月、三秋、三岁"那样长的时间，可见该男子的心情有多急迫。所谓"一日不见，如隔三秋"即源于此，是对恋爱中人物心理描写的一个典范，可见作者落笔时用心的质朴和细腻。

【注释】

　　①葛：葛麻。②萧：芦荻，用火烧有香气，古时用来祭祀。③三秋：这里指三季。④艾：艾草。

【译文】

　　那位采葛好姑娘，一日不能把她见，好像三月未见面。
　　那位采萧好姑娘，一日未能把她见，好像九月未见面。
　　那位采艾好姑娘，一日不能把她见，好像三年未见面。

郑 风

大叔于田

叔于田，乘乘马^①。执辔如组^②，两骖如舞^③。
叔在薮^④，火烈具举^⑤。襢裼暴虎^⑥，献于公所^⑦。
将叔无狃^⑧，戒其伤女^⑨！叔于田，乘乘黄。
两服上襄^⑩，两骖雁行。叔在薮，火烈具扬^⑪。
叔善射忌^⑫，又良御忌^⑬。抑磬控忌^⑭，抑纵送忌^⑮。
叔于田，乘乘鸨^⑯。两服齐首^⑰，两骖如手^⑱。
叔在薮，火烈具阜^⑲。叔马慢忌，叔发罕忌^⑳。
抑释掤忌^㉑，抑鬯弓忌^㉒。

【题解】

　　这首诗写的是一女子对自己喜欢的男子的表白与赞美。他高大威猛，英俊潇洒，为人豪爽，对人有情有义，怎么不让人心动啊。本诗的写法很夸张，见到他时，别人就好像不存在了，都不如他，使人体会到那种爱恋时"眼里只有他"的感觉，语气中充满纯净和率真，清晰地表达了女子强烈的爱恋。

①乘马：四匹马。②执辔：挥动缰绳。组：编织丝带。③骖：四马中靠两边的马。如舞：像在跳舞，比喻有节奏。④薮：低地沼泽。⑤火烈：放火烧草，隔断野兽逃跑的路。具举：全都举起。⑥襢裼：脱掉衣服。暴：徒手搏击。⑦公所：官府所在地。⑧狃：疏忽，大意。⑨戒：防备。⑩服：四马中间的辕马。上：在前面。襄：驾车。⑪扬：旺盛。⑫忌：语气词，表示赞美。⑬良：精通。⑭抑：助词，于句首补足音节。磬：放马疾驰。控：勒住马。⑮纵：放箭。送：追逐。⑯鸨：花马。⑰齐首：齐头。⑱如手：像左右手。⑲阜：烧得旺。⑳发：把箭射出。罕：稀少。㉑掤：箭筒的盖子。㉒鬯：弓囊。

执辔如组，两骖如舞

【译文】

阿叔出外去打猎，四马驾车已上路。手执马缰像丝带，两匹骖马如跳舞。阿叔处在草泽中，燃起猎火把兽阻。赤手空拳打猛虎，打到猎物献公府。我请阿叔要小心，谨防猛虎伤筋骨。阿叔出外去打猎，四匹黄马套车上。两匹服马走在前，两匹骖马像雁行。阿叔身处草泽中，烈火腾空把兽挡。阿叔善射箭飞扬，驾车他也很擅长。时而勒马停脚步，时而纵马奔前方。阿叔出外去打猎，杂毛四马拉车走。两匹服马并头进，两匹骖马如双手。阿叔身处草泽中，烈火旺烧没尽头。阿叔驱马慢悠悠，发箭渐稀少野兽。打开箭筒装箭竿，打开弓袋把弓收。

子 衿

青青子衿①，悠悠我心。
纵我不往②，子宁不嗣音③？
青青子佩，悠悠我思。
纵我不往，子宁不来？
挑兮达兮④，在城阙兮⑤。
一日不见，如三月兮！

【题解】

这是一首相思诗，表达了女子对情人的思念。诗中没有交代具体的原因，也没有对那个男子直接的描写，只提到了他的衣领和玉佩。但物之所系，心之所想，一个"青青"，一个"悠悠"，物无情、人有情，读来不禁使人内心激荡不已，女子深深的爱恋脱之欲出。全诗都是围绕着女子的思念来写的，此时女子的心情既有对情人的想念，又有些许的忧伤，爱之深责之切，让人不觉感触良深。

①衿：衣领。②纵：即使，就算。③宁：竟然。嗣：留下，留有。音：音信，消息。
④挑兮达兮：往来轻疾的样子。⑤城阙：城楼。

【译文】

青青颜色你衣领，悠悠绵长我的心。即使我不把你见，难道你竟无音信？
你的佩玉青又青，我的情思长又长。即使我不去见你，你竟不肯来探望？
往来游走心焦急，就在城阙那上边。一天未能看到你，好像三月没见面！

野有蔓草

野有蔓草①，**零露溥兮**②。**有美一人，清扬婉兮**③。
邂逅相遇④，**适我愿兮。野有蔓草，零露瀼瀼**⑤。
有美一人，婉如清扬。邂逅相遇，与子偕臧⑥。

【题解】

这首诗描写的是一男子在野外踏青时偶然遇到了一位美丽的女孩子，他一见钟情，因而作了这首诗。诗中描写了野外的美丽景色，小草青青，上面还挂着露珠。这时，一位女孩走来，她眼睛明亮，容貌姣好，亭亭玉立，让男子心动不已。其中对于女子眼睛的描绘是全诗的一个重点，也是该男子反复吟咏、让他印象深刻的地方。清新的乡野在一双清亮的眼睛的点染下，显得生气勃勃，美景与佳人一时共入心怀则是男子此刻最大的自豪和满足。

【注释】

①蔓：延。②零：滴落。溥：露水多的样子。③清扬：眉清目秀的样子。婉：美好。
④邂逅：无意中相见。⑤瀼：露水多的样子。⑥臧：善，美好。

【译文】

郊野蔓蔓春草青，露落草上水珠圆。有一美人在草间，眉清目秀真好看。
不期相遇很有缘，感情投合遂我愿。郊野青草连成片，露落草上水晶莹。
有一美人在草间，身姿飘逸眼明亮。不期相遇很有缘，同她珍惜这初见。

齐 风

东方未明

东方未明，颠倒衣裳①。**颠之倒之，自公召之**②。
东方未晞③，**颠倒裳衣。倒之颠之，自公令之。**
折柳樊圃④，**狂夫瞿瞿**⑤。**不能辰夜**⑥，**不夙则莫**⑦。

　　这首诗是一个在官府当差的小官吏的内心独白。政务繁忙，上面催得又很紧，因此他不敢怠慢，天还没亮就赶快起来，从早忙到晚。这样，他的时间全部都被官差占据了，给自己家做个篱笆都得小心翼翼，时不时地四处张望一下，生怕被官府的人看到，而且是在天还没有亮的时候。由此我们可以看出当时官吏的辛苦和繁忙，全诗以时间为着眼点和切入点就是为了表现当时官吏紧张、忙碌的生活。

【注释】

　　①衣：上身穿的衣服。裳：下身穿的衣服。②自：因为。公：王公贵族。③晞：破晓。④樊：篱笆。圃：菜园。⑤瞿瞿：瞪着眼睛看的样子。⑥不能：不能分辨。辰：白天。⑦夙：早。莫：同"暮"，晚。

【译文】

　　太阳还未出东方，颠倒衣裳穿身上。颠颠倒倒穿衣裳，只因齐君召唤忙。
　　太阳未出天未亮，颠倒裙衣穿身上。倒倒颠颠穿衣裳，齐君吩咐我紧张。
　　折断柳枝做篱笆，狂夫瞪眼细监视。伺夜之人不胜任，齐君召令没定时。

甫　田

> 无田甫田①，维莠骄骄②。无思远人，劳心忉忉③。
> 无田甫田，维莠桀桀④。无思远人，劳心怛怛⑤。
> 婉兮娈兮⑥，总角丱兮⑦。未几见兮，突而弁兮⑧。

【题解】

　　这首诗是一位妇女对丈夫的深切呼唤，表达了对远在他乡的丈夫的思念。诗中是借用耕种大面积的田地忙不过来，力所不及来比喻妻子对丈夫的思念，也表达了自己的伤心之情。丈夫远在他乡，不知何时才能回来，自己还要耕种，真是无可奈何。诗的最后一节描写了她丈夫的成长，表达了她对时光匆匆过去的感怀。诗句以气恼的意象开始到最后以甜蜜的意象结束，妻子对丈夫的爱深刻到骨髓，一时之愤在一片的浓情蜜意中仅仅是太小太细的一道波澜。

【注释】

　　①无田：没有力量耕种。前一个田同"佃"。甫田：很大的田地。②莠：田间的杂草。骄骄：杂乱茂盛的样子。③切切：忧愁的样子。④桀桀：杂乱茂盛的样子。⑤怛怛：悲伤的样子。⑥婉：貌美。娈：清秀。⑦总角：小孩头两侧上翘的小辫。丱：两角的样子。⑧弁：帽子。古时男子成人才戴帽子。

【译文】

　　不要耕种大片田，满地野草生得高。不要想念远方人，思而不得心烦恼。
　　不要耕种大片田，遍地野草高又高。不要思念远方人，思而不得心忧愁。
　　他真年轻又漂亮，一双总角分两边。上次见他没多久，忽然长大戴弁冠。

魏 风

伐 檀

坎坎伐檀兮^①，置之河之干兮^②，河水清且涟漪^③。
不稼不穑^④，胡取禾三百廛兮^⑤？不狩不猎，
胡瞻尔庭有县貆兮^⑥？彼君子兮，不素餐兮^⑦！
坎坎伐辐兮^⑧，置之河之侧兮，河水清且直漪^⑨。
不稼不穑，胡取禾三百亿兮^⑩？不狩不猎，
胡瞻尔庭有县特兮^⑪？彼君子兮，不素食兮！
坎坎伐轮兮，置之河之漘兮^⑫，河水清且沦漪^⑬。
不稼不穑，胡取禾三百囷兮^⑭？不狩不猎，
胡瞻尔庭有县鹑兮^⑮？彼君子兮，不素飧兮^⑯！

【题解】

这首诗描写的是一群伐木工对剥削阶级的强烈控诉。诗中赤裸裸地揭露了剥削阶级的不劳而获，无情占有劳动人民的生产成果，而劳动者辛勤劳动却一无所得。本文诗句自由活泼，长短句兼有；同时，对比强烈，有穷苦的劳动阶级和剥削阶级的对比，也有不劳而获的统治者和正直清廉的君子的对比，有力地讽刺了贪得无厌的剥削者。

【注释】

①坎坎：用力伐木的声音。②置：放。干：河岸。③涟：风吹水面形成的波纹。漪：语气助词，没有实义。④稼：种田。穑：收割。⑤禾：稻谷。廛：束，捆。⑥县：同"悬"，挂。貆：小貉。⑦素：空，白。素餐：意思是白吃饭不干活。⑧辐：车轮上的辐条。⑨直：河水直条状的波纹。⑩亿：束，捆。⑪特：三岁的兽。⑫漘：水边。⑬沦：小波。⑭囷：束，捆。⑮鹑：鹌鹑。⑯飧：熟食。

【译文】

砍伐檀树咚咚响，檀木放于河岸边，河水清清泛波澜。
你们不种亦不收，为何取禾三百廛？你们从不来打猎，
为何院中挂猪獾？那些大人先生们，不是白白吃闲饭！
砍木做辐响叮当，车辐放于河岸旁，河水清清波浪直。
你们不种亦不收，为何取禾三百亿？你们从不来打猎，
为何大兽挂院里？那些大人先生们，不是白白把饭吃！
砍木叮当做车轮，车轮放置在河岸，河水清清小波纹。
你们不种亦不收，为何取禾三百捆？你们从不来打猎，
为何院中挂鹌鹑？那些大人先生们，不是白白把饭吞！

硕 鼠

硕鼠硕鼠，无食我黍！三岁贯女①，

莫我肯顾②。逝将去女③，适彼乐土。

乐土乐土，爰得我所。硕鼠硕鼠，

无食我麦！三岁贯女，莫我肯德④。

逝将去女，适彼乐国。乐国乐国，

爰得我直⑤。硕鼠硕鼠，无食我苗！

三岁贯女，莫我肯劳⑥。逝将去女，

适彼乐郊。乐郊乐郊，谁之永号⑦？

【题解】

　　本诗采用了象征手法，硕鼠即象征着那些不劳而获、高高在上的统治者。在诗中，硕鼠的形象是猥琐的，它任意挥霍、毫无情义。本诗表达了人民不堪重负，强烈地控诉统治者的"硕鼠"行为；同时说出了内心的呼唤，希望能离开，去到"乐土"那里，过上平等、快乐的生活。诗中的"乐土"虽属虚幻，但却无疑给苦难中的人们带来了希望和力量，成为他们精神的支柱。本诗是《诗经》中的一大名篇，世代为人们所传唱。

【注释】

　　①三岁：泛指多年。贯：事，侍奉。女：同"汝"，你。②顾：顾怜。莫我肯顾：莫肯顾我。③逝：用作"誓"。去：离开。④德：这里的意思是感激。⑤爰：乃。直：同"值"，代价。⑥劳：慰劳。⑦号：感激。

【译文】

大老鼠啊大老鼠，莫要再吃我的黍。多年我把你豢养，你却不把我照料。

发誓将要离开你，前去幸福好乐土。乐土乐土真是好，那是我们好去处。

大老鼠啊大老鼠，不要再吃我的粮。多年把你来供养，得你感激是妄想。

发誓将要离开你，前去乐国好地方。乐国乐国真是好，劳动所得自己享。

大老鼠啊大老鼠，不要再吃我禾苗。多年把你来供养，你却不把我慰劳。

发誓将要离开你，我们马上去乐郊。乐郊乐郊真是好，谁还长声去哀号。

唐 风

蟋 蟀

蟋蟀在堂①，岁聿其莫②。今我不乐，日月其除③。

无已大康④，职思其居⑤。好乐无荒⑥，良士瞿瞿⑦。

蟋蟀在堂，岁聿其逝。今我不乐，日月其迈⑧。

无已大康，职思其外⑨。好乐无荒，良士蹶蹶⑩。

蟋蟀在堂，役车其休⑪。今我不乐，日月其慆⑫。
无已大康，职思其忧⑬。好乐无荒，良士休休⑭。

【题解】

本诗是一位古代官员的内心独白。蟋蟀在叫，年复一年，眨眼间又到了年底。他慨叹时光飞逝，主张及时行乐。同时也告诫人们要居安思危，在行乐时也要不耽误正事，劳逸结合，只有这样才是贤士的所为。蟋蟀的存在提示时间的流转，行乐和公职是主人公最为在意和关心的两件事情，从诗句的叙述中我们可以看到时人对于时间、对于行乐、对于公职的一种健康而理智的看法和态度。

【注释】

①堂：堂屋。天气寒冷时蟋蟀从野外进到堂屋。②聿：语气助词，没有实义。莫：同"暮"。③除：消逝，过去。④已：过度，过分。大康：康乐，安乐。⑤职：常。居：所处的地位。⑥好：喜欢。荒：荒废。⑦瞿瞿：心中警诫的样子。⑧迈：消逝，过去。⑨外：分外的事。⑩蹶蹶：勤劳敏捷的样子。⑪役车：服役出差乘坐的车。休：休息。⑫慆：逝去。⑬忧：忧患。⑭休休：安闲自得的样子。

【译文】

天冷蟋蟀进堂屋，一年将尽又岁末。如今我若不享乐，光阴如流身边过。
也别过分享安乐，还要想着做工作。喜欢享乐业别废，贤良常常自警诫。
天冷蟋蟀进堂屋，一年时光将逝去。如今我若不享乐，光阴似箭不可留。
也别过分享安乐，分外之事要思虑。喜欢享乐业别废，贤良之士勤刻苦。
天冷蟋蟀进堂屋，役车休息回故乡。现在我若不享乐，光阴如箭不回还。
也别享乐太过度，国家忧患还要想。喜爱享乐业别废，贤良之士心安详。

有杕之杜

有杕之杜，生于道左。
彼君子兮，噬肯适我①？
中心好之②，曷饮食之③。
有杕之杜，生于道周。
彼君子兮，噬肯来游？
中心好之，曷饮食之。

【题解】

本诗是一首大胆的情爱之作，是一首女子为追求男子，表达自己内心想法的恋歌。当时的社会风气还是比较自由的，女子的思想也没有受到禁锢。在诗中，女子对男子有着深深的相思，但是却没有得到男子的任何表示，因此，她心里很紧张，充满疑问。最终，她下定决心，与其这样没结果地猜测还不如做出行动，因此她邀请男子相会，本诗很可能就是她在等待男子到来时所作的。

中心好之，曷饮食之

【注释】

①噬：发语词。②中心：心中。好之：衷爱它。③食：饮食。

【译文】

杜梨孤独又冷清，在那道东慢生长。我的心中如意郎，肯否爱我诉衷肠？

反正心中把他爱，何不拿酒请他尝？杜梨孤独又冷清，在那道西慢生长。我的心中如意郎，肯否看我来身旁？反正心里把他想，何不拿食请他尝？

秦 风

蒹 葭

蒹葭苍苍①，白露为霜。所谓伊人②，在水一方。

溯洄从之，道阻且长。溯游从之，宛在水中央。

蒹葭凄凄，白露未晞③。所谓伊人，在水之湄④。

溯洄从之，道阻且跻⑤。溯游从之，宛在水中坻⑥。

蒹葭采采⑦，白露未已⑧。所谓伊人，在水之涘⑨。

溯洄从之，道阻且右⑩。溯游从之，宛在水中沚⑪。

【题解】

这是一首美丽、含蓄的情歌。表达的是对朝思暮想的人的赞美和思念。全诗写的亦真亦幻，闪烁缥缈，是我国最早的朦胧诗之一，开朦胧诗之先河。心中想着她，看着她，可望而不可即，心中的情意如何诉说。此外另有一说，诗中的伊人不是实实在在的意中人，而是诗人的某种可望不可即的理想和抱负。从全诗看来，这种说法也是不无道理的。

【注释】

①蒹葭：芦苇。苍苍：茂盛的样子。②伊人：那个人。③晞：干。④湄：岸边。⑤跻：登高。⑥坻：水中的小沙洲。⑦采采：茂盛的样子。⑧已：止，干。⑨涘：水边。⑩右：弯曲，迂回。⑪沚：水中的小沙洲。

【译文】

河岸芦苇茂苍苍，早晨秋露结成霜。心中思念好姑娘，她在小河那一边。

逆河而上去找她，道路危险又漫长。顺水而下去找她，好像她在水中央。

河岸芦苇茂又密，早晨露水未晒干。心中思念好姑娘，她在河的那一边。

逆河而上去找她，道路渐高又危险。顺流而下把她找，好像她在水中滩。

河岸芦苇密麻麻，早晨秋露未全干。心中思念好姑娘，她在河水那一边。

逆河而上去找她，道路险阻又转弯。顺水而下去寻她，好像她在水中滩。

无 衣

岂曰无衣？与子同袍。王于兴师①，修我戈矛，
与子同仇②！岂曰无衣？与子同泽②。王于兴师，
修我矛戟，与子偕作④！岂曰无衣？与子同裳。
王于兴师，修我甲兵，与子偕行⑤！

【题解】

本诗描写了秦民奉天子的命令镇守西疆，抵御外敌入侵的情况。这是我国最早的一首气壮山河的战歌。从诗中我们可以看到在战争中士兵们互相激励、彼此帮扶的感人情景，他们被爱国主义精神所激励，有着共同的目标和理想，同甘共苦。同时，他们是乐观的，坚信最终的胜利一定是属于他们的。全诗感情强烈，震人心魄，读来让人热血沸腾。

【注释】

①王：国家。于：语气助词，没有实义。②同仇：有共同的敌人。③泽：内衣。④偕作：一起行动。⑤偕行：一起前进，一起上战场。

【译文】

谁说没有军衣穿？和你同穿一战袍。国王御敌要出师，加紧修整戈和矛，
共同对敌逞英豪。谁说没有军装穿？和你同穿那内衣。国王抗敌要兴兵，
加紧修理矛和戟，共同前进去讨敌。谁说没有军服穿？和你同穿那衣裳。
国王防敌要出兵，快修铠甲和武器，我们一起奔战场。

陈 风

东门之池

东门之池①，可以沤麻②。彼美淑姬③，可与晤歌④。
东门之池，可以沤纻⑤。彼美淑姬，可与晤语⑥。
东门之池，可以沤菅⑦。彼美淑姬，可与晤言⑧。

【题解】

这是一首描写男女恋爱的诗。在诗中，男子大胆、兴奋地表露了他们之间的美好关系和他对女子的炽热爱情。他们在约会中畅谈、对唱，从中可以窥见当时社会中自由、活泼的气氛。东门之池的重要和女子在男子心目中的地位显示了男子对女子的爱恋，诗句读来有行云流水之感，显然是对男子心态的一种把握和印证。语气中流露出欣喜和自豪之感。

①池：护城河。②沤：渍。把麻用水浸泡。③美淑姬：美丽善良的女子。④晤歌：以歌声相互唱和。⑤纻：麻的一种。⑥晤语：见面交谈。⑦菅：菅草。⑧晤言：同晤语。

【译文】

东城之外护城河，可以泡麻做衣裳。美丽善良姬家女，可以和她来对唱。
东城之外护城河，可以浸纻做衣衫。美丽善良姬家女，可以与她把话谈。
东城之外护城河，可以浸菅来搓绳。美丽善良姬家女，可以与她诉衷情。

月 出

月出皎兮①，佼人僚兮②。舒窈纠兮③，劳心悄兮④。

月出皓兮⑤，佼人懰兮⑥。舒忧受兮⑦，劳心慅兮⑧。

月出照兮，佼人燎兮⑨。舒夭绍兮⑩，劳心惨兮⑪。

【题解】

本诗描写了诗人对自己恋人的赞美和思念。诗共分三节，结构清晰，每节的第一句写皎洁的月亮，赞美月亮之美；二三句写恋人的美丽，婀娜多姿，风情万种；第四句写出自己深深的思念。三节的结构相同但文字相异。本诗的感情流露很自然，孤寂的黑夜，皎洁的月光，诗人月下对空，在这样的氛围下，想念恋人，情真意切，感人至深。

【注释】

①皎：明亮。②佼人：美人。僚：美好的样子。③窈纠：女子舒缓的姿态。④劳：忧。悄：忧愁的样子。⑤皓：洁白。⑥懰：姣好的样子。⑦忧受：舒迟的样子。⑧慅：忧愁的样子。⑨燎：美好。⑩夭绍：女子体态柔美的样子。⑪惨：忧愁烦躁的样子。

月出皎兮，佼人僚兮

【译文】

清澈明亮月升起，姑娘容貌真漂亮。体态轻盈缓步行，时时想她心忧伤！
洁白明亮月升天，姑娘月下更娇美。缓步轻盈身姿美，每时想她心不宁！
清澈明亮月升天，姑娘月下面姣好。身姿轻盈飘飘然，日日想她心烦躁！

桧 风

匪 风

匪风发兮①，匪车偈兮②。顾瞻周道③，中心怛兮④。

匪风飘兮⑤，匪车嘌兮⑥。顾瞻周道，中心吊兮⑦。

谁能亨鱼⑧？溉之釜鬵⑨。谁将西归？怀之好音。

【题解】

　　这首诗是一个流落他乡之人思念家乡的慨叹。大风刮得尘土飞扬，车马疾驰飞奔，面对着通向家乡的大道，他却不能回家。这种困苦而又深深无奈的感受，最后就连寄予谁能代自己给家里报个平安的希望，都感觉很渺茫。全诗读来有独立苍茫之感，寥落之情、破败之境跃然纸上。那个大道上无言张望的人，他的心还有什么感受？他和所有事情无关，所有事情也和他无关。

【注释】

　　①匪：彼。发：风声。②偈：疾驰的样子。③周道：大路。④怛：悲伤。⑤飘：旋风。⑥嘌：飞奔，疾驰。⑦吊：悲伤。⑧亨：烹。⑨溉：洗。釜鬵：锅。

【译文】

　　那风刮得呼呼响，那车快速奔驰忙。西去大道我回望，心中思乡甚忧伤。

　　那风回旋天地转，那车急速向奔前。西去大道我回望，心中忧伤思故乡。

　　谁能烹制那条鱼？我刷锅儿来支援。谁要西归回故乡？请他捎信报平安。

曹 风

蜉 蝣

蜉蝣之羽①，衣裳楚楚②。

心之忧矣，于我归处③。

蜉蝣之翼，采采衣服④。

心之忧矣，于我归息。

蜉蝣掘阅⑤，麻衣如雪。

心之忧矣，于我归说⑥。

【题解】

　　这首诗描写的是一个女子作诗来规劝丈夫早点回家的情景。她的丈夫行为不端，在外招摇过市。因此，妻子很担心，规劝他早点回家，同时也表达了自己愿与丈夫一同回家的想法，说明她还是很爱丈夫的。诗以女子的口吻来写，"蜉蝣"的应用一方面是对丈夫行为的讥讽；另一方面是对丈夫有朝一日会幡然醒悟的坚定和执着，从中我们可以深深体会到这位妻子的贤良淑德，全诗于繁杂中透露着洁净，很是优美。

【注释】

①蜉蝣：一种寿命极短的虫，其羽翼极薄并有光泽。②楚楚：鲜明的样子。③于：通"何"，哪里。归：归依，回归。处：地方，居所。④采采：华丽的样子。⑤掘：穿，挖。阅：穴，洞。⑥说：止息，歇息。

【译文】

蜉蝣翅白又透明，漂亮衣裳五彩画。心有忧愁不欢乐，与我同住把家归。

蜉蝣展翅白又亮，华美衣服真高贵。心有忧愁不舒畅，与我回宿把家回。

蜉蝣出土白而亮，麻布衣裳似白雪。心藏忧痛不欢畅，与我回家同床歇。

豳　风

七　月

七月流火①，九月授衣②。

一之日觱发③，二之日栗烈④。

无衣无褐⑤，何以卒岁⑥？

三之日于耜⑦，四之日举趾⑧。

同我妇子，馌彼南亩⑨，田畯至喜⑩。

七月流火，九月授衣。

春日载阳⑪，有鸣仓庚。

女执懿筐⑫，遵彼微行⑬，

爰求柔桑。春日迟迟，采蘩祁祁⑮。

女心伤悲，殆及公子同归⑯。

七月流火，八月萑苇⑰。

蚕月条桑⑱，取彼斧斨⑲，以伐远扬⑳，猗彼女桑㉑。

七月鸣鵙㉒，八月载绩㉓。

载玄载黄，我朱孔阳㉔，为公子裳。

四月秀葽㉕，五月鸣蜩㉖。八月其获，十月陨萚㉗。

一之日于貉，取彼狐狸，为公子裘。

二之日其同㉘，载缵武功㉙。

言私其豵㉚，献豜于公㉛。

五月斯螽动股㉜，六月莎鸡振羽㉝。

七月在野，八月在宇。

九月在户，十月蟋蟀入我床下。

穹窒熏鼠㉞，塞向墐户㉟。

嗟我妇子，日为改岁㊱，
入此室处。六月食郁及薁㊲，
七月亨葵及菽㊳。八月剥枣，
十月获稻。为此春酒，以介眉寿㊴。七月食瓜，
八月断壶㊵，九月叔苴㊶。采荼薪樗㊷，食我农夫。
九月筑场圃，十月纳禾稼，黍稷重穋㊸，禾麻菽麦。
嗟我农夫，我稼既同，上入执宫功㊹。昼尔于茅㊺，
宵尔索绹㊻，亟其乘屋㊼，其始播百谷。
二之日凿冰冲冲㊽，三之日纳于凌阴㊾。
四之日其蚤㊿，献羔祭韭。
九月肃霜㉛，十月涤场㉜。朋酒斯飨㊼，曰杀羔羊，
跻彼公堂㊴，称彼兕觥㊵，万寿无疆！

【题解】

奴隶和平民饱受统治阶级贵族的剥削和压迫，一年到头徭役不断，人民终年辛苦劳作，仍然饥寒交迫，生活得十分穷苦窘迫。本诗所描绘的就是这样的一幅平民被剥削的悲惨画面。本诗是一首长篇诗歌，诗中具体地描写了从正月开始直到腊月，这一整年劳动人民的生活和劳作。与他们的辛苦劳作形成鲜明对比的是，他们却没有得到本应属于他们的劳动果实。相反，他们的基本生活都没有保证，过着饥寒交迫的生活。可见，统治阶级对他们的剥削和压迫多么残酷。本诗热烈歌颂了劳动人民的辛勤劳动，对他们的遭遇深表同情，同时强烈地控诉了阶级剥削和压迫。

【注释】

①流：落下。火：星名，又称大火。②授衣：叫妇女缝制冬衣。③一之日：周历一月，夏历十一月。以下类推。发：寒风吹起。④栗烈：寒气袭人。⑤褐：粗布衣服。⑥辛岁：终岁，年底。⑦于：为，修理。耜：古代的一种农具。⑧举趾：抬足，这里指下地种田。⑨馌：往田里送饭。南亩：南边的田地。⑩田畯：农官。喜：请吃酒菜。⑪载阳：天气开始暖和。⑫仓庚：黄莺。⑬懿筐：深筐。⑭遵：沿着。微行：小路。⑮蘩：白蒿。祁祁：人多的样子。⑯公子：诸侯的女儿。归：出嫁。⑰萑苇：芦苇。⑱蚕月：养蚕的月份，即夏历三月。条：修剪。⑲斧斨：装柄处圆孔的叫斧，方孔的叫斨。⑳远扬：向上长的长枝条。㉑猗：攀折。女桑：嫩桑。㉒鵙：伯劳鸟，叫声响亮。㉓绩：织麻布。㉔朱：红色。孔阳：很鲜艳。㉕秀葽：秀是草木结籽，葽是草名。㉖蜩：蝉，知了。㉗陨：落下。萚：枝叶脱落。㉘同：会合。㉙缵：继续。武功：指打猎。㉚豵：一岁的野猪。㉛豜：三岁的野猪。㉜斯螽：蚱蜢。动股：蚱蜢鸣叫时要弹动腿。㉝莎鸡：纺织娘。㉞熏鼠：堵塞鼠洞。㉟向：朝北的窗户。墐：用泥涂抹。㊱改岁：除岁。㊲郁：郁李。薁：野葡萄。㊳亨：烹。葵：滑菜。菽：豆。㊴介：求取。眉寿：长寿。㊵壶：同"瓠"，葫芦。㊶叔：抬起。苴：秋麻籽，可吃。㊷荼：苦菜。薪：砍柴。樗：臭椿树。㊸重：晚熟作物。穋：早熟作物。㊹上：同"尚"。宫功：修建宫室。㊺于茅：割取茅草。㊻索绹：搓绳子。㊼亟：急忙。乘屋：爬上房顶去修理。㊽冲冲：用力敲冰的声音。㊾凌阴：冰室。㊿蚤：早，一种祭祖仪式。㉛肃霜：降霜。㉜涤场：打

扫场院。㊾朋酒：两壶酒。飨：用酒食招待客人。㊿跻：登上。公堂：庙堂。勜称：举起。
兕觥：古时的酒器。

【译文】

七月心宿偏西沉，九月制衣把令下。十一月来北风刮，十二月来天气寒。
粗麻衣服没一件，我拿什么度年关？正月忙于修农具，二月抬脚来犁田。
老婆孩子都劳动，向阳田里来送饭，田官赶来好欢喜。七月心宿偏西沉，
九月制衣把令下。三月里来天温暖，黄莺鸣叫声婉转。女奴手提那深筐，
沿着小路缓向前，采摘嫩桑于田间。春天白昼长又长，采蘩人多不得闲。
姑娘心中有悲伤，怕被公子来糟践。七月心宿往西沉，八月割取芦苇忙。
三月修整桑树枝，取来那些斧和斨。砍下高挑桑树枝，手拉枝条采嫩桑。
七月伯劳声声唱，八月开始将麻纺。又染黑色又染黄，染成红色更鲜亮，
我为公子做衣裳。四月远志把子结，五月蝉儿声声叫，八月开始割庄稼，
十月萑树叶儿掉。十一月来去打貉，猎取狐狸把皮挑，我给公子缝皮袄。
十二月来需集中，练武打猎仍操劳。猎取小兽归自己，大兽要向公府交。
五月蚱蜢唧唧叫，六月莎鸡振翅膀。蟋蟀七月在郊野，八月回归房檐下。
九月来到大门旁，十月进屋床底藏。堵塞孔隙熏老鼠，泥抹门来封北窗。
唉唉我妻和儿女，新年马上至身旁，住进此屋莫心凉。郁李葡萄六月吃，
葵菜豆儿七月尝。八月枣熟打下来，十月割稻忙收获。用稻酿成好美酒，
喝了延年又寿长。七月吃瓜多采摘，八月葫芦断下秧。九月全来拾麻子，
臭椿当柴茶当粮，以此活命我心伤。九月筑成打谷场，十月五谷全进仓。
小米高粱和杂粮，粟麻豆麦皆收藏。可怜我们众农夫，各种谷物全装仓，
还去公家修住房：白天需去打茅草，晚上搓绳长又长。急忙登屋修好房，
又将开始春播忙。十二月来凿冰响，一月里来冰窖藏。二月里来得早祭，
摆上韭菜献羔羊。九月天高又气爽，十月万物尽凋伤。两壶美酒都奉上，
宰杀一只小羔羊。走进学校议事堂，兕牛角杯高高举，"万寿无疆"喊得亮。

伐 柯

伐柯如何①？匪斧不克②。取妻如何？匪媒不得。
伐柯伐柯，其则不远③。我觏之子④，笾豆有践⑤。

【题解】

　　这首诗以没有斧头无法去砍斧柄起兴，描写了古代社会里那种经由媒人介绍的买卖婚姻。后来即称媒人为"伐柯"。同时，伐柯也比喻做事要遵循一定的规则。诗中虽然透露规则不可违的严苛与无奈，但语气中也有对自己原则的一种把握和坚持，可见当时个人婚姻还是有一定自由度的。女子最后与自己所选中的人结婚相庆，该是不幸中的万幸。

【注释】

　　①柯：斧头的柄。②克：克服，完成。③则：法则。④觏：遇见。⑤笾：古时竹制

的盛果物的器具。豆：古时木制的盛食物的器具。践：排列，陈列。

【译文】

怎样砍成那斧柄？没有斧子做不成。娶妻应当怎么办？
没有媒人就不行。砍斧把啊砍斧柄，标准就在手中擎。
我与这人结夫妇，摆好果肴来相庆。

雅

小 雅

鹿 鸣

呦呦鹿鸣①，食野之苹②。我有嘉宾，
鼓瑟吹笙。吹笙鼓簧③，承筐是将④。
人之好我⑤，示我周行⑥。呦呦鹿鸣，
食野之蒿。我有嘉宾，德音孔昭⑦。
视民不恌⑧，君子是则是效⑨。
我有旨酒⑩，嘉宾式燕以敖⑪。
呦呦鹿鸣，食野之芩⑫。
我有嘉宾，鼓瑟鼓琴。鼓瑟鼓琴，
和乐且湛⑬。我有旨酒，以燕乐嘉宾之心。

【题解】

本诗描写的是统治者宴请群臣宾客的场
面。宴席间主人彬彬有礼，以诚相待，客人
坦荡、开诚布公，宾主气氛融洽和谐。诗以
"呦呦鹿鸣"起兴即是为了渲染、推崇这种
不沾纤尘、原始美好的君臣情谊。接下来通
过对宴会上鼓瑟弹琴，畅饮畅谈的描绘，臣
子的忠心进谏，君王善于纳谏的美好品行和
君臣之间的良好关系得到了充分地突出和显
现。其中，"人之好我，示我周行"成为古
今交友的重要标准之一。

我有嘉宾，鼓瑟吹笙

【注释】

①呦呦：鹿的叫声。②苹：草名，即蘩蒿。③簧：乐器中用以发声的片状振动体，这

里指乐器。④承：捧着。将：献上。⑤好：关爱。⑥周行：大路。⑦德音：美德。孔：很，十分。昭：鲜明。⑧视：示，昭示。恌：轻浮。⑨则：榜样。效：模仿。⑩旨酒：美酒。⑪式：语气助词，无实义。燕：同"宴"。敖：同"遨"，意思是游玩。⑫芩：草名，属蒿类植物。⑬湛：快活得长久。

【译文】

群鹿呦呦郊外鸣，尽情吃苹甚安闲。我有嘉宾来相会，奏瑟吹笙表欢迎。
吹起笙来接贵客，捧筐赠物致敬情。贵客心中喜欢我，治国大道给我呈。
群鹿呦呦在鸣叫，吃那青蒿野地里。我有嘉宾喜相见，他们德高美名彰。
做民表率不轻薄，君子效法好榜样。我有甜酒来奉献，嘉宾宴饮心欢畅。
群鹿呦呦鸣叫欢，野外食芩乐融融。我有嘉宾来相见，奏瑟弹琴热烈迎。
奏瑟弹琴来助兴，和平安乐情意深。我有甜酒勤奉献，嘉宾畅饮心欢腾。

常 棣

常棣之华①，鄂不韡韡②。凡今之人，莫如兄弟。
死丧之威③，兄弟孔怀④。原隰裒矣⑤，兄弟求矣。
脊令在原⑥，兄弟急难。每有良朋，
况也永叹⑦。兄弟阋于墙⑧，外御其务⑨。
每有良朋，烝也无戎⑩。丧乱既平，
既安且宁。虽有兄弟，不如友生⑪。
傧尔笾豆⑫，饮酒之饫⑬。兄弟既具，
和乐且孺⑭。妻子好合，如鼓瑟琴。
兄弟既翕⑮，和乐且湛⑯。宜尔室家，
乐尔妻帑⑰。是究是图⑱，亶其然乎⑲！

【题解】

这首诗描写了诗人宴请朋友兄弟，畅饮美酒畅叙友情的场面。诗中暗示着当时的社会情况，很可能是动荡的战乱时期，人们的生活饱受苦难，不稳定。因此，能在这时宴请兄弟朋友，更显得友情、亲情弥足珍贵，就像那盛开的常棣之花一样。诗的最后一节表达了诗人的美好愿望，只要努力去实践，定会有美好的收获。

【注释】

①常棣：棠梨树。华：花。②鄂：同"萼"，花草。不：岂不。韡韡：花色鲜明的样子。③威：畏惧。④孔怀：十分想念。⑤裒：堆积。⑥脊令：水鸟名。⑦况：增加。永叹：长叹。⑧阋：争吵。阋于墙：在家里面争吵。⑨务：同"侮"，欺侮。⑩烝：乃。戎：帮助。⑪生：语气助词，没有实义。⑫傧：陈设，陈列。⑬饫：酒足饭饱。⑭孺：亲近。⑮翕：聚和。⑯湛：长久。⑰帑：儿女。⑱究：思虑。图：谋划。⑲亶：诚然，确实。

【译文】

棠棣花啊棠棣花，花朵鲜艳多娇美。如今世上所有人，完全不如亲兄弟。
遇到死丧可怕事，只有兄弟挂于心。广阔原隰少一人，只有兄弟遍地寻。
脊令鸟儿在平原，唯有兄弟救危难。虽有良朋在身边，只能为你长声叹。
兄弟家里有争吵，遇到外侮共抵挡。虽有良朋在身边，终究不能帮大忙。
等到丧乱全平息，生活安宁不相依。这时虽有亲兄弟，不如朋友情意蜜。
摆列你的笾和豆，家宴之上饮酒畅。兄弟全部在一处，和乐愉快人人有。
妻子儿女情意合，如同奏乐声和谐。兄弟全都聚一处，和乐尽欢真亲热。
祝你全家情意好，妻子儿女皆欢喜。兄弟关系深探究，确实如此当牢记。

采 薇①

采薇采薇，薇亦作止②。日归日归，岁亦莫止③。
靡室靡家，猃狁之故④。不遑启居⑤，猃狁之故。
采薇采薇，薇亦柔止⑥。日归日归，心亦忧止。
忧心烈烈，载饥载渴。我戍未定，靡使归聘⑦。
采薇采薇，薇亦刚止⑧。日归日归，岁亦阳止⑨。
王事靡盬⑩，不遑启处。忧心孔疚⑪，我行不来！
彼尔维何⑫？维常之华。彼路斯何⑬？
君子之车。戎车既驾，四牡业业⑭。岂敢定居？
一月三捷⑮。驾彼四牡，四牡骙骙⑯。君子所依，
小人所腓⑰。四牡翼翼⑱，象弭鱼服⑲。
岂不日戒？猃狁孔棘⑳！昔我往矣，
杨柳依依㉑。今我来思，雨雪霏霏㉒。
行道迟迟，载渴载饥。我心伤悲，莫知我哀！

【题解】

　　这是一个戍边征战的士兵在战争结束之后回家途中的内心独白，主要描写了他复杂的心情。本诗以诗人看到路边枯萎的薇菜这一衰败的景象起兴，进而联想到离家时充满生机的春日景象，因而感叹时光飞逝，残酷的战争和自己的军旅生活等。表达了诗人在戍边的征战生活中对逝去岁月的感叹，对亲人的深切想念，对戎狄进犯的仇视与愤慨以及对长年累月无休止的战争的不满。

【注释】

　　①薇：一种野菜。②亦：语气助词，没有实义。作：初生。止：语气助词，没有实义。③莫：同"暮"，晚。④猃狁：北方少数民族戎狄。⑤遑：空闲。启：坐下。居：住下。⑥柔：软嫩。这里指初生的薇菜。⑦聘：问候。⑧刚：坚硬。这里指薇菜已长大。⑨阳：农历十月。⑩盬：止息。⑪疚：病。⑫尔：花开茂盛的样子。⑬路：辂，大车。⑭业业：强壮的样子。⑮捷：交战，作战。⑯骙骙：马强壮的样子。⑰腓：隐蔽，掩护。⑱翼翼：排列整齐的样子。

⑲弭：弓两头的弯曲处。鱼服：鱼皮制的箭袋。⑳棘：危急。㉑依依：茂盛的样子。㉒霏霏：纷纷下落的样子。

【译文】

采薇菜啊采薇菜，菜苗刚露出地面。说回家呀说回家，已到年终未回还。
虽有家庭似没有，只因猃狁频扰边。没有时间来闲坐，只因猃狁国难安。
采薇菜啊采薇菜，薇菜鲜嫩在山间。说回家呀说回家，心中忧虑家没还。
心急如焚好难受，又饿又渴饥肠转。我的驻地总不定，无人归家问平安。
采薇菜啊采薇菜，薇菜茎秆已硬老。说回家呀说回家，年末十月又来到。
君王事情总没完，没有时间闲待着。内心忧伤好痛苦，出征不见有慰劳。
那是何花在盛开？棠棣花儿在怒放。那是何车大又高？将帅之车镇四面。
兵车全都驾起来，四匹公马好雄壮。怎敢停下来定居，每月多次打胜仗。
公马四匹驾车忙，四匹公马好强壮。将帅坐在大车上，战士靠车把矢防。
四匹公马真整齐，象弭鱼服在身旁。怎敢一天不警戒，猃狁进犯很猖狂。
想起以前出征时，杨柳依依轻摇荡。今天凯旋把家还，满天落雪纷纷扬。
道路遥远好漫长，没有饭水饿肚肠。我的内心很悲苦，无人知我哀与伤。

湛　露

湛湛露斯①，匪阳不晞②。
厌厌夜饮③，不醉无归。
湛湛露斯，在彼丰草。
厌厌夜饮，在宗载考④。
湛湛露斯，在彼杞棘。
显允君子⑤，莫不令德⑥。
其桐其椅，其实离离⑦。
岂弟君子，莫不令仪⑧。

【题解】

这是一首描写周王宴请诸侯的诗，表达了对群臣的赞美。诗以露水浓浓起兴，象征着周天子对群臣的情义十分浓厚。因而鼓瑟弹琴、畅饮美酒来感谢。诗句恳切，言语间足见周天子体及下臣、礼贤下士的道德品质和优秀节操，是一位谦和、宽厚、仁慈、爱民的好君主。诗中所呈现的君臣欢畅的场面，突出了明主、贤臣交相呼应的主题，进而使整个宴会披上雍容华贵的礼仪风范的外衣。

【注释】

①湛湛：露重的样子。②阳：阳光，太阳。晞：干。③厌厌：安乐的样子。④宗：宗庙。载：举行。考：祭祀庆典。⑤显：光明坦荡。允：诚实守信。⑥令：彰显，完善。⑦离离：果实多而密集的样子。⑧仪：礼仪风范。

　　清晨露水很浓重，太阳不出晒不干。夜晚饮酒多安乐，谁不喝醉不回返。
　　清晨露水很浓重，就在茂盛野草间。夜晚饮酒多安乐，在那宗庙祭祖先。
　　清晨露水很浓重，沾湿枸杞酸枣树。显赫诚实众宾客，无处不显示美德。
　　山桐子树梧桐树，果实累累无可数。和乐平易众宾客，容止礼节都超俗。

鸿　雁

　　鸿雁于飞，肃肃其羽①。之子于征②，
　　劬劳于野③。爰及矜人④，哀此鳏寡⑤。
　　鸿雁于飞，集于中泽⑥。之子于垣⑦，
　　百堵皆作⑧。虽则劬劳，其究安宅⑨。
　　鸿雁于飞，哀鸣嗷嗷。维此哲人⑩，
　　谓我劬劳。维彼愚人，谓我宣骄⑪。

【题解】

　　周厉王昏庸无道，社会情况日益衰败，致使百姓流离失所，饱受苦难。宣王继位后，励精图治，派使臣去全国各地安抚难民，让他们回到家乡，重新投入生产、生活，重建家园。本诗描写的就是这一事件。诗以在天际不断哀鸣的大雁起兴，象征遭受苦难、流离失所的人民，诗的风格哀伤沉痛，充满无限同情，读来让人有心酸落泪之感。此后，哀鸿也成为难民的代称，直至今日。

【注释】

　　①肃肃：翅膀飞动的声音。②之子：这个人。征：出行。③劬劳：辛苦劳累。④爰：助词，无义。及：施加。矜人：穷苦人。⑤鳏寡：年老无妻叫鳏，年老无夫叫寡。⑥中泽：泽中，水中。⑦垣：墙头。⑧堵：墙壁。古时一丈墙叫板，五板叫堵。⑨究：穷。宅：居。⑩哲人：明理的人，聪明的人。⑪宣骄：外表骄傲、逞强。

【译文】

　　大雁蓝天群翱翔，奋击双翅肃肃响。这些流民返故乡，野外辛劳奔波累。
　　关照这些贫苦人，可怜鳏寡更心伤。大雁蓝天群翱翔，暂休降落泽中央。
　　督导流民忙筑墙，许多高墙被筑起。虽然大家皆劳苦，终究将有安居房。
　　大雁蓝天群翱翔，嗷嗷哀鸣真凄凉。只有那些明理人，言我为民操劳忙。
　　也有那些愚昧人，说我骄奢令民伤。

斯　干

　　秩秩斯干，幽幽南山①。如竹苞矣，如松茂矣。
　　兄及弟矣，式相好矣②，无相犹矣③。似续妣祖④，
　　筑室百堵，西南其户。爰居爰处⑤，爰笑爰语。

约之阁阁⑥，椓之橐橐⑦。风雨攸除⑧，鸟鼠攸去，
君子攸芋⑨。如跂斯翼⑩，如矢斯棘⑪，如鸟斯革⑫，
如翚斯飞⑬，君子攸跻⑭。殖殖其庭，有觉其楹⑯。
哙哙其正⑰，哕哕其冥⑱。君子攸宁。下莞上簟⑲，
乃安斯寝。乃寝乃兴，乃占我梦。吉梦维何？
维熊维罴，维虺维蛇。大人占之⑳：维熊维罴，
男子之祥；维虺维蛇，女子之祥。乃生男子，
载寝之床，载衣之裳，载弄之璋㉑。其泣喤喤，
朱芾斯皇，室家君王。乃生女子，载寝之地，
载衣之裼㉒，载弄之瓦㉓。无非无仪，唯酒食是议，
无父母诒罹㉔。

叫他睡在高床上。给他穿上那下裳，让他玩弄那玉璋。他的哭声真洪亮，
系上红蒂多辉煌，长大定是周家王。若是夫人生女娃，叫她睡在那地上。
包她要用那襁褓，摆弄纺锤莫遗忘。不违公婆无邪僻，只是做饭家务忙，
别给父母添忧伤。

无 羊

谁谓尔无羊？三百维群。谁谓尔无牛？九十其犉①。
尔羊来思，其角濈濈②。尔牛来思，其耳湿湿③。
或降于阿④，或饮于池，或寝或讹⑤。尔牧来思，
何蓑何笠⑥，或负其糇⑦。三十维物⑧，尔牲则具。
尔牧来思，以薪以蒸⑨，以雌以雄。尔羊来思，
矜矜兢兢⑩，不骞不崩⑪。麾之以肱⑫，毕来既升⑬。
牧人乃梦，众维鱼矣⑭，旐维旟矣⑮，大人占之：
众维鱼矣，实维丰年；旐维旟矣，室家溱溱⑯。

【题解】

　　本诗节奏明快，画面生动。丰富多彩，简直是一幅广阔绚丽的草原放牧图。诗中，对牛、羊以及放牧人的神态、动作的细节描写形象生动，读来栩栩如生。全诗通过对放牧这一事件的完整描写，表达了对牛羊成群，放牧成功的赞美。诗的最后一节，通过解梦的描写表达了诗人的美好愿望：年年丰收，家里人丁兴旺，生活幸福。

谁谓尔无羊

【注释】

　　①犉：嘴唇是黑色的黄牛。②濈濈：聚集在一起的样子。③湿湿：耳朵摇动的样子。④阿：山坳。⑤讹：动。⑥何：同"荷"。⑦糇：干粮。⑧物：颜色。⑨薪：粗柴。蒸：细柴。⑩矜矜兢兢：强壮的样子。⑪骞：身体亏损。崩：集体生病。⑫麾：同"挥"。肱：手臂。⑬升：登上，这里指入圈。⑭众：指蝗虫。⑮旐：龟蛇旗。旟：鸟隼旗。⑯溱溱：众多的样子。

【译文】

　　谁说你家没有羊？一群足有三百只。谁说你家没有牛？七尺大牛九十头。
你的群羊回家来，互相聚拢角相依。你的群牛回家来，两耳摇动不停止。
有的牛羊走下山，有的饮水在池边，或睡或醒尽情玩。你的牧人走回来，
披蓑戴笠未得闲，干粮口袋背在肩。牛羊毛色种类多，祭祀用牲皆齐全。
你的牧人收工回，粗柴细柴全割取，兼猎雌雄禽兽多。你的群羊奔回家，
争先恐后谨慎行，走得平稳不散落。牧人挥手来指引，群羊进栏真是多。
牧人夜晚入梦乡，梦见蝗虫变作鱼，旌旗众多还有旟，太卜占卦把梦解：

— 118 —

蝗虫忽然变成鱼，定是丰年必富裕；旐旗旟旗都很多，子孙众多相传续。

北 山

陟彼北山，言采其杞①。偕偕士子②，
朝夕从事。王事靡盬，忧我父母。
溥天之下③，莫非王土；率土之滨④，
莫非王臣。大夫不均，我从事独贤⑤。
四牡彭彭⑥，王事傍傍⑦。嘉我未老⑧，
鲜我方将⑨。旅力方刚⑩，经营四方⑪。
或燕燕居息⑫，或尽瘁事国；或息偃在床，
或不已于行。或不知叫号⑬，或惨惨劬劳⑭。
或栖迟偃仰⑮，或王事鞅掌⑯。或湛乐饮酒⑰，
或惨惨畏咎⑱。或出入风议⑲，或靡事不为。

【题解】

　　这首诗描写的是一个为官差所累、不得歇息的小官吏在抱怨苦乐不均，自己受到不公正待遇，因而作此诗来表达心中的不满。其中，"溥天之下，莫非王土"一句后来成为名句，即出于此诗。本诗最为精彩的地方就是诗的后三节连用了十二个排比句，说出了人们截然不同的生活，虽然并没有直接加以评论，但诗人的感情很强烈，我们也可以看出他对这种不公平的待遇是很不满意的，同时也说明出现这种情况就是因为士大夫有私心，对上层官员进行了讽刺。

【注释】

　　①言：我。②偕偕：身体强壮的样子。③溥：大。④率：从，沿着。滨：水边。率土之滨，意思是说四海之内。⑤独贤：一个人辛苦。⑥彭彭：奔跑不停的样子。⑦傍傍：无穷无尽。⑧嘉：夸奖。⑨鲜：珍视，重视。将：强壮。⑩旅力：体力，筋力。⑪经营：做事。⑫燕燕：安闲的样子。⑬叫号：辛苦叫喊的声音。⑭惨惨：愁苦的样子。⑮栖迟：闲游。⑯鞅掌：负荷捧持，指公事繁忙。⑰湛乐：沉溺于享乐之中。⑱咎：过错。⑲风议：夸夸其谈。

【译文】

　　登上那边北山冈，我采枸杞来品尝。我这士子身体壮，从早到晚劳作忙。
君王之事没完尽，担忧父母无人养。普天之下地面广，块块土地归周王。
四海之内人众多，无一不是周王臣。执政大夫不公正，使我出力独自多。
四匹公马跑不停，君王之事忙不完。他们夸我还不老，赞我身体真强健。
说我年富力正强，四方劳作理当然。有人在家享安逸，有人累病替国忙。
有人休息卧床上，有人路上不停航。有人不问民间苦，有人劳苦多忧伤。
有人游乐床上躺，有人忙碌为周王。有人贪图美酒乐，有人不安怕惹祸。
有人内外空议论，有人万事都需做。

宾之初筵

宾之初筵，左右秩秩。笾豆有楚，殽核维旅。

酒既和旨，饮酒孔偕。钟鼓既设，举酬逸逸。

大侯既抗①，弓矢斯张。射夫既同②，献尔发功③。

发彼有的，以祈尔爵。 籥舞笙鼓，乐既和奏。

烝衎烈祖④，以洽百礼。百礼既至，有壬有林⑤。

锡尔纯嘏⑥，子孙其湛⑦。其湛曰乐，各奏尔能。

宾载手仇，室人入又。酌彼康爵，以奏尔时。

宾之初筵，温温其恭。其未醉止，威仪反反⑧。

曰既醉止，威仪幡幡⑨。舍其坐迁，屡舞仙仙⑩。

其未醉止，威仪抑抑⑪。曰既醉止，威仪怭怭⑫。

是曰既醉，不知其秩。宾既醉止，载号载呶⑬。

乱我笾豆，屡舞僛僛。是曰既醉，不知其邮⑭。

侧弁之俄，屡舞傞傞⑮。既醉而出，并受其福⑯。

醉而不出，是谓伐德⑰。饮酒孔嘉，维其令仪。

凡此饮酒，或醉或否。既立之监，或佐之史。

彼醉不臧，不醉反耻。式勿从谓，无俾大怠。

匪言勿言，匪由勿语⑱。由醉之言，俾出童羖⑳。

三爵不识，矧敢多又㉑。

【题解】

本诗描写了统治阶级贵族饮酒作乐的萎靡场面，刻画了贵族官员荒淫、丑恶的嘴脸，讽刺了他们的腐朽。诗中生动细致地描写了客人们从彬彬有礼的入席到醉酒后丑态毕露的过程，使读者对那些人的神态有了更加深刻的印象，因而诗篇的讽刺效果十分到位。诗中语气充满调侃意味，一板一眼徐徐道来，让人在那些醉汉的丑态面前忍俊不禁，幽默感随之而出，读来淋漓畅快。

宾之初筵，左右秩秩

【注释】

①大侯：箭靶。②同：协调一致。③献：展现。发功：射箭的本领。④烝：进献。衎：使……快乐。⑤壬：隆重。林：众多。⑥纯：大。嘏：福。⑦湛：安乐、祥和。⑧威仪：严肃的仪容。反反：得体适宜。⑨幡幡：轻率不当。⑩仙仙：脚步轻浮。⑪抑抑：态度谨慎。⑫怭怭：轻薄的样子。⑬呶：叫喊，喧哗。⑭邮：过错。⑮傞傞：醉舞不止的样子。⑯并：主人和客人。⑰伐德：败坏道德。⑱由：事由；情由。⑲由：因；由于。⑳羖：黑色公羊。㉑又：劝酒。

　　宾客入座开了宴，宾主谦让井井然。竹笾木豆排成行，荤菜果品皆摆全。
酒皆醇和又香甜，大家痛饮都尽欢。钟鼓乐器陈列毕，敬酒有序不间断。
箭靶早已高竖起，利箭也已上了弦。射手会聚在一堂，各献本领众人前。
发箭即能中箭靶，以求罚酒把你灌。执籥而舞笙鼓响，乐声和谐宾主欢。
进献乐舞娱先祖，符合礼仪各条款。各种礼节皆齐全，规模宏大仪式繁。
神灵赏赐大幸福，子子孙孙乐无限。大家尽兴寻欢乐，各献本领来射箭。
客人各自择对手，主人进场陪客玩。大酒杯中斟满酒，献与善射众好汉。
客人入座开了宴，态度温顺且和谦。宾客喝酒尚未醉，仪表庄重很好看。
待到大家全喝醉，举止行为纷纷乱。离开座位随意窜，屡次赴舞飘飘然。
宾主喝酒还未醉，仪表严谨甚美观。一旦宾主皆喝醉，举止轻佻令人烦。
这是喝酒已大醉，不知已把过失犯。宾客全都吃醉酒，喧哗不止大声喊。
竹笾木豆全打翻，身子歪斜舞不停。这是喝酒已大醉，不知已把过错犯。
歪戴皮帽身体倾，歪歪扭扭舞盘旋。既已喝醉肯出门，大家受福都不浅。
若是已醉不肯出，这叫缺德叫人嫌。喝酒虽然是好事，只是礼节要顾全。
凡是这帮喝酒人，或是清醒或醉倒。既设司正来监视，又有史官来督导。
醉者自觉很美好，醒者认为他可耻。不要跟人多劝酒，别让醉者更胡闹。
不该询问莫要问，无理之言不称道。因酒而言不可靠，如说公羊没有角。
三杯下肚已不适，怎敢多劝夸酒好。

渐渐之石

　　渐渐之石，维其高矣。山川悠远，维其劳矣[1]。
　　武人东征，不皇朝矣。渐渐之石，维其卒矣[2]。
　　山川悠远，曷其没矣。武人东征，不皇出矣。
　　有豕白蹢[3]，烝涉波矣[4]。月离于毕[5]，俾滂沱矣[6]。
　　武人东征，不皇他矣[7]。

【题解】

　　本诗是一个出征战士的内心独白。战士出征在外，征途艰险，车马劳顿，有家难回，而且未来生死难测，但是军令难违，仍旧要继续征战，奔赴东方。反映了他此时的悲壮心情和深深的无奈。从战士娓娓的叙述中，我们确切地体会到士兵生活的辛苦，并能与主人公的心绪产生共鸣。

【注释】

　　[1]劳：通"辽"。[2]卒：高峻而危险。[3]豕：猪。白蹢：白蹄。[4]烝：入。涉波：涉水。[5]月：月亮。离：通"丽"，附着。毕：星宿名。[6]俾：使。滂沱：大雨。[7]不皇他矣：无暇顾及其他。

高高耸立那山石，那样宽阔高又高。山川绵延好遥远，跋涉其间甚辛劳。
将帅士卒去东征，晨起无暇忙征讨。高高耸立那山石，那样高危冲云天。
山川绵延真辽远，何时才能奔波完。将帅士卒去东征，无暇顾及躲危险。
有只大猪有白蹄，涉足渡水走向前。月亮出现毕星边，大雨滂沱下不完。
将帅士卒去东征，其他事情无暇办。

苕之华

苕之华①，芸其黄矣②。心之忧矣，维其伤矣！
苕之华，其叶青青。知我如此，不如无生！
牂羊坟首③，三星在罶④。人可以食，鲜可以饱！

【题解】

本诗描写的是遭遇荒年，难民饥饿、困苦不堪，百姓困顿的景象。诗人以凌霄花开起兴，衬托着此时破败的情境和诗人那走投无路、伤心欲绝的心情，因而诗人发出感叹"不如无生"，慨叹生不如死。本诗虽短，但意象生动贴切，富于想象，感情抒发得十分悲戚，引起人们深深的同情。

【注释】

①苕：凌霄花，藤本蔓生植物。②芸其黄：草木枯黄的样子。③牂羊：母羊。坟：大。④三星：星光。

【译文】

凌霄茂盛花开放，鲜艳美丽色深黄。我的心中藏忧虑，让我如此太悲伤。
凌霄花儿已开放，叶儿茂盛长得旺。要知遭遇大荒年，不如莫生在世上。
雌性绵羊头肥大，参星空把鱼篓照。百姓吃啥将命活？少数富人吃得饱。

何草不黄

何草不黄？何日不行？何人不将①，经营四方②？
何草不玄②？何人不矜④？哀我征夫，独为匪民。
匪兕匪虎，率彼旷野⑤。哀我征夫，朝夕不暇。
有芃者狐⑥，率彼幽草⑦。有栈之车⑧，行彼周道⑨。

【题解】

统治者征役不断，人民劳乏困顿不堪，本诗描写的就是这一情况。诗人通过一位征人的痛苦自诉反映了人民生活的窘迫，讽刺了统治者不惜民力，大肆摧残征夫的腐朽。本诗语气强烈悲怆，节奏感强，一气呵成，诗中的意象运用得生动、形象，暗示征人的生活还不如那林间野兽。

【注释】

①将：行，走路。②经营：办理公务。四方：全国各地。③玄：黑色，这里指凋零。④矜：同"鳏"，年老无妻。⑤率：沿着。⑥芃：兽毛蓬松的样子。⑦幽：深。⑧栈、车：役车。⑨周道：大道。

【译文】

什么草儿不枯黄？哪天没在奔走忙？什么人儿不走路，来往劳作忙四方？

什么草儿不变黑？什么人儿不累病？可叹我们远征人，偏偏不被当人看。

那些犀牛和老虎，沿着旷野不停息。可叹我们远征人，从早到晚闲不停。

狐狸全身毛蓬蓬，沿着深草往前行。我们坐于高车上，沿着大路行不停。

大 雅

文 王

文王在上，於昭于天。周虽旧邦，其命维新。

有周不显，帝命不时。文王陟降①，在帝左右。

亹亹文王，令闻不已②。陈锡哉周，侯文王孙子③。

文王孙子，本支百世。凡周之士，不显亦世。

世之不显，厥犹翼翼④。思皇多士⑤，生此王国。

王国克生，维周之桢⑥；济济多士⑦，文王以宁。

穆穆文王，於缉熙敬止⑧。假哉天命⑨，有商孙子。

商之孙子，其丽不亿。上帝既命，侯于周服⑩。

侯服于周，天命靡常。殷士肤敏，祼将于京。

厥作祼将，常服黼冔。王之荩臣，无念尔祖。

无念尔祖，聿修厥德。永言配命，自求多福。

殷之未丧师⑪，克配上帝。宜鉴于殷，骏命不易。

命之不易，无遏尔躬⑫。宣昭义问，有虞殷自天⑬。

上天之载，无声无臭。仪刑文王⑭，万邦作孚⑮。

【题解】

本诗的内容是周王朝在祭祀、朝会等盛典的时候对周文王的歌颂和赞美。据说本诗为周公旦所作。本诗写得情真意切，而且使用了"顶真"的修辞手法，令人耳目一新，节与节之间衔接紧密、流畅，读起来一气呵成，富于韵律感，同时彰显了礼仪制度及祭祀朝会的严谨、规范。

【注释】

①陟降：升降。②令闻：善声。③侯：乃；于是。④厥：他们。翼翼：小心谨慎。⑤皇：美。

⑥桢：栋梁，支柱。⑦济济：形容众多。⑧缉熙：光辉灿烂。⑨假：伟大。⑩周服：臣服于周。⑪丧师：丧失人心。⑫遏：止。⑬有：又。虞：想到。⑭仪刑：效法。⑮孚：信服。

【译文】

文王神灵在天堂，神灵显赫闪光芒。周家虽然建国早，接受天命乃新邦。
周朝功业甚显赫，天帝命它永兴旺。文王神灵时升降，就在天帝近身旁。
勤勉不息周文王，美誉至今流四方。文王反复赐周福，子孙封侯将禄享。
文王儿孙代相传，本宗旁支百代长。凡是周朝众卿士，也都累世显荣光。
世代功臣荣光耀，为王谋事多深远。众多卿士多美好，王国生来王国产。
周国能有这样人，都是周朝好骨干。有此众多贤能臣，文王所以得平安。
文王恭谨又和善，心地光明仪端庄。上天之命好伟大，商王子孙都归降。
商王子孙实在多，数以上亿计难详。上帝已经把令下，只得称臣降周邦。
殷商臣服降周邦，可见天命亦无常。降周殷士多勉强，镐京献酒祭周王。
他们献酒助祭时，还用殷时旧服装。周王任用殷旧臣，莫想先祖殷商王。
莫念先祖殷商王，只把美德来修养。言行永远合天命，很多幸福任你享。
殷朝尚得民心向，能合天命治家邦。当以殷商为镜子，天命难得非寻常。
天命得来好不易，别在你手全丢光。应当宣扬美名传，依据天命把事想。
上天之事一桩桩，无声无味难测量。只有效法周文王，万国相信都敬仰。

生 民

厥初生民？时维姜嫄。生民如何？克禋克祀①，
以弗无子。履帝武敏歆②，攸介攸止③。载震载夙④，
载生载育，时维后稷。诞弥厥月⑤，先生如达。
不坼不副，无菑无害。以赫厥灵⑥。上帝不宁，
不康禋祀，居然生子。诞寘之隘巷，牛羊腓字之⑦。
诞寘之平林，会伐平林⑧。诞寘之寒冰，鸟覆翼之。
鸟乃去矣，后稷呱矣。实覃实讦⑨，厥声载路⑩。
诞实匍匐，克岐克嶷⑪，以就口食。蓺之荏菽，
荏菽旆旆，禾役穟穟，麻麦幪幪，瓜瓞唪唪。
诞后稷之穑，有相之道。茀厥丰草，种之黄茂。
实方实苞，实种实褎⑫，实发实秀⑬，实坚实好，
实颖实栗，即有邰家室。诞降嘉种，维秬维秠，
维穈维芑。恒之秬秠，是获是亩。恒之穈芑，
是任是负，以归肇祀。诞我祀如何？或舂或揄⑭，
或簸或蹂⑮。释之叟叟⑯，烝之浮浮⑰。载谋载惟，
取萧祭脂，取羝以軷。载燔载烈，以兴嗣岁。
卬盛于豆，于豆于登，其香始升。上帝居歆⑱，

胡臭亶时。后稷肇祀，庶无罪悔^㉒，以迄于今^㉓。

【题解】

这是一首记述周的始祖后稷生平事迹的神话史诗。诗中记述了后稷从其母受孕、后稷诞生、发家的全过程，歌颂了后稷播种五谷所取得的成就。《生民》是代代相传的民间传说，是歌谣体的口头文学，传说中的农业之神后稷被赋予了半神色彩，语言生动神奇，极富创造力。

【注释】

①禋：升烟以祭，古代祭天的典礼。②武：足迹。敏：脚趾。歆：感应。③攸：于是。介、止：休息。④震：有孕。夙：严肃。⑤弥：终。指怀胎足月。⑥赫：显示，显耀。灵：灵异。⑦腓：庇护。字：哺育。⑧会：碰上。伐平林：伐木的樵夫。⑨实：是。覃、訏：长。⑩载：充满。⑪岐：明事理。嶷：辨事物。⑫蓺：种植。⑬旆旆：长。⑭幪幪：茂盛的样子。⑮种：粗壮。褎：禾苗发兜。⑯秀：扬花。⑰揄：舀取。⑱蹂：用手搓米。⑲释：淘米。叟叟：淘米的声音。⑳浮浮：蒸饭的气。㉑居歆：安享。㉒庶：幸好。㉓迄：流传。

【译文】

是谁最先生周民？这位先妣是姜嫄。她是怎样生周民？她能虔诚祭上天，祈求得子代代传。脚踩上帝足拇迹，停下休息心喜欢。怀胎时小心谨慎，十月生子来养育。后稷这样降人间。姜嫄怀孕足十月，头胎生子很顺当。产门完好不破裂，无灾无害无祸殃。预示灵异大吉祥，上帝心里不安宁，不能安享那祭祀，徒然生个小儿郎。丢弃后稷于小巷，牛羊庇护来喂养。丢弃后稷于森林，有人伐木正碰上。丢弃后稷寒冰上，大鸟保护展翅膀。大鸟不久飞离去，后稷呱呱哭声叫。哭声很大又很长，满路哭声远传扬。不久后稷可爬行，慢慢站起立得正，且能觅食来为生。种植庄稼播豆种，大豆长得真茂盛。禾穗下垂沉甸甸，麻麦繁茂垄间，瓜实累累数不尽。后稷尽心种庄稼，助苗生长有方法。除去田间丰茂草，播植黄茂品种佳。禾苗初生分枝好，生得肥壮向高拔。庄稼茎高结成穗，颗粒坚实成色佳。穗芒下垂头低下，后稷于邰安了家。上天恩赐良谷种，既有秬来又有秠，还有穈来尚有芑。遍地皆种秬和秠，收获按亩把数计。满地遍种穈和芑，大获丰收抱又背。回至家中把祖祭。周民怎么来祭祀？或舂米来或舀粮，或搓米粒或簸糠。有人淘米声嗖嗖，蒸饭热气飘天上。祭祀细节共商量，取来香蒿和脂肪，拿来公羊祭路神。烧烤牺肉献神灵，保佑来年庄稼旺。我把祭品盛木豆，木豆瓦登都摆放。香气开始升上天，上帝得把祭品享。香味确实真美好，后稷开始祭上苍。幸得神佑无罪过，从古到今永兴旺。

公 刘

笃公刘^①，匪居匪康^②。乃埸乃疆，乃积乃仓，
乃裹糇粮，于橐于囊^③，思辑用光^④，弓矢斯张，
干戈戚扬^⑤，爰方启行^⑥。笃公刘，于胥斯原^⑦。

既庶既繁，既顺乃宣⑧，而无永叹。陟则在巘⑨，
复降在原。何以舟之？维玉及瑶，鞞琫容刀⑩。
笃公刘，逝彼百泉，瞻彼溥原。乃陟南冈，
乃觏于京。京师之野，于时处处，于时庐旅。
于时言言，于时语语。笃公刘，于京斯依。
跄跄济济⑪，俾筵俾几⑫，既登乃依，乃造其曹⑬。
执豕于牢，酌之用匏。食之饮之，君之宗之。
笃公刘，既溥既长，既景乃冈⑮，相其阴阳⑯，
观其流泉。其军三单。度其隰原，彻田为粮⑰，
度其夕阳⑱，豳居允荒。笃公刘，于豳斯馆。
涉渭为乱⑲，取厉取锻⑳。止基乃理，爰众爰有㉑，
夹其皇涧，溯其过涧。止旅乃密㉒，芮鞫之即㉓。

【题解】

　　本诗是周的开国史诗之一，叙述、赞美了周的远
祖公刘迁都的史实。诗中细致地描写了公刘考察地势
的过程。全诗以"笃公刘"起兴，强调了周先祖憨厚
朴实的性格，同时揭示了其行为的踏实严谨，歌颂了
公刘慎重求实的领导作风。诗歌风格古朴，可能因为
产生的时间较早，生动性略有不足。

【注释】

　　①笃：敦厚正直。②居：安居。康：康宁。③橐：
袋子。④思：想方设法。辑：安定繁荣。用：从而，
进而。光：发扬光大。⑤干：盾。戈：戟。戚扬：斧钺。
⑥爰：于是。方：开始。启行：动身出发。⑦胥：相；
观看。⑧顺：和顺。宣：畅快。⑨巘：独立的小山。
⑩容刀：佩刀。⑪跄跄：步趋有节的样子。济济：庄
严恭敬的样子。⑫俾：使。筵：（摆）竹席。几：（摆）
案几。⑬造：适，去。曹：牧群。⑭溥：宽大。⑮景：日影。冈：山冈。⑯相：看。⑰彻：
治；开发。⑱度：测量。夕阳：山的西边。⑲乱：横渡。⑳厉：砺的本字，指磨刀石。㉑众：
人口增加。有：物产丰富。㉒旅：众。密：安。㉓芮鞫：水边弯曲之地。即靠近，去到。

弓矢斯张

【译文】

　　忠诚敦厚好公刘，不敢安居度时光。划定田界来耕田，堆积粮食盛满仓。
于是包装备干粮，各种口袋一齐装。让民和睦有荣光。拉开弓来箭上弦，
盾牌戈斧持手中，开往豳地奔向前。忠诚敦厚好公刘，视察原野日夜忙。
随来百姓日日多，百事和顺心舒畅。不再哀叹把心伤。有时登上小山头，
然后再回平原上。公刘佩带是何物？美玉宝石挂腰间，佩刀玉鞘闪光亮。
忠诚敦厚好公刘，前往百泉去视察，广阔平原放眼望。登上南边高山冈，

— 126 —

方见京地好地方。京师原野多宽广，于是在此来安居，在此寄居造新房。
于是人人说笑忙，你言我语喜洋洋。忠诚敦厚好公刘，安心在京建新邦。
仪容庄重人满堂，恳请赴宴到座上。宾客就座靠桌旁，先行曹祭求吉祥。
圈中抓猪做佳肴，斟酒用瓢操作忙。请吃饭来请喝酒，公刘做君为宗长。
忠诚敦厚好公刘，开垦土地宽且长。观测日影登山冈，察看山的南北方，
探明河流何处淌，组建三军相轮换。湿地平原都测量，尽力耕田多打粮。
西山坡上度量忙，豳地原野实在广。忠诚敦厚好公刘，豳地之上建官房。
率民横渡渭水河，拿回砺锻建房忙。基地已定治田亩，民多物足心欢畅。
住在皇涧岸两边，对面过涧很宽敞。居民众多都平安，河弯内外人攘攘。

荡

荡荡上帝，下民之辟①。疾威上帝②，
其命多辟。天生烝民，其命匪谌③。
靡不有初，鲜克有终。文王曰咨④！
咨女殷商！曾是强御，曾是掊克⑤。
曾是在位，曾是在服。天降滔德，
女兴是力⑥。文王曰咨，咨女殷商！
而秉义类⑦，强御多怼⑧。流言以对，
寇攘式内⑨。侯作侯祝，靡届靡究。
文王曰咨，咨女殷商！女炰烋于中国⑩，
敛怨以为德。不明尔德，时无背无侧。
尔德不明，以无陪无卿。文王曰咨，咨女殷商！
天不湎尔以酒⑪，不义从式。既愆尔止⑫，靡明靡晦。
式号式呼，俾昼作夜。文王曰咨，咨女殷商！
如蜩如螗，如沸如羹。小大近丧，人尚乎由行⑬。
内奰于中国⑭，覃及鬼方。文王曰咨，咨女殷商！
匪上帝不时⑮，殷不用旧。虽无老成人，尚有典刑。
曾是莫听，大命以倾⑯。文王曰咨，咨女殷商！
人亦有言：颠沛之揭⑰，枝叶未有害，本实先拨⑱。
殷鉴不远⑲，在夏后之世。

【题解】

这是一首担忧厉王无道、社稷将亡的诗。诗人假托周文王之口谴责昏君、诅咒暴政，表面上是在骂纣王，实际上是在抨击周厉王。这种托古讽今的手法，开了后世咏史诗的先河。全诗以"荡荡上帝"开篇，是对厉王昏庸、民不聊生的现实的一种反映，把诗作的背景加以简洁明了地表现出来。诗中周文王的叹息一方面是对昏君的无奈，另一方面更

是对自己的提醒，两者对比鲜明而深刻。

【注释】

①辟：国君。②疾威：狂暴。③谌：信。④咨：叹词。⑤掊克：聚敛贪狠。⑥兴：助长。⑦而：尔，你。秉：执掌。义类：德政。⑧怼：怨恨。⑨攘：窃取。⑩式：任用。⑪炰烋：怒吼，咆哮。⑪湎：沉迷于酒。⑫衍：使有差错。止：言行举止。⑬尚：还，仍。由：顺着，沿着。行：执行，做。⑭奰：激怒。⑮覃：及，延。鬼方：远方。⑯不时：不好。⑰大命：天数。⑱颠沛：倒。揭：连根而起。⑲本：根。拨：断，绝。⑳鉴：镜子。

【译文】

上帝放纵无节度，他是下民之君王。暴虐凶狂那上帝，政令偏转无定向。
上天生下众百姓，政令无信将民诳。建国之初无不好，很少能有好收场。
文王开口一声叹："可叹殷朝商纣王，竟然如此逞强暴，竟然如此敛财粮。
竟然这样踞高位，垄断政事太猖狂。天降傲慢无德人，喜欢权力日夜想。"
文王开口一声叹："可叹殷朝商纣王，你做邪曲事儿多，强暴之行招怨望。
听信谣言来定罪，强盗之人站朝堂。诅咒贤才害他人，无休无止生祸殃。"
文王开口一声叹："可叹殷朝商纣王，都城之中狂咆哮，聚怨自得乐洋洋。
你的德行不可信，没有贤人在身旁。你的德行不可信，贤人俊士离朝堂。"
文王开口一声叹："可叹殷朝商纣王，上天不许你嗜酒，你做坏事真猖狂。
你的举止有过失，昼夜不停酒乐享。大喊大叫闹嚷嚷，竟把白天当晚上。"
文王开口一声叹："可叹殷朝商纣王，百姓悲叹似蝉鸣，心忧不安如沸汤。
大小官员都背叛，正路你还拒绝上。你已激怒国内民，作恶延及至鬼方。"
文王开口一声叹："可叹殷朝商纣王，不是上帝不善良，由于你废旧规章。
虽无德高望重臣，尚有常法可依傍。竟然这样不听劝，国运倾覆将沦亡。"
文王开口一声叹："可叹殷朝商纣王，人们常常这样讲：'大树倒地树根扬，
树叶尚未遭损伤，树根先坏难生长。'殷商镜子未离远，且看夏桀怎灭亡。"

烝　民①

天生烝民，有物有则②。民之秉彝③，好是懿德。
天监有周，昭假于下。保兹天子，生仲山甫。
仲山甫之德，柔嘉维则④。令仪令色，小心翼翼。
古训是式，威仪是力。天子是若，明命使赋。
王命仲山甫：式是百辟，缵戎祖考，王躬是保。
出纳王命，王之喉舌。赋政于外，四方爰发⑤。
肃肃王命⑥，仲山甫将之⑦。邦国若否，仲山甫明之。
既明且哲，以保其身。夙夜匪解，以事一人。
人亦有言：柔则茹之⑧，刚则吐之⑨。维仲山甫，
柔亦不茹，刚亦不吐。不侮矜寡⑩，不畏强御。

人亦有言：德辑如毛⑪，民鲜克举之。我仪图之，
维仲山甫举之，爱莫助之。衮职有阙⑫，维仲山甫补之。
仲山甫出祖⑬，四牡业业，征夫捷捷，每怀靡及。
四牡彭彭，八鸾锵锵。王命仲山甫，城彼东方。
四牡骙骙，八鸾喈喈。仲山甫徂齐，式遄其归⑭。
吉甫作诵，穆如清风。仲山甫永怀，以慰其心。

【题解】

这是周的大臣尹吉甫赠别大臣仲山甫的诗。全诗格调高雅，朴素无华，渗透出一种深层次的互相理解和知己情操，从诗中可以读出尹吉甫和仲山甫二人都有高尚的品德，在详尽描述和赞美仲山甫的能力和气度的同时，也把诗人尹吉甫的人格力量和治国能力凸现了出来。

【注释】

①烝：众。②物：事物。则：法则。③彝：常理；常道。④柔：温和。嘉：美好。则：有原则。⑤发：执行。⑥肃肃：庄严的样子。⑦将：奉行。⑧茹：吃。⑨刚：硬物。⑩侮：侮辱，欺负。矜寡：无所依靠的人。⑪辑：轻。⑫阙：缺失。⑬祖：路祭。⑭遄：速。

【译文】

上天生此无数民，造万物来有法则。万民心中有常理，都爱这种好品德。
上天视察周王朝，神明来到这下界。保佑这位周天子，置仲山甫于君侧。
山甫生有好品德，柔和善良是原则。仪容脸色都姣好，小心谨慎很严格。
效法先王之遗典，行事努力合礼节。事事皆从周天子，颁布政令不出辙。
周王命令仲山甫，要给诸侯树榜样。祖先事业要继承，一心保佑周君王。
出纳周王众政令，代王说话不寻常。政令发布诸侯国，执行王命到四方。
周王命令很严肃，山甫实行不走样。国家政情好与坏，山甫明辨全知详。
知识渊博心明亮，保全名节身无恙。日夜操劳不懈怠，尽心侍奉周宣王。
人们都讲这样话，"东西柔软要吃下，东西若硬便吐它。"只有山甫同此异，
软的东西不吃下，硬的东西不吐它。不肯欺负鳏与寡，强暴之徒亦不怕。
人们都讲这样话，"品德轻得如毛发，少能有人举起它。"我现认真做思考，
只有山甫能举它，可惜我帮不上他。君王执政偶有失，只有山甫来补救。
山甫外出祭路神，四匹公马高又壮。随从征夫很勤勉，常想公事尚没完。
四匹公马跑不止，八个鸾铃锵锵响。周王命令仲山甫，修筑齐城到东方。
四匹公马好强壮，八个鸾铃叮当响。山甫往齐奔驰忙，祝他早日返故乡。
吉甫送行写此诗，和如清风真舒畅。山甫心中思虑长，以此诗歌慰衷肠。

颂

周 颂

维天之命

维天之命，於穆不已①。於乎不显，文王之德之纯！
假以溢我②，我其收之。骏惠我文王③，曾孙笃之。

【题解】

　　这是一首周天子祭祀文王的诗，格调开阔、庄严，充满崇敬之感。全诗以彰显文王的道德品质为主旨，显示了他泽被后世的光耀和尊严，表达了对文王崇敬和景仰及向先王学习的决心和气魄。由此体现了祭祀的虔诚和主人公心性的坦荡，读来感觉气氛和谐，神圣肃穆。

【注释】

　　①不已：无极，无穷尽。②假以：拿来。溢：授予。③骏：大。惠：顺从，忠。

【译文】

　　想那上天有旨意，辽远壮美无边极。呜呼显赫又光明，文王之德真纯正。
　　他用美政戒慎我，我们必定来执行。坚决顺从周文王，后世子孙定继承。

昊天有成命

昊天有成命，二后受之①。
成王不敢康，夙夜基命宥密②。
於缉熙！单厥心③，肆其靖之④。

【题解】

　　本诗是一首祭祀成王的乐歌。全诗以深情的笔调描绘了文王、武王继承天命，不辞辛苦奋力开创伟大事业的事件，歌颂了他们为国日夜操劳、殚精竭虑的精神。整首诗的句式灵活，表达意思清楚准确，风格凝练隽永，体现了对先祖的敬重和缅怀。

【注释】

　　①二后：文王、武王。②基：巩固，踏实。命：天命，政权。宥：宽厚，仁德。密：安静，平和。③单：同"亶"，专诚。④靖：太平。

上天已有成命在，文王武王把王做。成王哪敢享安乐，日夜谋划为国忙。
呜呼奋力向前闯，用尽心血为周邦。遂使世人得安康。

闵予小子①

闵予小子，遭家不造②，嬛嬛在疚③。
於乎皇考，永世克孝。念兹皇祖，陟降庭止。
维予小子，夙夜敬止④。於乎皇王，继序思不忘⑤。

本诗是周成王登基之日朝于宗庙时所作。年少的成王面对一个庞大的王朝，孤苦无依的他深感困惑和忧虑。全诗以第一人称的视角切入，具有个人化性质，抒发的是真感情、真忧虑，表现了诗人鲜明独特的心理感受，读起来感人至深，使读者对其处境和情感有深刻的理解和认同。

①闵：可怜。②遭：遇上。不造：不幸。③嬛嬛：孤独的样子。疚：生病。④敬止：戒慎。⑤继：继承。思：想法。

可怜我这小孩子，遭逢家庭大不幸，孤苦无依心忧伤。哎呀伟大我父王，
毕生能孝爹和娘。想起祖父周文王，上下推行直道忙。现在我这小孩子，
终日勤劳理朝纲。哎呀文王和武王，我承祖业永不忘。

鲁 颂

驹

驹驹牡马，在坰之野①。薄言驹者，有骄有皇②，
有骊有黄，以车彭彭。思无疆，思马斯臧。
驹驹牡马，在坰之野。薄言驹者，有骓有駓③，
有骍有骐④，以车伾伾⑤。思无期，思马斯才！
驹驹牡马，在坰之野。薄言驹者，有驒有骆⑥，
有骝有雒⑦，以车绎绎⑧。思无斁⑨，思马斯作⑩。
驹驹牡马，在坰之野。薄言驹者，有骃有騢⑪，
有驔有鱼⑫，以车祛祛。思无邪⑬，思马斯徂。

本诗是一首赞美鲁僖公善于养马以增强国力的诗。雄壮、剽悍、飞驰的骏马是草原的宠儿，更是力量与强盛的象征。这首写实诗，同时也可以看作是一首象征诗，用各种各样的马暗喻各种各样的人才，国家因此才有希望和期待。诗的语言，有一种明快、流畅的内在音乐感。

【注释】

①坰：离城很远的郊外。②骊：白股的黑马。③骓：苍白杂毛的马。駓：黄白杂毛的马。④骍：赤黄色的马。骐：青黑色的马。⑤伾伾：有力的样子。⑥骍：青骊马。⑦駵：赤身黑鬣的马。雒：黑身白鬣的马。⑧绎绎：善走。⑨无斁：无厌，满意。⑩作：善，好。⑪駰：浅黑带白色的杂毛马。騢：赤白杂毛的马。⑫驔：脚胫有长毛的马。鱼：二目毛色白的马。⑬无邪：不坏，不错。

【译文】

群马高大又肥壮，远郊原野把牧放。众马之中品种全！有骊马来还有皇，
又有骊马又有黄，用来驾车真雄壮。养马事业无止地，马儿如此美无双。
群马高大又肥壮，远郊原野来牧放。众马之中品种多！有骓有駓很多种，
又有骍马又有骐，用来驾车力量大。养马事业无止地，马儿成材事业旺。
群马高大且肥壮，远郊田野把牧放。众马之中品种多！有骍有骆好多样，
又有駵马又有雒，用来驾车腿力强。养马事业无止境，马儿振作精神爽。
群马高大且肥壮，远郊田野来牧放。众马之中品种多！有駰有騢好多样，
又有驔马和鱼马，用来驾车腿力强。养马事业无止境，马儿如此真雄壮。

有 駜①

有駜有駜， 駜彼乘黄。夙夜在公，在公明明②。
振振鹭③，鹭于下④。鼓咽咽⑤，醉言舞。
于胥乐兮⑥！有駜有駜，駜彼乘牡。夙夜在公，
在公饮酒。振振鹭，鹭于飞。鼓咽咽，醉言归。
于胥乐兮！有駜有駜，駜彼乘駉⑦。夙夜在公，
在公载燕。自今以始，岁其有。君子有穀，
诒孙子。于胥乐兮！

【题解】

这是一首宴会时以舞助兴、表达喜庆气氛所作的乐歌。紧张繁忙的工作之余，举杯同乐，欢聚一堂。诗中对于人们畅饮及醉后情景的刻画细致、生动，读来饶有趣味，感情状态奔放、率真。全诗句法自由灵活，节奏短促，富于变化，出色地表达了潇洒优游的心态。

【注释】

①駜：马肥壮、力强的样子。②明明：勤勉。③鹭：指持鹭羽的舞蹈。④鹭于下：

舞者仿鹭蹲下。⑤咽咽：鼓声。⑥胥：皆，都。
⑦骃：青黑色的马。

【译文】

凤夜在公，在公饮酒

马肥壮啊马肥壮，四匹黄马肥且壮。日夜为
公事务多，勤勉努力忙又忙。

手拿鹭羽舞翩翩，好像白鹭从天降。鼓声咚
咚声深长，酒醉起舞意飞扬。

君臣全都乐陶陶。马肥壮啊马肥壮，四匹公
马肥且壮。日夜为公不得歇，今日休闲把酒尝。

手执鹭羽翩翩舞，好像白鹭在飞翔。鼓声咚咚声深长，

醉酒而舞心意畅。君臣全都喜滋滋。马肥壮啊马肥壮，四匹青马肥且壮。

日夜为公事务忙，公事完了来宴上。打从今年为开始，年年丰收多打粮。

鲁君始终得福祥，传给子孙大发扬。君臣全部喜洋洋。

商 颂

玄 鸟

天命玄鸟，降而生商，宅殷土芒芒①。古帝命武汤，
正域彼四方②。方命厥后，奄有九有③。商之先后，
受命不殆，在武丁孙子。武丁孙子，武王靡不胜。
龙旂十乘，大糦是承④。邦畿千里，维民所止。
肇域彼四海⑤，四海来假，来假祁祁。景员维河，
殷受命咸宜⑥，百禄是何⑦。

【题解】

这是一首祭祀商的中兴之主高宗武丁的乐歌。诗中把部族原始神话与后人的历史事
实结合在一起。全诗从商的起源说起，概述了商的诸位祖先的功绩，并以此突出武丁的
地位和作用，从而表达了对他的称颂。本诗可能不是周人所作，而是商代时就有，代代
相传。

【注释】

①宅：动词，住在。②正域：正其封疆。③九有：九州。④糦：同"饎"，酒食。⑤肇：
助词，无义。域：统治。四海：天下。⑥咸：都。宜：适宜，相称。⑦何：承受。

【译文】

天帝命令燕飞翔，下临人间生商王，居于殷土地茫茫。帝命勇武那成汤，
征伐占领有四方。普遍命令部落长，尽取九州做君王。商朝前代诸先君，
承受天命无懈怠，武王子孙乃贤王。武王子孙有好多，武丁常胜继成汤。

— 133 —

兵车十辆插龙旗，各种酒食都奉上。国境千里很漫长，百姓所住好地方，才有四海地面广。四海共来朝商王，来朝官员熙攘攘。幅员广阔绕黄河，殷商受命很适宜，承受大福万代享。

殷 武

挞彼殷武①，奋伐荆楚。罙入其阻②，衷荆之旅。
有截其所③，汤孙之绪④。维女荆楚，居国南乡⑤。
昔有成汤，自彼氐羌，莫敢不来享⑥，莫敢不来王，
曰商是常⑦。天命多辟，设都于禹之绩。岁事来辟⑧，
勿予祸适，稼穑匪解。天命降监，下民有严⑨。
不僭不滥⑩，不敢怠遑。命于下国，封建厥福。
商邑翼翼，四方之极⑪。赫赫厥声，濯濯厥灵。
寿考且宁，以保我后生。陟彼景山，松伯丸丸。
是断是迁，方斲是虔。松桷有梴，旅楹有闲⑫，
寝成孔安。

【题解】

本诗是一首赞美武丁的乐歌，突出赞美了成汤之孙商高宗武丁征讨荆楚的武功以及商的治国之道、都城建设等。全诗霸气十足，显示了殷武的神勇和气概，军队势如破竹，政令严肃清明，国家安康繁荣，具有强大的感召力和威慑力，具有晓喻四方的作用，表达了强烈的自信和无比的镇定。

【注释】

①挞："达"的假借，急速。②罙："深"的本字，险阻。③截：治服。④绪：功绩。⑤国：中国。⑥享：进贡。⑦常：长。⑧来辟：来朝君。⑨严：敬。⑩僭：差失。⑪极：中心。⑫闲：大的样子。

【译文】

勇武伟大殷高宗，奋力伐楚至南方。深入荆楚险阻地，俘获敌军胜楚王。
尽夺楚地扩封疆，商汤子孙功业旺。你们荆楚诸国民，居于我国大南方。
从前商朝有成汤，虽然氐羌逞凶狂，没人胆敢不进贡，没谁不来朝商王。
商王永远是君王。上天命令各诸侯，建都九州大地上。年年朝见殷商王。
不对你们加谴责，努力农耕生产忙。天子命令去巡察，百姓严谨皆守法。
不越礼法没过失，不敢松懈无闲暇。天子对宋下命令，树立大福享天下。
商朝京都真繁华，各国以它为榜样。武丁名声甚显赫，威灵光明闪闪亮。
他既安宁又寿长，保佑后世永兴旺。踏上景山高山冈，松柏挺直在成长。
砍下松柏搬回来，又砍又削将材量。松木椽子长又长，个个楹柱都粗壮。
寝庙修毕神安详。

第三卷

楚　辞

离 骚

帝高阳之苗裔兮^①，
朕皇考曰伯庸^②。
摄提贞于孟陬兮^③，
惟庚寅吾以降^④。

【注释】

①高阳：古代帝王颛顼的别号。颛顼是楚国的远祖，他的后人有熊绎，被周成王封于楚国。春秋时期楚武王有个儿子叫瑕，受封于屈邑，因此子孙都以屈为氏，屈原是屈瑕的后人，所以说自己是古帝王高阳氏的后代。苗裔：后代。②朕：我。秦以前是贵贱通用的第一人称代词，秦以后则成为封建帝王自称的专用词。皇考：皇，光明；考，对已故父亲的美称。伯庸：为屈原父亲的字或名，或化名，今已不可考。③摄提：摄提格的简称。古人把天宫由东向西划为子、丑、寅、卯、辰、巳、午、未、申、酉、戌、亥十二个等分，叫作十二宫。依照岁星（木星）在空中运转所指向的方位来纪年，岁星指向寅宫，则此年为寅年，摄提格，就是寅年的别名。贞：当，指向。孟：开端，始也。陬：夏历正月的别名，又称寅月。④惟：语助词，先秦时期习惯用法。庚寅：指庚寅这一天。古人以天干地支相配来纪日，庚寅是其中的一天。按：此处是指屈原吉祥的生日。据研究，楚人以寅日为吉利的日子。降：降生，出生。

皇览揆余初度兮^①，肇锡余以嘉名^②。
名余曰正则兮^③，字余曰灵均^④。
纷吾既有此内美兮^⑤，又重之以修能^⑥。
扈江离与辟芷兮^⑦，纫秋兰以为佩^⑧。
汩余若将不及兮^⑨，恐年岁之不吾与^⑩。
朝搴阰之木兰兮^⑪，夕揽洲之宿莽^⑫。
日月忽其不淹兮^⑬，春与秋其代序^⑭。
惟草木之零落兮^⑮，恐美人之迟暮^⑯。
不抚壮而弃秽兮^⑰，何不改此度^⑱？

【注释】

①皇：即上文皇考的省称，指他已死的父亲。览：观察。揆：测度，衡量。余：我，此处是屈原自指。初度：指初降生时的器度。②肇：开始，指初降生时。锡：古同"赐"，送给，给予。以：用，把。嘉名：美好的名字。③名：动词，命名的意思。正则：正，意为平；则，意为法，言其平正而有法则，解释出屈原名平的意思。④字：表字，这里用为动词，起个表字。灵均：灵，意为善；均，意为平地；灵均，很好的平地，就是"原"字

的含义。⑤纷：多，繁盛。形容后面的内美两字。吾：屈原自指。既：已经。内美：内在的美好品质。⑥重：加上。修能：修，意为美好；能，意为通态，容貌。修能，指下文佩戴香草等，实际上是讲自己的德能。⑦扈：披在身上。辟芷：辟，通"僻"，偏僻的地方。芷，白芷，香草名，因生于幽僻之处，所以叫辟芷。⑧纫：本义是绳索，此用作动词，穿结、连缀。秋兰：香草名，秋天开花且香。以为：以之为。佩：佩戴，装饰，象征自己的德行。⑨汩：水疾流的样子，此处用以形容时光飞逝。余：我，屈原自指。若将不及：好像跟不上时光的流逝了。⑩恐：担心。不吾与：即"不与吾"的倒文，意谓不等待我。与，意为待。⑪朝：早晨。搴：同"攓"，拔取。阰：平顶小山或山坡，楚地方言。木兰：香木的一种，花状像莲，又称辛夷，今天通称紫玉兰。⑫揽：采摘。宿莽：草名。经冬不死，又名紫苏，楚语称作莽。所以有象征年华、生命的意味。木兰去皮不死，宿莽拔心不死，两者都有贞固的性格，故诗人用来做修身之物。⑬忽：迅疾的样子。淹：停留。⑭代序：代，意为更；序，意为次。代序即次第相代，指不断更迭。⑮惟：思虑。零落：凋零。⑯美人：楚辞是美人芳草皆有托。诗人有时用来比喻国君，有时用来比喻美好的人，有时用以自比。这里是指楚怀王，规劝怀王不要错过大好时机。迟暮：衰老。⑰抚：持，犹如现在所说的趁。壮：指壮盛年华。秽：草荒日秽，这里用以比喻楚国的秽政。⑱此度：指现行的政治法度。

乘骐骥以驰骋兮①，来吾道夫先路②。
昔三后之纯粹兮③，固众芳之所在④。
杂申椒与菌桂兮⑤，岂维纫夫蕙茝⑥？
彼尧舜之耿介兮⑦，既遵道而得路⑧。
何桀纣之猖披兮⑨，夫唯捷径以窘步⑩。
惟夫党人之偷乐兮⑪，路幽昧以险隘⑫。
岂余身之惮殃兮⑬，恐皇舆之败绩⑭。
忽奔走以先后兮⑮，及前王之踵武⑯。
荃不察余之中情兮⑰，反信谗而齌怒⑱。
余固知謇謇之为患兮⑲，忍而不能舍也⑳。
指九天以为正兮㉑，夫唯灵修之故也㉒。
曰黄昏以为期兮，羌中道而改路㉓。
初既与余成言兮，后悔遁而有他㉔。
余既不难夫离别兮㉕，伤灵修之数化㉖。

【注释】

①骐骥：骏马。此句比喻应任用有才能的人治理国家。②道：通"导"，引导。夫，语气词。先路：走在路之先，即为王前驱的意思。③昔：从前。三后：后，君主。旧说不一，一说指楚国三位开国的先王：熊绎、若敖、蚡冒；一说即三皇，指黄帝、颛顼、帝喾。纯粹："色不杂曰纯，米不杂曰粹，米至细曰精"，这里用来形容三后的德行粹美完善。④固：固然，本来。众芳：众多的香草，用以比喻众多贤能的人。在：汇集。⑤杂：兼有。椒：香木名，就是现在的花椒。菌桂：即箘桂，桂的一种，香木名，白花黄蕊。⑥岂：难道，表

昔三后之纯粹兮，固众芳之所在

示反向的语助词。维：当作"唯"，意为独。纫：连缀。蕙：香草名，生长在湿地处，麻叶，方茎红花，黑实。茝：同"芷"，白芷，也是香草名。申椒、菌桂、蕙、茝，都是用来比喻有才能的贤人，即上文所说的"众芳"。此处说三君杂用众贤才，国家因此而富强，并非只独取蕙茝，只任用少数贤人。⑦彼：那。尧舜：传说中上古时代的两位贤君。耿介：耿，光明；介，正大。耿介即光明正大。⑧既：皆，尽。遵道：遵循正途。而：因而。路：大道。⑨何：何等，多么。桀纣：指夏桀和商纣王。是夏朝和商朝的末代之君，他们历来被作为暴君的代表。猖披：猖，狂妄；披，偏邪的意思。⑩夫：发语词。

唯：只是。捷径：斜出的小路，比喻不走正途。窘步：困窘失足。⑪惟：思。党人：古代的党人指朝廷中为私利而结成帮派的人。偷乐：苟且享乐。⑫路：指政治道路，楚国的前途。幽昧：黑暗。以：而。险隘：危险而狭窄。⑬岂：哪里。余身：我自身。惮：畏惧、惧怕。殃：灾祸。⑭皇舆：本指帝王所乘的车子，这里比喻国家政权。败绩：古代使用战车作战，车辙大乱，是溃不成军的表现。这里喻指君国之倾危。⑮忽：急匆匆的样子，根据下文，这里形容奔跑速度很快。奔走：奔跑。先后：指在君王的身边。奔走先后就是效力左右的意思，乃是从"皇舆"一语生发而来的。⑯及：赶上，追及，这里有"继承"之意。踵：脚跟。武：足迹。"踵武"连文为义，指前王的业绩。⑰荃：或说即荪，石菖蒲一类的香草，叶形似剑，古人认为可以避邪。指称尊贵者，也以喻君，此为当时之俗。余：屈原自指。中情：忠心之情。⑱信谗：听信谗言。齌怒：盛怒、暴怒。⑲謇謇：謇，楚语，指发言之难，因口吃而说话艰难的样子。謇謇，此处形容忠贞直言的样子。为患：招致祸患。⑳舍：放弃的意思。㉑九天：九重天。正：证。㉒灵修：楚人称神灵为灵修，此处代指楚君怀王。㉓"曰黄昏"二句是衍文，为《九章·抽思》语。期：约定。羌：楚语，表转折的意思，犹如今语的"却"。㉔初：当初，应指诗人受到楚怀王信任之时。成言：指彼此的话。此指屈原受重用时，共同制定的治国大策。㉕悔遁：遁，逃跑；悔遁在此是背弃成言之意。他：其他，另有打算。㉖既：本来。离别：分别，此指诗人被楚怀王疏远、放逐。㉗伤：悲伤、哀伤。数化：屡次变化。数，屡次之意。

余既滋兰之九畹兮①，又树蕙之百亩②。
畦留夷与揭车兮③，杂杜衡与芳芷④。
冀枝叶之峻茂兮⑤，愿竢时乎吾将刈⑥。
虽萎绝其亦何伤兮⑦，哀众芳之芜秽⑧。
众皆竞进以贪婪兮⑨，凭不厌乎求索⑩。
羌内恕己以量人兮⑪，各兴心而嫉妒⑫。
忽驰骛以追逐兮⑬，非余心之所急⑭。

老冉冉其将至兮⑮，恐修名之不立⑯。

【注释】

①余：屈原自指。滋：栽培，培植。兰：香草名。畹：三十亩田为一畹，一说十二亩为一畹。②树：种植。蕙：香草名。树蕙：屈原曾为楚三闾大夫，负责贵族子弟的教育，树蕙指的是对贵族子弟的培育。③畦：四周有浅沟分隔的小块田地，这里用为动词。留夷、揭车：香草名，都是楚地所产。④杂：指间种。杜衡：状与葵相似的一种香草，又称马蹄香。⑤冀：期待。峻：长大，高大。峻茂：高大而茂盛的样子。⑥竢：等待。竢时，即等到成熟的时候。刈：收割。这两句比喻把贤才培养好了，任用他们治理国家。⑦虽：纵使。萎：枯萎。绝：凋落。何伤：何妨，有什么关系。⑧哀：痛惜。众芳：指前所培植的众香草——兰、蕙、留夷、揭车等，喻指"平日所栽培荐拔与己同志者"。芜秽：指众芳的变质。这两句用以比喻自己所培养的人才不但不为国家出力，反而改变节操，与"党人"同流合污。⑨众：指朋比为奸的贵族们。竞进：争逐权位，求进。贪婪：贪求财物。⑩凭：楚方言，满之意，此处用作状语，"满不在乎"之满，形容党人不厌求索。不厌：不满足。求索：索取。⑪羌：楚方言，发语词，义近"乃"。恕己：指宽恕自己。意谓不知足地贪婪求索。量人：意谓用自己的心去估量别人。⑫兴心：起心，打主意，即产生了忌妒之心。此二句意谓"党人贪婪竞进，而又以为贤者亦复如此，故嫉妒之也"。⑬忽：急急忙忙，疾速。鹜：形容马乱跑的样子。追逐：与"驰鹜"同义连用，意谓钻营，追求自己的私利。⑭所急：急，指迫切需要。所急，指急于要做的事。⑮冉冉：渐渐，岁月流逝之意。⑯修名：美好的名声。立：树立。

朝饮木兰之坠露兮①，夕餐秋菊之落英②。
苟余情其信姱以练要兮③，长顑颔亦何伤④？
擥木根以结茝兮⑤，贯薜荔之落蕊⑥。
矫菌桂以纫蕙兮⑦，索胡绳之纚纚⑧。
謇吾法夫前修兮⑨，非世俗之所服⑩。
虽不周于今之人兮⑪，愿依彭咸之遗则⑫。
长太息以掩涕兮⑬，哀民生之多艰⑭。
余虽好修姱以鞿羁兮⑮，謇朝谇而夕替⑯。
既替余以蕙纕兮⑰，又申之以揽茝⑱。
亦余心之所善兮⑲，虽九死其犹未悔⑳。

【注释】

①朝：早晨。坠露：坠落的露水，指从木兰花瓣上坠落下的露水。木兰花晚春开花，这句既指朝，又指春。②餐：吞食。落英：初开的花朵。木兰开于春，菊花发于秋。这句既指夕，又指秋。春与秋合起来说四时。此二句以"饮露餐英"喻自己长期服食美洁，修洁自身。③苟：只要，如果。余情：指内心。信姱：信，真实；姱，美好。信姱，诚然美好，言内美也。练要：精粹，犹言精练要约，指精练于要道。④顑颔：因饥饿而面色憔悴。何伤：何妨。⑤擥：持取，拿着。木根：指木兰之根。结：意为编结。⑥贯：贯穿，串联起

来。薜荔：一种蔓生的香草名。蕊：花心。⑦娇：高举，举起。犹言"取用"。菌桂：一种香木，即前"杂申椒与菌桂"的菌桂。⑧索：本义是绳索，这里用作动词，搓绳。胡绳：香草，茎叶可做绳索。缅缅：串联起来，长而下垂，编织得整齐美好的样子。⑨謇：发语词，楚方言。此与前文"余固知謇謇之为患兮"之"謇"意义不同。法：取法，效法。夫：助词，彼。前修：前代的贤人。⑩世俗：指楚国政界庸俗之人。服：用。⑪虽：纵然。不周：不合，不能委曲周旋世故之意。⑫依：依照。彭咸：是屈原心目中所敬仰的人。殷商时期的贤人，据说他上谏国君不听，投水自杀而死。屈原此处彭咸，表明自己将沉渊自杀。⑬太息：叹息。掩涕：擦眼泪。⑭民生：有多种解释，一说民生即人生，指诗人自己。艰：艰难。"民生多艰"，此处指屈子所见到、所体验到的楚人的遭遇，当然也包括自身在内。⑮好：喜好。修姱：修饰美好的品德。修，修饰，含修养之意；姱，指美好的品德。鞿：指马缰绳。羁：指马络头。鞿羁在此做动词，比喻自身约束自己。⑯詈：进谏。替：废除，撤职。⑰既：已经。以，助词，调整音节。蕙纕：装有蕙草的香带子。纕，本义指佩带。⑱申：重申，加上。揽：挣取。⑲亦：语助词，若是。善：用作动词，认为善。⑳虽：即使。九死其犹未悔：指不管遭受到多少次多么重大的打击也不会屈服。犹，还。

怨灵修之浩荡兮①，

终不察夫民心②。

众女嫉余之蛾眉兮③，

谣诼谓余以善淫④。

固时俗之工巧兮⑤，

偭规矩而改错⑥。

背绳墨以追曲兮⑦，

竞周容以为度⑧。

忳郁邑余侘傺兮⑨，

吾独穷困乎此时也⑩。

宁溘死以流亡兮⑪，

余不忍为此态也⑫。

【注释】

①灵修：指楚怀王。浩荡：本义为大水横流的样子，此处喻指君王糊涂荒唐，恣意妄为而无定准。②终：始终。察：体察。民心：人的内心。③众女：喻指朝中围绕于楚怀王周围的谗佞、群小。嫉：忌妒。余：诗人自指。蛾眉：蛾指蚕蛾，蚕蛾之眉（实指须），细长而曲，指眉毛像蚕蛾触须般齐整，所以常用来比喻女人眉毛长得很美。此处是屈原喻指自己美好的品质。④谣诼：造谣诽谤。淫：邪乱。⑤固：本来。工巧：善于取巧。⑥偭：违背。规矩：本是木工的工具，量圆用的为规，量方用的为矩，引申为规则法度。改错："错"通"措"，改错即改变措施。⑦绳墨：木工引绳弹墨，用以打直线，这里指法度。追：追，随。曲：邪曲。比喻贵妃宠臣违背正直之道而追求邪曲之行。⑧竞：争相。周容：无原则地取容，指奉迎苟合，讨好别人。以为：作为。度：法则，常法。⑨忳：烦闷，副词，做"郁邑"的状语。郁邑：忧虑烦恼。三个形容词连用，是楚辞的特有语法。侘傺：

失意的样子，形容失志之人茫然无所适从。⑩穷困：指孤立无援的状况。⑪宁：宁愿。溘死：忽然死去。流亡：随水漂流而去。⑫余：我，屈原自指。此态：指"固容以为度"，即苟合取容之态。

　　鸷鸟之不群兮①，自前世而固然②。
　　何方圆之能周兮③，夫孰异道而相安④？
　　屈心而抑志兮⑤，忍尤而攘诟⑥。
　　伏清白以死直兮⑦，固前圣之所厚⑧。
　　悔相道之不察兮⑨，延伫乎吾将反⑩。
　　回朕车以复路兮⑪，及行迷之未远⑫。
　　步余马于兰皋兮⑬，驰椒丘且焉止息⑭。
　　进不入以离尤兮⑮，退将复修吾初服⑯。

【注释】

　　①鸷鸟：指鹰鹯一类品行刚烈、不肯与凡鸟同群的猛禽。不群：即指不与众鸟同群。诗人以此表明自己不与凡庸为伍。②前世：古代。固然：本来如此。③何方圆之能周：方和圆怎能相合。周，合。④异道：不同的道路，此处喻指不同的政治路线。　⑤屈心：与"抑志"同义，均指按捺自己的心志。屈：委屈。抑：抑制。⑥忍尤：与"攘诟"同义，意思是能容忍外来的耻辱。攘：容忍。诟：耻辱。此为忍耻含辱之意。⑦伏：通"服"，保持，坚守。死直：死于正道、正义。⑧固：本来。前圣：指前代之圣贤，如尧、舜、禹、汤、文王。厚：赞许、嘉许。⑨悔：恨。相道：看，观看。察：看清楚。⑩延：引颈。伫：久立。延伫，意思是引颈怅望，低徊迟疑。反：同"返"。即指下文"退将复修吾初服"。⑪回：这里意指调转。复路：回归过去的道路。⑫及：趁着。行迷：指迷途。以上四句是屈原在政治上被排挤打击之后，产生了要退出政治舞台的消极想法。⑬步：解开驾车的马使之自在游走。兰皋：长满兰草的河岸。皋，河岸边。⑭驰：指马的奔跑。椒丘：长满椒木的土丘。且：暂且。焉：于此、在此。止息：休息一下。⑮进：仕进，指进身于君前，即受重用。不入：指不被君王所采纳。离：同"罹"，遭受。尤：罪过。⑯退：退隐。复：再，重新。初服：当初的服装，实指当初的初衷、夙志，即篇首所云之"内美""修能"。修吾初服：指修身洁行。

　　制芰荷以为衣兮①，集芙蓉以为裳②。
　　不吾知其亦已兮③，苟余情其信芳④。
　　高余冠之岌岌兮⑤，长余佩之陆离⑥。
　　芳与泽其杂糅兮⑦，唯昭质其犹未亏⑧。
　　忽反顾以游目兮⑨，将往观乎四荒⑩。
　　佩缤纷其繁饰兮⑪，芳菲菲其弥章⑫。
　　民生各有所乐兮⑬，余独好修以为常⑭。
　　虽体解吾犹未变兮⑮，岂余心之可惩⑯？

高余冠之岌岌兮，长余佩之陆离

①制：裁制。芰：楚人称菱为芰。衣：上身所穿的叫衣。②集：合，积聚。芙蓉：荷花。裳：下身所穿的叫裳。③不吾知：即"不知吾"的倒装，意指不了解我。已：止，算了吧。④苟：如果。余情：我之情实。信：诚然。芳：香洁。⑤高：高峻，此处用为动词，加高的意思。岌岌：本指高耸的样子，此处指帽高。⑥长：修长，这里用为动词。陆离：修长而美好的样子。⑦芳：指芬芳之物。泽：说法不一，指腐臭之物，或说为润泽的意思。杂糅：掺杂在一起。芳泽杂糅，比喻自己和群小共处一朝。⑧唯：只有。昭质：指清白纯洁的本质。亏：亏损。⑨反顾：回顾，回头看。游目：纵目瞭望之意。⑩往观：前去观望。四荒：指四方荒远之地。这里是指重新寻找道路以实现自己的理想。⑪佩：佩戴，具体可以指香囊、玉佩。缤纷：盛，极言多。繁饰：饰物繁多。⑫菲菲：勃勃，形容香气浓郁。弥章：更加明显。⑬民生：人生。乐：爱好。⑭好修：好为修饰，即自我修洁的意思。常：恒常之法。⑮体解：肢解，古代把人的四肢分割下来的一种酷刑。犹：尚且。未变：不改变，指决不改变初衷。⑯岂：怎能。惩：指恐惧，解为"怨艾"亦通。

女嬃之婵媛兮①，申申其詈予②。
曰鲧婞直以亡身兮③，终然殀乎羽之野④。
汝何博謇而好修兮⑤，纷独有此姱节⑥。
薋菉葹以盈室兮⑦，判独离而不服⑧。
众不可户说兮⑨，孰云察余之中情⑩？
世并举而好朋兮⑪，夫何茕独而不予听⑫。

【注释】

①女嬃：历来解说不一。一说是女人名，一说是女伴，一说是妾。当以侍妾说为是。婵媛：联绵词，眷恋。②申申：反反复复。詈：责骂，苦苦相劝。③鲧：神话传说中上古时期的治水人物，禹的父亲。婞直：倔强刚直。亡身：即忘身，意谓忘记对自身的危害不顾生命的意思。④终然：终于。殀：早死。羽之野：羽，羽山，传说在今山东省蓬莱市东南。羽之野，指羽山的郊野。⑤汝：你，指屈原。何：为何。博謇：意谓过于刚直。博，过甚。⑥纷：纷纷然，众多之意。独：唯独你。姱节：美好的节操。⑦薋菉葹：都是恶草名。此处用来比喻谗佞盈满于君王身边的人。盈室：满屋。⑧判：判然，区别。离：舍弃。服：使用，佩戴。⑨众：众人。户说：挨家挨户去解说。⑩孰：谁。云：助词，无词义。察：体察。余：这里指我们，实指屈原。中情：指内心。⑪世：当今，指世俗之人。并举：相互抬举。好朋：喜欢结为朋党。⑫夫：犹汝也。茕独：孤独。不予听：即"不听予"，不听我的劝告。予：我，女嬃自称。

依前圣以节中兮①，喟凭心而历兹②。
济沅湘以南征兮③，就重华而陈词④。
启《九辩》与《九歌》兮⑤，夏康娱以自纵⑥。
不顾难以图后兮⑦，五子用失乎家巷⑧。

【注释】

①依：循。前圣：前代圣贤。节中：节操，中正。②喟：叹息声。凭心：愤懑发于心。历兹：经历到如今。意谓经历到如今这样的打击。③济：渡过。沅湘：水名，沅水与湘水都在今湖南省境内。南征：南行。④就：靠近。重华：舜的号。传说舜死在苍梧之野，苍梧山在今湖南省宁远县境内。要向重华陈词，就必须渡沅、湘二水向南进发。以下为向舜陈词的内容。⑤启：夏启，禹的儿子，继禹之后做了国君。《九辩》《九歌》：古代乐曲名。传说《九辩》《九歌》是天帝的乐曲，被夏启从天上偷下来带到了人间。⑥夏康：太康，启的儿子。以：而。自纵：自我放纵。太康用《九辩》《九歌》娱乐自己，任情放纵。⑦顾：环顾考虑。难：患难。不顾难，即不考虑祸难而为未来打算。图：谋，打算。⑧五子：五观，亦即武观，启的第五个儿子。用失乎："失"可能是"夫"的误写。"乎"是"夫"误写后加上的。"用乎"之文，与用夫、用之同。用，因也；用乎，因此的意思。家巷：家族内部斗争。据记载五观作乱，启派兵讨平。

羿淫游以佚畋兮①，又好射夫封狐②。
固乱流其鲜终兮③，浞又贪夫厥家④。
浇身被服强圉兮⑤，纵欲而不忍⑥。
日康娱而自忘兮⑦，厥首用夫颠陨⑧。
夏桀之常违兮⑨，乃遂焉而逢殃⑩。
后辛之菹醢兮⑪，殷宗用而不长⑫。
汤禹俨而祗敬兮⑬，周论道而莫差⑭。
举贤而授能兮⑮，循绳墨而不颇⑯。
皇天无私阿兮⑰，览民德焉错辅⑱。
夫维圣哲以茂行兮⑲，苟得用此下土⑳。
瞻前而顾后兮㉑，相观民之计极㉒。
夫孰非义而可用兮㉓，孰非善而可服㉔？
阽余身而危死兮㉕，览余初其犹未悔㉖。
不量凿而正枘兮㉗，固前修以菹醢㉘。
曾歔欷余郁邑兮㉙，哀朕时之不当㉚。
揽茹蕙以掩涕兮㉛，沾余襟之浪浪㉜。

【注释】

①羿：古代传说中的善射者。淫游：过度地游乐。佚畋：放纵而无节制地打猎。佚，放荡纵恣。②封：大也。封狐，大狐狸。③固：本来。乱流：意谓逆行篡乱之流。鲜终：

很少有好的结果。④浞：寒浞，羿的相。据《左传》记载，羿做国君后，逸乐无度，不理国政，寒浞令他的家臣逢蒙射杀了羿，抢占了羿的妻子。贪：贪恋，此可做"霸占"解。厥：同"其"。家：指妻室。⑤浇：寒浞与羿妻生的儿子。被服：犹言"披服"，抢夺，依仗。强圉：有极大的力量。传说他能在陆地行船。⑥纵欲：放纵自身的欲望。不忍：不止，不能加以克制。⑦日：天天。康娱：安于娱乐，指沉浸在娱乐中。自忘：指忘掉自身的安危。⑧厥首：他的脑袋。用夫：因此。颠陨：坠落。⑨夏桀：夏朝末代的国君。常违：违，邪僻。常违，即"违常"，违背常道，行为邪僻。⑩乃：竟。遂：经究。焉：于是，指桀违背常道之事。逢殃：遭到祸患，指为汤所放逐。⑪后辛：即商纣王，名辛，又称帝辛，商朝末国君。菹醢：指把人剁成肉酱，古代的一种酷刑。⑫殷宗：指殷朝的祖祀。宗，宗族统治，即指殷代的统治。用而：因而。不长：指被周武王所灭。⑬汤禹：商汤、夏禹，指古代贤君。俨：庄严，敬畏。⑭周：此指周文王、武王。论道：选择、讲求治国的道理。莫差：没有丝毫的差错。⑮举贤而授能：选拔任用有德有才的人。举，选用。授，任用。⑯循：遵照，遵守。绳墨：木工画直线用的工具，喻指规矩、法度。不颇：颇，偏。不颇即无偏颇，与上文"莫差"义近。⑰皇天：上天。阿：偏袒、庇护。⑱览：察。民德：人之品德，实指君德。焉：于是。错：通"措"，安置。辅：辅助。⑲夫：发语词。维：同"惟"，独。圣哲：即有高智慧的圣贤。茂行：美好的德行。⑳苟得：才能够。用：享有。下土：天下。用此下土，即享有天下。㉑瞻前而顾后：即观察古往今来之成败。㉒相观：观察。此为动词连用，相、观，均为看、察之意。计极：即极计，指最终的法则和标准。计，策之意。㉓夫：发语词。孰：哪。非义：不行仁义。用：服用。这句是说哪有不义的国君能长久统治国家？㉔非善：不行善事。㉕贴：临近险境。危死：危亡几近于死。㉖览：反观。初：初心，本心。㉗量：度。凿：榫头的孔。枘：榫头。这句话的意思是说，枘要插进凿中，如不度量凿的方圆大小，就无法合榫。比喻臣子如不度量国君的贤愚就直言进谏，一定会招致灾祸。㉘固：应为"故"。前修：前贤，指被纣剁成肉酱的比干、梅伯等贤臣。以：因此。向重华的陈词到此结束。㉙曾：屡次，不断地。歔欷：气咽而抽泣的声音。郁邑：忧伤的样子。㉚时之不当：生不逢时之意。当，遇。㉛揽：取。茹：柔软。掩涕：擦眼泪。涕，眼泪。㉜沾：浸湿。浪浪：泪流不止的样子。以上通过向重华陈词，明确人生真谛，决定直面现实，我行我素，虽死而不后悔。

跪敷衽以陈词兮①，耿吾既得此中正②。
驷玉虬以桀鹥兮③，溘埃风余上征④。
朝发轫于苍梧兮⑤，夕余至乎县圃⑥。
欲少留此灵琐兮⑦，日忽忽其将暮⑧。
吾令羲和弭节兮⑨，望崦嵫而勿迫⑩。
路曼曼其修远兮⑪，吾将上下而求索⑫。

【注释】

①敷衽：敷，铺开；衽，衣襟。即指铺开衣襟。陈词：以上指向重华述说的话。②耿：光明。既：已经。中正：此处指治国之道。诗人在重华面前陈词后，感觉他已经在神灵面前印记了中正的治国之道。③驷：本义是四匹马拉的车，这里是动词，指驾车。玉虬：白

色无角的龙，玉在此表示颜色。鹥：凤鸟一类。④溘：掩，压着。埃风：卷有尘土的大风。上征：上天远行。⑤朝：清晨。发轫：出发的意思。轫，挡住车轮转动的横木。发轫，就是拿开挡车轮的横木，使车轮转动。苍梧：山名，据说舜葬此地。因刚刚向舜陈述完，所以从苍梧山出发。⑥至乎：到达。乎，于。县圃：又称"玄圃"，神话中昆仑山上的仙山名，据说在昆仑山顶，为神灵所居。⑦少留：稍微停留一会儿。灵琐：神灵所居的门，实指县圃。琐，本指门上刻画的环形花纹，以此代门。⑧忽忽：匆匆，很快的样子。⑨令：命令。羲和：神话中的太阳神，给太阳驾车。弭节：指停车。弭，停止。节，马鞭。⑩崦嵫：神话中山名，日所入处。迫：近。⑪曼曼：同"漫漫"，路遥远的样子。修远：长远。修，长。⑫上下：犹云登降。上到天国，下到人间到处寻求，象征追求同心同德者。上下求索，体现了诗人追求理想实现的一种韧性精神。

饮余马于咸池兮^①，总余辔乎扶桑^②。
折若木以拂日兮^③，聊逍遥以相羊^④。
前望舒使先驱兮^⑤，后飞廉使奔属^⑥。
鸾皇为余先戒兮^⑦，雷师告余以未具^⑧。
吾令凤鸟飞腾兮^⑨，继之以日夜^⑩。
飘风屯其相离兮^⑪，帅云霓而来御^⑫。
纷总总其离合兮^⑬，斑陆离其上下^⑭。

【注释】

①咸池：神话中的池名，太阳出来洗澡的地方。②总：结，系。辔：马缰绳。扶桑：神话中的树名，太阳从它下面出来。③折：攀折。若木：神话中的树名，在昆仑山的极西，太阳所入之处。④聊：暂且。逍遥：自由自在的样子。相羊：徘徊，盘桓。⑤前：在前面。望舒：月神的驭手。先驱：指在前面开路。⑥后：在后面。飞廉：风伯，风神。奔属：奔跑追随。⑦鸾：指凤鸟一类。皇：指雌凤一类。先戒：在前面警戒。⑧雷师：雷神丰隆。具：备，指车驾。⑨飞腾：腾空而飞。腾，飞之速也。⑩日夜：指日夜兼程。⑪飘风：旋风。屯：聚集。离：同"丽"，依附。⑫帅：率领。云霓：彩云，云虹。御：同"迓"，迎接。⑬纷总总：形容很多东西聚集在一起。离合：忽散忽聚。⑭斑：文采杂乱，五彩缤纷。陆离：形容光彩斑斓参差错综。此二句既可看作是想象中的境况，又可看作诗人的心境描写。

吾令帝阍开关兮^①，倚阊阖而望予^②。
时暧暧其将罢兮^③，结幽兰而延伫^④。
世溷浊而不分兮^⑤，好蔽美而嫉妒^⑥。

【注释】

①帝阍：天帝的守门人。关：门。②倚：靠着。阊阖：天门。望：冷漠地看着，拒绝开门。上天求女象征着企求楚王的理解，帝阍不开门表示这一理想的破灭。③时：时光，此指日光。暧暧：昏暗的样子，光线渐渐微弱。④结：编结。延伫：徘徊迟缓。⑤溷浊：混乱污浊。不分：没有区别。⑥蔽：遮蔽，掩盖。蔽美：遮盖美好的东西。以上四句，承上言见

帝之受阻，诗人感慨万千。

> 朝吾将济于白水兮①，登阆风而绁马②。
> 忽反顾以流涕兮③，哀高丘之无女④。
> 溘吾游此春宫兮⑤，折琼枝以继佩⑥。
> 及荣华之未落兮⑦，相下女之可诒⑧。

【注释】

①朝：清晨。济：渡。白水：神话中水名，发源于昆仑山。②登：攀登上。阆风：神话中地名，即县圃，在昆仑山上。绁：拴，系。这两句写心里的想法。③忽：突然间。反顾：回头望。④哀：痛惜。高丘：高山，似即指阆风，借指楚国。女：神女。屈原表面上是哀阆风的无神女，实际是哀楚王没有好的嫔妃。⑤溘：形容快。春宫：神话中东方青帝所住的仙宫。⑥琼枝：玉树的花枝。继：继续，补充。佩：佩戴。⑦及：趁着。荣华：花朵。荣，草本植物开的花。未落：尚未凋谢，指琼枝言。⑧相：察看。下女：下界（人间）的女子，指一般贤臣。可诒：可以赠送。诒，一本做"贻"。

> 吾令丰隆椉云兮①，求宓妃之所在②。
> 解佩纕以结言兮③，吾令蹇修以为理④。
> 纷总总其离合兮⑤，忽纬繣其难迁⑥。
> 夕归次于穷石兮⑦，朝濯发乎洧盘⑧。
> 保厥美以骄傲兮⑨，日康娱以淫游⑩。
> 虽信美而无礼兮⑪，来违弃而改求⑫。

【注释】

①丰隆：云神。②求：寻求。宓妃：神话中古帝伏羲氏的女儿。溺死在洛水，后成为洛水女神。③佩纕：佩带的香囊。结言：约好之言，以香囊为信物，此指订盟约。④蹇修：人名。旧说是伏羲的臣，不可信。理：提亲人。⑤纷总总：来去无定的样子，形容提亲人多次往返，费了不少口舌。离合：言辞未定。⑥纬繣：乖戾，不相投合。⑦次：住宿。穷石：神话中山名，传说是后羿居住的地方。⑧濯发：洗头发。洧盘：神话中的水名，出崦嵫山。这两句暗示宓妃与后羿有暧昧关系。⑨保：持，依仗。厥美：她的美貌。厥，其，此处指宓妃。骄傲：傲慢无礼。⑩日：成天。康娱：娱乐享受。淫游：过分的游乐。⑪虽：诚然。信美：确信美好。无礼：指生活放荡，不合理法。⑫来：乃，呼语。违弃：抛弃，放弃。改求：另外寻求。

> 览相观于四极兮①，周流乎天余乃下②。
> 望瑶台之偃蹇兮③，见有娀之佚女④。
> 吾令鸩为媒兮⑤，鸩告余以不好⑥。
> 雄鸩之鸣逝兮⑦，余犹恶其佻巧⑧。
> 心犹豫而狐疑兮⑨，欲自适而不可⑩。

凤凰既受诒兮^⑪，恐高辛之先我^⑫。

欲远集而无所止兮^⑬，聊浮游以逍遥^⑭。

及少康之未家兮^⑮，留有虞之二姚^⑯。

理弱而媒拙兮^⑰，恐导言之不固^⑱。

世溷浊而嫉贤兮^⑲，好蔽美而称恶^⑳。

闺中既以邃远兮^㉑，哲王又不寤^㉒。

怀朕情而不发兮^㉓，余焉能忍与此终古^㉔。

【注释】

①览相观：同义动词连用，都是"看"的意思，指细细观察。四极：东西南北极远的地方。②周流：周游，到处游览。③瑶台：用美玉砌成的台。偃蹇：高耸的样子。④有娀：有娀国，传说中的上古国名。此处即指简狄。⑤鸩：鸟名，传说把它的羽毛浸在酒中，喝其酒能毒死人。⑥不好：即以不好告我。⑦雄鸠：雄性鸠鸟。鸣逝：边叫边飞，意思是嘴巧腿勤。⑧犹：尚。恶：嫌弃，厌恶。佻巧：行为轻佻巧诈，言语巧辩。⑨犹豫：拿不定主意。⑩自适：亲自去。不可：因为不合当时礼法，所以不可以亲自去。⑪凤凰：凤鸟，即传说中的"玄鸟"。受诒：即"致诒"，指完成送聘礼之事。⑫高辛：五帝之一的帝喾称号。传说，帝喾曾令玄鸟给简狄送礼，成婚后生子契。⑬远集：远止。集：止，停留。所止：停留的地方。⑭浮游：漫游，遍游。⑮及：趁着。少康：夏代的中兴之王，夏启的曾孙。未家：未成家。⑯有虞：传说中上古国名。姚姓。二姚：指有虞国的两个女儿。有虞国君把两个女儿嫁给了少康。后来少康消灭了浇和浇，恢复了夏朝的统治。⑰理弱：指媒人软弱。拙：笨拙。⑱导言：媒人撮合的言辞。⑲嫉贤：忌妒贤能。⑳称恶：称赞邪恶。称，举，此句意谓推举邪恶之人。以上二句点明人间求女的象征意义。㉑闺中：女子居住的内室，指以上所求诸女的居室。以：助词，没有意义。㉒哲王：明智的君王，指楚怀王。不寤：不醒悟。前文帝阍不肯开天门，表明楚怀王不醒悟。㉓怀：怀抱。情：指忠情。不发：不能抒发。㉔焉能：安能，怎能。忍：忍受。此：这，指的上三句中所说的这种情况。终古：永久。

索藑茅以筵篿兮^①，命灵氛为余占之^②。

曰两美其必合兮^③，孰信修而慕之^④？

思九州之博大兮^⑤，岂惟是其有女^⑥？

曰勉远逝而无狐疑兮^⑦，孰求美而释女^⑧？

何所独无芳草兮^⑨，尔何怀乎故宇^⑩？

世幽昧以眩曜兮^⑪，孰云察余之善恶^⑫。

民好恶其不同兮^⑬，惟此党人其独异^⑭。

户服艾以盈要兮^⑮，谓幽兰其不可佩^⑯。

览察草木其犹未得兮^⑰，岂珵美之能当^⑱？

苏粪壤以充帏兮^⑲，谓申椒其不芳^⑳。

— 147 —

【注释】

①索：取。蒌茅：香茅之类，古代用茅草来占卜。以：与。莛篿：古代卜卦用的竹棍。②灵氛：传说中的上古神巫。巫是古代以接事鬼神为职业的人，或歌舞降神，或为人推断吉凶，或为人治病。③曰：此指神巫说。以下四句是灵氛的话。两美其必合：两个美人必定能够结合。④孰：谁。信修：诚然美好。慕：爱慕。之：代"信修"的人。⑤思：想。九州：古代将中国分为九个州，九州即指整个中国。⑥是：这，指楚国。女：美女。⑦曰：此亦为灵氛所说，灵氛见屈原沉默不语，接着又说了以下四句劝导的话。勉：努力。远逝：指勉力远去。⑧释：放开、舍弃。⑨何所：何处。芳草：比喻理想的美人。⑩尔：你，指屈原。怀：怀恋。乎：彼也。故宇：故国，指楚国。灵氛劝行的话到此结束。以下是诗人自己的考虑。⑪世：当今之世。幽昧：幽深黑暗。以：而且。眩曜：惑乱浑浊。⑫云：语中助词，能。余：我，此为灵氛，代指屈原。察：明辨。⑬民：指天下众人。好恶：喜好和厌恶，或曰是非标准。其：借为"岂"，难道。⑭惟：通"唯"，只有。党人：朋党之人。独异：特别，与一般人不同。⑮户：指党人家家户户，言其多。服：佩用。艾：艾蒿。这种草有特殊气味，被作者看作恶草。盈：满，动词。要：同"腰"。⑯谓：说。此处指众人说。其：指代幽兰。⑰觉察：察看，这里是通过察看加以辨别的意思。其：尚且。犹：还。未得：不能够。⑱岂：难道。珵美：即"美珵"，美玉。当：恰当。⑲苏：取。粪壤：粪土。充：塞满，装满。帏：佩在身上的香囊。⑳申椒：申地之椒。

> 欲从灵氛之吉占兮，心犹豫而狐疑。
> 巫咸将夕降兮①，怀椒糈而要之②。
> 百神翳其备降兮③，九疑缤其并迎④。
> 皇剡剡其扬灵兮⑤，告余以吉故⑥。

【注释】

①巫咸：古代的神巫，名咸。巫咸也是作品里的假想人物。夕降：傍晚从天而降。古人把巫看成是人神之间的中介，巫请神下降，向神申述人的请求，并把神的指示传达给人。②怀：馈。椒糈：指椒浆和祭神用的精米。要：邀请，迎候。③百神：指天上的众神。翳其：翳然，遮蔽（天空），形容神遮天盖地而来。备降：全来。④九疑：九嶷山，指九嶷山上的神灵。缤其：纷纷，形容盛多的样子。并迎：一起来迎接。这里说到九嶷山的众神迎接天上百神。⑤皇：皇天。一说，皇是指百神。剡剡：光闪闪。灵：灵光。⑥吉故：明君遇贤臣的吉祥的故事。

百神翳其备降兮，九疑缤其并迎

> 曰勉升降以上下兮①，求矩矱之所同②。
> 汤禹严而求合兮③，挚咎繇而能调④。
> 苟中情其好修兮⑤，又何必用夫行媒⑥。
> 说操筑于傅岩兮⑦，武丁用而不疑⑧。

【注释】

①曰：指巫咸传达天神的指示。勉：努力。升降以上下：意指俯仰浮沉到处求访。②求：寻求。矩矱：矩，是画方形的工具，矱是量长短的工具，此处指法度。③汤禹：指商汤和夏禹。严：恭敬。合：志同道合的人。④挚：商汤贤相伊尹的名。咎繇：皋陶，夏禹的贤臣。调：协调。⑤苟：如果。中情：指内心。⑥用：凭借。夫：彼的意思。行媒：指往来传话的媒人。⑦说：指傅说，殷高宗的贤相，他原来是在傅岩地方从事建筑的奴隶，后被殷高宗重用。操：持、拿。筑：即杵，筑土墙用的木杵。⑧武丁：殷高宗名。用：重用。疑：嫌恶。这句话说武丁不因傅说是干贱活的奴隶而嫌恶他。

> 吕望之鼓刀兮①，遭周文而得举②。
> 宁戚之讴歌兮③，齐桓闻以该辅④。

【注释】

①吕望：即吕尚。本姓姜，吕是他先人的封地，以封地为氏。相传他曾在殷都朝歌做过屠夫，后被周文王重用。鼓刀：屠宰牲畜时摆弄刀具，发出声响。②遭：遇。周文：周文王姬昌。举：选用，举用。③宁戚：春秋时卫国人，相传他曾经做过小商贩，在都东门外，边喂牛边敲牛角唱歌，齐桓公听后，得知其为贤人，便启用他为客卿。④齐桓：齐桓公，齐国国君姜小白，春秋五霸之一。该：周详，完备。该辅，备为辅佐，用为大臣。

> 及年岁之未晏兮①，时亦犹其未央②。
> 恐鹈鴂之先鸣兮③，使夫百草为之不芳④。
> 何琼佩之偃蹇兮⑤，众薆然而蔽之⑥。
> 惟此党人之不谅兮⑦，恐嫉妒而折之⑧。
> 时缤纷其变易兮⑨，又何可以淹留。
> 兰芷变而不芳兮，荃蕙化而为茅⑩。
> 何昔日之芳草兮，今直为此萧艾也⑪。
> 岂其有他故兮⑫，莫好修之害也⑬。
> 余以兰为可恃兮⑭，羌无实而容长。
> 委厥美以从俗兮⑮，苟得列乎众芳⑰。
> 椒专佞以慢慆兮⑱，樧又欲充夫佩帏⑲。
> 既干进而务入兮⑳，又何芳之能祗㉑。
> 固时俗之从流兮，又孰能无变化。
> 览椒兰其若兹兮，又况揭车与江离㉒。
> 惟兹佩之可贵兮，委厥美而历兹㉓。
> 芳菲菲而难亏兮㉔，芬至今犹未沫㉕。

【注释】

①及：趁着。晏：晚。②时：时光。犹其：尚且。未央：未尽。这句意思是说建功立

业之时犹未过去，尚可有为。③鹈鴂：杜鹃，或曰子规、伯劳，初秋鸣叫，故有下文的百草不芳。④夫：助词。为之：因此。不芳：比喻错过时机而无所作为。巫咸劝行的话到此结束。下面是诗人自己的考虑。⑤何：何等。琼佩：用玉树花枝缀成的佩带。偃蹇：盛多美丽的样子，此乃形容琼佩之盛。⑥众：指楚国朝廷结党营私的一帮人，即下句中的"党人"。菱：遮蔽。⑦惟：思。谅：信。不谅，意指险诈不可信。⑧折：摧毁。之：指代琼佩。⑨时：时世。缤纷：纷乱。变易：变化。⑩芳：茅草，比喻已经蜕化变质的谗佞之人。⑪直：竟然、居然。萧艾：萧，即蒿，贱草。⑫他故：别故，指的是其他的理由。⑬莫：不。害：弊端。⑭兰：兰草，即前文"余既滋兰之九畹兮"的"兰"，是屈原苦心培养的人才之一，此处可能是影射楚怀王幼子令尹子兰。⑮无实：不结果实。容长：以容貌美好见长，意思是指徒有美好的外表。⑯委：丢弃、抛弃。厥：他的，指代兰。从俗：追随世俗。⑰苟：在此表疑问，如何之意。得：得以，能够。这句是说他们如何可以得到众芳。⑱椒：花椒，亦指变质之贤者。一说是影射大夫子椒。专佞：专横谄佞。慢慆：傲慢放肆。⑲榝：茱萸一类的草，形状似椒而不香。椒本芳烈之物，茱萸似椒而非，比喻楚国官场的一批小人。⑳干进：求进。干，指求登高位。务入：指钻营。㉑芳：指椒和榝的香味。·祗：散发。此句说芬芳没有办法散发。㉒揭车、江离：两种香草名，香味不如椒兰，比喻自己培育的一般人才。㉓惟：通"唯"，唯有。兹佩：指上文"琼佩"，喻指屈原之内美与追求。㉔委：弃。这里是"被抛弃"的意思。厥美：它的美，指琼佩之美。历兹：即到如今这一地步。㉕菲菲：香喷喷，指香气浓郁。亏：减，损。㉖沫：香气消失。

和调度以自娱兮①，聊浮游而求女②。
及余饰之方壮兮③，周流观乎上下④。
灵氛既告余以吉占兮⑤，历吉日乎吾将行⑥。
折琼枝以为羞兮⑦，精琼靡以为粻⑧。

【注释】

①和调度：三个字同意，为并列结构，指调节自己的心态，缓和自己的心情。人生各有所乐，屈原独以好修为常。自娱：自乐。②聊：姑且。浮游：飘游，漫游。求女：寻求志同道合之人。③方：正。壮：盛。本句"方壮"指"饰"，比喻年事尚不过高。④周流：周游。上下：上下四方，到处。⑤吉占：指两美必合而言。⑥历：选择。⑦琼枝：琼树的枝条。羞：美味。⑧精：动词，使精细。靡：细屑。粻：粮。

为余驾飞龙兮①，杂瑶象以为车②。
何离心之可同兮③，吾将远逝以自疏④。
邅吾道夫昆仑兮⑤，路修远以周流⑥。
扬云霓之晻蔼兮⑦，鸣玉鸾之啾啾⑧。
朝发轫于天津兮⑨，夕余至乎西极⑩。
凤凰翼其承旂兮⑪，高翱翔之翼翼⑫。
忽吾行此流沙兮⑬，遵赤水而容与⑭。

麾蛟龙使梁津兮⑮，诏西皇使涉予⑯。
路修远以多艰兮⑰，腾众车使径侍⑱。
路不周以左转兮⑲，指西海以为期⑳。

【注释】

①为余：为我，替我。飞龙：长翅膀的龙，用来驾车。②杂：间杂配合。瑶：美玉。象：象牙。这句说杂用象牙、美玉来装饰车子。③离心：不同的去向。④远逝：远去。自疏：主动疏远他们。⑤邅：楚方言，转向。楚人名转为邅。道：用为动词，有取道之意。昆仑：神话中西部神山名。⑥周流：周游。⑦扬：飘扬。云霓：即虹，此处指以云霓为旌旗。晻蔼：旌旗（蔽天）日光暗淡的样子。⑧鸣：响起。玉鸾：用玉雕刻成的鸾形的车铃。啾啾：象声词，玉铃发出的声音。⑨发轫：出发。天津：指天河的渡口。⑩西极：西方的尽头。⑪翼：敬。承：举接。旗：旗帜的通称。⑫翼翼：飞翔时的样子。⑬忽：匆匆。流沙：西方的沙漠因沙流动而得名。⑭遵：循着，沿着。赤水：神话中水名，发源于昆仑山。容与：从容徘徊而不前。⑮麾：指挥。蛟：龙的一种，能兴风作浪。梁：桥，此处用为动词，架桥的意思。津：渡口。⑯诏：告令。西皇：古帝少皞氏，西方的尊神。涉予：涉，渡。把我渡过河去。⑰艰：指路途艰险。⑱腾：飞驰。径侍：径，直。即，径相侍卫以免渡河发生危险。⑲路：路径。不周：不周山，神话中的山，在昆仑西北，因山有缺，故得此名。⑳指：直指，表示最终。西海：神话中西方之海，传说是西皇所居住的地方。期：期待。

屯余车其千乘兮①，齐玉轪而并驰②。
驾八龙之婉婉兮③，载云旗之委蛇④。
抑志而弭节兮⑤，神高驰之邈邈⑥。
奏《九歌》而舞《韶》兮⑦，聊假日以媮乐⑧。
陟升皇之赫戏兮⑨，忽临睨夫旧乡⑩。
仆夫悲余马怀兮⑪，蜷局顾而不行⑫。

【注释】

①屯：聚集。千乘：指千辆车，极言其多。②齐：整齐，这里用为动词，排列整齐。玉轪：古称车轮为轪，玉轪即玉饰的车轮。并驰：并驾齐驱。③八龙：为余驾车的八条神龙。婉婉：在前进时蜿蜒曲折的样子。④委蛇：旗帜飘扬舒卷的样子。⑤抑志：志，通"帜"，即将旗帜下垂。弭节：放下赶车的马鞭，使车停止。⑥神：神思，指人的精神。邈邈：浩邈无际的样子。⑦舞《韶》：以《韶》乐伴奏的舞蹈。《韶》即《九韶》，夏启的舞乐。⑧媮：通"愉"，与乐同义。⑨陟升：两字同义，都是升高的意思。皇：天。赫戏：形容光明。⑩忽：突然之间。临：指由上而下观看。睨：斜着眼睛看。旧乡：指楚国。⑪仆夫：车御也，驾车的人。怀：思念。⑫蜷局：蜷曲不伸展。顾：回头看。

乱曰①：
已矣哉②，
国无人莫我知兮③，又何怀乎故都④？

既莫足与为美政兮⑤，**吾将从彭咸之所居**⑥。

【注释】

①乱：古代音乐的最后一章为乱，后来辞赋最后总括全篇要旨的一段也叫作"乱"。 ②已矣哉：算了吧。为绝望时的哀叹。③国无人：国家无人。人，指贤人。莫我知：就是"莫知我"，即没有人了解我。④怀：念。⑤足与：足，足以；与，跟、和。为：实行，实施。美政：诗人追求的美好理想的政治。⑥从：随从。居：住所，这里是指一生所选择的道路和归宿。

【译文】

　　我原本是上古帝王高阳氏的后裔啊，我那已经死去的父亲就名叫伯庸。正当寅年又是寅月啊，就在庚寅之日我降生。父亲看了我初生的气度啊，依卦兆赐予我佳名。给我取的大名就叫作正则，给我取的表字叫灵均。我本来就拥有那么多美好的禀赋啊，又加上不断修饰的才能。披上芬芳的江离和幽香的白芷啊，穿上编制的兰草作为佩饰。时光如流我总是追赶不上啊，唯恐年岁匆匆流逝不再将我等。清晨里我拔取了山南那去皮不死的木兰啊，傍晚时分我揽取沙洲的经冬不枯的宿莽。日月飞驰从未久留啊，春去秋来亘古不变。想到草木难免凋谢零落啊，担心美人终归也会迟暮。何不趁年壮抛弃污秽啊，何不改变如此陈旧的法度？乘上骏马迅速疾驰啊，来吧！我会在前面给你引路！

　　过往的三代里君德皆纯美无瑕啊，本来就有群芳的环绕辅佐。不只是用花椒和菌桂啊，岂止是佩戴上白芷和蕙草。那唐尧虞舜的光明正直啊，遵循正道就步入坦途。夏桀商纣何等狂乱放纵啊，因贪图捷径而寸步难行。结党的小人苟且偷生贪求安乐啊，国家的前途暗淡而就要倾覆了。我哪里是害怕自己遭到祸殃啊，我所担心的是君王的车乘就要倾覆。匆匆奔走在君王的前后啊，就是想使您跟上前代圣君的脚步。君王您不体察我的苦心啊，相反听信了那些谗言而对我暴怒。我诚然明白耿直进言会招来祸患啊，纵使心中想忍却也一定要说。上指苍天来做证啊，那是为了君主的缘故。当初以黄昏作为约期啊，可是中途就改变了主意。那时候与我有过真诚的话语啊，到后来却反悔有了其他的企图。原本我并不怕与你离别啊，可是我痛惜君王你反复无常意志不坚。

　　我已经种植了兰花九畹啊，又培育了蕙草百亩。分垄栽种了留夷和揭车啊，还间杂种植着杜衡与芳芷。多么希望它们叶茂而枝盛，等到成熟的季节我就收割。纵然是枯萎凋零又何必悲伤啊，伤心的是众芬芳污秽变质。众人都竞相钻营贪求财物啊，贪得无厌地追逐从不满足。为什么总是用自己的卑鄙估量别人啊，各怀鬼胎相互忌妒。匆匆奔走追名逐利啊，那不是我心志追求所急。衰老渐渐地就要来临啊，担心的是修洁的美名无法得到确立。清晨啜木兰花上欲坠的香露啊，傍晚采食秋菊初绽的花瓣。只要我的内心诚然美好专一啊，纵使吃不饱而肌瘦憔悴又有什么关系？采撷木兰根来编结白芷啊，再穿结上香草薜荔落下的花房。举起香木菌桂来缀上蕙草啊，胡绳编结的绳索美好且又修长。我一心效法前代的修洁圣贤啊，这不是世俗之人认可的衣冠。虽与当今之人做人的口味不相符合啊，我顺从于彭咸留下的典范。长叹息，擦干洒下的热泪啊，哀伤人生的道路是这样的艰险。我虽然喜好修洁却被其连累啊，早晨进谏晚上就遭贬。我虽把蕙草的香囊抛弃啊，我又揽取芳芷当作我的佩帏。只要我的内心是美善的啊，就是为这死上九回也肯定不后悔。我责怨君王荒唐糊涂啊，终究不能省察我的善良心肠。众女忌妒我蛾眉之眉的美貌啊，造谣诋毁说我过于淫荡。世俗本来就是善于投机取巧啊，违背规矩而改变举措。背叛规矩法度追随邪路啊，竞相苟合取容奉为做人的准则。我是那样忧愤而又心神不宁啊，只有我在这个时代困顿难行。就算猝然死去顺水漂流啊，我也不肯做出同样邪恶之态。雄鹰一类的猛鸟绝不与凡鸟为伍啊，这样的事情从来就是如此。怎么可以让方圆吻合在一起啊，谁又志趣不同而相安无事？可以委屈心意压抑志向啊，容忍强加的罪名但把耻辱去除。伏身于清白之志和死于直道啊，这都是前代圣贤所提倡和赞许的。

悔恨观察道路不够审慎啊，踟蹰不前我要回返。掉转我的车乘折回原路啊，趁着迷路尚不算太远。骑马漫步在长满兰草的水边啊，奔驰休息于长满花椒的小丘上。前去不被接纳反而招致罪名啊，退下来再修饰我当初的旧服。裁制荷叶做成上衣啊，采集荷花做成下裳。不被了解也就算了吧，只要我的内心诚然芬芳。把我的切云冠高高上耸，把我的玉佩打造得长长。芬芳和污浊杂糅在一起啊，唯独那洁白的本质不会损伤。忽然回首放眼眺望啊，将去观览遥远的四方。我的佩带缤纷而修饰完美啊，芳香馥郁更加昭彰。人生的追求和志向各不相同啊，只有我喜好修洁习以为常。就算是把我的身体肢解也不会改变啊，怎能使我的心思受到挫伤。

我的密友女嬃缠绵不舍啊，三番五次地把我斥责："伯鲧刚直而总忘记自身的危险啊，最终惨死在羽山的郊野。你何必过于忠直又好修洁啊，偏偏富有如此的美好节操？恶草葸菉葹堆满了屋子啊，为什么你偏要与众不同不肯服用？众人那么多怎能一个个地说明啊，谁能体察我们心之衷情？世上喜好互相吹捧和结党啊，你为何坚守孤独我相劝也不听？"依照前代圣贤的教诲坚持己理啊，长长叹息愤懑在胸直到如今。渡过沅湘之水再向南行啊，走近帝舜之灵表白我的情衷：夏启从上天那里偷来了乐章啊，过分地追求安逸自我放纵。不顾灾难也不做长远打算啊，五子叛乱最终失去家园。羿过分迷恋于田猎啊，又喜好射杀肥大的狐狸。本来淫逸没有好下场，寒浞霸占了羿的妻室做了丈夫。寒浞之子浇依仗力大无穷啊，放纵情欲不能克制。每天都沉浸在淫乐中忘乎所以啊，他的头颅被少康取下。夏桀违背做君王的正道啊，最终遭到了灭国的祸殃。纣王无道乱用酷刑啊，殷代的宗祀因此断绝不能长久。汤、禹畏天而又尊重人才啊，周之文武讲论道义丝毫不错。推举而又授权给贤良啊，遵循法度走上坦途而没有偏颇。上天公正不讲偏爱私情啊，观察人的品德做出立君的裁决。只有那深具美德的圣贤啊，养民天下的权利应当获得。细察往昔环视将来的成败啊，审视人们对是非成败思考的准则。哪有不义做法而可以采取的啊，哪有不做善事可以实行的？即使身处险境濒临死亡啊，回顾初衷我也毫不后悔。不量一下斧孔就要插进斧柄啊，这是前代贤人遭难的原因。不断抽泣我抑郁又惆怅啊，痛哀自己没有遇到好时光。拿起柔软的蕙草揩拭热泪啊，泪水簌簌打湿了我的衣裳。

向大舜铺开前襟长跪陈词啊，我得此中正之道而心中光明。驾着玉龙乘上彩凤啊，忽然风起我向天上飞腾。清晨从苍梧山起程啊，傍晚就到达昆仑山上的县圃。本想在仙门前稍做停留啊，可惜时光匆匆天色将暮。我让羲和停车慢行啊，望着崦嵫山我担心日落。前途漫漫又遥远啊，我将上天入地去追寻求索。让我和马在咸池饮足了水啊，把缰绳拴在神树扶桑。折下若木一枝揩拭日光啊，姑且在这里徘徊徜徉。派月神望舒为我引导啊，还有风神飞廉后续相连。凤鸟为我在前面戒备开道啊，雷师丰隆却告诉我还没有准备好。我又叫凤鸟展翅高飞啊，开辟前路日夜兼程。旋风突起忽聚忽离啊，率领虹霞前来相迎。纷纭飘忽时聚时散啊，色彩斑斓乍离乍合。我让帝宫的门卫打开天门啊，他却倚着天门望着我发愣。日光渐渐暗了一天就要过去啊，编结着幽兰在这里久等。世道如此浑浊善恶不分啊，总是嗜好压制贤能心生妒忌。清晨我将渡过神泉白水啊，登上阆风来拴马。猛然回头潸然泪下啊，哀叹高丘之上没有知己。忽然漫步到青帝的春宫啊，攀折玉树的花枝补续佩饰。趁着摘取的琼花尚未凋落啊，察看下界的女子可馈赠给谁。我让雷师丰隆乘云周行啊，寻找神女宓妃的住处。解下香佩作为信物馈赠啊，又令贤人謇修前去说媒。宓妃态度暧昧忽即忽离啊，乖戾的脾气难以迁就。夜晚回到穷石止宿啊，清晨又沐浴在洧盘。自恃美貌又如此傲慢啊，成天寻欢作乐自恣戏游。诚然貌美但却骄傲无礼啊，决意放弃她另寻追求。纵目远眺四方啊，遍游上天我又回到大地。远望美玉垒成高耸的瑶台啊，看见有娀氏美女简狄。我要鸩鸟为我做媒人啊，归来却欺骗我说她无意。雄鸠呱呱乱叫飞去替我说媒啊，我又厌恶它多言失于轻佻。心里犹豫疑惑无法决断啊，想亲自前往又与礼法不合。凤鸟已经带着聘礼准备前去啊，恐怕帝喾抢迎娶简狄比我领先。想远走高飞又不知去哪里啊，聊且逍遥等待观望。趁着少康还没有成家啊，还留下有虞氏两位阿娇。媒人们无能又笨拙啊，担心传达我的话很难奏效。世上如此浑浊又忌妒贤才啊，偏好遮蔽美善而称赞邪恶。宫中之门很深远啊，本来明智的君王又不省悟。满怀忠情不得抒发啊，我如何才能隐忍了却此生？

索取灵草和竹片啊，请灵氛为我占卜推算。灵氛说："两美相遇必然结合啊，哪有诚然修美之人不被人思念？想天下如此宽阔广博啊，难道只有这里才有娇娥？"他又说："自勉远逝不要犹豫啊，求美的谁会把你放弃？什么地方没有芬芳的香草啊，你何必如此怀恋故里？"当今之世黑暗混乱啊，谁能考察我是善是恶？世人的好恶各不相同啊，只有那群党人特别古怪。个个把臭艾挂满腰带啊，反说幽兰恶臭不可佩戴。识别草木的香臭尚且做不到啊，辨别美玉的重任怎能担当？取来粪土充满了香囊啊，硬说芬芳的申椒毫不芬芳。想要听从灵氛的吉祥占卜啊，可心中还是犹豫迟疑。巫咸傍晚将要降临下界啊，怀抱香椒精米把他迎接。众神飞临遮天蔽日一起下降啊，九嶷山的众神也纷纷光临。皇天扬灵光芒四射啊，把吉祥的缘故告诉我。说："俯仰沉浮以求自勉啊，追求法度相似才能志同道合。商汤和夏禹敬承天道求其匹合啊，因为能得到伊尹、皋陶的辅佐。如果内心确实追求修好啊，又何必再请媒人说合？傅说曾是傅岩的泥瓦匠啊，殷武丁重用他却毫不迟疑。姜尚本是朝歌的屠夫啊，遇到文王就得到推举。宁戚喂牛而叩角商歌啊，齐桓一闻就准备召用心中欢喜。趁着年华尚未衰老啊，趁着时光尚且还未完尽。担心子规过早地啼鸣啊，使百草芬芳丧尽而凋零。这玉佩是何等的美盛非凡啊，众小人纷纷把它遮掩。想到那些党人险诈毫无诚信啊，恐怕出于忌妒而要损毁它。时世纷乱变化无常啊，我又怎么可以留？兰和芷都变质而不再芬芳啊，荃与蕙也变成了茅草。为什么从前芳香的花草啊，如今简直成了艾草白蒿？难道说还有其他什么缘故吗？都因为不好修洁不要德行啊！我本以为兰是可以依靠的啊，可惜它却华而不实徒有外表。放弃它内在的美德顺从流俗啊，侥幸地挤进众芳来过市招摇。椒专横谄佞而又傲慢啊，楸却挤进香囊徒似香草。一味追求私利钻营攀缘啊，又如何知道敬重芬芳？世俗本来就是随波逐流啊，又有哪一个能够不变异？眼见花椒幽兰尚且如此啊，又何况那揭车和江离？唯有这一玉佩最为可贵啊，可它的美德被抛弃直到如今。香气勃勃毫不亏损啊，散发着芬芳至今犹存。调整心态执守忠贞自我宽娱啊，暂且徐徐漫游寻找志同道合者。趁着我的佩饰还鲜艳，走遍四方上下去周游。

灵氛已把占卜告诉我啊，选定吉日良辰我将要远行。折下玉树枝作为我的佳肴啊，碾成琼玉的玉屑做干粮。飞龙为我把车驾啊，美玉象牙装点我的行车。离心离德的人怎能共处啊，我将远游自疏不再复合。转道我去往昆仑山啊，道路漫长四处游历。升起云旗遮蔽天日都暗淡啊，响起鸾铃啾啾大队车马都出发。清晨我从天河的渡口出发啊，傍晚我就到达西极之天涯。凤鸟纷飞举着龙虎大旗啊，高高翱翔在太空舒展着羽翼。匆匆我路过无尽的流沙之地啊，沿着昆仑东南的赤水徘徊犹豫。指挥蛟龙用它的身躯搭桥渡河啊，命令西皇少暤帝接我渡去。道路漫长遥远充满艰辛啊，飞腾的众车乘都来侍卫。路过不周山再向左转啊，约定西海在那里驻足。屯集车辆有一千乘啊，排列整齐将并驾向前行。乘上八龙驾的车逶迤行进啊，飘动的空中云旗随风卷起。按捺我的情绪缓缓徐行啊，神气却高飘远去莫能抑。奏起《九歌》跳起《韶》舞啊，暂借这闲暇时光消忧欢娱。朝阳升起灿烂辉煌啊，刹那间俯视人寰看见了我的故乡。车夫悲痛我的马也思恋啊，卧身蜷曲再不能向前。

　　算了吧！国中没有贤人了解我啊，我又何必怀念那故国呢？既然无人能与我共行美政啊，我将追随彭咸精神而长存！

天 问

曰^①：

遂古之初，谁传道之^②？

上下未形，何由考之^③？

冥昭瞢暗，谁能极之^④？

冯翼惟像，何以识之^⑤？

明明暗暗，惟时何为^⑥？

阴阳三合，何本何化？

圜则九重，孰营度之^⑧？

惟兹何功，孰初作之^⑨？

斡维焉系？天极焉加^⑩？

八柱何当？东南何亏^⑪？

九天之际，安放安属^⑫？

隅隈多有，谁知其数^⑬？

天何所沓？十二焉分^⑭？

日月安属？列星安陈^⑮？

出自汤谷，次于蒙汜^⑯。

自明及晦，所行几里^⑰？

夜光何德，死则又育^⑱？

厥利维何，而顾菟在腹^⑲？

【注释】

　　①曰：发问之词。②遂古：远古。遂，通"邃"，悠远。初：始。传道：传说。③上下：指天地。未形：未形成，指天地未分，宇宙一片混沌之时。何由：根据什么。考：考记，考究。④冥昭：昏暗。冥，昏暗；昭，明亮。冥昭，偏指冥。极：穷究。⑤冯翼：大气盈满无形无状的样子。惟：是。像：也作"象"，恍惚想象之意。识：辨认。⑥明：指白天。

暗：指黑夜。何为：为什么。⑦阴阳：哲学范畴的名词。古代人把它看成是自然界两种相互对立和消长的物质势力。三合：相互作用，三者结合，指阴阳与天结合。本：本体，本源。化：变化。⑧圜：同"圆"，指天。则：乃，是。九重：九层。古人认为天是圆的而且有九层。孰：谁。营度：环绕进行测量。营，通"环"，围绕，环绕；度，测量。⑨惟：思。兹：此，指九重天。功：功绩。初作：是说九重天的营造。⑩斡：车毂孔内插轴之处。维：指绳子。斡维，即指拴斡之绳，实指天体旋转得以维系的地方。焉：何。系：拴。天极：指天的南北二极。加：架。⑪八柱：八根柱子。古代传说有八座大山作为支柱，支撑起天空。当：在，坐落。亏：缺陷，缺损。古人认为，水向东流，因此"地不满东南"，有所亏损。⑫九天：指天的中央和八方，又称九野。际：边际。安：哪里。放：依傍。属：连接。⑬隅隈：角落弯曲的地方。多有：有几多也。⑭沓："踏"之假借字，践踏，这里指延伸。十二：指十二辰。辰指日月交会点，一年之中，日与月会交会十二次。以子、丑、寅、卯、辰、巳、午、未、申、酉、戌、亥称之，曰十二辰。分：划分。⑮属：依附，附托。列星：众星。陈：陈列。⑯汤谷：古代神话中太阳升起的地方。次：止息。蒙汜：古代神话中太阳休息的处所。⑰及：到。晦：指天黑。⑱夜光：月亮。德：质性。死：指月亏之时。则：而。育：出。⑲厥：其，它的，指代月亮。利：好处。而，连词。顾：眷顾，顾惜，这里是"抚育"的意思。

女歧无合，夫焉取九子①？

伯强何处？惠气安在②？

何阖而晦？何开而明③？

角宿未旦，曜灵安藏④？

【注释】

①女歧：神话中女神名。合：配偶。取：有。九子：星名，即尾星，二十八宿之一，青龙七宿的第六宿，有星九颗，又称九子星。②伯强：即隅强，风神。原指二十八宿之箕宿，古人认为箕星主风，后来演变出风神故事，出现伯强的名字。亦作禺京、禺强。《山海经·大荒东经》道："东海之渚中有神，人面鸟身，珥两黄蛇，践两黄蛇，名曰禺䝞。黄帝生禺䝞，禺䝞生禺京，禺京处北海，禺䝞处东海，是为海神。"渚，岛；珥，郭璞注："以蛇贯耳。"践，踏；禺京，郭璞注："即禺强也。"是为海神，郭璞注："言分治一海而为神也。"袁珂道："禺京既海神而兼风神，则其父禺䝞亦必海神而兼风神，观其人面鸟身之形，与子同状，可知也矣。"惠：有寒凉之意。③阖：关闭。晦：暗。④角宿：二十八宿之一，东方苍龙七宿中的第一宿，共有两颗亮星，传说这两颗星其间为天门，黄道通过这里。旦：天明。曜灵：太阳。安藏：藏于何处。

不任汩鸿，师何以尚之①？

佥曰何忧？何不课而行之②？

鸱龟曳衔，鲧何听焉③？

顺欲成功，帝何刑焉④？

永遏在羽山，夫何三年不施⑤？

伯禹愎鲧，夫何以变化⑥？

纂就前绪，遂成考功⑦。

何续初继业，而厥谋不同⑧？

洪泉极深，何以窴之⑨？

地方九则，何以坟之⑩？

【注释】

①任：胜任。汩：治水。鸿：通"洪"，指大水。师：众人，一说百官。尚：崇尚，此处为"推举"之意。之：指代官鲧。②金：都也。课：考核，试验。行：用。此句是说众官推荐鲧治火的故事。③鸱龟：形似鸱鸮的大龟。曳：拉牵。衔：相衔接。听：听从，听任。④顺欲：指顺从众人的愿望。帝：指帝尧。刑：惩罚。焉：之，指代鲧。⑤永：长期。遏：囚禁，禁锢。羽山：神话中山名。夫：发语词。施：行。⑥伯禹：鲧的儿子，即禹，称帝前封为夏伯，所以称伯禹。愎鲧："愎"通"腹"，意谓禹从鲧的腹中生出来。传说鲧死于羽山郊野，尸体三年不腐烂，舜派人用吴刀剖开他的肚子，禹从中跳了出来。变化：指与鲧的智性不同。⑦纂就：继续。就：成就。前绪：从前的事业。绪，本指丝端，引申为余事，此处指鲧未完成的治水之事。遂：因此。成：完成。考：父死曰考，此处指鲧。功：事。⑧初：指当初鲧的治水之职。厥：其，指禹。谋：指治水的方略。古籍记载，鲧与禹的治水方法不同，鲧主张堵，禹主张导。⑨洪泉：指洪水的源泉。一说泉通"渊"。传说禹治水时先堵塞了九个洪水的源头。何以：以何，用什么（办法）。窴：通"填"，填塞。⑩地：大地。方：分。九则：九州，一说九等。坟：土堆，引申为堆积，用为动词。

河海应龙，何尽何历①？

鲧何所营？禹何所成②？

康回冯怒，墬何故以东南倾③？

九州安错？川谷何洿④？

东流不溢，孰知其故⑤？

东西南北，其修孰多⑥？

南北顺椭，其衍几何⑦？

昆仑县圃，其凥安在⑧？

增城九重，其高几里⑨？

四方之门，其谁从焉⑩？

西北辟启，何气通焉⑪？

【注释】

①应龙：长有羽翼能飞的一种龙。传说禹治洪水时，有应龙用尾巴画地，帮助疏导。河海，指疏通的或新开的江河流入大海。历：指流通。②营：经营、营建。成：成就。③康回：即共工，古代部族的首领，传说他与颛顼争帝位失败，怒触不周山，使天柱折断了，所以天向西北倾斜，地向东南倾斜，所以河流都向东流，在东南形成了大海。冯怒：大怒，盛怒。④错：借为"措"，安置。洿：低洼、深陷。一说为开掘。⑤东流：指百川向东流入海。

溢：满。此句指百川归海，大海也不溢满。⑥东西：指大地从东至西的长度。南北：指大地从南至北的长度。修：长。孰：哪个。孰多，哪个长。⑦椭：狭长。一说椭圆。衍：余，多出。几何：多少。古代人认为，大地的南北长度要比东西的短，所以，此是问南北比东西短，那么差距是多少呢？⑧昆仑：昆仑山。县圃：即"玄圃"，传说中昆仑山上的神山，山顶是与天的相通之处，上不连天，下不连地，故称。尻：古"居"字，坐落。安在：何在。⑨增城：神话中地名，传说昆仑山分为三级，最上一层即为增城。⑩四方：指昆仑山神山的四个门，一说天的四方的四个天门。其谁：有谁。从：指进出。⑪辟启：开启，敞开。气：指风。通：通过。

日安不到，烛龙何照①？
羲和之未扬，若华何光②？
何所冬暖？何所夏寒③？
焉有石林？何兽能言④？
焉有虬龙，负熊以游⑤？
雄虺九首，儵忽焉在⑥？
何所不死？长人何守⑦？
靡蓱九衢，枲华安居⑧？
一蛇吞象，厥大何如⑨？

雄虺九首，儵忽焉在

【注释】

①安：代词，表示疑问，相当于"什么"或者"什么地方"。烛龙：神话中的神龙名，传说是住在日月都照不到的西北方的神。②羲和：神话中替太阳驾车的神。扬：指扬鞭起程。若华：若木花。若木是神话中的树名，开红花，散发出光。③所：处所。④焉有：哪里有。石林：像树木一样竦立的群石。兽能言：指会说话的兽。一说即看守昆仑的大门的"开明兽"。⑤焉有：哪里有。虬：传说中无角的龙。负：背负。⑥雄：大。虺：一种毒蛇。九首：九个头。儵忽：迅疾的样子。⑦不死：长寿不死。长人：巨人。指防风氏。传说他身长三丈，死后一节骨头就装满了一车。守：守卫。传说禹令防风氏守封、嶓之山。⑧靡蓱：又叫淋蓱，木中异草。九衢：多出的枝杈。枲：麻的别名。华：古"花"字。分叉的靡蓱和开花的枲麻都是不常见的奇异景象。⑨一蛇吞象：一本作"灵蛇吞象"，指传说中的"巴蛇吞象"。厥：其，此处指一蛇。

黑水玄趾，三危安在①？
延年不死，寿何所止②？
鲮鱼何所？鬿堆焉处③？
羿焉彃日？乌焉解羽④？

> 禹之力献功，降省下土四方①。
> 焉得彼嵞山女，而通之於台桑②？
> 闵妃匹合，厥身是继③。
> 胡维嗜不同味，而快鼂饱④？
> 启代益作后，卒然离蠥⑤。
> 何启惟忧，而能拘是达⑥？
> 皆归躲鞠，而无害厥躬⑦。
> 何后益作革，而禹播降⑧。
> 启棘宾商，《九辩》《九歌》⑨。
> 何勤子屠母，而死分竟地⑩？

帝降夷羿，革孽夏民①。

胡射夫河伯，而妻彼雒嫔②？

冯珧利决，封狶是射③。

何献蒸肉之膏，而后帝不若④？

浞娶纯狐，眩妻爰谋⑤。

何羿之射革，而交吞揆之⑥？

【注释】

①帝：指天帝。降：派遣。夷羿：夏时东夷族有穷国的首领，后取代夏后相帝位，自立为君，后又被寒浞所杀。因羿属东夷族，所以称夷羿。革：除。孽：灾祸。这两句的意思是说，天帝派遣夷羿，为了革除夏民的忧患。②胡：何。夫：助词，彼。河伯：黄河神。妻：用作动词，以……为妻。彼：那个。雒嫔：即"洛嫔"，洛水女神，即指宓妃。雒，同"洛"；嫔，古代妇女的美称。这两句是说，可是夷羿为何射杀了河伯，还娶了洛水女神为妻？③冯：拉开，拉满。珧：弓名。利：用，这里有便利的意思。决：套在大拇指上的扳指圈，通常用玉石或兽骨做成。利决，很利索地运用扳指，说明善于射箭。封狶：大野猪。封，大。④蒸肉：冬祭用的肉。蒸，通"烝"，指冬祭。膏：肥肉。后帝：指天帝。若：顺，指心情舒畅。⑤浞：寒浞。相传寒浞很善于谄媚讨巧，取得羿的信任，任其为相，后来寒浞与羿之妻纯狐合谋，乘羿打猎之机将羿杀死，并娶她为妻。眩：迷惑。爰：借为"援"。谋：谋划。⑥射革：射穿皮革，相传羿能射穿七层皮革。交：合力。吞：灭。揆：计谋。此二句意思是羿能射穿七层皮革，为什么让人们合力计谋而吞灭他呢？相传羿被杀后，让其家众烹而食之。

阻穷西征，岩何越焉①？

化为黄熊，巫何活焉②？

咸播秬黍，莆雚是营③。

何由并投，而鲧疾修盈④？

【注释】

①阻穷：形容道路的阻隔困难。阻，阻挡，指有岩挡着。穷，尽，指没有路。西征：自西而东行。岩：险峰峻岭。越：过。②化为黄熊：传说中上天杀鲧于羽山，鲧变成黄熊，跳进羽山旁边的一个深渊。羽渊在羽山西边，所以上句问西行没有路，鲧是怎么走过羽山的。巫：指古代神职人员。活：复活。③咸：皆，都。秬黍：泛指五谷。秬，黑黍子，皮黑米白。黍：黍子，去皮后叫黄米。莆雚：泛指杂草。莆：一种水草。营：耕作、经营。此二句是说，禹治洪水成功后，率领民众种上了五谷，连杂草丛生的地也被除草成了良田，大家过上了好日子。④何由：因何。并：通"屏"，这里有"放逐"的意思。投：弃置。疾：罪恶。修盈：是说鲧的罪恶名声多而久远。修，意为长；盈，意为满。

白蜺婴茀，胡为此堂①？

— 160 —

安得夫良药，不能固臧②？

天式从横，阳离爰死③。

大鸟何鸣，夫焉丧厥体④？

【注释】

①白蜺：蜺，同"霓"，指霓裳。此处似指嫦娥白色衣裙。婴茀：妇女头饰和颈饰。胡为：何为，做什么？堂：厅堂。②良药：指不死之药。固：牢固安稳。臧：借为"藏"字。③天式：犹言天道，自然法则。天，自然；式，法式。从横：同"纵横"，指阴阳二气结合。阳：阳气，也指人的灵魂。爰：乃，就。④大鸟：似指羿死后化成的大鸟。丧：失去。厥体：羿的尸体。厥，他的。

萍号起雨，何以兴之①？

撰体协胁，鹿何膺之②？

鳌戴山抃，何以安之③？

释舟陵行，何以迁之④？

【注释】

①萍：即萍翳，为雨神。号：大声叫。起雨：下雨。兴：发动起。②撰：具有。体：身躯。胁：指鹿的两膀。这两句是说，风神飞廉鹿身的两膀生翅，又是如何响应雨师的呢？③鳌：传说中海里的大龟。戴：背负，载。抃：拍手，这里是指鳌的四条腿舞动。安之：使之安稳。此二句似说的是渤海之东的巨龟背负大山的神话。传说有个极大的龟背负着蓬莱，在海里舞动着四条腿嬉戏。④释：舍，放。舟：船，这里借指水。陵：大土山，这里指陆地。迁：移动。

惟浇在户，何求于嫂①？

何少康逐犬，而颠陨厥首②？

女岐缝裳，而馆同爰止③？

何颠易厥首，而亲以逢殆④？

少康逐犬

【注释】

①浇：传说中的寒浞之子，能在陆地行舟。户：门。嫂：指浇的寡嫂，即下文的女岐。②少康：传说中夏代的中兴之主，夏后相之子，他杀死了浇，恢复了夏朝。逐犬：指打猎，意指放逐猎犬以追逐野兽。传说少康最终利用打猎的机会，放出猎犬杀死了浇。颠陨：掉下落地。厥首：指浇的头。③女岐：即上文所说浇之嫂。馆：读为"奸"。同：犹"通"也。馆同，即"奸同"，私通。爰：于焉的合音，于此的意思。止：宿，停息。④易：换，这里是错换的意思。厥首：指女岐的脑袋。亲：亲身，这里是指浇。逢殆：遭殃，指后来浇的被杀。一说此二句是说，少康派女艾暗中侦察浇的行动。浇与女岐私通之时，女艾夜里去杀浇，结果错杀了女岐。后来乘浇出猎时，才杀了浇。

汤谋易旅，何以厚之^①？

覆舟斟寻，何道取之^②？

桀伐蒙山，何所得焉^③？

妹嬉何肆，汤何殛焉^④？

【注释】

①汤：疑是"康"字的误字，一指少康。②覆舟斟寻：指浇消灭斟灌、斟寻事。二斟为夏同姓诸侯国。夏后相失国，依于二斟，后被浇所灭。何道取之：少康取浇之事。何道，何种办法。以上四句的句意是：少康佯装打猎而实际要动用武力杀浇，他是如何得到人心的？浇使二斟并夏后相有灭顶之灾，少康用什么办法取得了浇的脑袋呢？③桀：夏朝末代君主。伐：讨伐。蒙山：即岷山，古国名。④肆：放肆。汤：商汤。殛：惩罚，诛杀。

舜闵在家，父何以鳏^①？

尧不姚告，二女何亲^②？

厥萌在初，何所亿焉^③？

璜台十成，谁所极焉^④？

【注释】

①舜：古帝名。尧死后禅让帝位给他，号有虞氏，世称"虞舜"。父：指舜的父亲瞽叟。鳏：指男子成年未婚。②尧：古帝名，号陶唐氏，世称"唐尧"。姚：舜的姓，这里是指舜父瞽叟。二女：指尧的两个女儿娥皇、女英。尧将两个女儿嫁给了舜，事先没有告诉舜的父亲，怕遭到反对。亲：亲近。③厥萌：其萌，指事物的初始状态。萌，萌芽，开始发生。初：始也。亿：通"臆"，猜测，预测。④璜台：用玉石砌成的高石。十成：即十重，十层。极：穷尽。

登立为帝，孰道尚之^①？

女娲有体，孰制匠之^②？

舜服厥弟，终然为害^③。

何肆犬体，而厥身不危败^④？

吴获迄古，南岳是止^⑤。

孰期去斯，得两男子^⑥？

【注释】

①登立：登位。立：通"位"，这一句指女娲登位为帝。帝：帝王。孰道：何由，根据什么。尚：上，推崇的意思。②女娲：传说中上古女帝名，姓风，人头蛇耳，品德高尚，智能超凡。曾造人补天。③服：服从。厥弟：其弟，指舜的弟弟象。终然：终于。为害：被谋害。此处指舜弟象与其父母合谋陷害舜之事。④肆：放肆。犬体：狗心，指像狗一样的恶毒之心。厥身：这里指舜的弟弟象。危败：毁灭败亡。后来，舜继尧为君，不仅不惩罚象，相反把象封到

有庳做官。⑤吴：古吴国。在今天的江苏、浙江一带。获：得。运古：终古，指时间悠久。南岳：泛指南方大山，此处指南方。止：居。⑥期：预料。去：去世。斯：此，指吴地。得：得益于。两男子：指舜和他的儿子商均。此二句意谓谁能料想到在那吴国，会得益于两位贤德的男子呢？

　　　　缘鹄饰玉，后帝是飨①。
　　　　何承谋夏桀，终以灭丧②？
　　　　帝乃降观，下逢伊挚③。
　　　　何条放致罚，而黎服大说④？

【注释】

　　①缘：沿着边装饰。鹄：天鹅，这里指装饰有天鹅图案用以烹煮的鼎。饰玉：指鼎上的玉饰。②承：接受，担当。谋：图谋。传说中商汤派伊尹做夏桀的大臣，他联合桀的元妃妹嬉与汤里应外合，灭掉了夏朝。灭丧：灭亡。③帝：指商汤。降观：意思是深入民间观察民情。逢：遇。伊挚：即伊尹，名挚。④条：指鸣条，地名，传说是商汤打败夏桀或流放夏桀的地方。放：流放。致：给予。黎服：黎民服，即"黻"，是楚地对农民的蔑称。说：通"悦"。

　　　　简狄在台，喾何宜①？
　　　　玄鸟致贻，女何喜②，
　　　　该秉季德，厥父是臧③。
　　　　胡终弊于有扈，牧夫牛羊④？
　　　　干协时舞，何以怀之⑤？
　　　　平胁曼肤，何以肥之⑥？

【注释】

　　①简狄：帝喾次妃，传说有娀氏的美女，生商代始祖契。台：传说有娀氏建了一座九层高台，让简狄与其妹住在上面。喾：帝喾，号高辛氏。宜：喜爱。②玄鸟：燕子。致：授送。贻：赠送，这里指赠送的礼物，即指《吕氏春秋》中所说的"遗卵"，据说简狄吞食此卵而生契。女：指简狄。③该：即王亥，殷人远祖，契六世孙。秉：通"禀"，继承。季：王亥的父亲。传说他做过夏朝的水官，勤于官事，后被水淹死。厥父：其父，即指王亥父亲。臧：善，这里用作动词，以之为善的意思。④弊：通"毙"，死亡。有扈：应当是"有易"。古国名，在今河北北部一带。⑤干协：盾牌，又称胁盾。协即胁，古人操盾牌时将其顶在胁部故称。时：是也。怀之：使之怀恋。这两句说王亥以歌舞诱惑有易女事，王亥跳起干盾之舞，怎么就让她有了怀念之情？⑥平胁：丰满的胸部。曼：柔曼。曼肤，指细嫩光泽的皮肤。此是说有易女容态丰腴。肥：即"妃"，匹配。

　　　　有扈牧竖，云何而逢①？
　　　　击床先出，其命何从②？

①有扈：当为"有易"。牧竖：即牧人。竖，贱称，这里指王亥。逢：指与有易女相逢。②击床：指有易想在王亥与其妻私通时，将其杀死在床上。先出：指王亥事先走出，暂免一死。命：性命，指王亥。何从：由何而出。此二句意思是击杀王亥在床第之上，他是从何处逃脱的呢？

> 恒秉季德，焉得夫朴牛①？
> 何往营班禄，不但还来②？

①恒：殷王恒，王亥的弟弟。秉：继承，秉承。季：王季(冥)，王亥、王恒的父亲。朴牛：即"服牛"，拉车的牛。②往营：指外出谋求。往，出；营，谋求。班：指官位的等级；禄：指食邑的多寡。不但：不得。还来：归来。这两句是说恒外出去谋求爵禄，但最终不得而回。

> 昏微遵迹，有狄不宁①。
> 何繁鸟萃棘，负子肆情②？

①昏微：即王亥之子上甲微。遵迹：遵循轨迹，继承先人的事业，继承祖德。有狄：狄通"易"，即"有易"。宁：安宁。②萃棘：丛集。萃：聚焦。肆：放纵。以上四句是说，上甲微是如何借助河伯的兵力来攻伐有易的呢？他如何会集了勇士，纵逞豪情，报了杀父之仇？

> 眩弟并淫，危害厥兄①。
> 何变化以作诈，后嗣而逢长②？

①眩弟：惑乱的弟弟。眩，本指目视昏花，此指昏乱迷惑。弟，指子恒。并淫：指恒与亥共同淫一个有扈的女子。兄：指上甲微。②作诈：行奸诈之事。逢长：犹言长久。

> 成汤东巡，有莘爰极①。
> 何乞彼小臣，而吉妃是得②？
> 水滨之木，得彼小子③。
> 夫何恶之，媵有莘之妇④？
> 汤出重泉，夫何罪尤⑤？
> 不胜心伐帝，夫谁使挑之⑥？
> 会鼂争盟，何践吾期⑦？

【注释】

①成汤：即商汤。商开国国君，"成"是谥号。有莘：古国名，在今河南中北部。爰：乃。极：至，到达的意思。此言商汤东巡，到达有莘国。②乞：求。小臣：奴隶，指伊尹。吉妃：良配。传说中汤听说伊尹的才能，向有莘氏索要，不给。于是汤请求娶有莘氏的女儿，有莘氏很高兴，就把伊尹作为陪嫁送给商汤了。③水滨：水边。木：指空心桑树。小子：婴儿，指伊尹。此二句说伊尹奇特降生。据《吕氏春秋·本味篇》载，有莘国的一位采桑女，在一棵空桑树中捡到一婴儿，把他交给了国君，国君就让厨师抚养他，这就是伊尹。据说伊尹的母亲住在伊水边，怀孕时曾梦见神告诉她石臼中出水就赶紧往东跑，不要回头。第二天确实看见石臼出水，告诉了邻居，向东跑十里远后还是回头看了，发现整个地方都被淹了，她自己也变成一棵空心桑树，这空心桑树就是伊尹母亲的化身。④恶：用为动词，厌恶。媵：陪嫁。有莘之妇：指有莘国君的女儿。这两句是说，有莘国君为什么讨厌伊尹，让他做了女儿陪嫁的奴隶呢？⑤汤：商汤。出：被释放。重泉：地名，夏桀囚汤的地方。⑥不胜：不可忍受。不胜心，即指无法忍受内心，含有情不自禁的意思。伐：讨伐。帝：指夏桀。使挑：唆使挑动。⑦会：会合。矗：指甲子日。争：争相。盟：指盟誓。践：遵守，实践。吾：代武王言。期：约定的日期。据《史记·周本纪》《吕氏春秋》记载，武王起兵伐纣，八百诸侯响应，并约定"以甲子至殷郊"，果然在这一天，武王与各路诸侯会师于殷都朝歌附近的牧野。

苍鸟群飞，孰使萃之^①？
到击纣躬，叔旦不嘉^②。
何亲揆发足，周之命以咨嗟^③？
授殷天下，其位安施^④？
反成乃亡，其罪伊何^⑤？
争遣伐器，何以行之^⑥？
并驱击翼，何以将之^⑦？

【注释】

①苍鸟：苍鹰，喻指武士、将士勇猛。萃：聚集。这里描述了勇士攻打殷都的情形。这句话上接前一句话说，各路诸侯如约会合在甲子日并争相盟誓，他们是如何遵守武王规定的日期来到的呢？勇猛的武士如同搏击天空的群鹰一样，是谁使他们聚集在朝歌呢？②到击：分解砍断。纣躬：指纣王的躯体。叔旦：即武王弟弟周公旦。不嘉：不赞许。《史记·周本纪》载，殷都被武王攻陷后，纣王自杀。武王又用轻剑击刺其尸体，并用大斧砍断纣王的头，挂在大白旗上。③亲：亲自，指周公。揆：度量，引申为"谋划"。发：武王姬发。周之命：指天命周期的国运，即上天给予周的政权。咨嗟：叹息。这句是问，周公既亲自出谋划策，定了国家的天下，为何还发出叹息之声？④授：给予。其位：殷之王位。施：通"移"，改易。⑤反：一作"及"，意为等到。意思是从殷王朝的建成最终又让它灭亡。伊何：是什么。⑥争：争相。遣：派遣。伐器：作战的武器，此指手持武器的军队。何以：为何。行：行事。⑦并驱：并驾齐驱，指周军的进攻。击翼：出击两侧的军队。将：统率，率领。以上两句写武王克商之事。

昭后成游，南土爰底①。
厥利惟何，逢彼白雉②？

【注释】

①昭后：周昭王，西周第四代君主。成：通"盛"，指率军出游规模盛大。南土：南方，此指楚国。底：至，到。②厥利：其利，它的好处。惟何：为何，是什么。逢：迎，迎取。白雉：白色的野鸡。

穆王巧梅？夫何为周流①？
环理天下，夫何索求②？
妖夫曳衒，何号于市③？
周幽谁诛，焉得夫褒姒④？

【注释】

①穆王：周穆王，昭王的儿子。巧：巧于，善于。梅：通"枚"，指马鞭。周流：即周游同行。②环理：周游。理，通"履"，行。索：取。③妖夫：妖人，不祥之人。指传说中叫卖山桑弓檿、箕木袋（箕服）的那对夫妇。曳：前后牵引拉扶。衒：指夸耀所卖货物的好处。号：喊叫，指叫卖声。④周幽：周幽王，西周末代君主。诛：责罚。谁诛，被谁诛杀？褒姒：周幽王的王后。周幽王的太子叫宜臼，其母是申侯的女儿。后来幽王宠爱褒姒，废申后与太子宜臼，而立褒姒为后，褒姒子伯服为太子。以上四句意谓：那对妖人夫妇一前一后，边走边叫卖，在街上呼喊着什么？周幽王是被谁诛杀的，又怎么得到那位褒姒的呢？

天命反侧，何罚何佑①？
齐桓九会，卒然身杀②。

【注释】

①反侧：反复无常。何罚何佑：惩罚什么？保佑什么？②齐桓：齐桓公，齐国国君，春秋五霸之一。九会：指多次召集诸侯会盟，说明其依靠管仲之力，不用兵草就在诸侯中争得霸主的地位。卒然：终于。身杀：自身被杀害。

彼王纣之躬，孰使乱惑①？
何恶辅弼，谗谄是服②？
比干何逆，而抑沉之③？
雷开阿顺，而赐封之④？
何圣人之一德，卒其异方⑤？
梅伯受醢，箕子详狂⑥。

何恶辅弼，谗谄是服

— 166 —

①王纣：殷纣王。躬：自身。乱：昏乱。惑：迷惑。②恶：讨厌。辅弼：辅佐，这里指辅佐君王的贤臣。谗：毁谤奉承。这里指进谗言的小人。谄：指讨好奉承的小人。服：用。③比干：纣王的叔父，被纣王剖心而死。逆：违背。"何逆"，指什么违背了纣的心意。抑沉：压制。④雷开：纣王身边的谗佞之臣。阿顺：如何顺从奉承。赐封：赏赐封爵。⑤圣人：指下文的梅伯与箕子。一德：相同品德。卒：最终。异方：指不同的结局。⑥梅伯：纣王时的诸侯，因直谏被杀。醢：指古时一种酷刑，把人剁成肉酱。箕子：纣王的叔父，见比干被杀，披发装疯，以免被害。详狂：即"佯狂"，装疯。详，通"佯"。

稷维元子，帝何竺之①？
投之於冰上，鸟何燠之②？
何冯弓挟矢，殊能将之③？
既惊帝切激，何逢长之④？
伯昌号衰，秉鞭作牧⑤。
何令彻彼岐社，命有殷国⑥？
迁藏就岐，何能依⑦？
殷有惑妇，何所讥⑧？
受赐兹醢，西伯上告⑨。
何亲就上帝罚，殷之命以不救⑩？

【注释】

①稷：后稷，名弃。传说，帝喾的元妃姜嫄，踩到上天的脚印而怀孕，生稷，出生时胎儿形体异常，认为不祥而弃之冰上，又有大鸟飞来用羽翅温暖保护他。后稷少而聪慧，精于农事，教民稼穑，成为周人的始祖。维：是。元子：指嫡长子，后稷是帝喾的元子。帝：指帝喾。竺：通"毒"，憎恶的意思。②投：指抛弃。之：指稷。燠：暖。③冯：大。挟：带着。殊能：奇异的才能。将之：帮助了他（稷）。④惊帝：使天帝震惊，一说指帝喾。切激：激烈。逢长：兴旺久长。以上四句意谓：为什么后稷长大成人手持强弓携带箭矢，上天给他的奇异的才能帮助了他？既然他的降生让上天惊恐万分，还为什么使他的后代兴旺久长？⑤伯昌：周文王，姓姬名昌。号：动词，意谓发号令。衰：指殷衰微之时。秉：执，拿。鞭：马鞭，指权柄。秉鞭，指执政。牧：地方长官。⑥何：谁。彻：毁坏。岐：地名，在今陕西岐山县界。周族史上，文王的祖父太王古公亶父，曾由豳地迁至岐山脚下，奠定了周朝兴旺的根基。社：古代祭土地神的庙，凡建国，必立社。太王就于岐地建社立国。有殷国：指取代殷朝。⑦藏：指财产。就：到。何能依：即何能为民所依。⑧殷：指纣王。惑妇：迷惑人的女子，此指纣宠妃妲己。⑨受：纣王的名。兹：此。醢：肉酱。上告：向上天报告。《吕氏春秋》等说纣王把梅伯剁成肉酱分赐诸侯。民间传说，剁的赐的都是文王长子伯邑考的肉（这本是一种厌胜巫术），所以西伯（文王）上告于天。⑩亲：指纣王亲自。上帝罚：接受上天的惩罚。命：国运，指殷朝的统治。

师望在肆，昌何识^①？
鼓刀扬声，后何喜^②？
武发杀殷，何所悒^③？
载尸集战，何所急^④？

【注释】

①师：太师。望：吕望（姜尚），即姜太公。肆：店铺。昌：姬昌，即周文王。识：知。相传吕望曾在殷都朝歌肉店中鼓刀卖肉，文王遇到他，识得他的才，大喜，载以俱归。②鼓刀扬声：宰杀牲畜时摆弄刀子发出的声响。后：君，指文王。③武发：指周武王姬发。杀：攻伐。殷：指纣王。悒：愤恨。④载尸：载灵牌于兵车上。尸，这里指木主，即灵牌。集战：会战。

伯林雉经，维其何故^①？
何感天抑墬，夫谁畏惧^②？

【注释】

①伯：长。林：君。伯林，似指殷纣王。雉经：自缢。雉，即绳索，以绳缢为经。维：是。其：乃。②感天墬地：感动天地。谁畏惧：即畏惧谁。

皇天集命，惟何戒之^①？
受礼天下，又使至代之^②？
初汤臣挚，后兹承辅^③。
何卒官汤，尊食宗绪^④？

【注释】

①皇天：对天的尊称。皇：大，美好。集命：降命。惟：又。戒之：告诫他。②受：同"授"，授予。礼：借为"理"，治。至：来，此指后来者。③初：当初。臣挚：以挚为臣，指当初成汤东巡，伊尹（挚）作为陪嫁的奴隶来到汤身边。后：后来。兹：连词，乃。承辅：辅佐。④卒：终于，指伊尹死后。官汤：使汤成为统治天下的君主。宗绪：世世代代。此二句言伊尹辅弼汤之功，足配享于汤之太庙。

勋阖梦生，少离散亡^①。
何壮武厉，能流厥严^②？

【注释】

①勋：功勋。阖：指吴王阖闾，春秋五霸之一。梦：寿梦，吴王阖闾的祖父。生：同"姓"，指子孙。少：少时。离：同"罹"，遭遇。散亡：家破人亡。②壮：壮年。武：英武勇猛。厉：勤奋。流：显露。严：应作"庄"，这里有威武的意思。

彭铿斟雉，帝何飨^①？
受寿永多，夫何久长^②？

【注释】

①彭铿：即彭祖，传说是颛顼的后裔，活了八百岁。斟雉：用野鸡调制的肉汤。传说中彭铿善于烹调。帝：指上天。飨：享用。②受：同"授"，意为给予。永：长。这里是说，上天给彭祖享寿之长到八百岁那是为什么？

中央共牧，后何怒^①？
蜂蛾微命，力何固^②？

【注释】

①中央：意为中国。牧：治。②蛾：古"蚁"字。蜂蛾，即蜜蜂与蚂蚁等微小的昆虫。此处指百姓。

惊女采薇，鹿何祐^①？
北至回水，萃何喜^②？

【注释】

①薇：一种野菜。祐：帮助。传说伯夷、叔齐绝食后，山里的百鹿曾给他们喂奶。②回水：指首阳山附近的雷水。萃：止，停留的意思。以上四句意思是问伯夷、叔齐采薇，惊闻女子之言，甘心饿死，可为什么鹿以乳相喂前来保佑？伯夷、叔齐向北走到雷水边，兄弟双双饿死可为什么感到高兴？

兄有噬犬，弟何欲^①？
易之以百两，卒无禄^②。

【注释】

①兄：指春秋时秦国的国君秦景公。噬犬：猛犬。弟：指景公之弟。②易：交换。两：同"辆"，指车数。卒：最终。禄：爵禄。

薄暮雷电，归何忧^①？
厥严不奉，帝何求^②？
伏匿穴处，爰何云^③？
荆勋作师，夫何长^④？
悟过改更，我又何言^⑤？
吴光争国，久余是胜^⑥。
何环穿自闾社丘陵，爰出子文^⑦？
吾告堵敖以不长^⑧。

何试上自予，忠名弥彰⑨？

【注释】

①薄暮：傍晚。雷电：雷电交加。归：回去，归去。②厥：其，指楚怀王，亦指楚国。严：威严。不奉：不得保持。奉，持。帝：指上天。求：求助。③匿：隐藏。穴处：本指山洞，这里指作者自己被流放，住在荒野山林。"伏匿穴处"，指诗人被流放之事。爰：助词，起补充音节的作用。何云：说什么？④荆：楚国的旧称。勋：功勋。作师：兴兵。何长：有什么好的办法？⑤悟过：对自己的过错有所醒悟。悟：知晓。更：改变。⑥吴光：即吴国公子阖庐。争国：争夺君位，指阖闾派人杀僚而自立之事。久余是胜：意谓"久胜余"，即常战胜楚国。⑦环穿：环绕穿过。闾、社：古代最小的行政单位，如后来的村落。闾社丘陵：乃指幽会淫荡之处。爰：乃，原来是。出：生。子文：楚成王时令尹。⑧吾：我，屈原自指。告：说。堵敖：熊艰，楚文王子，成王熊恽兄。文王十二年，文王卒，子熊艰立。⑨何：岂也，怎能。试：也有做"诚"的，意为是。试上，告诫君王。自予：自以为是。弥：更加。彰：显著。

【译文】

请问：往古初年的情况，是谁把它传述了下来？天地混沌一片，根据什么来考察确定？昼夜未分混沌昏暗，根据什么来穷究看透？宇宙恍惚无形又无象，又是凭借什么来识辨？白昼黑夜相交替，辨明时间又为什么？阴阳相合化生万物，什么是本体什么是衍生体？浑圆的天体有九层，是谁围绕测量知晓的？这功绩如此得浩大，可最初由谁来开创？天体如车盖系在哪里？天枢北斗又是架在何处？撑天的八柱坐落在何方？东南的天柱为何缺损不一般长？九野之间的边际，又如何安放如何连接？九天有许多弯曲角落，谁能知道它的数目？天与地相会在何处？子丑寅卯十二辰又怎样划分？日月怎样挂在天体上？群星又如何陈列在太空上？太阳从东方汤谷出发，夜晚歇息在蒙水边。从早晨一直到黄昏，一共走了多少里路？月亮具有什么本领，居然能够死而复生？那样对它有何好处，把兔子抚养在腹中？女岐从未有配偶，如何生出九个儿子？风神隅强住在何处？寒凉的风又是从哪里生成？上天哪座大门关闭就天黑？上天哪座大门打开就天亮？当东方还没发亮，太阳如何隐藏自己那万丈光芒？

鲧不胜治水重任，众人为何还将他推举？都对尧说"不必太过担忧"，为何不试一试再任用？鸱龟和大龟拖土衔泥，鲧为何对它们言听计从？治水眼看就要成功，帝尧为何对鲧加刑？长期把鲧幽禁在东海羽山，为何多年也未赦免？大禹从鲧的腹中出生，又是如何孕育生成？继续先前治水的工程，父辈的事业终于成功。为什么大禹子承父业，而大禹的措施截然不同？洪水的源泉深不见底，他用什么办法来填平？广袤的大地被分为九州，他如何使它高于水面？应龙是如何以尾画地的？河流是怎样流通入海的？鲧在治水时采取了哪些办法？禹在治水中有哪些成功？共工怒撞天柱不周山，可大地为何都向东南斜倾？大地九州如何安置？山川谷地都有多深？百川归海，大海不会满溢，有谁知道它的缘故？从东至西从南到北，它的长度相比哪个更长？如果南北更为狭长，又比东西长出多少？昆仑山顶上的玄圃，到底在哪个地方？昆仑山上又九重增城，它的高度有多少里？昆仑四面的山门，有谁从这里进进出出？当西北方的大门开启，是什么风从那里流通？太阳何处普照不到，为何还要烛龙照亮？羲和尚未扬鞭起程，若木为何放射光芒？什么地方冬天温暖？什么地方酷夏寒凉？哪里有石头的树林？什么兽类能讲人言？哪里有无角的虬龙，背负大熊四处荡游？长着九个脑袋的毒蛇雄虺迅疾往来去了哪里？什么地方是不死之国？巨人守卫着什么？水中异草居然长出九个枝丫，枲麻又开花在何处？一条巴蛇可以吞掉大象，它的身子该有多么庞大？黑水、玄趾和三危，这些地方都在哪里？哪里的人长生不死，生命究竟有无期限？兴风作浪的鲮鱼生活在哪里？虎爪鼠足的鬿雀居住在何处？后羿在哪里射下九个太阳？日中金乌为何处坠翅丧生？大禹努力贡献全部力量，从天而降巡视下界四方。在何处遇到那位涂山女子，而又和她结成夫妇在台桑？

　　大禹爱惜他们的结合，自己身后有人继承。为什么嗜好与众不同，不贪图男欢女爱的情欲？启取代益做了国君，猝然间遭到囚禁的灾殃。为何夏启遭受灾难，却能从拘禁的祸难中逃离？后益的党羽被治罪，而夏启的身体却无丝毫损伤？为何益的国运不长，而夏启的统治昌盛兴旺？启多次献女给天帝，如何带回帝乐《九辩》与《九歌》？为何爱怜儿子却反被儿子杀掉，使母亲身体分离入土为地？上天降下善射的夷羿，为的是革除忧患拯救夏民。可为什么他要射杀河伯，强娶了他的妻子洛水女神？拉开大弓扣动扳指，把巨大的野猪封豨杀死。给天帝献上肉，上天为什么不顺畅领情？寒浞得到羿妻纯狐，两人合谋把后羿害死。为什么能射穿透七层皮革的羿，却被阴谋勾结所算计？鲧被放逐羽山自西而东遭遇艰难险阻，如何越过那高山峻岭？深渊中伯鲧化身为黄熊，神巫怎样使他起死回生？禹平治洪水率民种五谷，除去杂草变成良田。为什么一样被流放，而鲧的坏名声是又多又长？穿着白色衣裙戴着华丽首饰，嫦娥为何如此华丽？羿从哪里得来不死之药，却为何不能妥善保藏？自然之道不可阻挡，阳气消散就会死亡。羿死后化为大鸟飞鸣而去，他原来的躯体消逝在何方？雨师萍翳兴云布雨，大雨倾盆如何发动？风神飞廉鸟兽合体，可他又是如何呼应？大鳌背负仙山起舞，仙山为何还能安稳？浇能撑船在陆地行走，怎么让船就能移动？浇来到嫂嫂女岐的门口，对嫂嫂有何相求？为何少康放逐猎犬，而被砍落在地的却是浇的头？女岐为浇缝制衣裳，两人淫乱同宿共眠。为什么少康斩错了脑袋，女岐自己遭殃身亡？少康佯装打猎而动用武力，如何增强军事力量？浇能使二斟覆亡，少康用什么计谋砍下浇的脑袋？夏桀出征讨伐蒙山，他这样做究竟有何收获？妹嬉何罪之有，商汤为何把她诛杀？虞舜在家忧愁不堪，父亲瞽叟为何不给他娶妻？唐尧嫁二女不告知舜的父母，娥皇、女英怎么和舜成亲？舜当初是一介平民，又是怎样预料成为尊贵？殷纣王修玉台共有十层，谁又能想象到后果？女娲登基称帝，是由谁来引导？女娲那奇异变幻的形体，又由谁来制造的？舜以仁爱之心厚待弟弟，却始终被弟弟加害。为何舜放任象作恶，自己却能不受伤？吴国从太伯始获有悠久历史，立国于横山一带大江以南。谁能料到在这开启的土地上，埋着舜和商君的坟墓？用雕有天鹅饰玉的鼎烹饪美味，帝王商汤高兴地享用佳肴。伊尹如何做了内应，终于把夏灭亡？商汤到民间巡视四方，正好遇到奴隶出身的伊尹。夏桀被流放鸣条受惩，为何黎民百姓那样欢欣？

　　简狄深居九层高台，帝喾为何对她如此钟爱？燕子遗卵送来礼物，简狄吃后为何怀孕？王亥秉承王季的德业，和他父亲一样善良。怎么最终被人驱使，为有易氏放牧牛羊？王亥跳起干盾之舞，如何让有易女子深深爱恋？那个女子胸部丰满皮肤细嫩，王亥怎样与有易女私通？身为有易普通的牧人，如何与有易女相逢？击杀床第之上王亥已逃，他是从何处逃脱？王恒也继承王季的德行，哪里得到哥哥丢失的服牛？为何到有易谋求爵禄，回来时却两手空空？昏庸的上甲微遵循父亲的事业，打得有易国不得安宁。如何会集勇士耀武扬威，报了杀父之仇纵兵逞勇？昏惑的弟弟与有易女私通，以致害死她的长兄。为什么有人诡计多端，他们的后代却兴旺绵延？商汤去往东方巡视，到达有莘之国才停止。本来要寻求小臣伊尹，却得到一位美丽的贤妃？水边空心的桑树中，捡到了婴儿伊尹。有莘国君为什么讨厌他，让他做女儿的陪嫁？汤走出被囚禁的重泉，他究竟犯下了什么罪过？忍无可忍商汤才去讨伐桀，自食恶果还用挑唆？诸侯朝会争相发誓，为何都遵守前定的日期？军队前进勇如雄鹰，是谁让他们聚集在一起？分解砍断殷纣王的尸体，周公姬旦并不赞许。可是他亲自辅佐武王，周得天命他却又为何叹息？上天把天下授予商，他们的帝位如何丧？从它建成最终又灭亡，它的罪过是什么？诸侯争相派遣着军队，这要怎样来指挥行动？齐头并进出击两翼，如何统率进攻的？周昭王去南方巡游，一直到达荆楚土地。他那样有什么好处？为什么还遇到了白色野鸡？周穆王图谋很宏大，为什么满世界地去周游？环游治理天下，到底有何索取贪求？那对妖人夫妇拖着货物，为何叫卖于市井？周幽王到底被谁诛杀，又如何得到褒姒？

　　天命真是反复无常，惩罚什么又保佑什么？齐桓九合诸侯而称霸天下，最终却被人害死。殷纣王的所作所为，是谁使他那样昏乱迷惑？为什么厌恶辅佐的忠臣，专门任用谗佞的小人？比干什么事违背他的心意，不被重用最后还被剖了心？雷开怎样顺从逢迎，让纣王对他那样加封？为什么圣人美德相同，处世方法却大不相同？梅伯直谏被杀受酷刑，箕子无奈披发装疯？后稷本是帝喾的长子，可帝喾为什么对他那样憎恶？把出生的婴儿抛弃在冰面上，鸟为何用羽翅温暖他？他如何获得纣赐的弓，让他有异能把诸侯一统？既然他的降生让上天惊恐，为什么还让他子孙繁衍昌盛？商朝衰落西伯姬昌发号令，执政在雍州之牧。是什么让周拆除旧社立新庙，让周王取代殷朝是命中注定？太王带着财产迁往岐山，是什么让民众相依从？殷纣有了宠妃妲己，民众是怎样讥讽的？纣赐诸侯梅伯被烹的肉羹，西伯姬昌将此事向上天控告。为何纣王接受上天的惩罚，殷朝的国运仍无法挽回？姜尚曾在朝歌肉店舞着刀，西伯姬昌为何赏识他？宰割牛羊发出的声响，文王听后为何如此高兴？武王姬发讨伐殷纣，为什么如此愤恨？载着文王灵位就去会战，他为什么这样着急？殷纣王被悬尸，这究竟是什么缘故？他死之前呼天抢地，坦然行义有谁使他畏惧？上天既然降命给殷商，又是如何告诫他的？既然授命予他治理天下，为何又让周人代替他？当初伊尹只是滕臣，后来就担当王朝的宰相。为什么伊尹最终追随商汤，死后能在商王的宗庙里配享？功勋卓著的阖闾是寿梦的长孙，年少时遭受排挤而坎坷流荡。为何壮年孔武勇猛，威武声名能够远扬？彭祖调和野鸡肉羹，上天为何前来享用？赐给他的寿命长久，可他为何仍愤恨不平？周公召会一同执政，列国君王为什么纷争相怨？蜂蚁一类昆虫是微小的生命，为何筑起的巢穴强固不摧？伯夷、叔齐采薇充饥听了讥讽而绝食，白鹿何以乳汁相保佑？伯夷、叔齐采薇向北而行到雷水，双双饿死可为什么还很高兴？秦景公有条猛犬，他的弟弟为何非要得到？用一百辆车交换那只狗，最终失去爵位还遭哥哥放逐？

　　天近黄昏电闪雷鸣，上天还有什么忧愁可说？国与君的尊严都得不到保持，对上天还有什么要求？我隐居在这荒山野林，幽愤填胸还能说什么？楚君好大喜功屡战屡败，国家还能撑多久？对自己的过错如能幡然改悔，我还能说什么话？吴王阖闾与楚交战，长期以来就战胜我国。无奈穿街过巷越丘陵，才觅得令尹子文这贤相。我曾说堵敖的行径难长久，无奈楚国命运不会久长。我岂敢告诫君王自以为是，为了忠贞的名声更远扬？

卜 居

屈原既放①，三年不得复见②。竭知尽忠③，而蔽障于谗④。心烦虑乱，不知所从。往见太卜郑詹尹曰⑤："余有所疑，愿因先生决之⑥。"詹尹乃端策拂龟⑦，曰："君将何以教之⑧？"

【注释】

①既：已经。放：放逐，流放，指被放逐在汉北。②三年：指多年，并非具体所指。复：再。"复见"指再也见不到君王。③竭知：指用尽聪明才智。竭：尽；知，通"智"。④蔽障：蒙蔽阻碍。⑤太卜：官名，掌管卜筮。郑詹尹：假想的太卜的姓名。⑥因：依靠，借助。先生：尊称。决：断。⑦端策：意谓把占卜用的蓍草摆端正。端，放正；策，卜卦用的蓍草茎。拂龟：掸除龟壳上的灰尘。拂，拭除；龟，指占卜用的龟壳，筮用策，卜用龟。端策、拂龟都是卜筮前的准备工作。⑧何以：即以何，意指用什么。教之：意指教于我，此为客套语，实际上是做要"问我什么"的意思。以上是散文，以下是韵文。

屈原曰："吾宁悃悃款款朴以忠乎①？将送往劳来斯无穷乎②？宁诛锄草茅以力耕乎③？将游大人以成名乎④？宁正言不讳以危身乎⑤？将从俗富贵以媮生乎⑥？宁超然高举以保真乎⑦？将哫訾栗斯，喔咿儒儿以事妇人乎⑧？宁廉洁正直以自清乎⑨？将突梯滑稽，如脂如韦，以絜楹乎⑩？宁昂昂若千里之驹乎⑪？将氾氾若水中之凫乎⑫，与波上下，偷以全吾躯乎？宁与骐骥亢轭乎⑬？将随驽马之迹乎⑭？宁与黄鹄比翼乎⑮？将与鸡鹜争食乎⑯？此孰吉孰凶？何去何从？世溷浊而不清，蝉翼为重⑰，千钧为轻⑱；黄钟毁弃⑲，瓦釜雷鸣；谗人高张⑳，贤士无名㉑。吁嗟默默兮，谁知吾之廉贞㉒！"

【注释】

①宁：宁可，宁愿。悃悃款款：忠诚勤恳的样子。朴：朴实。以：而。②将：意谓还是要。送往劳来：即"送往迎来"之意，指世俗的人际周旋。斯：语助词，此。③诛锄：用锄头锄去。草茅：杂草。力耕：努力耕种，致力于农事。④游：游说。大人：犹言"贵人"，指王侯将相等势要之人。战国时策士游说诸侯接受自己的主张，以求进身，这种行径是诗人所不取的。⑤正言：直言。不讳：不避讳，不隐瞒。危身：自身危害。⑥从俗：顺随世俗。媮生：苟且地

屈原问卜图

活着。⑦超然：离尘脱俗。高举：高飞。超然高举，指远离世俗，超出凡俗。真：指纯真的本性。⑧呫嗫：意同"趑趄"，指走路时战战兢兢、小心翼翼的样子。栗斯：意同"呫嗫"。然二词内涵略有差异。喔咿：说媚话。儒儿：当作"嚅唲"，强颜欢笑。妇人：当指君王左右的重臣，奸佞之人。一说指怀王宠姬郑袖。⑨自清：自我保持清廉。⑩突梯：世故圆滑。滑稽：古代一种盛酒的器具，能不断地往外倒酒，比喻能言善辩，语言流畅。脂：油脂，如脂，像油脂那样滑。韦：熟牛皮。如韦，像熟牛皮那样柔软。洁：量度物体周围的长度。楹：堂屋前的柱子。洁楹，用绳子量周长，以便做成圆柱形状。喻指为讨好世俗，可削方为圆一样。⑪昂昂：突出，超群特立的样子。⑫氾氾：形容漂浮。凫：野鸭子。⑬骐骥：骏马。亢：通"伉"，相当，匹敌。轭：套牲口拉东西时架在颈上的器具。⑭驽马：跑不快的劣马。迹：足迹。⑮黄鹄：大鸟名，能日飞一千里。此喻有大志向者。比翼：并飞。⑯鹜：鸭子，喻庸才。⑰蝉翼：蝉的翅膀，比喻极轻的东西。⑱钧：古代重量单位，三十斤为一钧。"千钧"，指很重的分量。⑲黄钟：古代十二律之一，是最响亮、宏大的音调。此处指符合韵律的钟。黄钟毁弃：比喻贤才不用。⑳瓦釜：陶制的锅。雷鸣：指声音如雷鸣。瓦釜雷鸣：比喻庸才喧嚣。高张：指身居高位，嚣张跋扈。㉑无名：默默不得志，身处于穷困。㉒廉贞：廉洁忠贞。

詹尹乃释策而谢，曰①："夫尺有所短，寸有所长②，物有所不足③，智有所不明④，数有所不逮⑤，神有所不通⑥。用君之心，行君之意⑦，龟策诚不能知事。"

【注释】

①释：放下。谢：推辞。②夫：发语词。这两句意思是：尺虽比寸长，但量更长的东西就嫌短了；相反，寸比尺短，但量比寸短的东西，又嫌长了。比喻任何人与物都有各自的长处和短处。③不足：欠缺。④不明：困惑。⑤数：方数，指天文、卜筮、历算等。逮：及。⑥通：通达。神有所不通：卜筮所代表的神灵有不能通晓的。⑦君：指屈原。这两句的意思是：用您的心意来衡量之后，做您所要做的。

【译文】

　　屈原既被放逐，多年都不能再见楚王。竭尽智慧与忠诚，却被谗言所遮蔽阻隔。他心情烦闷纷乱，不知何去何从。于是去见卜筮之官郑詹尹问："我有疑惑，想请先生帮我决断。"詹尹摆正了蓍草拂拭龟甲说："你有什么要问我的？"屈原问道："我应该诚实恳切从心里忠于君王、报效国家呢，还是终生不知疲倦地追随世俗，使自己没有困境呢？应该除草助苗，努力去耕种呢，还是游说那些贵人取得卿相的地位和荣耀呢？是该忠谏君之恶、危害自身的生命呢，还是追求世俗贪求名利、苟且偷安呢？是应该超脱世俗长逝远游，来持守内美呢，还是媚言讨好，去奉承君王左右的重臣呢？是廉洁正直、清高自重呢，还是世故圆滑、巧言善辩，没有自己的立场呢？要昂首挺胸、志向远大，像奔驰千里的骏马呢，还是做那小河里的水鸭，随着水流游走，得过且过地保全自己的身躯呢？要和骏马并驾齐驱呢，还是在驽马的身后安步徐行呢？要和鸿鹄比翼齐飞直冲云霄呢，还是和那鸭子争啄残羹呢？这些哪些是吉，哪些是凶？我将何去何从？当今的世道污浊不清，薄薄的蝉羽却说有着千斤重，而把千斤的重量说得比羽毛还轻；洪亮的黄钟遭毁弃，可把那瓦盆敲打得响如雷鸣；谗佞的小人占据高位，气焰嚣张，可那贤明之士却默默无闻。长吁短叹沉默不语啊，有谁知道我的廉洁忠贞？"

詹尹于是放下占卜的用具，辞谢道："尺有所短，寸有所长。世间万物各有不足，智者也有困惑的时候。日月运行虽有定数也有不可计量的时候，神明可判吉凶可也有无法通晓的时候。以你的心，行你自己的操守，龟卜占策不能决断你的心志。"

屈原遇见渔父

渔 父

屈原既放，游于江潭①，行吟泽畔，颜色憔悴②，形容枯槁③。渔父见而问之曰④："子非三闾大夫与⑤？何故至于斯⑥？"

屈原曰："举世皆浊我独清，众人皆醉我独醒，是以见放⑦。"

渔父曰："圣人不凝滞于物⑧，而能与世推移⑨。世人皆浊，何不淈其泥而扬其波⑩？众人皆醉，何不铺其糟而歠其醨⑪？何故深思高举⑫，自令放为？"

屈原曰："吾闻之：新沐者必弹冠，新浴者必振衣⑬。安能以身之察察⑭，受物之汶汶者乎⑮！宁赴湘流，葬于江鱼之腹中。安能以皓皓之白⑯，而蒙世俗之尘埃乎？"

渔父莞尔而笑⑰，鼓枻而去⑱。歌曰："沧浪之水清兮，可以濯我缨⑲；沧浪之水浊兮，可以濯我足。"遂去，不复与言。

【注释】

①潭：深渊，水之深处。在今湖南常德境内。②颜色：指面貌憔悴，形容面部瘦而黑的样子。③形容：形体容貌。槁：干枯。枯槁，形容肌肉干瘪的样子。④渔父：打渔的老人。应是一位隐士，是诗人假托的人物。⑤子：您。三闾大夫：楚官名，掌管楚王族屈、景、昭三姓的事务，屈原曾任此职。⑥斯：此。这里指江潭。至于斯，落到这步田地，来到这个地方。⑦见放：被流放。⑧圣人：通明之人。此乃道家而非儒家之含义。凝滞：停止流动不灵活的意思。物：事物。⑨推移：变动、移动。⑩淈：泥浆，在此为搅乱泥浆的意思。淈其泥，含污之意。扬其波同流。⑪铺：食。糟：酒渣。歠：饮。醨：通"醴"，薄酒。⑫深思：思虑深远。高举：行为高洁。举：举动、行为。⑬弹冠、振衣：弹帽子、去掉衣服上的灰尘。⑭安：怎么。察察：洁白。⑮汶汶：形容方法。⑯皓皓：形容皎洁。⑰莞尔：微笑的样子。⑱鼓：动，指划动。枻：船舷，一说船桨之短者。⑲缨：古代帽子上系在颔下的带子。水清濯缨，水浊濯足，比喻要随机应变。

【译文】

屈原被放逐后，流浪在江潭，边走边吟诵诗篇，面容憔悴，形容枯槁。渔父见到此番情景，问道："您不是三闾大夫吗？为什么落到了如此地步？"

屈原答说："整个世俗贪宠逐利而我却追求清廉，整个世人醉了而我却偏偏头脑清醒，因此才被流放。"

渔父说："圣人对待外物不拘泥固守，能随世俗而变通。世人都浑浊，你何不也搅乱泥水助长浊流？世人都喝得醉醺醺，你何不也食糟饮酒与世同醉？为什么要苦思冥想，与众不同，这岂不是自己放逐自身吗？"

屈原说："我听说过，刚刚洗过头一定要弹掉帽子上的灰土，刚刚洗过澡一定抖抖衣服上的尘埃。怎么能让自己洁净的身体蒙受外物尘垢的玷辱呢？我宁愿投身江流，葬身鱼腹；怎么能让自身的洁白蒙受尘世的污垢呢？"

渔父微微一笑，荡舟而去，唱道："沧浪水清澈见底啊，可以洗涤我的冠缨；沧浪水浑浊不清啊，可以洗我的双脚。"于是离去，不再与屈子说什么。

九 辩

悲哉秋之为气也^①！
萧瑟兮草木摇落而变衰^②，
憭慄兮若在远行^③，
登山临水兮送将归^④，
泬寥兮天高而气清^⑤，
寂寥兮收潦而水清^⑥。
憯悽增欷兮薄寒之中人^⑦，
怆怳懭悢兮^⑧，去故而就新^⑨，
坎廪兮贫士失职而志不平^⑩。
廓落兮羁旅而无友生^⑪。
惆怅兮而私自怜。
燕翩翩其辞归兮^⑫，蝉寂漠而无声^⑬。
雁廱廱而南游兮^⑭，鹍鸡啁哳而悲鸣^⑮。
独申旦而不寐兮^⑯，哀蟋蟀之宵征^⑰。
时亹亹而过中兮^⑱，蹇淹留而无成^⑲。

【注释】

①气：古人认为，气是构成宇宙万物的物质。秋气，古人认为秋之即肃杀阴凉之气。②萧瑟：指风吹草木而叶落的声音。摇落：凋零脱落。③憭慄：凄凉。④将归：指将结束的一年时间。⑤泬寥：高旷的样子。⑥寂寥：形容水清澈而平静的样子。潦：指雨后地面上的积水。收潦，指水面退尽。⑦憯：同"惨"，悲伤。欷：叹息声。薄寒：指秋气微寒。中：伤侵袭。⑧怆怳：失意的样子。⑨去故就新：此处指失去官职。⑩坎廪：高低不平的样子。坎，洼下。廪，积高。比喻坎坷，遭遇不顺。⑪廓落：空虚孤独。羁旅：指失去官位留滞异乡。

友生：指知心的朋友。⑫翩翩：轻快飞行的样子。辞归：指燕子秋天辞北归南。⑬寂漠：同"寂寞"。无声：指秋天来临蝉停止鸣叫。⑭雝雝：同"雍雍"，形容大雁和谐的鸣叫声。⑮鹍鸡：鸟名，像鹤，黄白色。啁哳：形容声音繁杂细碎。⑯申旦：通宵，达旦。⑰宵征：本义是夜行，此处指蟋蟀夜间跳动，两翅摩擦发出的声音。征，本义为"行"。⑱亹亹：运行不息的样子。过中：过了中年。⑲蹇：通"謇"，楚方言，发语词。无成：没有成就。

悲忧穷戚兮独处廓①，有美一人兮心不绎②。
去乡离家兮徕远客③，超逍遥兮今焉薄④？
专思君兮不可化⑤，君不知兮可奈何！
蓄怨兮积思⑥，心烦憺兮忘食事⑦。
愿一见兮道余意，君之心兮与余异。
车既驾兮朅而归⑧，不得见兮心伤悲。
倚结轸兮长太息⑨，涕潺湲兮下沾轼⑩。
忼慨绝兮不得，中瞀乱兮迷惑⑪。
私自怜兮何极⑫，心怦怦兮谅直⑬。

【注释】

①穷戚：穷困无路可走，指人的处境。廓：寥廓、空旷，可理解为空虚。②有美一人：即"有一美人"，诗人自况。绎：通"怿"，愉快、高兴。③去乡离家：指离开郢都。徕：一本作"来"，意同。徕远客，即来荒原之地做客。④超：遥远。逍遥：指漂泊远方没有着落的样子。薄：停止。⑤专：专心，一心一意。化：改变。⑥蓄怨：是指自己因"专思君"而"君不如"所蓄满心中的怨愤。⑦烦憺：指因忧愁而心情沉重的样子。憺，通"惮"，惧怕。忘食事：忘记吃饭和做事。⑧朅：离开。⑨倚：靠着。轸：车栏，即车厢前面和左右两面横直交结的栏木。⑩轼：古代车前的用以扶手的横木。⑪瞀：昏迷错乱。⑫极：尽头。⑬怦怦：忠诚的样子。谅直：忠诚正直。

皇天平分四时兮①，窃独悲此廪秋②。
白露既下百草兮，奄离披此梧楸③。
去白日之昭昭兮④，袭长夜之悠悠⑤。
离芳蔼之方壮兮⑥，余萎约而悲愁⑦。
秋既先戒以白露兮⑧，冬又申之以严霜。
收恢台之孟夏兮⑨，然欲傺而沉臧⑩。
叶菸邑而无色兮⑪，枝烦挐而交横⑫；
颜淫溢而将罢兮⑬，柯仿佛而萎黄⑭；
萷櫹椮之可哀兮⑮，形销铄而瘀伤⑯。
惟其纷糅而将落兮⑰，恨其失时而无当⑱。
擥骐辔而下节兮⑲，聊逍遥以相佯⑳。

岁忽忽而遒尽兮㉑，恐余寿之弗将㉒。

悼余生之不时兮㉓，逢此世之饪攘㉔。

澹容与而独倚兮㉕，蟋蟀鸣此西堂。

心怵惕而震荡兮㉖，何所忧之多方！

卬明月而太息兮㉗，步列星而极明㉘。

【注释】

①皇天：上天。平分：平均分配。四时：四季。②凛：同"凛"。凛秋，寒秋。③奄：忽然。离披：分散，指草木凋谢枝条疏散。梧楸：指梧桐和楸梓，都是早凋的树木。④昭昭：光明。⑤袭：进入。悠悠：漫长。以上两句是写自己的处境。⑥芳蔼：芳菲繁盛。方壮：正当壮年之时。⑦薆：指草木枯黄。约：穷。薆约，即枯薆。⑧先戒：事先警戒。⑨恢台：广大而繁茂的样子，象征万物的勃勃生机。孟夏：初夏。⑩然：于是，就。欿：同"坎"，陷落。僚：停止。臧：同"藏"。这两句是说，秋冬来临，收敛了孟夏时那繁盛的景象，使万物生机都沉藏起来。⑪苶邑：暗淡的样子。⑫烦挐：纷乱。交横：交错纵横。形容木凋谢时树枝交错纵横的情景。⑬颜：树叶的颜色。淫溢：过分，过度。罢：通"疲"，完尽。⑭柯：树枝。仿佛：模糊，指失去本色而呈现出来的枯黄颜色。薆黄：枯黄。⑮翦：通"梢"，树梢。槮糁：指树枝光秃而高耸的样子。⑯销铄：销毁，这里指树木受到损伤。瘀伤：受伤而败血淤积。这里是指树木受寒冷淤积的损伤。⑰惟：思。纷糅：败叶衰草相错杂。⑱失时：过了壮盛的季节。当：遇。⑲擥：持，拿着。骖：服马，古代驾车套在中间的马。下节：指按鞭停车。节，指行车时的节拍。⑳相佯：同"徜佯"，徘徊。㉑忽忽：很快的样子。遒：迫近。㉒弗将：不能持续。㉓悼：悲叹。不时：指生不逢时。㉔饪攘：混乱的样子。㉕澹：水波徐缓，这里指淡漠的心情。容与：闲散无聊的样子。独倚：独自站在什么地方。倚，立。㉖怵惕：忧惧。㉗卬：通"仰"，仰望。㉘步：徘徊。列星：众星辰。极：至。明：晓。极明，直到天亮。

窃悲夫蕙华之曾敷兮①，纷旖旎乎都房②。

何曾华之无实兮③，从风雨而飞飏④。

以为君独服此蕙兮，羌无以异于众芳。

闵奇思之不通兮⑤，将去君而高翔⑥。

心闵怜之惨悽兮，愿一见而有明。

重无怨而生离兮⑦，中结轸而增伤⑧。

岂不郁陶而思君兮⑨？君之门以九重⑩。

猛犬狺狺而迎吠兮⑪，关梁闭而不通⑫。

皇天淫溢而秋霖兮⑬，后土何时而得漧⑭？

块独守此无泽兮⑮，仰浮云而永叹。

【注释】

①蕙华：蕙草的花。华：古"花"字，此为作者自比。曾：即房，重叠。曾敷，即花朵层叠开放。②旖旎：茂盛。都房：犹言"华屋"，漂亮的房子。都，漂亮，美盛。③曾：

通"层"。曾华，累累的花朵。实：果实。无实，尚未结果。④飞飏：同"飞扬"，形容飞散飘落。此句意思是随着秋天的风雨摧残而飘落。⑤闵：通"悯"，伤感怜惜。奇思：奇妙的心思。不通：指不被了解。⑥高翔：远走高飞。⑦重：指反复地想。无怨：没有过错。重无怨，是说自己反复想，并没有在君主面前招致怨恨的行为。生离：生生别离，指被抛弃。⑧轸：悲痛。结轸，悲痛郁结。⑨郁陶：忧思郁结。⑩九重：九重大门。旧说天子有九门，这里只是形容君王难以见到。⑪猛犬：喻小人。狺狺：犬吠声。⑫关：门关。梁：桥梁。比喻小人的层层阻挠。⑬淫溢：过度，指下雨过多。霖：久下不停的雨。⑭后土：土地，与皇天相对。澣：同"干"。⑮块：孤独的样子。无：古通"芜"。泽：聚水的洼地。芜泽，即荒芜的草泽。

何时俗之工巧兮，背绳墨而改错！
却骐骥而不乘兮①，策驽骀而取路②。
当世岂无骐骥兮，诚莫之能善御。
见执辔者非其人兮③，故騕跳而远去④。
凫雁皆唼夫粱藻兮⑤，凤愈飘翔而高举⑥。
圜凿而方枘兮⑦，吾固知其鉏铻而难入⑧。
众鸟皆有所登栖兮⑨，凤独遑遑而无所集⑩。
愿衔枚而无言兮⑪，尝被君之渥洽⑫。
太公九十乃显荣兮⑬，诚未遇其匹合。
谓骐骥兮安归？谓凤凰兮安栖？
变古易俗兮世衰，今之相者兮举肥⑭。
骐骥伏匿而不见兮⑮，凤皇高飞而不下⑯。
鸟兽犹知怀德兮⑰，何云贤士之不处⑱？
骥不骤进而求服兮⑲，凤亦不贪馁而妄食⑳。
君弃远而不察兮，虽愿忠其焉得？
欲寂漠而绝端兮㉑，窃不敢忘初之厚德。
独悲愁其伤人兮，冯郁郁其何极㉒！

【注释】

①却：拒绝。骐骥：良马，比喻贤士。②策：本指马鞭，这里用为动词，鞭策之意。驽骀：劣马，喻小人。取路：犹言上路。③执辔者：拿着缰绳的人，即驾车者，此处喻统治者。④騕跳：跳跃。⑤凫：野鸭。唼：水鸟或鱼类吞食，象声词。粱：粟米。藻：水草。这两句比喻群小食禄，贤士远去。⑥高举：高飞、远离。以上二句喻小人、庸才得势，贤才远离。⑦圜凿：圆的插孔。方枘：方形的榫头。⑧鉏铻：彼此不相合。⑨众鸟：一般凡鸟。⑩凤：凤凰，喻贤才。遑遑：往来不定的样子。集：栖。⑪衔枚：本是古代行军为防止士卒说话，口衔一枚木制的短筷似的东西，叫"衔枚"。此处是表示闭口不言。⑫被：蒙受。渥洽：指深受丰厚的恩泽。⑬太公：指姜太公，姜尚，周朝开国贤臣。传说他曾在朝歌（殷都）做屠夫，年老于渭水之滨钓鱼，才遇文王被重用，后成就大业。吕望，即姜太公。

⑭变古易俗：指改变古代法则和风俗。世衰：指时世的衰败。⑮相者：指相马的人，比喻选拔人才的人。举肥：指相马者只选肥壮的马，喻对人才只重表面。⑯伏匿：藏匿，隐藏。见：同"现"。⑰不下：指凤鸟高飞而远离。以上两句，隐喻贤才避世。⑱怀德：怀念有德之人。⑲不处：不愿处于朝廷之位，指不与统治者合作。⑳骤进：急进。服：用，指驾车。㉑妄：胡乱。以上二句，借骐骥不"骤进"、凤鸟不"妄食"，比喻贤者是有自己坚持的原则而不会妥协的。㉒绝端：断绝头绪。㉓冯：同"凭"，满的意思。郁郁：忧闷的心情。何极：哪里是尽头。

霜露惨悽而交下兮①，心尚幸其弗济②。
霰雪雰糅其增加兮③，乃知遭命之将至④。
原徼幸而有待兮⑤，泊莽莽与壄草同死⑥。
愿自直而径游兮⑦，路壅绝而不通⑧。
欲循道而平驱兮，又未知其所从⑨。
然中路而迷惑兮，自压桉而学诵⑩。
性愚陋以褊浅兮⑪，信未达乎从容⑫。
窃美申包胥之气盛兮⑬，恐时世之不固⑭。
何时俗之工巧兮？灭规矩而改凿。
独耿介而不随兮⑮，愿慕先圣之遗教。
处浊世而显荣兮⑯，非余心之所乐。
与其无义而有名兮⑰，宁穷处而守高⑱。
食不媮而为饱兮⑲，衣不苟而为温⑳。
窃慕诗人之遗风兮，愿托志乎素餐㉑。
蹇充倔而无端兮㉒，泊莽莽而无垠㉓。
无衣裘以御冬兮，恐溘死而不得见乎阳春㉔。

【注释】

①霜露：喻遭谗佞的排挤和打压。交下：指交错的地下。②幸：希望。济：成。③霰：雪珠。雰：雪下得很大的样子。糅：交杂。雨雪交杂而下，比喻祸乱的加深。④遭命：将要遭到不幸的命运。⑤徼幸：同"侥幸"。有待：有所等待。此处指等待楚王的醒悟。⑥泊莽莽：形容置身于荒野的样子。泊：通"薄"，广大的意思。莽莽：无边无际的样子。⑦自直：是说自己明辨曲直、是非。径：小路。"径游"，是说走小路去见君王。⑧壅绝：断绝，阻塞。⑨所从：所由。以上两句是说，想要沿着大路平稳驱车去见君王，但又不知怎么走。⑩自压桉：自抑而止，指自我克制。⑪性：指人天性。褊浅：指狭隘浅薄。⑫信：确实，诚然。从容：镇静自若的样子。⑬申包胥：春秋时楚国大夫。⑭固："同"的误写。以上两句是说，自己盛赞申包胥那种高昂的志气，而当今之时世与那时不相同，我却很难做到了。⑮不随：指跟不上世俗，即表示不与世俗同流合污。⑯显荣：指富贵荣华。⑰无义：指不正当的手段。⑱穷处：处于困窘的地步。守高：坚守高尚的节操。⑲媮：同"偷"，苟且。⑳衣：动词，穿。这两句的意思是不苟且偷生，用来比喻和说明"与其无义而有名兮，宁

— 180 —

穷处而守高"。㉑素餐：即"不素餐"的省略，意思是不白白地吃饭。㉒褰：通"謇"，楚方言，发语词。充倔：同"祆裋"，衣衫褴褛，此处比喻窘困。㉓泊：一本作"汩"，语助词。茫茫：茫茫。㉔溘死：突然死去。阳春：温暖的春天。

靓杪秋之遥夜兮①，心缭悢而有哀②。
春秋逴逴而日高兮③，然惆怅而自悲。
四时递来而卒岁兮④，阴阳不可与俪偕⑤。
白日晼晚其将入兮⑥，明月销铄而减毁⑦。
岁忽忽而遒尽兮⑧，老冉冉而愈弛⑨。
心摇悦而日幸兮⑩，然怊怅而无冀。
中憯恻之悽怆兮⑪，长太息而增欷⑫。
年洋洋以日往兮⑬，老嵺廓而无处⑭。
事亹亹而觊进兮⑮，蹇淹留而踌躇。

【注释】

①靓：同"静"。杪秋：即晚秋。遥夜：长夜。这句话是说思量秋末将至，昼渐短而夜渐长。②缭悢：悲哀之情缠绕郁结。悢，悲伤。③春秋：指年岁。逴逴：愈走愈远。日高：日老，指年岁一天一天老了。④递来：指四时更迭而来。卒岁：过完一年。⑤阴阳：春夏为阳，秋冬为阴。此处指变化的时光。俪偕：同时并存。⑥晼：同"晚"，日落时昏黄的情景，一般比喻年老。⑦销铄：指月缺，与"减毁"意同，指日月流逝之速极快。⑧遒：临近，迫近。⑨弛：松懈。愈弛，似指心情越来越松弛。⑩摇悦：指心神摇荡而喜悦。日幸：指天天抱有回到故乡的心理。⑪憯恻：悲痛而难过。与"悽怆"同义。憯，同"惨"。⑫欷：哀痛时的悲叹声。⑬年：指时光。洋洋：广大无边的样子。形容时光的无穷尽。⑭嵺廓：本指空旷，此指内心的空虚。无处：没有安身的处所。⑮事：指国事。亹亹：勤奋不息的样子。觊：希求。进：进用。

何氾滥之浮云兮①，猋壅蔽此明月②！
忠昭昭而愿见兮③，然霠曀而莫达④。
原皓日之显行兮⑤，云蒙蒙而蔽之⑥。
窃不自聊而愿忠兮⑦，或黕点而污之⑧。
尧舜之抗行兮，瞭冥冥而薄天。
何险巇之嫉妒兮，被以不慈之伪名？
彼日月之照明兮，尚黯黮而有瑕⑩。
何况一国之事兮，亦多端而胶加⑪。
被荷裯之晏晏兮⑫，然潢洋而不可带⑬。
既骄美而伐武兮，负左右之耿介⑮。
憎愠怆之修美兮，好夫人之慷慨。
众踥蹀而日进兮，美超远而逾迈⑯。

— 181 —

农夫辍耕而容与兮^⑰，恐田野之芜秽。

世雷同而炫曜兮^⑳，何毁誉之昧昧^㉑！

事绵绵而多私兮^⑱，窃悼后之危败^⑲。

今修饰而窥镜兮^㉒，后尚可以窜藏^㉓。

愿寄言夫流星兮^㉔，羌儵忽而难当^㉕。

卒壅蔽此浮云兮，下暗漠而无光^㉖。

【注释】

①氾滥：本义指大水横流。这里形容浮云层层翻涌。浮云：比喻谄谀的小人。②猋：本义是狗跑得快，引申为迅疾。③见：同"现"，显现。④霭：同"阴"，即指阴云。曀：阴暗。达：通达。⑤皓日：明亮的太阳，此喻君王。显行：显耀地在空中运行。⑥蒙蒙：云气浓重不明的样子。⑦聊：谋虑。⑧或：有人。黓：污垢。黓点，垢污玷辱。⑨险巇：险阻崎岖，这里是指险恶的小人。⑩黭黮：昏暗的样子。⑪多端：指国事头绪繁多。胶加：纠缠不清。"彼日月"以下四句是说日月在天空照耀尚有斑点，一国之事那样繁杂，特别容易被小人抓到把柄。⑫被：同"披"。禂：短衣。"荷禂"，即用荷叶做的短衣。晏晏：轻柔的样子。⑬潢洋：衣服不合身的样子。带：动词，给衣服系带子。这两句以荷叶做的短衣，比喻楚王只讲外表，不重实际。⑭骄美：自骄其美。伐武：自夸勇武。伐，自夸。⑮负：自负，自以为是。左右：身边的人，指近臣。耿介：耿直、正直。⑯以上四句见《九章·哀郢》注。⑰辍耕：停止耕作。容与：指闲散的样子。⑱绵绵：相续不断。多私：指小人的营私舞弊。⑲悼：哀伤。⑳雷同：雷声相似，有同无异，比喻小人们的同声唱和。炫曜：吹捧。比喻小人们互相吹捧。㉑毁：诋毁。誉：赞美。昧昧：昏暗不清的样子。"毁誉之昧昧"，指是非不分，好坏难辨。㉒今：一做"余"。修饰、窥镜：指小人的自我修饰，对镜自赏。㉓窜藏：逃窜，藏匿。这两句是说现在小人可以蒙蔽君主一时，将来如何逃避罪责。㉔寄言：捎话。㉕儵忽：快速的样子。难当：难以遇到。指流星难以寄言。㉖暗漠：暗淡无光的样子。

尧舜皆有所举任兮^①，故高枕而自适^②。

谅无怨于天下兮^③，心焉取此怵惕^④？

乘骐骥之浏浏兮^⑤，驭安用夫强策^⑥？

谅城郭之不足恃兮^⑦，虽重介之何益^⑧？

邅翼翼而无终兮^⑨，忳惛惛而愁约^⑩。

生天地之若过兮^⑪，功不成而无效。

愿沉滞而不见兮^⑫，尚欲布名乎天下^⑬。

然潢洋而不遇兮，直怐愗而自苦^⑭。

莽洋洋而无极兮^⑮，忽翱翔之焉薄^⑯？

国有骥而不知乘兮，焉皇皇而更索^⑰？

宁戚讴于车下兮，桓公闻而知之^⑱。

无伯乐之善相兮^⑲，今谁使乎誉之^⑳。

罔流涕以聊虑兮^㉑，惟著意而得之^㉒。

— 182 —

纷纯纯之愿忠兮㉓，妒被离而鄣之㉔。

愿赐不肖之躯而别离兮㉕，放游志乎云中㉖。

乘精气之抟抟兮㉗，骛诸神之湛湛㉘。

骖白霓之习习兮㉙，历群灵之丰丰㉚。

左朱雀之芰芰㉛，右苍龙之躣躣㉜。

属雷师之阗阗兮㉝，通飞廉之衙衙㉞。

前轻辌之锵锵兮㉟，后辎乘之从从㊵。

载云旗之委蛇兮，扈屯骑之容容㊶。

计专专之不可化兮㊷，愿遂推而为臧㊸。

赖皇天之厚德兮，还及君之无恙㊹。

【注释】

①举任：推举任用贤能的人，此处指尧、舜能举贤授能。②高枕而自适：即高枕无忧。自适，安闲的样子。③谅：信实，诚然。④怵惕：惊惧，害怕。⑤浏浏：犹"溜溜"，形容顺行无阻。⑥驭：驾驭，指治理国家。强策：强硬的鞭策。这两句用骏马驾车不需鞭策，比喻贤人治国无须国君驱使。⑦郭：外城。恃：依靠。⑧介：指盔甲，重介：重兵。⑨遭：回旋难行的样子。翼翼：小心谨慎的样子。无终：无结果。⑩忳：忧愁。惛惛：指忧愁烦闷的样子。⑪若过：指人的生命短暂，像过客一样。⑫沉滞：埋没。见：同"现"，显现。⑬布名：扬名。这两句是说志愿不能实现，还谈得上扬名天下吗？⑭直：一味的。怐愗：愚昧。⑮芣：泛指草，这里指荒野。芣洋洋，是说荒野广阔无边际。⑯焉薄：哪里迫止。薄，迫近。这两句形容一生漂泊无所栖止。⑰皇皇：同"遑遑"，匆匆不定的样子。更：更替。更索，另做寻求。⑱桓公：春秋时期齐桓公。⑲善相：善于相马。⑳誉：赞誉。誉之，称赞马的好坏。誉，一本做"訾"，估量的意思。㉑囧：同"悯"，怅悯。虑：思虑。聊虑：姑且抒发自己的思虑。㉒著意：专心一意。得之：指体察到自己的忠心。此句指君王。㉓纯纯：诚挚的样子。纷纯纯，非常诚挚。愿忠：指忠于君主。㉔鄣：同"障"，阻碍。这二句是说，自己非常诚恳地愿意效忠君主，但却被众多忌妒小人所阻碍。㉕不肖：不才。不肖之躯，指诗人自身，实际上是气愤之语。㉖放游：无拘无束的游历。志：己志。这两句是希望亡身而去。㉗精气：指阴阳之气。抟抟：聚集的样子。㉘骛：追求。湛湛：深厚的样子。㉙骖：古代指驾在车两旁的马，这里是说白霓在车的两旁飞动。白霓：不带颜色的虹。习习：飞动的样子。㉚历：经过。群灵：众神仙。丰丰：众多的样子。㉛朱雀：星座名。南方七宿的总称，古代神话中在南方的神。芰芰：翩翩飞翔的样子。㉜苍龙：东方七宿的总称，在东方的龙。躣躣：行动的样子。㉝属：在后面跟随。属雷师，意谓使雷神在后面跟随。阗阗：鼓声，此处比喻雷声。㉞飞廉：风神。衙衙：行走的样子。

秋风笼罩的大地

㉟轻辌：轻车。锵锵：指车行走时车铃发出来的有节奏的声音。㊱辒轾：重车。从从：紧紧跟随。㊲扈：侍从，这里指护卫。屯骑：聚集的车骑。容容：飞扬的样子。㊳计：思虑。专专：专一。不可化：不可改变。㊴遂：终于。推：推进。臧：善。㊵恙：疾病。

【译文】

悲凉啊，这被秋之萧风所笼的大地！萧瑟的秋风啊，百草凋零，留下衰败的天地。悲苦凄惨的心啊，如同独自漂泊于无边的孤寂。登高远望，临水叹逝啊，又将告别一个四季的尽期。空旷的宇宙啊，天高气爽，平静的流水啊，清澈澄清。悲伤愁苦不断唏嘘，痛苦的心啊被阵阵凉风侵袭。失意的灵魂啊，离开故宇寻求新的征程。坎坷不平的道路啊，贫士壮志志意难平。孤独又寂寞啊，客旅他乡没有相伴的朋友。失意而又哀伤啊，哀怜之情独自生。燕子翩翩飞向温暖的南方，知了停止长鸣空寂无响声。大雁和谐鸣叫着高翔啊，鹍鸡叽叽喳喳不断地悲鸣。孤独的我通宵不能入梦乡，被蟋蟀哀鸣触动的幽情伴我到天明。时光悄悄流逝衰暮将来临，可我还总停留原地无所成。

忧苦穷困啊又孤寂无依，有一美人啊心中不欢喜。背井离乡啊流落他乡的游子，漂荡到何时才有归期？思念君王的心意啊未曾更改，多么无奈啊，圣君全然不知。积累着载不动的愁和思，忧心如焚连吃饭做事都忘记。愿一见君王面啊把心意表白，可叹君主的心啊与臣子相异。车已驾好我不得不离去，见不到君王啊内心悲伤不已。倚着车栏我长叹息，热泪落下把车前横木都浸湿。愤懑至极仍不能与君断，我心乱如麻再也不能安宁。内心的忧伤何时到尽头，内心忠诚正直永远坚不移。

上天公平地分配春夏秋冬，唯独这凄凉的秋天令我忧愁。冰凉的寒露撒满了百草，刹那间枝疏叶落纷纷凋零的梧楸。昭昭阳光离开远去，漫漫长夜接管大地。芳菲壮盛年华已成过去，穷困潦倒我吟叹悲秋。白露警告秋天的降临，秋天过去又迎来冬天的严霜。孟夏那万物的生机已收敛，那繁盛的景象早就无踪影。树叶枯萎失去嫩绿的光泽，空枝叶落纵横交错杂乱。万物凋谢将要衰败，枝叶枯黄颜色褪去稀疏惨凄。树木光秃高高耸立可悲可泣，形体受摧残病体又淤积。败叶与哀草相杂着纷纷摇落，可惜它们已经失失盛壮时光。拉住马的缰绳停车暂歇，悠闲漫步在这里徜徉。岁月如水就要完结，担心寿命不长我要与世告别。悲痛我生不逢时的愁肠，遇上这混乱不宁的世相。孤独寂寞独倚着西堂，听蟋蟀悲鸣着倾诉忧伤。那叫声让内心忧惧起伏震荡，百千忧思涌上心房。仰望明月长长叹息，在星夜下徘徊直至天亮。

暗自悲伤那蕙花曾竞相开放，播散浓郁芬芳在美丽的花房。为什么累累花朵却不曾结果，遇到秋天的风雨便香消云散风扬。原以为君王独爱佩戴这蕙芳，哪知道待它和别的花草一样。可怜这曲折的心思不能告诉君王，我将要离开君王到远方翱翔。我内心哀悯又凄惨，但愿再见一次君王让我诉衷肠。深念我无罪而遭生离，郁结忧思那是在思念君王，君门深重不能让我如愿以偿。猛犬狂吠冲我迎面扑来，不能通行的是门关和桥梁。秋雨连绵不绝往下降，何时潮湿的大地不再是汪洋。决然独守在这荒芜的土地上，仰望浮云长长叹息它遮住了太阳！

为何时俗这样善于钻营？背弃规矩改变正常的法度。拒绝那飞奔的骏马不用，硬要鞭策劣马让它上路。难道当今世上再无骏马良驹，其实是无人可以将它驾驭。驾车的人都是冒充的糊涂虫，所以骏马跳跃着远远离去。野鸭一类水鸟吞食着精米和水草，骄傲的凤凰也只得展翅远离。圆行插孔怎能放进方形榫头，我就知道它一定相抵触。众多的凡鸟都有地方栖居，唯独凤鸟孤独无处把身栖。我本想保持缄默不再言语，君王的恩泽又涌上心头。姜太公九十岁才荣耀扬名，诚然是先前未遇到贤明的君王。谁知道良骥何处是归宿，谁知道凤鸟栖身在何方？世风衰败与往已不再同，如今的相马人只图外表肥。骏马良驹全部隐藏不再见啊，凤凰也都高飞不下远翱翔。鸟兽尚且怀恋有德的君王，为何责怪贤士不在朝廷上。良骥绝不贸然寻驾车，凤鸟绝不贪吃乱择食。君王不辨善恶轻易将我弃，又如何施展抱负效君王。要从此沉默与君断绝，又怎敢忘怀当初您的厚德。我独自悲秋把心伤，愤闷浓愁何时了。

漫天的严霜白露交错落，心里还希冀他们不要成功。大雪纷纷扬扬拥向大地，深知不幸的命运就要显形。还侥幸希望等待你能醒悟，却要腐烂在荒野与草命相同。想亲自抄捷径去游说，无奈道路却阻塞车驾难驱。想要顺着大路策马而往，又不知坦平大路在何方。路到中途就陷入了迷茫，压抑愤懑把"温柔敦厚"吟唱。我的天性本来就愚笨又浅薄，遇到这样的挫折诚然难从容。我虽赞美申包胥的高昂志向，又担心时代不同难以勉强。为什么当今的风气钻营取巧，把那方圆规矩妄自改换。我光明正大绝不随波逐流，愿效法先圣继承老传统。处于浑浊之世获取高位，这本来就不是我心中认为的光荣。与其采用卑劣手段取得虚名，我情愿贫困一生也要将操节守，绝不苟且求衣裳暖融融。我赞美诗人留下的遗风，我愿走不白白吃饭的君子道路。委曲悲伤的心无边无沿，飘零在茫茫野外何处是边缘。没有御寒的棉衣怎能抵御寒风，害怕突然死去再见不到阳春。

安静的暮秋夜正长，心头缠绕着无尽的忧愁。春秋渐逝年事高，于是独自惆怅独自忧。四时更替一年又要结束啊，暑去寒来哪能共存处。阳光渐渐昏暗落西山啊，明月也阴晴圆缺不能常圆满。岁月匆匆就要完啊，衰老慢慢到来心志也跟着朽。内心时有喜悦总生起些盼望，终究是惆怅这都是白日梦。胸中沉痛而又凄凉啊，长长地叹息一声又一声。时光荏苒不停流逝啊，衰老的人在这空旷的世界无处栖身。勤勉国事希望得到进用啊，我还久留在此不忍离去。

为何浮云翻滚布满天空啊，快速升起把明月遮蔽。忠诚正直的心希望君王能看见啊，阴风阴云阻挡无法知晓。希望太阳显耀运行啊，可是云气迷蒙总是将它遮盖。我不自量想献出一片忠心啊，小人无耻地用谎言将我诬蔑和陷害。唐尧虞舜的品行是何等高尚啊，他们有着触及苍天的眼光。可那小人出于忌妒的心理啊，用"不慈""不孝"的罪名加以毁谤。尧舜像日月那样照耀天下啊，尚且还有点点的瑕痕。何况这一国大事啊，更是头绪繁多纠缠不清。穿着柔柔的荷叶衣真漂亮啊，可惜空荡荡却不能系腰带。你总是夸耀自己美好又勇武啊，自信这帮近臣可以依恃。厌恶忠诚善良的美德之人啊，喜好装腔作势的小人。众以取得重用啊，忠良被疏远离你越来越远。农夫知道荒废耕种啊，田野就长满杂草而凋散。人们纷纷营私舞弊啊，担心社稷那崩溃　的前途。世上"人云亦云"的风气啊，为什么毁誉颠倒。现在对镜修饰来自察啊，尚且逃过危险和保全性命。愿流星传送我的忠心给君王啊，它飞来飞去难以遇上。日月都被浮云遮蔽，整个大地昏暗一片没有光亮。

圣明的尧舜选贤任能啊，才高枕无忧自身逍遥。自认没有辜负天下人啊，就不会感到忧愁和恐惧。乘上骏马迅速前驰啊，何必鞭挞费力强督促。城郭再坚固也不可靠啊，盔甲再坚厚又有什么用处。小心翼翼没有好结果啊，心中烦闷忧愁排遣不掉。人生天地间犹如过客啊，功名不成又壮志未酬。本想就这样走归隐之路啊，又想扬名四海之内。结果飘飘荡荡未受重用，空怀愚忠自讨苦尝。旷野茫茫无边际尽头啊，孤独漂泊何处是归处。国有良驹却不知乘啊，还急匆匆地另去求索。宁戚在车下讴歌啊，齐桓公就能够识才善任。没有善于相马的伯乐啊，谁还能把贤才来赞誉啊？惆怅痛哭姑且发泄忧愁啊，君王能专心体察我的忠良。诚诚恳恳渴望效忠啊，却被小人的忌妒所阻挡。让我这轻贱身躯与君别离啊，我要在云天中闲游荡。乘着团团精气飞腾啊，在那成群的神灵中驰骋追逐。驾着飞动的白虹飘动啊，又穿过那众多的神灵。左边有南方大神翩翩飞翔，右边有东方苍龙在飞舞。雷师在后面鼓起隆隆雷声啊，风神前面开路呼呼作响。前面有轻车悦耳的铃声啊，后面的辎重车从容行进。车上的云旗随风飘舞啊，成群车队做护卫威武雄壮。拳拳忠贞的心终不动摇啊，但求变成现实美好的愿望。仰仗皇天深厚的恩德啊，保佑君王无病无灾祝福永安康！

附：吊屈原

恭承嘉惠兮，俟罪长沙①。
仄闻屈原兮，自湛汨罗②。
造托湘流兮，敬吊先生③。
遭世罔极兮，乃陨厥身④。
乌虖哀哉兮，逢时不祥⑤！
鸾凤伏窜兮，鸱枭翱翔⑥。
阘茸尊显兮，谗谀得志⑦；
贤圣逆曳兮，方正倒植⑧。
谓随、夷溷兮，谓跖、蹻廉⑨；
莫邪为钝兮，铅刀为铦⑩。
于嗟默默，生之亡故兮⑪。
斡弃周鼎，宝康瓠兮⑫。
腾驾罢牛，骖蹇驴兮⑬。
骥垂两耳，服盐车兮⑭。
章甫荐屦，渐不可久兮⑮；
嗟苦先生，独离此咎兮⑯。

【注释】

①恭承：恭敬地接受。嘉惠：指皇帝的旨令。俟罪：待罪。俟，等待。汉朝人习惯将任职称为"待罪"，是一种谦称。指贾谊受命被贬为长安王太傅，所以说"俟罪"。②仄闻：同"侧闻"，传闻。仄，古侧字，《史记》作"侧"。③造：往。托：寄托的意思。先生：敬语，指屈原。④罔极：变化无常。罔，无；极，标准、原则。这里指世道混乱，反复无常。陨：落。"陨身"，指丧命。厥：其，指屈原。⑤虖：同"乎"，《史记》作"呼"。不祥：不吉祥，意指屈原生不逢时。⑥鸾凤：鸾鸟与凤凰，皆吉祥之鸟，此处喻指贤人。伏窜：隐藏逃窜。鸱枭：恶鸟，即猫头鹰，古人认为是不祥之鸟，喻指小人。枭，《史记》作"枭"。⑦阘茸，指地位卑微或品格卑鄙的人，这里指不成才的小人。谗谀：阿谀奉承。⑧逆曳：倒着拉扯。这里是说，贤圣之才被小人横拖竖扯，才华无法施展。倒植：即倒置，指正直的君子居于下位。⑨随、

夷：卞随和伯夷，卞随是夏代辞让天下的贤人；伯夷是反对周武王灭殷，不食周粟而死的贤人。此二人历来被儒家推崇为"高尚"有节操的贤者，涵：《史记》作"贪"。跖、蹻即盗跖和庄蹻，都是古代著名的奴隶起义的领袖，被视为恶人的代表。⑩莫邪：古代著名宝剑名。铦：锋利。这里喻指黑白颠倒，小人得志，贤人受屈。⑪于嗟：即"吁嗟"。默默：形容不得意。生："先生"的略文，指屈原。亡故：意谓无故遭此祸难。亡，《史记》作"无"。⑫斡：转。斡弃，意思是被抛弃。周鼎：比喻周朝的传国宝器。宝：以何为宝之意。康瓠：指破烂的瓦器。瓠，壶。这句是说舍弃周鼎而珍惜康瓠。⑬罢：同"疲"。罢牛，指没有力气的牛。骖：车辕外的旁马，这里用为动词。蹇驴：跛足的驴。蹇，跛。⑭骥：骏马。服：古代一车驾四马，中间的两匹叫服。这里用为动词，同驾。⑮章甫：冠名，古代士人所戴的一种礼帽。这句是说，本来是戴在头上的礼帽却用来垫了鞋底，比喻上下颠倒，贤愚倒置。渐：销蚀。⑯嗟苦：义同"嗟乎"，咨嗟，感叹。离：罹，指遭遇这种祸难。

讯曰①：
已矣！
国其莫吾知兮，子独壹郁其谁语②？
凤缥缥其高逝兮③，夫固自引而远去④；
袭九渊之神龙兮⑤，沕渊潜以自珍⑥；
偭蟂獭以隐处兮⑦，夫岂从虾与蛭螾⑧？
所贵圣之神德兮⑨，远浊世而自臧⑩。
便骐骥可系而羁兮⑪，岂云异夫犬羊？
般纷纷其离此邮兮⑫，亦夫子之故也⑬！
历九州而相其君兮⑭，何必怀此都也？
凤凰翔于千仞兮，览德辉而下之⑮；
见细德之险徵兮⑯，遥增击而去之⑰。
彼寻常之污渎兮⑱，岂容吞舟之鱼⑲？
横江湖之鳣鲸兮⑳，固将制乎蝼蚁㉑。

【注释】

①讯：即乱辞，尾声。《史记》讹作"讯"。讯、讯，与《楚辞》"乱曰"都是同一体例。②壹郁：犹"怫郁"，指愤怒与忧愁。③缥缥，与"飘飘"意同，轻快远去的样子。④固：本来。自引：自我引退。⑤袭：深藏。九渊：最深的渊。⑥沕：潜伏不易看见的样子。自珍：自我珍爱不与俗类同游。⑦偭：背弃。蟂、獭：皆害鱼的水中动物。隐处：隐居。⑧从：跟随。虾、蛭、螾：水虫之小生物。螾字同"蚓"。这两句是说神龙离蟂獭而隐藏，怎能从虾、蛭、螾游。⑨贵：看重、珍重。神德：指高贵的品德。⑩臧：同"藏"。自臧，自我保全。⑪骐骥：骏马，千里马。系、羁：羁绊。⑫般：通"班"，纷乱的样子。⑬夫子：指屈原。故：缘故。⑭历：《史记》作"瞵"。相：观察，选择。⑮德辉：指有德之君主。⑯细德：苛细地贪婪追求，指寡德之人。阴徵：奸险的征兆。⑰遥：远。增击：指拍打重层的翅膀，振羽高飞。增，同"层"；击，指鸟的翅膀。⑱寻常：八尺为寻，十六尺为常。污渎：不

流通的死水。⑲吞舟：形容鱼之大。⑳横：横行。横江湖，形容鱼之大。鳢：大鱼名，鲟鳇鱼。鲸：鲸鱼。㉑固：本来。制：受制。蝼蚁：小虫子。蝼，蝼蛄，俗称土狗。

【译文】

敬受皇帝的诏命啊，我戴罪来到长沙。我闻说屈原啊，自沉于汨罗江。特地到来寄思湘水啊，悼念先生的伟大。遭遇混乱世道啊，你生命陨落了。呜呼哀哉！遭逢的时代真是凶恶。鸾鸟凤凰逃窜隐藏啊，恶鸟鸱鸮却高高翱翔。平庸之辈显赫尊贵啊，谄媚的小人得志。贤圣啊，君子遭受不合的损伤。认为卞随、伯夷是昏庸啊，却说盗跖、庄蹻是清廉。说莫邪利剑钝啊，却说铅刀锋利

吊屈原

光闪闪。默默叹息这昏庸无道啊，先生无辜遭此祸难啊。抛弃那国宝周鼎，反倒把破瓦盆当宝贝啊。用疲惫不堪的牛来驾车，旁驾还有瘸腿的驴啊。骏马累得两耳垂着，被用来拉盐车啊。礼帽章甫垫在鞋底儿，如此下去必定磨烂啊。悲叹先生，偏偏独遭此祸殃啊。

算了吧！国中没有人了解自己啊，你独自忧愤无人去倾诉！凤鸟飘飘地飞向远方啊，本应该离开这里去远行。藏在深渊的神龙啊，潜藏得不易发现为的是自我珍重。远离蝮獭来隐居深渊啊，岂能跟随水中小虫蛭蚓相过从。圣人的神德很可贵啊，避开浊世而自我保重。假使千里马也情愿受羁绊啊，那还和羊犬有什么不同？招来如此乱七八糟罪名啊，其中也有先生自己的缘故。应该遍览九州再选择君王啊，又何必苦怀念这个国都？凤凰飞翔于千仞之上啊，看到德政的君主才肯降落。见有细德危险的征兆啊，马上振起双翅遥遥远行。那寻常不流通的小河沟啊，哪容得下吞舟的大鱼？横贯大江的鳢鱼和鲟鱼啊，污渎中就要受制于蝼蚁。

第四卷

论　语

学而篇第一

1.1 子曰①:"学而时习之②,不亦说乎③? 有朋自远方来,不亦乐乎④? 人不知而不愠⑤,不亦君子乎⑥?"

【题解】

这是《论语》开宗明义第一篇第一段,概括而平易地表达了孔子人生理想的三个方面,实际上也是所有人人生的三个要务:人要学习,以至终身学习,以学为快事;人要交友处世,以人和为乐事;人要自知自立,不奢求于外。

【注释】

①子:中国古代对有学问、有地位的男子的尊称。《论语》子曰的"子"都是指孔子。②习:"习"字的本意是鸟儿练习飞翔,在这里是温习和练习的意思。③说:通"悦",高兴、愉快的意思。④乐:快乐。⑤愠:恼怒、怨恨、不满。⑥君子:《论语》中的"君子"指道德修养高的人,即"有德者";有时又指"有位者",即职位高的人。这里指"有德者"。

【译文】

孔子说:"学到的东西按时去温习和练习,不是很高兴吗?有朋友从很远的地方来,不是很快乐吗?别人不了解自己,自己却不生气,不也是一位有修养的君子吗?"

1.2 有子曰①:"其为人也孝弟②,而好犯上者,鲜矣③;不好犯上,而好作乱者,未之有也④。君子务本,本立而道生。孝弟也者,其为仁之本与⑤!"

孔子像

【题解】

孝、弟(悌),是中国传统社会要求子女对父母、弟弟对兄长持有的正确态度。如此,可以防止犯上作乱。这便是孝道的社会政治意义。自春秋战国以后的每个朝代,都继承了孔子的孝悌说,主张"以孝治天下"。从重亲情扩大到有利于社会秩序的规范,这是有借鉴意义的。

【注释】

①有子:孔子的学生,姓有,名若。在《论语》中,记载的孔子学生,一般都称字,只有曾参和有若称"子"。②弟:通"悌",敬爱兄长。③鲜:少。④未之有也:"未有之也"的倒装句,意思是没有这种人。⑤与:通"欤",表示疑问的助词。《论语》中的"欤"字皆作"与"。

有子说："那种孝顺父母、敬爱兄长的人，却喜欢触犯上级，这是很少见的。不喜欢触犯上级却喜欢造反的人，更是从来没有的。有德行的人总是力求抓住这个根本。根本建立了便产生了，做人和治国的原则就会形成。孝敬父母、敬爱兄长，大概便是仁爱的根本吧！"

1.3 子曰："巧言令色①，鲜矣仁②！"

【题解】

花言巧语者，一定是为人处世不讲原则，表面讨好别人，实际只图达到个人目的的小人。这种人，孔子是一贯反对的。孔子注重人的实际行动，强调人应当言行一致，力戒空谈巧言，心口不一。这种质朴精神和保持本色的态度，成为中华传统道德中的精华内容。

【注释】

①巧言令色：巧，好。令，善。巧言令色，即满口说着讨人喜欢的话，满脸装出讨人喜欢的脸色。②鲜：少的意思。

【译文】

孔子说："花言巧语，伪装出一副和善的面孔，这种人是缺少仁德的。"

1.4 曾子曰①："吾日三省吾身②：为人谋而不忠乎？与朋友交而不信乎？传不习乎③？"

【题解】

曾参是孔子弟子中以注重修身著称的。曾参提出了"反省内求"的修养办法，不断检查自己的言行，使自己修养成完美的人格。这种自省的道德修养方式在今天都是令人改过迁善的最有效的方法。曾参还提出了"忠"和"信"的做人标准，"忠"的特点是一个"尽"字，办事尽心尽力；"信"是信任和信用，表现是诚实不欺、说真话、说话算数。这是一个人立身处世的基石。

【注释】

①曾子：孔子晚年的学生，名参，字子舆，比孔子小46岁。生于公元前505年，鲁国人，是被鲁国灭亡了的鄑国贵族的后代。曾参是孔子的得意门生，以孝著称，据说《孝经》就是他撰写的。②三省：多次反省。③传：老师讲授的功课。

【译文】

曾参说："我每天再三反省自己：替别人办事是不是尽心竭力了呢？跟朋友交往是不是诚实守信了呢？对老师传授的学业是不是用心复习了呢？"

1.5 子曰："道千乘之国①，敬事而信②，节用而爱人③，使民以时④。"

【题解】

这段话反映了孔子的政治主张。他提出了五条：敬事、取信于民、节用、爱人、使民以时。这是关于治理国家的基本原则，即要求国家管理者严肃认真地办理国家各方面事务，恪守信用；节约用度，爱护人民；征用百姓应注意不误农时等。

【注释】

①道：通"导"，引导之意。此处译为治理。千乘之国：乘，古代用四匹马拉的兵车。春秋时代，打仗用兵车，故车辆数目的多少往往标志着这个国家的强弱。千乘之国，即代指大国。②敬事：敬是指对待所从事的事务要谨慎专一、兢兢业业，我们今天也说要敬业。③爱人：古代人的含义有广义与狭义的区别。广义的人，指一切人群；狭义的人，仅指士大夫以上各个阶层的人。④使民以时：时指农时。古代百姓以农业为主，这是说役使百姓要按照农时，即不要误了耕作与收获。

【译文】

孔子说："治理拥有一千辆兵车的国家，应该恭敬谨慎地对待政事，并且讲究信用；节省费用，并且爱护人民；征用老百姓的劳动力要尊重农时，不要耽误耕种、收获的时间。"

1.6 子曰："弟子入则孝①，出则弟②，谨而信③，泛爱众而亲仁④。行有余力⑤，则以学文⑥。"

【题解】

这段话表达了孔子希望培养的理想人格，即达到孝、悌、谨（慎）、信、泛爱、亲仁、学文这七条标准。这表明孔子的教育是以道德教育为中心，重点在育人，把"德"排在"识"的前面，首先要做一个好人，学了书本知识才能有用。

【注释】

①弟子：有二义，一是指年幼之人，弟系对兄而言，子系对父而言，故曰弟子；二是指学生。此处取前义。入：古代时父子分别住在不同的居处，学习则在外舍。入是入父宫，指进到父亲住处，或说在家。 ②出：与"入"相对而言，指外出拜师学习。出则弟，是说要用弟道对待师长，也可泛指年长于自己的人。③谨：寡言少语称之为谨。④仁：指具有仁德的人，即温和、善良的人。此形容词用作名词。⑤行有余力：指有闲暇时间。⑥文：古代文献。主要有诗、书、礼、乐等文化知识。

【译文】

孔子说："小孩子在父母跟前要孝顺，出外要敬爱师长，说话要谨慎，不说废话，言而有信，和一切人都友爱相处，亲近那些具有仁爱之心的人。做到这些以后，还有剩余的精力，就用来学习古代文献。"

1.7 子夏曰①："贤贤易色②；事父母，能竭其力；事君，能致其身③；与朋友交，言而有信。虽曰未学，吾必谓之学矣。"

【题解】

这段话提出了正确处理夫妇、父子、君臣、朋友四种关系的道德标准。子夏认为，一个人有没有良好的教育，主要不是看他的文化知识，而是要看他能不能实行"孝""忠""信"

等基本道德。只要做到了这几点，即使他说自己没有学习过，但他已经是有良好教养的人了。

【注释】

①子夏：姓卜，名商，孔子的学生，以文学著称。比孔子小44岁，生于公元前507年。孔子死后，他在魏国宣传孔子的思想主张。②贤贤：第一个"贤"字做动词用，尊重的意思。贤贤即尊重贤者。易：有两种解释，一是改变的意思，此句即为尊重贤者而改变好色之心；二是轻视的意思，即看重贤德而轻视女色。③致其身：致，意为奉献、尽力。这是说要尽忠的意思。

【译文】

子夏说："一个人能够看重贤德而不以女色为重；侍奉父母，能够竭尽全力；服侍君主，能够献出自己的生命；同朋友交往，说话诚实、恪守信用。这样的人，尽管他自己说没有学习过，我也一定说他已经学习过了。"

1.8 子曰："君子不重则不威①，学则不固②。主忠信③。无友不如己者④。过，则勿惮改⑤。"

【题解】

这里，孔子提出了君子应当庄重大方，才能具有人格的威严，庄重而威严才能认真学习而所学牢固。君子还要慎重交友，且要有过则勿惮改的对待错误和过失的正确态度。这一思想把君子从内到外的修养联系起来讲，闪烁着真理光辉，对提高自己有重要帮助。

【注释】

①重：庄重、自持。②学则不固：与上句联系起来就可理解，一个人不庄重就没有威严，所学也不坚固。③主忠信：以忠信为主。④无：通"毋"，不要的意思。不如己：一般解释为不如自己。另一种解释说，"不如己者，不类乎己，所谓'道不同不相为谋'也"。把"如"解释为"类似"。后一种解释更为符合孔子的原意。⑤过：过错、过失。惮：害怕、畏惧。

【译文】

孔子说："一个君子，如果不庄重，就没有威严；即使读书，所学的也不会牢固。行事应当以忠和信这两种道德为主。不要去和与自己不同道的人交朋友。有了过错，要不怕改正。"

1.9 曾子曰："慎终追远①，民德归厚矣。"

【题解】

孔子非常重视丧祭之礼，他把祭祀之礼看作一个人孝道的继续和表现，通过祭祀之礼，可以培养个人对父母和先祖尽孝的情感。儒家重视孝的道德，是因为孝是忠的基础，一个不能对父母尽孝的人，他是不可能为国尽忠的。所以忠是孝的延伸和外化。只要做到忠与孝，那么，社会与家庭就可以得到安定。

孔子并不相信鬼神的存在，他说"敬鬼神而远之"，就证明了这一点。他没有提到过人死之后是否有灵魂的存在，他是通过祭祀亡灵，来实行教化，希望把人们塑造成有教养的忠孝两全的君子。

【注释】

　　①慎终追远：慎终，指对父母之丧要尽其哀。追远，指祭祀祖先要致其敬。

【译文】

　　曾子说："谨慎地对待父母的丧事，恭敬地祭祀远代祖先，就能使民心归向诚实忠厚。"

　　1.10　子禽问于子贡曰①："夫子至于是邦也，必闻其政。求之与？抑与之与②？"子贡曰："夫子温、良、恭、俭、让以得之。夫子之求之也，其诸异乎人之求之与③？"

【题解】

　　本章通过子禽与子贡两人的对话，表现了孔子为人处世的方式与风格。孔子之所以到处都能受到礼遇和尊重，原因在于孔子具有温和、善良、恭敬、俭朴、谦让的道德品格。他能不激不厉，即之也温；仁德待人，宽厚善良；对人尊重，处事恭敬；居仁守礼，自奉俭朴；先人后己，处世谦让。所以每到一个诸侯国，都受到各国国君的礼遇，与人相交，都能得到别人的尊重，他不用去乞求什么，人家都愿意帮助他，这就是孔子与别人不同的待人接物的方式。

【注释】

　　①子禽：姓陈，名亢，字子禽。子贡：姓端木，名赐，字子贡，孔子的学生，比孔子小31岁。②抑与之：抑，反语词，可做"还是……"解。与之，（别人）自愿给他。③其诸：表示不太肯定的语助词，有或者、大概的意思。

【译文】

　　子禽问子贡说："孔夫子每到一个国家，就一定会获知这个国家的政事。那是求人家告诉他的呢，还是人家主动说给他听的呢？"子贡说："夫子是靠温和、善良、恭敬、节俭和谦让得来的。夫子的那种求得的方式，大概是不同于别人的吧？"

　　1.11　子曰："父在，观其志①；父没，观其行②；三年无改于父之道，可谓孝矣。"

【题解】

　　这一章仍然谈的是有关"孝"的问题，把"孝"字具体化了。这段话有一个前提，就是父亲所尊崇的道理一定是正确的，一般来说，这是没有疑问的。不管一个父亲本人的思想和道德水准有多高，他对于儿子的期望标准总应该是高的，而且，这里说了父亲在世的时候儿子已经表现出了自己的志向，父亲去世之后，儿子不要降低了自己的标准。三年内都不改变他父亲所尊崇的正确的道理，这就是尽孝了。这里需要说明的是，这段话并没有阻碍下一代发展的意思，有人用儿子"言行举止总停留在过去的水平上"来批评这句话，显然是曲解。

①其：指儿子。②行：行为。

【译文】

孔子说："当他父亲活着时，要看他本人的志向；他父亲去世以后，就要考察他本人的具体行为了；如果他坚持他父亲生前那些正确原则三年，就可以说是尽孝了。"

1.12　有子曰："礼之用，和为贵。先王之道①，斯为美，小大由之。有所不行，知和而和，不以礼节之，亦不可行也。"

【题解】

这段话讲的是治国之道，强调礼乐相济为用。"和"是儒家所特别倡导的伦理、政治和社会原则。《礼记·中庸》写道："喜怒哀乐之未发，谓之中；发而皆中节，谓之和。"礼的推行和应用要以和谐为贵，但并不是要为和谐而和谐，礼是社会规范和社会秩序的具体表现，脱离了社会秩序和规范的和谐是行不通的。人类社会在相当长的一段时间里都是有等级差别的，秩序和规范是必要的。所谓先王之道就是西周以来行之有效的礼乐制度，但到了春秋时代，这种社会秩序和规范开始破裂，臣弑君、子弑父的现象已属常见。对此，孔子提出"和为贵"说，又指出不能为和而和，要以礼节制之，可见孔子提倡的和并不是无原则的调和，这是有其合理性的。在历史上，凡是要加强社会秩序的时候，孔子的这种思想都受到重视。

【注释】

①先王之道：指的是古代圣王治国之道。

【译文】

有子说："礼的功用，以遇事做得恰当和顺为可贵。以前的圣明君主治理国家，最可贵的地方就在这里。他们做事，无论事大事小，都按这个原则去做。如遇到行不通的，仍一味地追求和顺，却并不用礼法去节制它，也是行不通的。"

1.13　有子曰："信近于义，言可复也①。恭近于礼，远耻辱也②。因不失其亲③，亦可宗也④。"

【题解】

这段话讲的是儒家的交友待人之道。

孔子的弟子有子在本章所讲的这段话，表明他们对"信"和"恭"是十分看重的。"信"要以义为基础，方能做到践行可复；"恭"要以周礼为标准，方能远离耻辱，也就是保持人与人之间的尊重。不符合礼的话绝不能讲，讲了就不是"信"的态度；不符合礼的事绝不能做，做了就不是"恭"的态度。这是讲的为人处世的基本态度。

【注释】

①复：实践；履行。②远：使远离，可以译为避免。③因：依靠之意。④宗：主。可宗，可靠。

有子说："所守约言符合道德规范，这种约言就可兑现。态度谦恭符合礼节规矩，就不会遭受羞辱。接近那些值得亲近的人，也就可靠了。"

1.14　子曰："君子食无求饱，居无求安，敏于事而慎于言，就有道而正焉①，可谓好学也已。"

【题解】

这段话讲的是君子的日常言行的基本要求。孔子认为，作为一个君子，不应当过多地讲究自己的饮食与居处，他在工作方面应当勤劳敏捷，谨慎小心，而且能经常检讨自己，请有道德的人对自己的言行加以匡正。应当不去追求物质享受，不要贪图安乐，要把注意力放在做有意义的事情方面，随时都学习先进的，追求真理。既有勤奋的精神，又有高明的方法，才可以算是热爱学习的了。这是孔子对学生的指导，这也是孔子一生求学精神的自我写照。

【注释】

①有道：指有道德、有学问的人。正：正其是非。

【译文】

孔子说："君子吃东西不追求饱足，居住不追求安逸，对工作勤奋敏捷，说话却谨慎，接近有道德有学问的人并向他学习，纠正自己。就可以称得上是好学了。"

1.15　子贡曰："贫而无谄，富而无骄，何如？"子曰："可也。未若贫而乐，富而好礼者也。"

子贡曰："《诗》云：'如切如磋，如琢如磨①。'其斯之谓与②？"子曰："赐也③，始可与言《诗》已矣，告诸往而知来者④。"

【题解】

这段话记载了子贡和孔子讨论如何对待穷和富的问题。贫富的差距在历史上一直存在，这不是个人能够解决的问题。孔子希望他的弟子以及所有的人，都能够达到贫而乐道、富而好礼的境界，因而在平时对弟子的教育中，就把这样的思想讲授给学生。贫而乐道、富而好礼，这样，个人可以得到最大限度地发展，社会上无论贫或富也都能做到各安其位，便可以保持社会的安定了。孔子还赞扬了子贡"举一反三"地灵活运用知识的能力。

【注释】

①如切如磋，如琢如磨：见《诗经·卫风·淇奥》。②其：表测度语气，大概。③赐：子贡的名。孔子对学生一般都称名。④来者：未来的事，这里借喻为未知的事。

【译文】

子贡说："贫穷却不巴结奉承，有钱却不骄傲自大，怎么样？"孔子说："可以了，但还是不如虽贫穷却乐于道，虽却有钱却谦虚好礼。"

子贡说:"《诗经》上说:'要像骨、角、象牙、玉石等的加工一样,先开料,再粗锉,细刻,然后磨光。'那就是这样的意思吧?"孔子说:"赐呀,现在可以同你讨论《诗经》了。告诉你以往的事,你能因此而知道未来的事。"

1.16 子曰:"不患人之不己知,患不知人也。"

【题解】

孔子教育学生们,在处世上要有人不知而不愠的精神,能够在寂寞中做成应该做的事业,完成应该具有的仁德修养。学,是为了自己的进步,而不要把精力用于怨天尤人。处世是需要了解别人的,自己心境平和,才能真实地了解别人。

【译文】

孔子说:"不要担心人家不了解自己,担心的是自己不了解人家。"

为政篇第二

2.1 子曰:"为政以德,譬如北辰居其所而众星共之①。"

【题解】

孔子用了一个形象的比方来说明施行德治仁政可以得人心,得到人民的广泛拥护和支持。这段话代表了孔子的"为政以德"的思想,施行德治仁政,天下的人就会发自内心地走向正确的轨道。这是强调仁德在政治生活中的核心作用,主张以道德教化为治国的原则。这是孔子学说中较有价值的部分,表明儒家治国的基本原则是德治,而非严刑峻法。

为政以德

【注释】

①北辰:北极星。共:亦作"拱",环绕。

【译文】

孔子说:"用道德的力量去治理国家,自己就会像北极星那样,安然处在自己的位置上,别的星辰都环绕着它。"

2.2 子曰:"诗三百①,一言以蔽之②,曰:'思无邪。'"

【题解】

《诗经》在孔子时代就称作《诗》,经过孔子的整理加工以后,被用作教材。孔子对《诗经》有深入研究，所以他用"思无邪"来概括它，这句话表达了孔子对《诗经》真挚健康的文学风格的深刻印象与高度评价。

【注释】

①诗三百：《诗经》中共收诗305篇。"三百"举其整数而言。②蔽：概括。

【译文】

孔子说："《诗经》三百多篇，用一句话来概括它，就是'思想纯正'。"

2.3 子曰："道之以政^①，齐之以刑，民免而无耻^②。道之以德，齐之以礼，有耻且格^③。"

【题解】

在本章中，孔子举出两种截然不同的治国方针。孔子认为，刑罚只能使人避免犯罪，不能使人懂得犯罪可耻的道理，而道德教化比刑罚要高明得多，既能使百姓守规蹈矩，又能使百姓有知耻之心。这反映了德治在治理国家时有不同于法治的特点。孔子认为用礼制来整顿百姓的思想和行为，能有效地抑制"犯上作乱"动机的形成。这反映了儒家同法家在治国方略上的差异。

【注释】

①道：有两种解释，一说是引导的意思；一说是领导、治理，与"道千乘之国"的"道"相同。此从后解。②免：免罪、免刑、免祸。③格：纠正。

【译文】

孔子说："用政令来引导人民，用刑罚来整治他们，人民可暂时免于罪过，但不会感到不服从统治是可耻的；如果用道德来统治人民，用礼教来约束他们，人民不但有廉耻之心，而且人心归服。"

2.4 子曰："吾十有五而志于学^①，三十而立^②，四十而不惑，五十而知天命，六十而耳顺^③，七十而从心所欲，不逾矩。"

【题解】

这是孔子最为著名的言论之一，讲述了他学习和修养的过程。这一过程，是一个随着年龄的增长，思想境界逐步提高的过程。整个过程分为三个阶段：从十五岁立下志向学习上进，三十岁打下思想、学业和事业的基础；四十岁就可以明辨一切是非，确定正确的方向了；五十岁能够明了事物的规律；六十岁听到一切都不再吃惊，也不受环境左右了；七十岁是主观意识和做人的规则融合为一的阶段。在这个阶段中，道德修养达到了最高的境界。孔子的道德修养过程，有合理因素：第一，他看到了人的道德修养不是一朝一夕的事，不能一下子完成，不能搞突击，要经过长时间的学习和锻炼，要有一个循序渐进的过程。第二，道德的最高境界是思想和言行的融合，自觉地遵守道德规范，而不是勉强去做。这两点对任何人，都是适用的。

①有：通"又"。古文中表数字时常用"有"代替"又"，表示相加的关系。②立：站立，成立。这里指立身处世。③耳顺：对于外界一切相反相异、五花八门的言论，能分辨是真是假，并听之泰然。

【译文】

孔子说："我十五岁，立志学习，三十岁在人生道路上站稳脚跟，四十岁心中不再迷惘，五十岁知道上天给我安排的命运，六十岁听到别人说话就能分辨是非真假，七十岁能随心所欲地说话做事，又不会逾越规矩。"

2.5　孟懿子问孝①。子曰："无违②。"樊迟御③，子告之曰："孟孙问孝于我，我对曰，无违。"樊迟曰："何谓也？"子曰："生，事之以礼；死，葬之以礼，祭之以礼。"

【题解】

孔子极其重视孝，要求人们对自己的父母尽孝道，无论他们在世或去世，都应如此。但这里着重讲的是，尽孝时不应违背礼的规定，否则就不是真正的孝。孔子"无违"二字是指当时的礼崩乐坏。他主张属于家庭伦理范畴的孝道不能越出作为政治伦理原则的"礼"的规定。可见，孝不是随意的，必须受礼的规定，依礼而行才是孝。

【注释】

①孟懿子：鲁国大夫，姓仲孙，名何忌。懿，谥号。②无违：不要违背礼节。③樊迟：孔子的学生，姓樊，名须，字子迟。御：驾车，赶车。

【译文】

孟懿子问什么是孝道。孔子说："不要违背礼节。"不久，樊迟替孔子驾车，孔子告诉他："孟孙问我什么是孝道，我对他说：'不要违背礼节。'"樊迟说："这是什么意思？"孔子说："父母活着的时候，依规定的礼节侍奉他们；死的时候，依规定的礼节安葬他们，祭祀他们。"

2.6　孟武伯问孝①。子曰："父母唯其疾之忧②。"

【题解】

从古到今，做父母的最根本的愿望是孩子的健康成长，最担忧的事情就是儿女有了疾病。所以，做儿女的能够让父母放心的最基本做法就是保证自己的身心健康，这就是尽孝了。俗话说，"儿行千里母担忧"，当然，做儿女的能够体会父母的这种心情，也应该知道如何去关心父母。

【注释】

①孟武伯：孟懿子的儿子，名彘，武是谥号。②其：指孝子。

【译文】

孟武伯问什么是孝道，孔子说："父母只为孩子的疾病担忧（而不担忧别的）。"

2.7　**子游问孝①。子曰："今之孝者，是谓能养。至于犬马，皆能有养。不敬，何以别乎？"**

【题解】

这里还是谈论孝的问题。进一步阐述了孔子对于"孝"的观点。他认为老人不仅需要奉养及物质上的满足，更需要尊敬和精神上的满足。人们对于犬马及宠物都能尽心尽力地饲养，如果对于父母只奉养而不尊敬，那是绝对不行的。

【注释】

①子游：孔子的学生，姓言，名偃，字子游，吴人。

【译文】

子游请教孝道，孔子说："现在所说的孝，指的是能养活父母便行了。即使狗和马，也都有人饲养；对父母如果不恭敬顺从，那和饲养狗马有什么区别呢？"

2.8　**子夏问孝。子曰："色难①。有事，弟子服其劳②；有酒食③，先生馔④，曾是以为孝乎⑤？"**

【题解】

孔子所提倡的孝，体现在各个方面和各个层次，他要求不仅从形式上按周礼的原则侍奉父母，而且要从内心深处真正地孝敬父母。这段话意思是说，只有对父母的敬重充溢于心，才能时时处处在眉宇之间、言行之中表现出和悦的神色和敬意。

【注释】

①色难：有两种解释，一说孝子侍奉父母，以做到和颜悦色为难；一说难在承望、理解父母的脸色。今从前解。②弟子：年轻的子弟。③食：食物。④先生：与"弟子"相对，指长辈。馔：吃喝。⑤曾：副词，竟然的意思。

【译文】

子夏问什么是孝道，孔子说："侍奉父母经常保持和颜悦色最难。遇到事情，由年轻人去做；有好吃好喝的，让老年人享受，难道这样就是孝吗？"

2.9　**子曰："吾与回言终日①，不违，如愚。退而省其私②，亦足以发，回也不愚。"**

【题解】

这里讲孔子的教育思想和方法。他提倡启发式的教学，提倡学生也要有主动发明和创造的精神，不满意那种"终日不违"、从来不提相反意见和问题的学生，希望学生在接受教育的时候，要开动脑筋，思考问题，对老师所讲的问题应当有所发挥。所以，他认为不思考问题、不提不同意见的人是愚人。颜回在实践上能发挥孔子平日所讲授的，所以孔子说他不愚。

①回：颜回，孔子最得意的门生，鲁国人，字子渊。②退：从老师那里退下。省：观察。私：私语，指颜回与别人私下讨论。

【译文】

孔子说："我整天和颜回讲学，他从不提出什么反对意见，像个蠢人。等他退下，我省察他私下同别人的讨论，发现他却能发挥我所讲的，可见颜回他并不愚笨呀！"

2.10 子曰："视其所以①，观其所由②，察其所安③。人焉廋哉④？人焉廋哉？"

【题解】

这段话是孔子讲述的观察别人的方法。孔子认为，对人应当听其言而观其行，还要看他做事的出发点，和他什么时候最心安理得，这就可以从他的言论、行动到他的内心，全面了解这个人。

【注释】

①以：为。所以：所做的事。②所由：所经过的途径。③安：安心。④廋：隐藏，隐蔽。

【译文】

孔子说："看一个人的所作所为，考察他处事的动机，了解他的心情安乐与否。那么，这个人的内心怎能掩盖得了呢？这个人的内心怎能掩盖得了呢？"

2.11 子曰："温故而知新，可以为师矣。"

【题解】

孔子这句话强调了举一反三、领会精神实质在教学中的重要性。"温故而知新"是孔子对我国教育学的重大贡献之一，他认为，不断温习所学过的知识，从而可以获得新知识。这一学习方法抓住了学习的本质规律：人的认知是由低到高、连续的，新知识、新学问都是在过去所学知识的基础上发展而来的。因此，温故而知新是一个切实可行的学习方法，也是学习的基本规律。

【译文】

孔子说："在温习旧的知识时，能有新的收获，就可以当老师了。"

2.12 子曰："君子不器。"

【题解】

孔子主张一个君子应当是个通才，博学多能。君子是孔子心目中具有理想人格的人，他应该担负起治国安邦平天下的重任。对内可以处理各种政务；对外能够应对四方，不辱君命。所以，孔子说，君子应当博学多识，具有多方面才干，不只局限于某个方面，因此，他可以通观全局、领导全局，成为合格的领导者。这种思想在今天仍有可取之处。

孔子说："君子不能像器皿一样，只有一种用途。"

2.13 子贡问君子。子曰："先行其言而后从之。"

【题解】

做一个有道德的、博学多识的君子，不能只说不做，而应先做后说。只有先做后说，才可以取信于人。孔子教育学生注重因材施教，有的放矢；这是强调实际行动、反对夸夸其谈的回答，也是对聪明敏捷的子贡的提醒。

【译文】

子贡问怎样才能做一个君子。孔子说："对于你要说的话，先实行了，然后说出来。"

2.14 子曰："君子周而不比①，小人比而不周②。"

【题解】

孔子在这里提出君子与小人的区别之一，就是小人因私利而结党勾结，不能与大多数人融洽相处；而君子则不同，他做事总为多数人着想，能与众人和谐相处，但不与人相勾结，只要有人群的地方，孔子这种思想就有积极意义。

【注释】

①周：团结多数人。②比：勾结。

【译文】

孔子说："德行高尚的人以正道广泛交友但不互相勾结，品格卑下的人互相勾结却不顾道义。"

2.15 子曰："学而不思则罔①，思而不学则殆②。"

【题解】

这两句话提出了学习和思考的关系，指出学与思要相结合。这是孔子治学方法的重要总结。孔子认为，在学习的过程中，学和思不能偏废。他指出了学而不思就会徒劳无功，也道出了思而不学的弊端是不学无术。主张学与思相结合。只有将学与思相结合，才可以使自己成为既有思想、又有学识的人。

【注释】

①罔：迷惘，没有收获。②殆：疑惑。

【译文】

孔子说："学习而不思考就会迷惘无所得；思考而不学习就不切于事而危疑不安。"

2.16 子曰："攻乎异端①，斯害也已②。"

孔子在这里向他的学生提出了一个警示：学习要走正道，要从精于一开始，不可驳杂不纯，更不要攻习邪说。

【注释】

①攻：专攻，一心一意致力于某事。一说为攻击，今不从。异端：反对的一端，引申为不正确的意见、学说。②斯：连词，这就、那就的意思。也巳：语气词。

【译文】

孔子说："专力攻治杂学技艺，这是有害的呀。"

2.17 子曰："由①！诲女知之乎②！知之为知之，不知为不知，是知也。"

【题解】

这是广为传播的孔子名言，后世被用来提醒人们用老实的态度来对待知识的问题，来不得半点的虚伪和骄傲。要养成学习踏实认真、实事求是的作风，避免鲁莽虚荣的习气。

【注释】

①由：孔子的学生，姓仲，名由，字子路，卞人（故城在今山东泗水县东五十里）。②知：做动词用，知道。

【译文】

孔子说："由啊，告诉你对知和不知的态度吧！知道就是知道，不知道就是不知道，这是真正的智慧！"

2.18 子张学干禄①。子曰："多闻阙疑②，慎言其余，则寡尤③；多见阙殆④，慎行其余，则寡悔。言寡尤，行寡悔，禄在其中矣。"

【题解】

孔子这段话是回答子张怎样能够做好官。孔子教导学生要勤学慎行，言行不犯错误，他认为身居官位者，要说有把握的话，做有把握的事，这样可以减少失误，减少后悔，这是对国家、对个人负责任的态度。当然这里所说的，并不仅仅是一个为官的方法，也是立身于社会的基本原则。这也表明了孔子在知与行二者关系问题上的观念，孔子并不反对他的学生谋求官职，但是要把官做好，还要做好官。

【注释】

①子张：孔子的学生，姓颛孙，名师，字子张。干禄：谋求禄位。②阙疑：把疑难问题留着，不下判断。阙，通"缺"。③尤：过失。④阙殆：与"阙疑"对称，同义，均译为"怀疑"。

【译文】

子张请教求得官职俸禄的方法，孔子说："多听，把不明白的事情放到一边，谨慎地说出那些真正懂得的，就能少犯错误；多观察，不明白的就保留心中，谨慎地实行那些真正懂得的，就能减少事后懊悔。言语少犯错误，行动很少后悔，自然就有官职俸禄了。"

2.19　哀公问曰①："何为则民服？"孔子对曰："举直错诸枉②，则民服；举枉错诸直，则民不服。"

【题解】

鲁哀公向孔子请教如何治理国家，让人民拥护的办法，孔子特别强调的是用什么人和怎么用人的问题，也是树立好的榜样，遏制歪风与恶人的问题。荐举贤才、选贤用能，这是孔子德治思想的重要组成部分。宗法制度下的选官用吏，唯亲是举，孔子的这种用人思想可说在当时是一大进步。"任人唯贤"的思想在历史上一直闪耀着光辉。

【注释】

①哀公：鲁国国君，姓姬，名蒋，鲁定公之子，在位27年，哀，是谥号。②错：通"措"，安置。诸："之于"的合音。枉：邪曲。

【译文】

鲁哀公问道："我怎么做才能使百姓服从呢？"孔子答道："把正直的人提拔上来，使他们位居不正直的人之上，则百姓就服从了；如果把不正直的人提拔上来，使他们位居正直的人之上，百姓就会不服从。"

2.20　季康子问①："使民敬、忠以劝②，如之何？"子曰："临之以庄，则敬；孝慈，则忠；举善而教不能，则劝③。"

【题解】

季康子的本意，是想向孔子请教治理百姓的方法，而孔子教他的却是做人的道理，引导他提高个人的品质和修养。这还是在谈如何从政的问题。孔子主张"礼治""德治"，这不单单是针对老百姓的，对于当政者仍是如此。当政者本人应当庄重严谨、孝顺慈祥，老百姓就会对当政的人尊敬、真心向善又努力劳作。

【注释】

①季康子：鲁国大夫季孙桓子之子，名肥，鲁国正卿，康，是谥号。②以：通"与"，可译为"和"。③劝：勉励的意思。

【译文】

季康子问："要使百姓恭敬、忠诚并互相勉励，该怎么做？"孔子说："如果你用庄重的态度对待他们，他们就会恭敬；如果你能孝顺父母、爱护幼小，他们就会忠诚；如果你能任用贤能之士，教育能力低下的人，他们就会互相勉励。"

2.21　或谓孔子曰①："子奚不为政②？"子曰："《书》云③：'孝乎惟孝，友于兄弟，施于有政④。'是亦为政，奚其为为政？"

【题解】

　　这一章反映了孔子的一个基本思想：就是把亲情扩充为人与人之间的仁德之心，把治家之道伸展到治国之道上去，这种思想有着跨越时代的价值。他认为，国家政治以孝为本，孝父友兄的人才有资格担当国家的官职。说明了孔子的"德治"思想主张。

【注释】

　　①或：有人。②奚：疑问词，当"何""怎么""为什么"讲。③《书》：指《尚书》。"《书》云"以下三句见伪《古文尚书·君陈》，略有出入，可能是《尚书》逸文。④施于有政："有"在此无实在意义，"施于有政"即"施于政"，意思是"把……影响到政治上去"。

【译文】

　　有人问孔子说："你为什么不当官参与政治呢？"孔子说："《尚书》中说'孝呀，只有孝顺父母，才能推广到友爱兄弟，并把孝悌的精神扩展影响到政治上去'，这也是参与政治，为什么一定要当官才算参与政治呢？"

　　2.22　子曰："人而无信①，不知其可也。大车无輗②，小车无軏③，其何以行之哉？"

【题解】

　　孔子用一个著名的比喻，阐述了诚实守信的重要性。信，是儒家传统伦理准则之一。孔子认为，信是人立身处世的基点。在《论语》中，信的含义有两种：一是信任，即取得别人的信任；二是对人讲信用。一个良好的社会环境确实应该让不守信的无法畅行。

【注释】

　　①而：如果。信：信誉。②大车：指牛车。輗：大车辕和车辕前横木相接的关键。③小车：指马车。无軏：马车辕前横木两端的木销。

【译文】

　　孔子说："一个人如果不讲信誉，真不知他怎么办。就像大车的横木两头没有活销，小车的横木两头少了关扣一样，怎么能行驶呢？"

　　2.23　子张问："十世可知也①？"子曰："殷因于夏礼②，所损益，可知也；周因于殷礼，所损益，可知也。其或继周者，虽百世，可知也。"

【题解】

　　这里孔子讲了文明史的继承与发展的关系，指出了其损益规律。孔子历来不反对变革，但是一切变革都是在既有的基础上进行的，是有迹可循的。孔子在这儿提出一个重要概念：损益。它的含义是增减、兴革。即对前代典章制度、礼仪规范等有继承、沿袭，也有改革、变通。

【注释】

　　①世：古时称三十年为一世，一世为一代。也有的把"世"解释为朝代。也：表疑问

的语气词。②殷：殷朝，即商朝，因其都城在殷墟而得名。因：因袭，沿袭。

子张问："今后十代的礼制现在可以预先知道吗？"孔子说："殷代承袭夏代的礼制，其中废除和增加的内容是可以知道的；周代继承殷代的礼制，其中废除和增加的内容，也是可以知道的。那么以后如果有继承周朝的朝代，就是在一百代以后，也可以预先知道的。"

2.24　子曰："非其鬼而祭之，谄也。见义不为，无勇也。"

【题解】

孔子提出"义"和"勇"的概念，都是儒家有关塑造高尚人格的规范。《论语集解》注：义，所宜为。符合于仁、礼要求的，就是义。勇，就是果敢、勇敢。孔子把"勇"作为实行"仁"的条件之一。必须符合"仁、义、礼、智"，才算是勇，否则就是"乱"。

【译文】

孔子说："祭祀不该自己祭祀的鬼神，那是献媚。见到合乎正义的事而不做，这是没有勇气。"

里仁篇第三

3.1　子曰："里仁为美①。择不处仁，焉得知？"

【题解】

重视居住的环境、重视对朋友的选择，是儒家关于个人修养的思想的一个重要方面。环境对人有重大的影响，在春秋时代孔子就注意到这个问题，所以他提出了居必择仁的原则。"近朱者赤，近墨者黑"，与有仁德的人住在一起，耳濡目染，就会受到仁德者的熏陶，这才是明智的选择。

【注释】

①里：可做名词讲，居住之地；也可以做动词讲，居住，均通。今从第一义。

【译文】

孔子说："住的地方，风俗仁厚的是美好的。选择住地却放弃了仁，怎能说是明智呢？"

里仁为美

3.2　子曰："不仁者不可以久处约①，不可以长处乐。仁者安仁，知者利仁②。"

在这里，孔子突出地强调了做人要以仁为本，没有仁德的人长久地处在贫困或安乐之中都会更加堕落，他们或作乱或骄奢放荡。只有仁者安于仁，智者行仁。有了仁的本心，才能在任何环境下都做到矢志不移，保持节操。

【注释】

①约：穷困之意。②知：通"智"。

【译文】

孔子说："没有慈爱之心的人不可以长久地安于穷困，也不可以长久地处在安乐之中。仁慈的人安心于推行慈爱精神，聪明的人因为利益而去实行慈爱精神。"

3.3　子曰："唯仁者能好人①，能恶人②。"

【题解】

在孔子看来，只有具有仁爱之心的人才是最公正的，他才能没有私心，所以能够真正地知道好恶，因而会有正确的爱和恨。

【注释】

①好：爱好。②恶：厌恶。

【译文】

孔子说："只有讲仁爱的人，才能够真正地喜爱某人、厌恶某人。

3.4　子曰："苟志于仁矣，无恶也。"

【题解】

这里仍然强调仁是做人的根本。孔子勉励人们立志行仁，远离一切坏事。既不犯上作乱、为非作恶，也不骄奢淫逸。这样可以有益于国家、有利于百姓。

【译文】

孔子说："如果立志追求仁德，就不会去做坏事。"

3.5　子曰："富与贵，是人之所欲也；不以其道得之，不处也。贫与贱，是人之所恶也；不以其道得之，不去也。君子去仁，恶乎成名①？君子无终食之间违仁，造次必于是②，颠沛必于是③。"

【题解】

孔子在这里提出了一个极重要的普遍性现象：任何人想行仁，都不能脱离社会，仁者不一定就富贵，但是一位真正的仁者是在任何情况下都不会违背仁的。任何人都不会甘愿过贫穷困顿、流离失所的生活，都希望得到富贵尊荣，但这必须通过正当的手段和途径去获取。否则，宁守清贫也不去享受富贵。

①恶乎：恶，何处。恶乎，即怎样。②造次：急促、仓促。③颠沛：用以形容人事困顿，社会动乱。

【译文】

孔子说："发财和做官，是每个人所盼望的，但是，以不正当的手段得到它，是不应该的。贫困和卑贱是人们所厌恶的，但是，不通过正当的途径是不应该摆脱掉的。君子背离了仁的准则，怎么能够成名呢？君子没有吃完一顿饭的时间离开仁德，即使在匆忙紧迫的情况下也一定要遵守仁的准则，在颠沛流离的时候也和仁同在。"

3.6　子曰："我未见好仁者，恶不仁者。好仁者，无以尚之①；恶不仁者，其为仁矣，不使不仁者加乎其身。有能一日用其力于仁矣乎？我未见力不足者。盖有之矣，我未之见也。"

【题解】

这是孔子教导人们为仁的方法。他认为只要努力去做，就是真正为仁，"我未见力不足者"，强调了道德修养要依靠自觉的努力。而且重要的是从当日起就去做，今天行仁了，今天就得到了仁，明代王阳明"知行合一"的心学亦受其思想影响。

【注释】

①尚：通"上"，用作动词，超过的意思。

【译文】

孔子说："我从未见过喜爱仁德的人和厌恶不仁德的人。喜爱仁德的人，那就没有比这再好的了，厌恶不仁德的人，他实行仁德，只是为了不使不仁德的事物加在自己身上。有谁能在某一天把他的力量都用在仁德方面吗？我没见过力量不够的。或许有这样的人，只是我没有见过罢了。"

3.7　子曰："人之过也，各于其党①。观过，斯知仁矣②。"

【题解】

孔子在这里谈的是观察、了解别人的方法。孔子认为，从一个人的优点固然可以了解人，但从一个人的过错更可以了解人。不仁的人往往失在刻薄凶狠，而仁人往往失在宽厚和善良。

【注释】

①党：类别。②斯：则，就。仁：通"人"。

【译文】

孔子说："人们所犯的错误，类型不一。观察那人所犯错误的性质，就可以知道他的为人。"

3.8 子曰："朝闻道①，夕死可矣。"

【题解】

这一段话在后世常常被追求真理的人们所引用。人生要向善，还要矢志不渝地追求善。

【注释】

①道：道理，指真理。

【译文】

孔子说："早晨能够得知真理，即使当晚死去也可以。"

3.9 子曰："士志于道，而耻恶衣恶食者，未足与议也。"

【题解】

这里，孔子认为，一个人斤斤计较个人的物质享受，他是不会有远大志向的，他的所由、所安都不在道，所以就不必与他去讨论道的问题。

【译文】

孔子说："读书人立志于追求真理，但又以穿破衣、吃粗糙的饭食为耻，这种人，那就不值得和他谈论真理了。"

3.10 子曰："君子之于天下也，无适也①，无莫也②，义之与比③。"

【题解】

这里孔子提出对君子的基本要求：只求"义之与比"。君子行仁则为人公正，不会偏私、固执成见，处事唯义所在，必然通达。

【注释】

①适：意为亲近、厚待。②莫：疏远、冷淡。③义：适宜、妥当。比：亲近、相近。

【译文】

孔子说："君子对于天下的事，没有规定要怎样做，也没有规定不要怎样做，而只考虑怎样做才合适恰当，就行了。"

3.11 子曰："君子怀德，小人怀土；君子怀刑，小人怀惠。"

【题解】

孔子提到君子与小人这两种不同类型的人，其心怀自然不同，君子行仁，自然怀德，而且关心的是国家的法度。而小人则只知道思恋乡土、小恩小惠，考虑的只有个人和家庭的生计。这是春秋时期君子与小人之间的区别之一。

【译文】

孔子说："君子心怀仁德，小人怀恋乡土。君子关心的是刑罚和法度，小人以获得利益为满足。"

3.12 子曰："放于利而行①，多怨。"

【题解】

孔子在这里提出了待人处世的核心问题之一——义与利的问题。他认为，作为君子，道总是大于利，利总是归于义，如果唯利是图，做任何事都容易招致各方的怨恨。

【注释】

①放：或译为纵，谓纵心于利也；或释为依据，今从后说。利：这里指个人利益。

【译文】

孔子说："如果依据个人的利益去做事，会招致很多怨恨。"

3.13 子曰："能以礼让为国乎①？何有②？不能以礼让为国，如礼何③？"

【题解】

这里讲治国者必须礼让，因为礼主敬，依礼而行就会处事合宜，谦让生和就会上下无争。能做到礼让，治国也就没有困难了。

【注释】

①礼让：礼节和谦让。②何有：何难之有，不难的意思。③如礼何：拿礼怎么办？

【译文】

孔子说："能用礼节和谦让来治理国家吗？难道这有什么困难吗？如果不能用礼节和谦让来治理国家，又怎么对待礼制呢？"

3.14 子曰："不患无位，患所以立。不患莫己知，求为可知也。"

【题解】

孔子并非不想身居官职，而是希望他的学生首先立足于自身的学问、修养、才能的培养，具备足以胜任官职的素质。

【译文】

孔子说："不愁没有职位，只愁没有足以胜任职务的本领。不愁没人知道我，应该追求能使别人知道自己的本领。"

3.15 子曰："参乎！吾道一以贯之①。"曾子曰："唯。"

子出，门人问曰："何谓也？"曾子曰："夫子之道，忠恕而已矣②。"

【题解】

忠恕之道是孔子思想的重要内容，待人忠恕，是仁的基本要求，它贯穿于孔子思想的各个方面。

①贯：贯穿，贯通。如以绳穿物。②忠恕：据朱熹注，尽自己的心去待人叫作忠，推己及人叫作恕。

【译文】

孔子说："曾参呀！我的学说贯穿着一条最高原则。"曾参答道："是的。"

孔子走出去以后，其他学生问道："这是什么意思？"曾参说："夫子的学说只不过是忠和恕罢了。"

3.16　子曰："君子喻于义^①，小人喻于利。"

【题解】

这里从义利的角度来区别了君子和小人。小人是追求个人利益，而君子亦会追求个人利益，但会先考虑所得是否合于义，以义为原则来规范自己的行为。这种义利观在中国历史上影响深远。

【注释】

①喻：通晓，明白。

【译文】

孔子说："君子所了解的在义，小人所了解的在利。"

3.17　子曰："见贤思齐焉，见不贤而内自省也。"

【题解】

这是孔子勉励人以贤人为榜样，不断学习；以贤人为标准，坚持自我反省。

【译文】

孔子说："看见贤人就应该想着向他看齐；见到不贤的人就要反省有没有类似的毛病。"

3.18　子曰："事父母，几谏^①，见志不从，又敬不违，劳而不怨^②。"

【题解】

孔子在这里讲到孝敬父母的具体做法。侍奉父母，要恭敬无违，父母有过失，要委婉地劝说；父母不听时，子女仍要对他们毕恭毕敬，毫无怨言。

【注释】

①几：轻微，婉转。②劳：劳心，担忧。

【译文】

孔子说："侍奉父母，对他们的缺点应该委婉地劝止，如果自己的意见没有被采纳，仍然对他们恭敬，不加违抗。虽然忧愁，但不怨恨。"

3.19 子曰："父母在，不远游，游必有方。"

【题解】

"父母在，不远游"是先秦儒家关于孝道的具体标准之一，对后世影响深远，以至于成了做子女的处世进退必须先考虑的前提。这种孝的原则在今天虽然已经失去了实际意义，但是行止之间心存父母之亲还是必要的。

【译文】

孔子说："父母活着的时候，子女不远游外地，即使出远门，也一定要有确实的去处。"

3.20 子曰："三年无改于父之道，可谓孝矣。"

【题解】

已见于《学而》篇11。

《孔子圣迹图·赦父子讼》

3.21 子曰："父母之年，不可不知也。一则以喜，一则以惧。"

【题解】

这里是说关心父母的年龄也是孝道之一，因为父母年高虽可喜，但在世之日渐短，尽孝应当及时。

【译文】

孔子说："父母的年纪不能不知道，一方面因其长寿而高兴，一方面又因其年迈而有所害怕。"

3.22 子曰："古者言之不出，耻躬之不逮也①。"

【题解】

孔子在这里提出力行的重要性，不轻易说话，是因为要说到做到。孔子主张谨言慎行，就是要重承诺。古人不轻易说话，更不说随心所欲的话，以说空话、说大话为耻，这才是知荣知耻。

【注释】

①逮：及，赶上。

【译文】

孔子说："古代的君子从不轻易地发言表态，他们以说了而做不到为可耻。"

3.23 子曰:"以约失之者鲜矣^①。"

【题解】

孔子在这里谈的是自我约束和节制在为人处世上的重要性。一个人要想减少过失,自我约束是必不可少的。

【注释】

①约:约束,拘谨。

【译文】

孔子说:"因为约束自己而犯错误,这样的事比较少。"

3.24 子曰:"君子欲讷于言而敏于行^①。"

【题解】

这里讲的是人的活动最重要的就是"言"和"行",言的准则是要慎重、实在,当然说话就要慢一些;行的准则是要落实,当然就要快一些。

【注释】

①讷:说话迟钝。这里的意思是要说话谨慎。

【译文】

孔子说:"君子说话应该谨慎,而行动要敏捷。"

3.25 子曰:"德不孤,必有邻。"

【题解】

这句话是孔子对于人们修养道德的勉励,有德的人永远不会是孤立的。

【译文】

孔子说:"品德高尚的人不会孤独,一定有志同道合的人和他做伴。"

3.26 子游曰:"事君数^①,斯辱矣。朋友数,斯疏矣。"

【题解】

子游的这段话间接地表达了孔子关于服务于君王和交往朋友的见解。侍君交友都要双方情愿,良好的沟通和互动,不可单方面地去勉强。

【注释】

①数:屡次,频繁。可以译为烦琐。

【译文】

子游说:"对待君主太烦琐,就会受侮辱,对待朋友太烦琐,反而会被疏远。"

公冶长篇第四

4.1　子谓公冶长^①："可妻也^②。虽在缧绁之中^③，非其罪也。"以其子妻之^④。

【题解】

这里通过孔子把自己的女儿嫁给公冶长一事，说明公冶长是个贤德之人。这也是孔子对公冶长做的较高评价，虽然并没有说明公冶长做了哪些具体的事情，不过从其所谈的内容看，作为公冶长的老师，孔子对他有全面的了解。孔子在这件事上表明了他不同于流俗的择人标准。

【注释】

①公冶长：齐国人（或说鲁国人），姓公冶，名长，孔子的学生。②妻：把女儿嫁给。③缧绁：捆绑犯人的绳索。这里指监狱。④子：儿女，此处指女儿。

【译文】

孔子谈到公冶长时说："可以把女儿嫁给他。虽然他曾坐过牢，但不是他的罪过。"便把自己的女儿嫁给了他。

4.2　子谓南容^①："邦有道，不废；邦无道，免于刑戮。"以其兄之子妻之^②。

【题解】

孔子把自己的侄女嫁给南容，也表明了南容的贤明与仁德。在这里，孔子说得比较具体，南容善于处世，治世能有作为，在乱世能保全自己，这也反映了孔子的择人标准之一。

【注释】

①南容：姓南容，名适，字子容。孔子的高才生。②兄之子：孔子的哥哥孔皮，此时已去世，故孔子为侄女主婚。

【译文】

孔子评论南容时说："国家政治清明时，他不会被罢免；国家政治黑暗时，他也可免于刑罚。"就把自己兄长的女儿嫁给了他。

4.3　子谓子贱^①："君子哉若人！鲁无君子者，斯焉取斯？"

【题解】

从这段话可以看出，孔子很重视社会环境对人的影响。孔子在这里称赞子贱为君子，接下来说子贱的君子之德是在鲁国养成的，鲁国如无君子，子贱也无法养成君子的品德。

【注释】

①子贱：姓宓，名不齐，字子贱，是孔子的学生。

孔子评论子贱说："这个人是君子啊！如果鲁国没有君子，他是从哪里获得这种好品德的呢？"

4.4 子贡问曰："赐也何如？"子曰："女，器也。"曰："何器也？"曰："瑚琏也^①。"

【题解】

在《公冶长》这一篇中，孔子对一些学生做了评价，主要是勉励和赞扬，同时也表明了孔子评价人的标准。此处孔子把子贡比作瑚琏（古代的一种贵重而华美的祭器），用来说子贡才智出众。

【注释】

①瑚琏：古代祭祀时盛粮食的器具，很珍贵。

【译文】

子贡问孔子："我这个人怎么样？"孔子说："你好比是一个器具。"子贡又问："是什么器具呢？"孔子说："宗庙里盛黍稷的瑚琏。"

4.5 或曰："雍也仁而不佞^①。"子曰："焉用佞？御人以口给^②，屡憎于人。不知其仁，焉用佞？"

【题解】

孔子向来看不起花言巧语的佞人。孔子针对别人对冉雍的评价，表达了自己的见解。他认为为人之道在于有仁德，根本不需要伶牙俐齿。仅仅靠空言善说来处世的人，只能招人讨厌。如果没有仁德，花言巧语有什么用呢？

【注释】

①雍：冉雍，字仲弓，孔子的学生。佞：能言善说，有口才。②御：抵挡，这里指争辩顶嘴。口给：应对敏捷，嘴里随时都有供给的话语。

【译文】

有人说："冉雍这个人有仁德，但没有口才。"孔子说："何必要口才呢？伶牙俐齿地同别人争辩，常常被人讨厌。我不知道他是否可称得上仁，但为什么要有口才呢？"

4.6 子使漆雕开仕^①，对曰："吾斯之未能信。"子说。

【题解】

孔子的教育理念是"学而优则仕"，学好知识，就去为官做事。孔子是鼓励学生从政做事的。他让学生漆雕开去出仕，但漆雕开觉得自己尚未达到"学而优"的程度，没有充分的把握，他想继续学礼，晚点去做官，孔子很满意他这种谦谨的态度。

①漆雕开：姓漆雕，名开，字子若。孔子的学生。

【译文】

孔子叫漆雕开去做官。他回答说："我对这事还没有信心。"孔子听了很欢喜。

4.7 子曰："道不行，乘桴浮于海①。从我者，其由与？"子路闻之喜。子曰："由也好勇过我，无所取材。"

【题解】

这段对话表达了孔子对于自己不能行道于中国的感叹，也说出了对学生仲由的信任和深厚情感。孔子说当他有一天只好乘桴到海外去的时候，只有子路可以一同随从。他既表扬了子路的好勇，又指出了子路的不足。

【注释】

①桴：用来在水面浮行的木排或竹排，大的叫筏，小的叫桴。

【译文】

孔子说："如果主张的确无法推行了，我想坐着木排漂流海外。跟随我的，恐怕只有仲由吧？"子路听了这话很高兴。孔子说："仲由这个人好勇的精神大大超过我，这点是没有什么可取之处的。"

4.8 孟武伯问："子路仁乎？"子曰："不知也。"又问，子曰："由也，千乘之国，可使治其赋也。不知其仁也。""求也何如？"子曰："求也，千室之邑，百乘之家，可使为之宰也①，不知其仁也。""赤也何如②？"子曰："赤也，束带立于朝，可使与宾客言也，不知其仁也。"

【题解】

在这里孔子对自己的三个学生进行了评价，认为他们各有专长，有的可以管理军事，有的可以管理内政，有的可以办理外交。在孔子看来，最重要的标准——仁，他的学生们还没有达到，这也反映了为仁之难。

【注释】

①宰：古代县邑一级的行政长官。卿大夫的家臣也叫宰。②赤：公西赤，字子华，孔子的学生。

【译文】

孟武伯问："子路算得上有仁德吗？"孔子说："不知道。"孟武伯又问一遍。孔子说："仲由啊，一个具备千辆兵车的大国，可以让他去负责军事。至于他有没有仁德，我就不知道了。"又问："冉求怎么样？"孔子说："求呢，一个千户规模的大邑，一个具备百辆兵车的大夫封地，可以让他当总管。至于他的仁德，我弄不清。"孟武伯继续问："公西赤怎么样？"孔子说："赤呀，穿上礼服，站在朝廷上，可以让他和宾客会谈。他仁不仁，我就不知道了。"

4.9 子谓子贡曰：“女与回也孰愈^①？”对曰：“赐也何敢望回？回也闻一以知十，赐也闻一以知二。”子曰：“弗如也，吾与女弗如也^②。”

【题解】

颜回是孔子最为器重的学生，他不仅勤于学习，而且善于融会贯通，能闻一知十。所以素来对学生要求严格的孔子也对他大加赞赏。

【注释】

①愈：胜过，超过。②与：许，同意，赞成。

【译文】

孔子对子贡说：“你和颜回相比，哪个强一些？”子贡回答说：“我怎么敢和颜回相比呢？颜回他听到一件事就可以推知十件事，我呢，听一件事，只能推知两件事。”孔子说：“赶不上他，我同意你说的赶不上他。”

4.10 宰予昼寝。子曰：“朽木不可雕也，粪土之墙不可杇也^①。于予与何诛^②？”子曰：“始吾于人也，听其言而信其行；今吾于人也，听其言而观其行。于予与改是。”

【题解】

宰予在孔子学生中以善于言辞著称，有时还夸夸其谈。孔子于是便借“昼寝”一事把他责备了一番，并且提出要准确判断一个人，既要听其言，还要观其行，看看他的言行是否一致。

【注释】

①杇：涂饰，粉刷。后起字做“圬”。②与：语气词。诛：意为责备、批评。

【译文】

宰予在白天睡觉。孔子说：“腐朽了的木头不能雕刻，粪土一样的墙壁不能粉刷。对宰予这个人，不值得责备呀！”孔子又说：“以前，我对待别人，听了他的话便相信他的行为；现在，我对待别人，听了他的话还要观察他的行为。我是因宰予的表现而改变了对人的态度的。”

4.11 子曰：“吾未见刚者。”或对曰：“申枨^①。”子曰：“枨也欲，焉得刚？”

【题解】

孔子认为，人的欲望过多，便容易屈服而不刚强了。“刚”不是指血气之勇，而是刚强坚毅的内心力量和道德意志。孟子后来对这种“刚”也有所阐明，即“贫贱不能移，富贵不能淫，威武不能屈”也。

【注释】

①申枨：孔子的学生，姓申，名枨，字周。

孔子说:"我没有见过刚毅不屈的人。"有人回答说:"申枨是这样的人。"孔子说:"申枨啊,他的欲望太多,怎么能刚毅不屈?"

4.12 子贡曰:"我不欲人之加诸我也^①,吾亦欲无加诸人。"子曰:"赐也,非尔所及也。"

【题解】

子贡这里所讲的,与前面《里仁》篇的"己所不欲,勿施于人"相照应,表明了他的志向。

【注释】

①加:有两种解释,一是施加;一是凌辱,今从前义。

【译文】

子贡说:"我不愿别人把不合理的事加在我身上,我也不想把不合理的事加在别人身上。"孔子说:"赐呀,这不是你可以做得到的。"

4.13 子贡曰:"夫子之文章,可得而闻也。夫子之言性与天道^①,不可得而闻也。"

【题解】

子贡认为,孔子讲礼乐诗书等知识是有形的,可以听闻学到,但是关于人性与天道的理论,很少听闻孔子说到,显得深微难知。

【注释】

①天道:天命。《论语》中孔子多处讲到天和命,但不见有孔子关于天道的言论。

【译文】

子贡说:"老师关于《诗》《书》《礼》《乐》等文献的讲述,我们能够听得到;老师关于人性和天命方面的言论,我们从来没听到过。"

4.14 子路有闻,未之能行,惟恐有闻。

【题解】

这几句形象地表述了子路的急切率直,勇于力行。

【译文】

子路听到了什么事,还没有来得及去做,只怕又听到另有什么事要去做。

4.15 子贡问曰:"孔文子何以谓之'文'也^①?"子曰:"敏而好学,不耻下问,是以谓之'文'也。"

《逸周书·谥法》："学勤好问曰文。""文"是个美谥。一般人聪敏多不爱好学习，位高就耻于向地位、身份、知识不如自己的人求教。而孔文子聪明而好学，不耻下问，乐于求教，所以能得到"文"的美谥。

【注释】

①孔文子：卫国大夫，姓孔，名圉，"文"是谥号。

【译文】

子贡问道："孔文子为什么谥他'文'的称号呢？"孔子说："他聪明勤勉，喜爱学习，不以向比自己地位低下的人请教为耻，所以谥他'文'的称号。"

4.16 子谓子产①："有君子之道四焉：其行己也恭，其事上也敬，其养民也惠，其使民也义。"

【题解】

孔子赞美子产具有君子的四种德行。

【注释】

①子产：姓公孙，名侨，字子产，郑国大夫。做过正卿，是郑穆公的孙子，为春秋时郑国的贤相。

【译文】

孔子评论子产说："他有四个方面符合君子的标准：他待人处世很谦恭，侍奉国君很负责认真，养护百姓有恩惠，役使人民合乎情理。"

4.17 子曰："晏平仲善与人交①，久而敬之。"

【题解】

孔子在这里称赞齐国大夫晏婴善于跟人交朋友，越是相处久了，别人对他越是尊敬，这是很不容易的。

【注释】

①晏平仲：名婴，谥号为平，齐国的大夫。

【译文】

孔子说："晏平仲善于与人交往，相识时间久了，别人更加尊敬他。"

4.18 子曰："臧文仲居蔡①，山节藻棁②，何如其知也③？"

【题解】

臧文仲在当时被人们称为"智者"，而孔子却认为他不智。因为按照周礼，占卜吉凶的大龟为国君所藏，而刻有山形的斗拱和画有水藻的梁柱是国君的庙饰，而臧文仲却加以擅用，是违反礼制的。

【注释】

①臧文仲：姓臧孙，名辰，"文"是他的谥号。春秋时鲁国大夫。居蔡：蔡，国君用以占卜的大龟。蔡这个地方产龟，因此把大龟叫蔡。居，做动词用，藏的意思。臧文仲藏了一只大龟。②山节藻棁，节，柱上的斗拱。棁，房梁上的短柱。山节藻棁，把斗拱雕成山形，在棁上绘上水草花纹。古时是装饰天子宗庙的做法。③知：通"智"。孔子认为臧文仲为大龟盖豪华的房子，为僭越行为，不智。

【译文】

孔子说："臧文仲为名叫蔡的大乌龟盖了一间房子，中有雕刻成山形的斗拱和画着藻草的梁柱，他这算一种什么样的聪明呢？"

4.19 子张问曰："令尹子文三仕为令尹①，无喜色；三已之，无愠色。旧令尹之政，必以告新令尹。何如？"子曰："忠矣。"曰："仁矣乎？"曰："未知，焉得仁？"

"崔子弑齐君②，陈文子有马十乘③，弃而违之④。至于他邦，则曰：'犹吾大夫崔子也。'违之。之一邦，则又曰：'犹吾大夫崔子也。'违之，何如？"子曰："清矣。"曰："仁矣乎？"曰："未知，焉得仁？"

【题解】

孔子是强调"仁"的本体性的，仁是天地之道最本质的事物，也是最根本的做人之道。仅有忠和清还谈不上仁。在孔子看来，"忠"和"清"都只是仁的一些外在行为，应该从根本的仁德上去努力做好。

【注释】

①令尹：楚国的官名，相当于宰相。子文：姓斗，於菟，字子文，楚国贤相。三仕、三已的"三"不是实指，只是概数，可译为"几"。②崔子：崔杼，齐国的大夫，曾杀掉他的国君齐庄公。弑：古代地位在下的人杀掉地位在上的人叫弑。③陈文子：齐国大夫，名须无。④违：离开。

【译文】

子张问道："楚国的令尹子文几次担任令尹的职务，没有显出高兴的样子；几次被罢免，也没有怨恨的神色。他当令尹时的政令，一定交代给下届接位的人。这个人怎么样？"孔子说："可算得上对国家尽忠了。"子张问："算得上有仁德吗？"孔子说："不知道，这怎么能算仁呢？"

子张又问："崔杼杀了齐庄公，陈文子有四十匹马，他都丢弃不要，就离开了。到了另一个国家，说：'这里的执政者和我国的崔子差不多。'又离开了。再到了一国，说：'这里的执政者和我国的崔子差不多。'还是离开了。这人怎么样？"孔子说："很清白。"子张说："算得上有仁德吗？"孔子说："不知道，这怎么能算有仁德呢？"

4.20 季文子三思而后行①。子闻之，曰："再，斯可矣。"

孔子在这里又给人们一个重要的提示，凡事都有一个度，慎重如果过了头就变成怯懦了。"三思而后行"是一句传世名言，很多人奉之为处世方法。但是，孔子早就告诉人们，凡事考虑利与弊就行了，思考太多，便会犹豫不决。后人对此已有领会："文子生平盖祸福利害之计太明，故其美恶两不相掩，皆三思之病也。其思之至三者，特以世故太深，过为谨慎；然其流弊将至利害徇一己之私矣。"

【注释】

①季文子：鲁国的大夫，姓季孙，名行父，"文"是谥号。

【译文】

季文子办事，要反复考虑多次后才行动。孔子听到后，说："考虑两次就可以了。"

4.21　子曰："宁武子①，邦有道，则知①；邦无道，则愚。其知可及也，其愚不可及也。"

【题解】

这里表现了孔子的一个基本思想：既积极进取，又洁身保身。他称道宁武子在"邦无道"的情况下处世的"愚"，实际上是一种智慧，这种大智若愚的思想对后世影响深远。

【注释】

①宁武子：姓宁，名俞，谥号为"武"，卫国的大夫。

【译文】

孔子说："宁武子这个人，在国家政治清明时就聪明，国家政治黑暗时就装傻，他的聪明别人是可以做得到的，他的装傻别人是赶不上的。"

4.22　子在陈①，曰："归与！归与！吾党之小子狂简②，斐然成章，不知所以裁之。"

【题解】

孔子在陈住了三年，曾经受困，甚至缺粮，自然知道他的道难以实行，于是大发感慨，回去有很多事情可做，尤其是那些胸怀志向、各具才能的弟子们，更需要孔子的培养、教导。孔子说这段话时，正当鲁国季康子执政，想要召回冉求去协助办理政务。所以，孔子说了这些话。

苍松翠柏中的孔庙杏坛
杏坛是孔子讲学的场所。

【注释】

①陈：国名，大约在今河南东部和安徽北部一带。②吾党：我的家乡。党是古代地方组织的名称，五百家为党。狂简：志大而富于进取，但不切实际。

孔子在陈国，说："回去吧！回去吧！我家乡的那些青年，抱着进取大志，文采斐然，我还不知怎样去指导他们呢！"

4.23 子曰："伯夷、叔齐不念旧恶^①，怨是用希。"

【题解】

孔子在这里讲的是他的忠恕之道。他称赞伯夷、叔齐的"不念旧恶"，就是不搞秋后算账，为人处世以和为贵，这种思想给后世以深远的影响。伯夷、叔齐虽然反对殷纣王的暴虐，但又认为周武王伐纣是"以暴易暴"，故不食周粟，饿死在首阳山。

【注释】

①伯夷、叔齐：孤竹君的两个儿子。父亲死后，互相让位，都逃到周文王那里。周武王起兵伐纣，他们以为这是以臣弑君，拦在马前劝阻。周灭商统一天下后，他们以吃周朝的粮食为耻，逃进山中以野草充饥，饿死在首阳山中。

【译文】

孔子说："伯夷、叔齐这两兄弟不记旧仇，因此别人对他们的怨恨很少。"

4.24 子曰："孰谓微生高直^①？或乞醯焉^②，乞诸其邻而与之。"

【题解】

孔子通过微生高从邻居家借醋给前来讨醋的人这件小事，认为他用意委曲，有做作之嫌，不是真正的直率。

【注释】

①微生高：鲁国人，姓微生，名高。当时人们认为他是直人。②醯：醋。

【译文】

孔子说："谁说微生高这个人直爽？有人向他借点醋，他却从自己邻居那里讨点来给人家。"

4.25 子曰："巧言、令色、足恭，左丘明耻之^①，丘亦耻之。匿怨而友其人，左丘明耻之，丘亦耻之。"

【题解】

在这段话里，孔子表达了他的憎恶。他对巧言令色、过分恭顺的行为，以及心中藏着怨恨，表面却显得要好的行为深感憎恶，认为这些行为是可耻的。

【注释】

①左丘明：鲁国史官，姓左丘，名明。一说姓左，名丘明。相传是《春秋左氏传》和《国语》的作者。

【译文】

孔子说:"花言巧语、面貌伪善、过分恭敬,这种人,左丘明认为可耻,我也认为可耻。把仇恨暗藏于心,表面上却同人要好,这种人,左丘明认为可耻,我也认为可耻。"

4.26 颜渊、季路侍①。子曰:"盍各言尔志?"子路曰:"愿车马衣轻裘与朋友共敝之而无憾②。"颜渊曰:"愿无伐善,无施劳。"子路曰:"愿闻子之志。"子曰:"老者安之,朋友信之,少者怀之。"

【题解】

在这里,孔子和他的弟子们表述了各自的志向。子路的回答显示了他讲义气的豪爽本色;颜回的志向则反映了谦逊、注重自我修养的品格;而孔子的志向实际上就是追求成仁。

【注释】

①季路:子路。②轻:经前人考证,"轻"字不当有。

【译文】

颜渊、季路站立在孔子身边。孔子说:"你们为什么不谈谈各自的志向?"子路说:"我愿意拿出自己的车马、穿的衣服,和朋友们共同使用,即使用坏了也不遗憾。"颜渊说:"我愿意不夸耀自己的长处,不宣扬自己的功劳。"子路说:"我们希望听听老师的志向。"孔子说:"我愿老年人安度晚年,朋友之间相互信任,年幼的人得到照顾。"

4.27 子曰:"已矣乎!吾未见能见其过而内自讼者也。"

【题解】

孔子在这里感叹人们有过失而不去反省,即使见到自己的过错也会去掩饰推诿,不会在内心里责备检讨自己。他认为要有这种内省自责的意识,才能去及时改正进步。

【译文】

孔子说:"算了吧!我从未见过看到自己有错误便能自我责备的人。"

4.28 子曰:"十室之邑,必有忠信如丘者焉,不如丘之好学也。"

【题解】

在这里,孔子以自身成就为例,强调了学习的重要性。他认为自己忠信的资质与常人一样,而自己好学,方异于常人,故也是在勉励人们要有好学的精神。

【译文】

孔子说:"就是在只有十户人家的小地方,一定有像我这样又忠心又守信的人,只是赶不上我这样好学罢了。"

雍也篇第五

5.1 子曰："雍也可使南面^①。"

【题解】

古代以面向南为尊位，孔子这句话是对弟子冉雍的高度评价，认为冉雍具备从政为官的才能。

【注释】

①南面：古时尊者的位置是坐北朝南，天子、诸侯、卿大夫等听政时皆面南而坐。此以"南面"代指人君之位。

【译文】

孔子说："冉雍这个人啊，可以让他去做一个部门或一个地方的长官。"

5.2 仲弓问子桑伯子^①，子曰："可也，简。"仲弓曰："居敬而行简，以临其民，不亦可乎？居简而行简，无乃大简乎^②？"子曰："雍之言然。"

【题解】

从这段师生之间的对话中，表明了孔子是主张做事简要不烦，但这种简要不是指内心随便马虎、简单处事，而是要内心严谨慎敬畏，做事简约，不烦扰人民。

【注释】

①子桑伯子：鲁人。有人认为是《庄子》中的子桑户，未必可靠。②无乃：岂不是。

【译文】

仲弓问子桑伯子这个人怎么样，孔子说："这个人不错，他简单得很好。"仲弓说："如果思想严肃认真，而且行为简约不繁，这样来治理百姓，不也可以吗？如果思想粗疏，行为又简约，那不是太简单了吗？"孔子说："你的话很对。"

5.3 哀公问："弟子孰为好学？"孔子对曰："有颜回者好学，不迁怒^①，不贰过^②。不幸短命死矣^③。今也则亡^④，未闻好学者也。"

【题解】

孔子在这里深深赞许了颜回的好学。颜回的好学不仅仅指他爱好学习，而且还包括他不迁怒、不贰过的心性修养。

【注释】

①不迁怒：不把对此人的怒气发泄到别人身上。②不贰过："贰"是重复、一再的意思。这是说不犯同样的错误。③短命死矣：颜回死时年仅31岁。④亡：通"无"。

鲁哀公问:"你的学生中谁最爱好学习?"孔子回答说:"有个叫颜回的最爱学习。他从不迁怒于别人,也不犯同样的过错。只是他不幸短命了。现在没有这样的人了,再也没听说过有谁是爱好学习的了。"

5.4 子华使于齐①,冉子为其母请粟②。子曰:"与之釜③。"请益。曰:"与之庾④。"冉子与之粟五秉⑤。

子曰:"赤之适齐也,乘肥马,衣轻裘。吾闻之也:君子周急不继富。"

【题解】

这里表达了孔子主张君子应当周济穷困的人,给他们雪中送炭,而不是去给富有的人锦上添花,让他们更加富有的思想。孔子的这种思想具有一定的普遍意义。

【注释】

①子华:孔子的学生,姓公西,名赤,字子华,鲁国人。②冉子:姓冉,名求,字子有,鲁国人。粟:小米。③釜:古代量器,六斗四升为一釜。④庾:古代量器,二斗四升为一庾。⑤秉:古代量器,十六斛为一秉,一斛为十斗。

子华使于齐,冉子为其母请粟

【译文】

子华出使齐国,冉有替子华的母亲向孔子讨要一些小米。孔子说:"给她六斗。"冉有请求再增加一些,孔子说:"再给她二斗。"冉有却给了她八十石。

孔子说:"公西赤到齐国去,骑肥马,穿着又轻又暖和的皮袍。我听人说君子应该救济有紧急需要的穷人,而不应该给富人添富。"

5.5 原思为之宰①,与之粟九百,辞。子曰:"毋!以与尔邻里乡党乎②!"

【题解】

此处还是反映了孔子以仁爱之心待人,自己有所富余可以去周济邻里乡党中穷困的人。

【注释】

①原思:姓原,名宪,字子思,孔子的学生。宰:家宰,管家。②邻里乡党:古代地方单位的名称。五家为邻,二十五家为里,一万二千五百家为乡,五百家为党。

【译文】

原思做了孔子家的总管,孔子给他报酬小米九百斗,他推辞不要。孔子说:"不要这样推辞!多余的就给你的邻里乡亲吧!"

5.6　子谓仲弓，曰^①：“犁牛之子且角^②，虽欲勿用，山川其舍诸？”

【题解】

孔子在这里用牛做比喻，讲举贤的观点，人的出身并不是最重要的，重要的在于自己应有君子的道德和出色的才干。只要具备了德才兼备的条件，就会受到社会的重用。但是从另一方面来看，作为执政者来讲，选拔重用人才要“英雄不问出处”，不能因出身低而轻弃贤才。

【注释】

①子谓仲弓：有两种解释，一是孔子对仲弓说；二是孔子对第三者议论仲弓，今从前说。②犁牛：耕牛。且角：红色。祭祀用的牛，毛色为红，角长得端正。

【译文】

孔子对仲弓说：“耕牛生的小牛犊长着红色的毛皮，两角整齐，虽然不想被用来当祭品，山川之神难道会舍弃它吗？”

5.7　子曰：“回也，其心三月不违仁，其余则日月至焉而已矣。”

【题解】

颜回是孔子的最得意的门生，因为他能将“仁”贯穿于自己的一切思想与行动当中，对孔子以“仁”为核心的思想有深入的理解，孔子以“仁”为修身为学的最高境界，认为自己都难以达到。所以，孔子赞扬他“三月不违仁”，而别的学生“则日月至焉而已”都已经是带有鼓励的评价了。

【译文】

孔子说：“颜回呀，他的心中长久地不离开仁德；其余的学生，只不过短时间能做到这点罢了。”

5.8　季康子问：“仲由可使从政也与？”子曰：“由也果，于从政乎何有？”曰：“赐也可使从政也与？”曰：“赐也达，于从政乎何有？”曰：“求也可使从政也与？”曰：“求也艺，于从政乎何有？”

【题解】

从上文可以看出，孔子对弟子们的特点和优点一清二楚，流露出一种亲密无间的师生关系。端木赐、仲由和冉求，在从事国务活动和行政事务方面，都各有所长。他们都是孔子所培养的为国家做事的人才，能够辅佐君主或大臣从事政治活动。孔子对他的三个学生都给予了较高的评价，认为他们已经具备了从政并担任重要职务的能力。

【译文】

季康子问：“仲由可以参与政事吗？”孔子说：“仲由办事果断，参与政事有什么困难呢？”又问：“端木赐可以参与政事吗？”孔子说：“端木赐通情达理，参与政事有什么困难呢？”又问：“冉求可以参与政事吗？”孔子说：“冉求多才多艺，参与政事有什么困难呢？”

5.9 季氏使闵子骞为费宰①。闵子骞曰:"善为我辞焉!如有复我者,则吾必在汶上矣②。"

【题解】

这里记述的是闵子骞逃避做官的故事,反映了他处乱世而不惊、遇恶人而不辱的超然态度,实在是极富智慧的处世哲学。宋代大儒朱熹对闵子骞的这一做法深表赞赏,他说:处乱世,遇恶人当政,"刚则必取祸,柔则必取辱",即是刚直或者屈从都要受害取辱,孔子教导"道不同不相为谋",闵子骞就是这样做的。

【注释】

①闵子骞:孔子的学生,姓闵,名损,字子骞。费:季氏的封邑,在今山东省费县西北。②汶:汶水,即山东大汶河。汶上,暗指齐国。

【译文】

季氏派人通知闵子骞让他当季氏采邑费城的长官。闵子骞告诉来人说:"好好地为我推辞掉吧!如果再有人为这事来找我,那我一定会逃到汶水那边去的。"

5.10 伯牛有疾①,子问之,自牖执其手②,曰:"亡之,命矣夫!斯人也而有斯疾也!斯人也而有斯疾也!"

【题解】

这是孔子以极其沉痛的语气和他的得意门生冉伯牛的诀别,最令人痛心的是好人得恶病,孔子只能将其归之为天命。

【注释】

①伯牛:孔子的学生,姓冉,名耕,字伯牛。②牖:窗户。

【译文】

冉伯牛病了,孔子去探望他,从窗户里握着他的手,说道:"没有办法,真是命呀!这样的人竟得这样的病呀!这样的人竟得这样的病呀!"

5.11 子曰:"贤哉,回也!一箪食①,一瓢饮,在陋巷,人不堪其忧,回也不改其乐。贤哉,回也!"

【题解】

孔子对弟子颜回的赞美,实际上是对一种人格、一种行为方式的表彰。此名言对后世有志于治学、修身、做事的人产生了深远的影响。这里讲颜回"不改其乐",这也就是贫贱不能移的精神,这里包含了一个具有普遍意义的道理,就是人是要有一点精神的,为了崇高的理想,要能过清苦的生活而且自得其乐。

【注释】

①箪:古代盛饭的竹器。

孔子说:"颜回多么有修养啊! 用一个竹筐盛饭, 用一只瓢喝水, 住在简陋的巷子里。别人都忍受不了那穷困的忧愁, 颜回却能照样快活。多么有修养啊, 颜回!"

5.12　冉求曰:"非不说子之道①, 力不足也。"子曰:"力不足者, 中道而废。今女画②。"

【题解】

从这段对话中可以看出来什么是最好的老师, 最好的老师是能让学生产生希望和自信的。冉求对理论失去了信心, 孔子则以学走路为喻对他进行开导和帮助。孔子告诉他, 并非是他的能力不够, 而是他思想上的畏难情绪在作怪, 自己给自己设置了障碍, 只要努力去做, 肯定能够克服一切困难, 实现学习的目标。

【注释】

①说:通"悦"。②画:划定界限, 停止前进。

【译文】

冉求说:"我不是不喜欢老师的学说, 是我力量不够。"孔子说:"如果真的力量不够, 你会半途而废。如今你却连一步都没有走。"

5.13　子谓子夏曰:"女为君子儒, 无为小人儒!"

【题解】

在这里, 孔子提出了"君子儒"和"小人儒"之区别, 并要求子夏做君子儒, 不要做小人儒。"君子儒"是指懂得大道、有仁德、有高尚人格的人;"小人儒"则是指只知眼前利益、不通大道、品格平庸的人。

【译文】

孔子对子夏说:"你要做个君子式的儒者, 不要做小人式的儒者。"

5.14　子游为武城宰①。子曰:"女得人焉尔乎?"曰:"有澹台灭明者②, 行不由径③。非公事, 未尝至于偃之室也。"

【题解】

孔子问子游的这段话是在表彰澹台灭明, 反映出他举贤才的观念:用正直诚实、公私分明的人。孔子极为重视发现贤才、使用人才。春秋时期社会处于大动荡、大变革时期, 各诸侯国都重视接纳各种人才, 尤其是能够帮助他们争夺封地的有用之才, 但孔子赞许的是有仁德正直品质的贤才。

【注释】

①武城:鲁国的城邑, 在今山东省费县西南。②澹台灭明:人名, 姓澹台, 名灭明, 字子羽。是孔子的学生。③径:小路。

子游担任武城地方的总管。孔子说："你在那里得到什么优秀人才了吗？"子游回答说："有个名叫澹台灭明的人，行路时不抄小道，不是公事，从不到我家里来。"

5.15 子曰："孟之反不伐①，奔而殿②，将入门，策其马③，曰：'非敢后也，马不进也。'"

【题解】

孔子高度评价了孟之反的谦逊精神，"功不独居，过不推诿"的行为，这是人类的美德之一。公元前484年，鲁国与齐国打仗。鲁国右翼军败退的时候，孟之反在最后掩护败退的鲁军时不愿居功。对此事，孔子给予了高度评价，讲他的故事就是宣扬他的优秀品质。

【注释】

①孟之反：又名孟之侧，鲁国大夫。伐：夸耀。②殿：在最后。③策：鞭打。

【译文】

孔子说："孟之反不喜欢自夸，打仗败了，他走在最后（掩护撤退）。快进城门时，他用鞭子抽打着马说：'不是我敢在最后走呀，是我的马不肯快跑呀！'"

5.16 子曰："不有祝鮀之佞①，而有宋朝之美②，难乎免于今之世矣。"

【题解】

孔子这段话是对于衰败的社会风气的感叹。

【注释】

①祝鮀：卫国大夫，字子鱼。他是祝官，名鮀。善于外交辞令。②宋朝：宋国的公子朝。《左传》中曾记载他因美貌而惹起祸乱的事情。

【译文】

孔子说："如果没有祝鮀那样的口才，却仅仅有宋朝那样的美貌，在当今的社会里就难以避免祸害了。"

5.17 子曰："谁能出不由户？何莫由斯道也？"

【题解】

孔子心里明知道一个良好的社会必定是有"德治"和"礼制"的。在当时有许多不被人重视的社会制度观念，实际上是具有普世价值的。孔子发出了这样的慨叹是有深深遗憾的。

【译文】

孔子说："谁能够走出屋子而不经过房门呢？为什么没有人从我指出的这条路走呢？"

5.18 子曰："质胜文则野，文胜质则史。文质彬彬^①，然后君子。"

【题解】

这是孔子的传世名言。它高度概括了文与质的合理互补关系和君子的人格模式。文与质是对立统一、相辅相成的。质朴与文采是指内容与形式都要好，是同样重要的。孔子的文质思想经过两千多年的历史实践，在做人、艺术、文化等领域不断得到丰富和发展，产生了深远的影响。

【注释】

①彬彬：文质配合适当。

【译文】

孔子说："质朴多于文采就难免显得粗野，文采超过了质朴又难免流于虚浮，文采和质朴完美地结合在一起，这才能成为君子。"

5.19 子曰："人之生也直，罔之生也幸而免^①。"

【题解】

"直"，是孔子高度重视的道德规范，而且直是人生的基本品质。直即正直，意思是耿直、坦率、正派、光明正大。同虚伪、奸诈是完全对立的。直人没有那么多坏心眼儿。直，符合仁的品德。与此相对，在社会生活中有一些不正直的人，他们也能生存，甚至活得更好，这只是他们侥幸地避免了灾祸，并不说明他们的不正直是好的。

【注释】

①罔：诬罔不直的人。

【译文】

孔子说："人凭着正直生存在世上，不正直的人也能生存，那是靠侥幸避免了祸害啊。"

5.20 子曰："知之者不如好之者，好之者不如乐之者。"

【题解】

知之、好之、乐之是学习的三个层次，这段话强调了爱好和兴趣在人们学习中至关重要的作用。这是孔子的教育心理学的研究成果。孔子在这里没有具体指懂什么，看来是泛指，包括学问、技艺等。后人说兴趣是最好的导师，说的就是这个意思。

【译文】

孔子说："(对于任何学问、知识、技艺等）知道它的人，不如爱好它的人；爱好它的人，又不如以它为乐的人。"

5.21 子曰："中人以上，可以语上也^①；中人以下，不可以语上也。"

【题解】

根据学生智力水平的高下来安排教授的内容，这是孔子因材施教教育思想的具体表现。孔子认为，人的智力是有差别的，有上智、中人的区别。所以孔子的这种因材施教的教育思想对我国教育学的形成和发展十分有益。

【注释】

①语：告诉，讲说，谈论。

【译文】

孔子说："中等水平以上的人，可以给他讲授高深的学问，而中等水平以下的人，不可以给他讲高深的学问。"

5.22 樊迟问知①。子曰："务民之义，敬鬼神而远之②，可谓知矣。"问仁，曰："仁者先难而后获，可谓仁矣。"

【题解】

本段孔子提出了"智""仁"等重要的观念。面对现实，以回答现实的社会问题、人生问题为中心，这是孔子思想的一个突出特点。他提出了"敬鬼神而远之"的主张，远离了宗法传统的神权观念，他不迷信鬼神，自然也不主张以卜筮向鬼神问吉凶。所以，孔子是力求以实事求是的态度看待人生与社会的。

【注释】

①樊迟：孔子的学生，姓樊，名须，字子迟。②远：做动词，疏远，避开。

【译文】

樊迟问怎么样才算聪明，孔子说："致力于让民众走向义，尊敬地对待鬼神，但要疏远它们，这样可以称得上是聪明了。"樊迟又问怎么样叫作有仁德，孔子说："有仁德的人要先付出艰苦的努力，然后得到收获，这样就可以说是有仁德了。"

5.23 子曰："知者乐水①，仁者乐山。知者动，仁者静。知者乐，仁者寿。"

【题解】

这是孔子极其有名的言论之一。孔子以水和山为喻，来说明智者和仁者的内心与外表的特征是非常聪明和贴切的。孔子这里所说的"智者"和"仁者"是那些有修养的"君子"。山和水、静和动、长寿和快乐，这些理念具有普遍的意义。

【注释】

①乐：喜爱。

【译文】

孔子说："聪明的人乐于水，仁德的人乐于山。聪明的人爱好活动，仁德的人爱好沉静。聪明的人活得快乐，仁德的人能够长寿。"

5.24　子曰："齐一变，至于鲁；鲁一变，至于道。"

【题解】

孔子这段话对齐鲁两国政治社会的历史和现实做了评论。并提出了"道"的范畴。此处所讲的"道"是天下的最高原则。在春秋时期，齐国的封建经济发展较早，而且实行了一些改革，成为当时最富强的诸侯国。与齐国相比，鲁国封建经济的发展比较缓慢，但意识形态和上层建筑保存得比较完备，所以孔子说，齐国改变就达到了鲁国的样子，而鲁国再一改变，就达到了先王之道。这反映了孔子对周礼的无限崇尚之情。

【译文】

孔子说："齐国的政治一有改革，便可以达到鲁国的这个样子；鲁国一有改革，就可以达到合乎大道的境界了。"

5.25　子曰："觚不觚①，觚哉！觚哉！"

【题解】

在这里，孔子用觚不觚来影射当时君不君、臣不臣、父不父、子不子的礼崩乐坏的社会现实。孔子的思想中，周礼是根本不可更动的，从井田到刑罚，从音乐到酒具，周礼规定的一切都是尽善尽美的，是神圣不可侵犯的。在这里，孔子感叹当今事物名不副实，主张"正名"。看到社会混乱的状况，孔子感时伤世。

【注释】

①觚：古代盛酒的器皿。

【译文】

孔子说："觚不像个觚的样子，这还叫觚吗！这还叫觚吗！"

5.26　宰我问曰："仁者，虽告之曰'井有仁焉'，其从之也？"子曰："何为其然也？君子可逝也①，不可陷也；可欺也，不可罔也②。"

【题解】

因白天睡大觉而受到孔子批评的宰我，向孔子提出了一个很尖锐的问题，孔子耐心地做了答复。宰我问："井有仁焉，其从之也？"对此，孔子的回答非常令人信服。他认为"仁"中有"智"，君子是可以用合理的理由去欺骗他的，但是他不会做出不可理解的愚蠢事。

【注释】

①逝：去救的意思。②罔：诬罔，愚弄。

【译文】

宰我问道："一个有仁德的人，如果别人告诉他'井里掉下一位仁人'，他是不是会跟着跳下去呢？"孔子说："为什么要这样做呢？君子可以想办法叫他离开，不可以让他自己陷入井中；可以欺骗他，不可以愚弄他。"

5.27 子曰："君子博学于文，约之以礼，亦可以弗畔矣夫^①。"

【题解】

这几句清楚地说明了孔子的教育目的。他当然不主张离经叛道，那么怎么做呢？他认为应当广泛学习古代典籍，而且要用"礼"来约束自己。说到底，他是要培养懂得"礼"的君子。

【注释】

①畔：通"叛"。矣夫：语气词，表示较强烈的感叹。

【译文】

孔子说："君子广泛地学习文献典籍，再用礼来加以约束，这样也就不会离经叛道了。"

5.28 子见南子^①，子路不说^②。夫子矢之曰^③："予所否者^④，天厌之！天厌之！"

【题解】

孔子在这里对天发誓，他去见南子并没有做什么不正当的事。这一事件显示出了孔子与弟子之间平等、亲切的师生关系。孔子在这里又提到了"天"这个概念，这只是他为了说服子路而发的誓。从这里可以看出孔子是一个十分真实的人，不像后世的假道学。

【注释】

①南子：卫灵公夫人。当时把持着卫国的政治，行为不端。关于她约见孔子一事，《史记·孔子世家》有较生动的记载。②说：通"悦"。③矢：通"誓"。④所……者：相当于"假如……的话"，用于誓词中。

【译文】

孔子去见南子，子路不高兴。孔子发誓说："我假若做了什么不对的，让上天厌弃我吧！让上天厌弃我吧！"

5.29 子曰："中庸之为德也^①，其至矣乎！民鲜久矣^②。"

【题解】

"中庸"是儒家思想的核心范畴之一。但在《论语》中，却仅此一处提及。从孔子称"中庸"为至德可见他对这一思想的重视。中庸属于哲学范畴，也是道德行为的高度适度状态，是最高的德行。宋儒说，不偏不倚谓之中，平常谓庸。中庸就是不偏不倚的平常的道理。中庸又被理解为中道，中道就是不偏于对立双方的任何一方，使双方保持均衡状态。中庸又称为"中行"，中行是说，人的气质、作风、德行都不偏于一个方面，对立的双方互相牵制，互相补充。中庸是一种高度和谐的思想。调和与均衡是事物发展过程中的一种状态，这种状态是相对的、暂时的，但却是人们所追求的。孔子揭示了事物发展过程的这一状态，并概括为"中庸"。

·

　　①中庸：孔子学说的一种最高道德标准。中，折中，调和，无过之也无不及。庸，平常，普通。②鲜：少。

【译文】

　　孔子说："中庸作为一种道德，该是最高的了！但人们已经长久缺乏这种道德了。"

　　5.30　子贡曰："如有博施于民而能济众，何如？可谓仁乎？"子曰："何事于仁！必也圣乎！尧、舜其犹病诸^①！夫仁者^②，己欲立而立人，己欲达而达人。能近取譬，可谓仁之方也已。"

【题解】

　　这里孔子继续阐述他提出的"仁"的概念。他认为一个仁爱的人一定是善于为别人着想的。"己欲立而立人，己欲达而达人"是实行"仁"的重要原则。"推己及人"就做到了"仁"。在以后的内容里，孔子还说"己所不欲，勿施于人"等。这些都说明了孔子关于"仁"的基本主张。对此，我们到后面还会提到。总之，这是孔子思想的一个重要方面，是社会基本伦理准则，在今天同样具有重要价值。

【注释】

　　①尧、舜：传说中上古时代两位天子，是孔子推崇的圣人。病：心有所不足。②夫：助词，用于句首，提起下文。

【译文】

　　子贡说："如果一个人能广泛地给民众以好处，而且能够帮助众人生活得很好，这人怎么样？可以说他有仁德了吗？"孔子说："哪里仅仅是仁德呢，那一定是圣德了！尧和舜大概都难以做到！一个有仁德的人，自己要站得住，同时也帮助别人站得住，自己要事事通达顺畅，同时也使别人事事通达顺畅。能够从身边的事实中找到例子一步步去做，这可以说是实行仁道的好方法了。"

述而篇第六

　　6.1　子曰："述而不作，信而好古，窃比于我老彭^①。"

【题解】

　　孔子一生自觉地致力于整理文化遗产，普及文化教育。在这里，孔子总结自己的事业是"述而不作"，是他对传统的尊重，后人不必把保守的帽子扣在前人头上。

　　孔子谦称"述而不作"，并没有让后人奉为原则，而且，孔子是述而且作的，以"仁"解"礼"就是孔子的创作。孔子的创作还不只这一点，在教育上他一贯是鼓励有所发扬，有所创新的。

　　①老彭：一说是商代的贤大夫彭祖；一说指老子和彭祖两人。比于我：以我比，把自己与老彭相比。

【译文】

　　孔子说："阐述而不创作，相信并喜爱古代文化，私下里我把自己和那老彭相比。"

6.2　子曰："默而识之^①，学而不厌，诲人不倦，何有于我哉？"

【题解】

　　这几句讲为学和为师的基本原则。"默而识之"，讲的是要用心，学能不厌的关键是学出乐趣。诲人不倦的关键是对学生有爱心。在这三方面孔子都对后世产生了伟大的楷模作用。"学而不厌，诲人不倦"已经成为流传千古的名言，对中国教育思想的形成与发展产生了不可磨灭的影响。

【注释】

　　①识：通"志"，记住。

【译文】

　　孔子说："把所见所闻默默地记在心上，努力学习而从不满足，教导别人而不知疲倦，这些事我做到了多少呢？"

6.3　子曰："德之不修，学之不讲，闻义不能徙，不善不能改，是吾忧也。"

【题解】

　　这几句孔子谈的自我修养就是日新的过程。这个过程就是不断地去做，每天都要有进步。

　　春秋无义战，天下大乱。孔子慨叹世人不注重自身的修养与提高，不能改过迁善，对此，他常常忧虑。他把仁德修养、学习明礼、见义勇为和知过能改几个问题提出来，希望以此引起世人的注意。

《孔子圣迹图·退修诗书》

【译文】

　　孔子说："不去培养品德，不去讲习学问，听到义在那里却不能去追随，有缺点而不能改正，这些都是我所忧虑的。"

6.4 子之燕居^①，申申如也^②，夭夭如也^③。

【题解】

有人说这几句表明孔子即便在闲居时，也十分注意个人思想情操的修养，但这不是其本义。这几句恰恰是描写了孔子闲居时十分舒适自如的本色，孔子绝不是后世那种板着面孔的假道学，我们看看孔门弟子和孔子的真实关系和情感就知道了。

【注释】

①燕居：安居，闲居。②申申：舒展齐整的样子。③夭夭：和舒之貌。

【译文】

孔子闲居在家的时候，显得舒展整齐而又和乐适意。

6.5 子曰："甚矣吾衰也！久矣吾不复梦见周公^①！"

【题解】

孔子慨叹自己已经没有好梦，在对梦境淡去的叹息中，表露了自己步入暮年而痛感实现理想的希望已经十分渺茫的心情。

周公是孔子最景仰的人之一，孔子以继承了自尧舜禹汤文武周公以来的道统自命，自觉地肩负起了光大古代礼乐文化的重任。这句话，表明了孔子对周公的思念之情，也表明了他对周礼的念念不忘。

【注释】

①周公：姓姬，名旦，周武王之弟，鲁国国君的始祖。他是孔子最敬佩的古代圣人。

【译文】

孔子说："我衰老得很厉害呀！我已经好久没有梦见周公了。"

6.6 子曰："志于道，据于德，依于仁，游于艺^①。"

【题解】

这是孔子教导弟子进德修业的秩序和方法，层次分明，像一个教学大纲。《礼记·学记》曾说："不兴其艺，不能乐学。故君子之于学也，藏焉，修焉，息焉，游焉。夫然，故安其学而亲其师，乐其及而信其道，是以虽离师辅而不反也。"这个解释阐明了这里所谓的"游于艺"的意思是优游其中的意思。孔子培养学生，就是以道为方向，以德为立脚点，以仁为根本，以六艺为涵养之境，使学生能够得到全面的发展。

【注释】

①艺：指六艺，包括礼、乐、射、御、书、数。

【译文】

孔子说："以道为志向，以德为根据，以仁为依靠，而游憩于礼、乐、射、御、书、数六艺之中。"

6.7 子曰："自行束脩以上^①，吾未尝无诲焉。"

【题解】

孔子所说的这段话，表明了他诲人不倦的精神和"有教无类"的教育思想。有很多人解释这段话是说要交十束干肉做学费，还有人说那必定是中等以上的人家之子弟才交得起，贫民人家是交不出十束干肉的。其实，孔子这里说的是学生要有向学的心志，只要有志于学，孔子就会教。孔子是中国历史上第一个将教育普及到贫民的人，他的"有教无类"是身体力行的。

【注释】

①束脩：一束干肉，即十条干肉，是古代一种最菲薄的见面礼。

【译文】

孔子说："只要是主动给我十条干肉作为见面礼物的，我从没有不给予教诲的。"

6.8 子曰："不愤不启^①，不悱不发^②。举一隅不以三隅反，则不复也。"

【题解】

这里孔子既讲了教学方法，也讲了学习方法，主要是讲教育者要激发学生的主动思考的能力，让受教育者开启活泼的心灵、生动的智慧，能够独立思考。在《雍也》一篇第21中，孔子说："中人以上，可以语上也；中人以下，不可以语上也。"这里进一步阐述了"启发式"的教学思想。他反对"填鸭式"的机械教学做法。要求学生能够"举一反三"，这是符合教学的基本规律的。

【注释】

①愤：思考问题时有疑难想不通。②悱：想表达却说不出来。发：启发。

【译文】

孔子说："教导学生，不到他冥思苦想仍不得其解的时候，不去开导他，不到他想说却说不出来的时候，不去启发他。给他指出一个方面，如果他不能由此推知其他三个方面，就不再教他了。"

6.9 子食于有丧者之侧，未尝饱也。

【题解】

这句表明孔子富有广博的同情心，他身上所体现的"礼"是发自内心的情感，是人道主义的，他对于生命有极高的尊重。

【译文】

孔子在有丧事的人旁边吃饭，从来没有吃饱过。

6.10　子于是日哭，则不歌。

此句表达了孔子是一位感情真挚而且深厚的人，伟大的人性情感必定是细腻而且长久的。这也从一个侧面反映出孔子的日常生活，在没有哀戚的事情时，孔子是很快乐的，经常唱歌。

【译文】

孔子如果在这一天哭泣过，就不再唱歌。

6.11　子谓颜渊曰："用之则行，舍之则藏，惟我与尔有是夫①。"

子路曰："子行三军，则谁与②？"子曰："暴虎冯河③，死而无悔者，吾不与也。必也临事而惧，好谋而成者也。"

【题解】

孔子与弟子的问答表明，他非常珍惜生命，自觉地要履行生命的使命。人生总免不了有进有退，但是理想抱负时刻不能放弃。孔子又提出不赞成"暴虎冯河，死而无悔"的子路有勇无谋的做法，那样是不能成就大事的。孔子也提倡"勇"，但真正的勇不是蛮干，而是"临事而惧，好谋而成"，要智勇兼备才能成就事业。

【注释】

①夫：语气词，相当于"吧"。②与：同……一起，共事。③暴虎：空手与老虎搏斗。冯河：赤足蹚水过河。冯，通"凭"。

【译文】

孔子对颜渊说："如果用我，就去积极行动；如果不用我，我就藏起来。只有我和你才能这样吧！"

子路说："如果让您率领三军，您愿找谁共事呢？"孔子说："赤手空拳和老虎搏斗，徒步涉水过大河，即使这样死了都不后悔的人，我是不会与他共事的。我所要找的共事的人，一定是面对事情谨慎戒惧，善于谋划而且能完成的人。"

6.12　子曰："富而可求也①，虽执鞭之士②，吾亦为之。如不可求，从吾所好。"

【题解】

这里孔子讲的是富贵是不可以追求的，在经济落后的社会里，富贵有很大的偶然性，不是仅靠努力就能够得到的，而对于道的追求，则是只要努力就可以有成绩。孔子在这里还有一个意思，就是只有合于道的富贵才可以去追求；不合于道的富贵就不能去追求。从这里也可以看出，孔子不反对富有和做官，但一定要符合于道。

【注释】

①而：用法同"如"，表示假设的连词。可求：可以求得，指道理上可以求得。②执鞭之士：古代的天子、诸侯和官员出入时手执皮鞭开路的人。意思指地位低下的职事。

孔子说："财富如果可以求得的话，即使是做手拿鞭子的差役，我也愿意。如果不可以求得，我还是做自己所爱好的事。"

6.13　子之所慎：齐①，战，疾。

【题解】

战争和祭祀是国家的大事，疾病是个人的大事，孔子对此都十分谨慎。这反映了孔子对人生的珍惜。

【注释】

①齐：通"斋"，古代祭祀之前，先要整洁身心，叫作斋戒。

【译文】

孔子所谨慎小心对待的事有三件：斋戒、战争、疾病。

6.14　子在齐闻《韶》①，三月不知肉味。曰："不图为乐之至于斯也。"

【题解】

孔子对音乐的素养很深，具有极高的音乐鉴赏能力。

《韶》乐是赞美舜的乐章，是当时的经典古乐。他听了《韶》乐以后，在很长时间内品尝不出肉的滋味，这当然是一种夸张的说法，表明了孔子对音乐教化的重视。

【注释】

①《韶》：相传是大舜时的乐章。

【译文】

孔子在齐国听到《韶》这种乐曲，很长时间即使吃肉也感觉不到肉的香味，他感叹道："没想到音乐欣赏竟然能达到这样的境界！"

6.15　冉有曰："夫子为卫君乎①？"子贡曰："诺，吾将问之。"入，曰："伯夷、叔齐何人也？"曰："古之贤人也。"曰："怨乎？"曰："求仁而得仁，又何怨？"出，曰："夫子不为也。"

【题解】

孔子反对一切破坏礼制秩序的战争，认为为了个人欲望而使成千上万的百姓遭殃，是极大的不仁。卫国灵公太子之子辄即位后，其父与其争夺王位，展开了战争。子贡想试探孔子的态度，因为这件事恰好与伯夷、叔齐两兄弟互相让位的历史形成鲜明对照。这里，孔子赞扬了伯夷、叔齐，这也就表明了对卫出公父子不义之战的不满。

【注释】

①为：帮助，赞成。卫君：卫出公辄。辄是卫灵公之孙，太子蒯聩之子。蒯聩得罪了

卫灵公的夫人南子，逃亡晋国。灵公死，辄为君。晋国想借把蒯聩送回之际攻打卫国，被卫国抵御，蒯聩归国也被拒绝。这种情势客观上造成蒯聩与辄父子争夺君位的印象，与伯夷、叔齐互相推让君位恰成对比。子贡引以发问，试探孔子对卫出公辄的态度。

【译文】

冉有说："老师会赞成卫国的国君吗？"子贡说："嗯，我去问问老师吧。"子贡进入孔子房中，问道："伯夷和叔齐是怎样的人呢？"孔子说："他们是古代贤人啊。"子贡说："他们会有怨悔吗？"孔子说："他们追求仁德，便得到了仁德，又怎么会有怨悔呢？"子贡走出来，对冉有说："老师不会赞成卫国国君的。"

6.16　子曰："饭疏食饮水①，曲肱而枕之②，乐亦在其中矣。不义而富且贵，于我如浮云。"

【题解】

在这里，孔子表明的是自己对于人生快乐的理解，再次申明了自己坚持以人义为主体的理想。孔子提倡"安贫"，是为了"乐道"，认为"饭疏食饮水，曲肱而枕之"的生活对于有理想的人来讲，可以说是乐在其中的。同时，他还提出，不义的富贵荣华，如天上的浮云一般。

【注释】

①饭：吃。名词用作动词。疏食：糙米饭。②肱：胳膊。

【译文】

孔子说："吃粗粮喝清水，弯起胳膊当枕头，这其中也有着乐趣。而通过干不正当的事得来的富贵，对于我来说就像浮云一般。"

6.17　子曰："加我数年①，五十以学《易》②，可以无大过矣。"

【题解】

孔子对于《周易》的学习表明他具有活到老、学到老、乐天知命而又积极进取的精神。孔子说"五十而知天命"，这里说"五十以学《易》"，学《易》和"知天命"都是对人生意义的探求，对于天人之际的思索。他认真研究《易》，是为了使自己的言行符合"天命"。《史记·孔子世家》中说，孔子"读《易》，韦编三绝"。他非常喜欢读《周易》，曾把穿竹简的皮条翻断了很多次。孔子坚持学习、自强不息的奋发进取的精神，值得后人学习。

【注释】

①加：这里通"假"字，给予的意思。②《易》：《易经》，又称《周易》，古代一部用以占筮（卜卦）的书，其中卦辞和爻辞是孔子以前的作品。

【译文】

孔子说："给我增加几年的寿命，让我在五十岁的时候去学习《易经》，就可以没有大过错了。"

6.18 子所雅言①,《诗》、《书》、执礼,皆雅言也。

【题解】

此句是就孔子从事主要活动所用的语言来说明孔子对于文明传统的尊重。语言是一种文化的工具,中国的语言文字是中华文明的一大特征,孔子对此是非常尊重的。

【注释】

①雅言:古代西周人的语言,即标准语,相当于今天的普通话。

【译文】

孔子有用雅言的时候,读《诗经》《尚书》和执行礼事,都用雅言。

6.19 叶公问孔子于子路①,子路不对。子曰:"女奚不曰②:'其为人也,发愤忘食,乐以忘忧,不知老之将至云尔③。'"

【题解】

子路没有回答别人打听孔子的问话,也很难回答,孔子自己几句朴实平易的话无意当中向我们展现了一个乐观进取、具有伟大人格和人生境界的圣人形象。孔子自述其心态"发愤忘食,乐以忘忧",这是求知日新到了忘我忘情的境界,这种人格和境界为后世树立了榜样、开辟了方向,让人们能够充实地去走好自己的人生。

【注释】

①叶公:楚国大夫沈诸梁,字子高。封地在叶邑,今河南叶县南三十里有古叶城。②奚:何,为什么,怎么。③云尔:云,如此;尔,通"耳",而已。

【译文】

叶公问子路孔子是个怎样的人,子路没有回答。孔子说:"你为什么不这样说:'他的为人,发愤用功到连吃饭都忘了,快乐得忘记了忧愁,不知道衰老将要到来,如此等等。'"

6.20 子曰:"我非生而知之者,好古,敏以求之者也。"

【题解】

孔子再一次声明自己是经过后天努力学习而有所成就的,否定自己是生而知之的人,这既是一种谦逊的美德,更是给了他的学生以极大的鼓励和希望。有没有"生而知之者",这里不做讨论,但孔子用自己的实践告诉人们,他之所以成为学识渊博的人,在于他对于古代的典章制度和文献图书有真切的爱好,而且勤奋学习。连孔子都说自己是"敏以求之",理智的人们就不要再相信炫耀天才、宣扬奇迹的神话了。

【译文】

孔子说:"我并不是生下来就有知识的人,而是喜好古代文化,勤奋敏捷去求取知识的人。"

6.21　子不语怪、力、乱、神。

【题解】

孔子的言谈中从来没有对暴力、祸乱、奇迹、魔力和神的崇信，他主张"敬鬼神而远之"。孔子大力提倡"仁德""礼治"等道德观念，对于现实社会、人类生存、人生意义，孔子都是非常重视的，所以中国文化有合情合理、现实而为了人生的特点。

【译文】

孔子不谈论怪异、勇力、叛乱、鬼神。

6.22　子曰："三人行，必有我师焉。择其善者而从之，其不善者而改之。"

【题解】

孔子这句极为著名的话，已经成为中国人的一句格言。这句话道理很简单，就是谦虚好学。可是做起来非常不容易，因为人往往自以为是，免不了虚荣和傲慢。孔子之所以能成为伟大的思想家和教育家，离不开这种谦虚好学的精神。能够虚心向别人学习，这种精神已经十分可贵，更可贵的是，不仅要师人之善，而且要以别人的缺点为借鉴，这是平凡而伟大的真理，对于指导我们处世待人、修身养性、增长知识，都是有益的。

【译文】

孔子说："三个人同行，其中必定有人可以作为值得我学习的老师。我选取他的那些优点而学习，发现他的那些缺点则引以为戒加以改正。"

6.23　子曰："天生德于予，桓魋其如予何^①?"

【题解】

这句表现了孔子崇高的自信和清醒的使命感。公元前 492 年，孔子从卫国去陈国时经过宋国。桓魋听说以后，带兵要去杀害孔子。当时孔子正与弟子们在大树下演习周礼，桓魋派人拔掉大树，而且要杀孔子，孔子离开了宋国，紧张的学生们跟着在逃跑途中，孔子说了这句话。这实际上是孔子自觉历史使命感和崇高的理想所产生的浩然之气，以及临危不惧的大勇。

【注释】

①桓魋：宋国的司马（主管军政的官）。孔子离开卫国去陈国，经过宋国，和弟子们在大树下演习礼仪，桓魋想杀孔子，砍掉大树，孔子于是离去。弟子催他快跑，孔子说："天生德于予，桓魋其如予何?"

【译文】

孔子说："我的品德是上天所赋予的，桓魋能把我怎样呢!"

6.24　子曰："二三子以我为隐乎? 吾无隐乎尔。吾无行而不与二三子者，是丘也。"

前面是讲孔子如何好学的，而这里讲孔子的教育之道是注重言传身教。孔子为万世师表，树立了作为教师的职业道德的楷模，一是靠身教，不表白什么，也不要有任何保留；二是把学习融入日常生活，循循善诱，诲人不倦，让学生亲身去体验和感悟。

【译文】

孔子说："你们大家以为我对你们有什么隐瞒不教的吗？我没有什么隐瞒不教你们的。我没有一点不向你们公开的，这就是我孔丘的为人。"

6.25 子以四教：文、行①、忠、信。

【题解】

这里是讲孔子教学的内容和由浅入深的顺序。孔子注重历代古籍、文献资料的学习和教学，但仅有书本知识还不够，还要重视社会实践活动，特别是要注意学识与人品并重。从《论语》中所记，我们可以看到孔子带领他的学生周游列国，让学生在实践中增长知识、锻炼才干。但书本知识和实践活动还不够，还要养成好的人品，忠、信的德行，总起来讲，就是书本知识、社会实践和人格道德修养三个方面。

【注释】

①行：做名词用，指德行。

【译文】

孔子以四项内容来教导学生：文献典籍、履行所学之道的行动、忠诚、守信。

6.26 子曰："圣人，吾不得而见之矣；得见君子者，斯可矣①。"子曰："善人，吾不得而见之矣；得见有恒者，斯可矣②。亡而为有，虚而为盈，约而为泰，难乎有恒矣。"

先圣小像
孔子学识渊博，为人圣贤，守先王之道，门徒遍天下。故而虽在当时未得重用，但是被后人尊为圣人，地位之高无人能及。

【题解】

这里表明了孔子对当时现实的感叹，对于春秋末期"礼崩乐坏"的社会状况，孔子认为在此社会背景下，难以找到他理想中的"圣人""善人"，而那些"虚而为盈，约而为泰"的人却比比皆是，在这样的情况下，能看到"君子""有恒者"，也就是在进步的过程中不断追求的人就心满意足了。

【注释】

①斯：就。②有恒：有恒心。这里指有一定的操守。

【译文】

孔子说："圣人我是不能看到了，能够看到君子，这也就可以了。"孔子又说："善人我是看不到的了，能看到有一定操守的人就可以了。没有却装作有，空虚却装作充盈，本来穷困却装作宽裕，这样的人很难去保持一定的操守了。"

6.27　子钓而不纲^①，弋不射宿^②。

【题解】

孔子钓鱼而不用网，习射而不射已经入巢栖息的鸟。这种做法，是将仁德之心推及一切事物，这是一种最朴实的生活态度，但足以见出孔子仁德的境界。

【注释】

①纲：动词，用大绳系住网，断流以捕鱼。②弋：用带生丝的箭来射鸟。宿：归巢歇宿的鸟。

【译文】

孔子只用鱼竿钓鱼，而不用大网来捕鱼，用带绳的箭射鸟，但不射归巢栖息的鸟。

6.28　子曰："盖有不知而作之者，我无是也。多闻，择其善者而从之；多见而识之^①；知之次也^②。"

【题解】

这是孔子关于学习的方法论，他主张对自己所不知的，应该多闻、多看，努力学习。

孔子反对那种本来什么都不懂，却在那里凭空造作的做法。注重实践，反对空谈，他自己是这样做的，同时也要求他的学生这样去做。

【注释】

①识：通"志"，记住。②次：《论语》中出现过八次，均当"差一等""次一等"讲。

【译文】

孔子说："大概有自己不懂却凭空造作的人吧，我没有这样的毛病。多听，选择其中好的加以学习；多看，全记在心里。这样的知，是仅次于'生而知之'的。"

6.29　互乡难与言^①，童子见，门人惑。子曰："与其进也，不与其退也，唯何甚？人洁己以进，与其洁也，不保其往也。"

【题解】

正是抱着人都可教，错都可改，凡事"成人之美"的愿望，孔子才能有"诲人不倦""有教无类"的教育态度。

孔子知道互乡这个地方，人难打交道，很多道理可能行不通了。所以他说："与其进也，不与其退也""人洁己以进，与其洁也，不保其往也"，这从一个侧面体现出孔子与人为善的处世态度和宽容精神。

【注释】

①互乡：地名，今在何处，已不可考。

互乡这地方的人难以交谈，孔子却接见了互乡的一个童子，弟子们都觉得疑惑。孔子说："我是赞成他求上进，不赞成他退步，何必做得太过呢？人家把自己收拾得整洁干净而来要求上进，就应该赞成他的这种做法，而不要总是抓住他的过去不放。"

6.30　子曰："仁远乎哉？我欲仁，斯仁至矣。"

【题解】

在这里孔子坚信，只要愿意以"仁"的标准要求自己，持续不变地按照"仁"的规范来行动，那么就能达到"仁"的境界了。

从孔子的言论来看，仁离我们很近，人天生的本性之中就有仁的成分，因此为仁只要诚心去做。"我欲仁，斯仁至矣。"这种认识的基础，是靠道德的自觉，要经过不懈的努力，就有可能达到仁的境界了。这里，孔子强调了人的主观能动性。

【译文】

孔子说："仁德难道离我们很远吗？我想要求得仁德，这仁德就来了。"

6.31　陈司败问①："昭公知礼乎？"孔子曰："知礼。"孔子退，揖巫马期而进之曰："吾闻君子不党，君子亦党乎？君取于吴，为同姓②，谓之吴孟子③。君而知礼，孰不知礼？"巫马期以告。子曰："丘也幸，苟有过，人必知之。"

【题解】

孔子对鲁昭公娶同姓之女这一失礼的行为故作不知，表明了他是"为尊者讳"。表面上他自身出现了矛盾。在这种情况下，孔子承认错误说："丘也幸，苟有过，人必知之。"事实上他通过这种方式已经表示了鲁昭公失礼，但孔子的做法没有失礼。

【注释】

①陈司败：陈国主管司法的官，姓名不详，也有人说是齐国大夫，姓陈名司败。②吴：国名。鲁为周公之后，吴为太伯之后，都是姬姓。③吴孟子：鲁昭公夫人，本应叫吴姬，因同姓不婚，故去掉她的姓（姬），改称吴孟子。

【译文】

陈司败问："鲁昭公知道礼吗？"孔子说："他知礼。"孔子走出去后，陈司败向巫马期作了个揖，请他走近自己，说："我听说君子不因关系亲近而偏袒，难道君子也有偏袒吗？鲁君从吴国娶了位夫人，是鲁君的同姓，于是称她为吴孟子。鲁君若算得上知礼，还有谁不知礼呢？"巫马期把此话告诉了孔子。孔子说："我孔丘真幸运，如果有错误，别人一定会指出来让我知道。"

6.32　子与人歌而善，必使反之，而后和之。

【题解】

孔子注重生活的艺术化，作为音乐爱好者，音乐也是他授课的内容之一。上音乐课的时候，同样充满平易近人的态度。

孔子与别人一起唱歌，如果唱得好，一定请他再唱一遍，然后自己又和他。

6.33 子曰："文，莫吾犹人也^①。躬行君子，则吾未之有得。"

【题解】

孔子一直否认自己是生而知之的，在这里，仍然强调身体力行。对于"文，莫吾犹人也"一句，在学术界还有不同解释。有的说此句意为"讲到书本知识我不如别人"，有的说此句应为"勤勉我是能和别人相比的"。我们这里采用了"大概我和别人差不多"这样的解释。

【注释】

①莫：大概，差不多。

【译文】

孔子说："就书本上的学问来说，大概我同别人差不多。身体力行地去做一个君子，那我还没有达到。"

6.34 子曰："若圣与仁，则吾岂敢？抑为之不厌^①，诲人不倦，则可谓云尔已矣^②。"公西华曰："正唯弟子不能学也。"

【题解】

孔子认为学而不知满足是知，教诲别人不知疲倦是仁，两者结合起来是圣的境界。

之前，孔子已经谈到"学而不厌，诲人不倦"，这里又说到"为之不厌，诲人不倦"，他的思想其实是一致的。他感到，说起圣与仁，他自己还不敢当，但朝这个方向努力，他会不厌其烦地去做，而同时，他也不感疲倦地教诲别人。这是他的由衷之言。

【注释】

①抑：折的语气词，"只不过是"的意思。②云尔：这样说。

【译文】

孔子说："如果说到圣和仁，我怎么敢当！不过是朝着圣与仁的方向去努力做而不厌倦，教导别人不知疲倦，则可以说是这样罢了。"公西华说："这正是我们学不到的。"

6.35 子疾病^①，子路请祷^②。子曰："有诸^③？"子路对曰："有之。《诔》曰^④：'祷尔于上下神祇^⑤。'"子曰："丘之祷久矣。"

【题解】

从孔子一贯的言论看，他是相信人的尊严和仁道的力量的，不相信祈祷天神地祇可以治病。这里又是他不相信鬼神的一个例证。

孔子患了重病，子路为他祈祷，孔子对此举并不加以反对，而且说自己已经祈祷很久了。这段文字不是在说明他是一个迷信天地神灵的人，也不是在表明他对鬼神的怀疑态度，而只是表现出孔子对生死与疾病泰然处之的乐观态度。

【注释】

①疾病：疾，指有病。病，指病情严重。②请祷：向鬼神请求和祷告，即祈祷。③诸："之于"的合音。④《诔》：向神祇祷告的文章。⑤尔：你。祇：地神。

【译文】

孔子病得很重，子路请求祈祷。孔子说："有这回事吗？"子路回答说："有的。《诔》文中说：'为你向天地神灵祈祷。'"孔子说："我早就祈祷过了。"

6.36　子曰："奢则不孙①，俭则固②。与其不孙也，宁固。"

【题解】

孔子在奢与俭二者的取舍之间，表现出了圣者的理智，把握好了度。春秋时代各诸侯、大夫等都僭越礼制，生活极为奢侈豪华，他们的生活享乐标准和礼仪规模都与周天子没有区别，孔子认为，这些越礼、违礼的行为，还不如简陋的好，节俭就会让人感到寒酸固陋，但与其越礼，则宁可寒酸固陋，保持礼的尊严。

【注释】

①孙：通"逊"，恭顺。不孙，即为不顺，这里指"越礼"。②固：简陋、鄙陋，这里是寒酸的意思。

【译文】

孔子说："奢侈豪华就会显得不谦逊，省俭朴素则会显得寒碜。与其不谦逊，宁可寒碜。"

6.37　子曰："君子坦荡荡，小人长戚戚。"

【题解】

君子胸怀坦荡，问心无愧，自然光明磊落；小人身陷于私欲，纠缠于得失之中，两者相比，生活的境界大不相同。当然，君子与小人的根本差别还在于人生目标和人生信仰的不同。

【译文】

孔子说："君子的心地开阔平坦宽广，小人却总是心地局促带着烦恼。"

6.38　子温而厉，威而不猛，恭而安。

【题解】

这是孔子的学生对孔子最全面、最深刻的印象。

这是十分亲切、十分实在而又十分具有尊严的形象，我们都会觉得十分平易，但其实是极难达到的境界。越是日常生活中自然的状态，越反映出一个人真实的面貌。孔子做人确实是到了最好的境界。

【译文】

孔子温和而严厉，有威仪而不凶猛，谦恭而安详。

子罕篇第七

7.1 子罕言利与命与仁①。

【题解】

这是弟子关于孔子谈话情况的印象。孔子平时所说的多是平常话。

【注释】

①罕：稀少。

【译文】

孔子很少（主动）谈论功利、天命和仁德。

7.2 达巷党人曰①："大哉孔子！博学而无所成名。"子闻之，谓门弟子曰："吾何执？执御乎？执射乎？吾执御矣。"

【题解】

孔子作为百科全书式的渊博学者，说出了这样诙谐的话。

【注释】

①达巷党人：达巷，地名。党，五百家为党，达巷党，即达巷里（或屯）。

【译文】

达巷里有人说："孔子真是伟大啊！学问广博，可惜没有使他树立名声的专长。"孔子听了这话，对弟子们说："我干什么好呢？是去驾马车呢？还是去当射箭手呢？我还是驾马车吧！"

7.3 子曰："麻冕①，礼也。今也纯②，俭③，吾从众。拜下，礼也。今拜乎上，泰也④。虽违众，吾从下。"

【题解】

此段表明了孔子对于礼仪改革有坚持、有变通的开明态度。

【注释】

①麻冕：麻织的帽子。②纯：黑色的丝。③俭：用麻织帽子，比较费工，所以说改用丝织是俭。④泰：骄纵。

孔子说："用麻线来做礼帽，这是合乎礼的；如今用丝来做礼帽，这样省俭些，我赞成大家的做法。臣见君，先在堂下磕头，然后升堂磕头，这是合乎礼节的；现在大家都只是升堂磕头，这是倨傲的表现。虽然违反了大家的做法，我还是主张要先在堂下磕头。"

7.4　子绝四：毋意①，毋必，毋固，毋我。

【题解】

此段孔子提出了个人在认识、判断客观事物上的四个原则。这是对自我的超越。"绝四"是孔子自制自知的表现，这涉及人的理智和价值观念。人只有做到这几点才可以增加智慧，养成高尚的道德人格。

【注释】

①意：通"臆"，主观地揣测。

【译文】

孔子杜绝了四种毛病：不凭空臆测，不武断绝对，不固执拘泥，不自以为是。

7.5　子畏于匡①。曰："文王既没，文不在兹乎？天之将丧斯文也，后死者不得与于斯文也②。天之未丧斯文也，匡人其如予何③？"

【题解】

这段记载的是孔子在匡地蒙难的事，《史记·孔子世家》有载。孔子能临危而不惧，就在于他有坚定的信念。外出游说时被围困，这对孔子来讲已不是第一次，当然这次是误会，他强调使命感，认为自己是周文化的继承者和传播者。当孔子屡遭困厄时，他并不是感到人力的局限性，而是把人的尊严等同于天，表明他有强烈的自信。

【注释】

①子畏于匡：匡，地名，在今河南长垣县西南。畏，受到威胁。公元前496年，孔子从卫国到陈国去经过匡地。匡人曾受到鲁国阳虎的掠夺和残杀。孔子的相貌与阳虎相像，匡人误以孔子就是阳虎，所以将他围困。②与：参与。③如予何：奈我何，把我怎么样。

【译文】

孔子在匡地被拘围，他说："周文王死后，文明礼乐不就在我这里吗？上天如果要消灭这种文明礼乐，那我这个后死之人也就不会会掌握这种文明礼乐了。上天如果不想灭除这种文明礼乐，匡地的人能把我怎么样呢？"

7.6　太宰问于子贡曰①："夫子圣者与？何其多能也？"子贡曰："固天纵之将圣②，又多能也。"子闻之，曰："太宰知我乎！吾少也贱，故多能鄙事。君子多乎哉？不多也。"

此段再一次表明当时孔子并不承认自己是天生的圣人。

作为孔子的学生，子贡认为自己的老师是天纵之才，是上天赋予他诸多才艺的。但孔子否认了这一点。他说自己少年低贱，要谋生，就要多掌握一些技艺，这表现出孔子的诚实和伟大。

【注释】

①太宰：官名，辅佐君主治理国家的人。②纵：使，让。

【译文】

太宰向子贡问道："夫子是圣人吗？为什么他这样多才多艺呢？"子贡说："这本是上天想让他成为圣人，又让他多才多艺。"孔子听了这些话，说："太宰知道我呀！我小时候贫贱，所以学会了不少鄙贱的技艺。君子会有很多技艺吗？不会有很多的。"

7.7 牢曰^①："子云：'吾不试^②，故艺。'"

【题解】

这一段与上一段的内容一致，同样用来说明孔子"我非生而知之"的思想。他不认为自己是"圣人"，也不承认自己是"天才"，他说他的多才多艺是由于年轻时身份低下，生活比较清贫，为了谋生才掌握的。

【注释】

①牢：孔子的学生，姓琴，名牢。②试：用。

【译文】

牢说："孔子说过：'我不曾被国家任用，所以学得了一些技艺。'"

7.8 子曰："吾有知乎哉？无知也。有鄙夫问于我，空空如也，我叩其两端而竭焉^①。"

【题解】

这也是孔子自谦之辞。

孔子本人是十分诚实和谦虚的人。事实上人也不可能对世间所有事情都十分精通，因为人的精力毕竟是有限的。但孔子有一个分析问题、解决问题的基本方法，这就是"叩其两端而竭"，只要抓住问题的两头，研究到底，就能解决。这种方法，体现了儒家的中庸思想，是一种十分有意义的思想方法。

《孔子圣迹图·适卫击磬》

①叩其两端而竭焉：指孔子就农夫所问的问题，从首尾两头开始反过来叩问他，一步步问到穷竭处，问题就不解自明了。叩，叩问。两端，指鄙夫所问问题的首尾。竭，尽。

【译文】

孔子说："我有知识吗？没有。有一个浅陋的人来问我，我对他谈的问题本来一点也不知道。我从他所提问题的正反两头去探求，尽了我的力量来帮助他。"

7.9 子曰："凤鸟不至①，河不出图②，吾已矣夫！"

【题解】

孔子为恢复礼制而辛苦奔波了一生，结果并未如愿，到了晚年，他看到周礼的恢复似乎已经成为泡影，于是发出了天下非其时的哀叹。

【注释】

①凤鸟：传说中的一种神鸟。凤鸟出现就预示天下太平。②河图：传说圣人受命，黄河就出现图画，即八卦图。《尚书·顾命》孔安国注："河图，八卦。伏羲王天下，龙马出河，遂则其文以画八卦，谓之河图。"

【译文】

孔子说："凤凰不飞来了，黄河中不出现图画了，我这一生也就完了吧！"

7.10 子见齐衰者、冕衣裳者与瞽者①，见之，虽少，必作②，过之，必趋③。

【题解】

孔子对于周礼十分熟悉，时时处处以礼待人，他知道遇到什么人该行什么礼，对于尊贵者、家有丧事者和盲者，都以礼相待。孔子之所以这样做，并尽量身体力行，是因为他想恢复礼治的理想社会。

【注释】

①齐：丧服，古时用麻布制成。衣：上衣。裳：下服。瞽：盲。②作：站起来，表示敬意。③趋：快步走，亦表示敬意。

【译文】

孔子见到穿丧服的人、穿戴着礼帽礼服的人和盲人，哪怕他们很年轻，孔子也一定会站起身来；经过这些人身边，他一定快步走过。

7.11 颜渊喟然叹曰①："仰之弥高②，钻之弥坚。瞻之在前，忽焉在后。夫子循循然善诱人③，博我以文，约我以礼，欲罢不能。既竭吾才，如有所立卓尔④。虽欲从之，末由也已⑤。"

　　此段记叙了颜渊对孔子学问道德博大精深、难以捉摸的赞叹。这是颜渊极力推崇自己的老师，认为孔子的学问与道德是永远学不完的。此外，他还总结了孔子对学生的教育方法，"循循善诱"则成为后世为人师者所遵循的原则之一。

【注释】

　　①喟然：叹气的样子。②弥：更加，越发。③循循然：有步骤地。④卓尔：高高直立的样子。尔，相当于"然"。⑤末：无。

【译文】

　　颜渊感叹着说："我的老师啊，他的学问道德，抬头仰望，越望越觉得高；努力钻研，越钻研越觉得深。看着好像在前面，忽然又像在后面了。老师善于有步骤地引导我们，用各种文献来丰富我们的知识，用礼来约束我们的行为，使我们想要停止学习都不可能。我已经用尽自己的才力，似乎有一个高高的东西立在我的前面。虽然我想要追随上去，却找不到可循的路径。"

　　7.12　子疾病，子路使门人为臣①。病间②，曰："久矣哉，由之行诈也！无臣而为有臣。吾谁欺？欺天乎？且予与其死于臣之手也，无宁死于二三子之手乎！且予纵不得大葬③，予死于道路乎？"

【题解】

　　儒家对于葬礼十分重视，尤其重视葬礼的等级规定。对于死去的人，要严格地按照周礼的有关规定加以埋葬。不同等级的人有不同的安葬仪式，违反了这种规定，就是大逆不道。孔子反对学生们按大夫之礼为他办理丧事，是为了恪守周礼的规定。

【注释】

　　①为臣：臣，指家臣，总管。孔子当时不是大夫，没有家臣，但子路叫门人充当孔子的家臣，准备由此人负责总管安葬孔子之事。②病间：病情减轻。间，空隙，引申为有时间距离，再引申为疾病稍愈。③大葬：指大夫的隆重葬礼。

【译文】

　　孔子病重，子路让孔子的学生充当家臣准备料理丧事。后来，孔子的病好些了，知道了这事，说："仲由做这种欺诈的事情很久啦！我没有家臣而冒充有家臣。我欺骗谁呢？欺骗上天吗？况且我与其死在家臣手中，宁可死在你们这些学生手中啊！而且我纵使不能按照大夫的葬礼来安葬，难道会死在路上吗？"

　　7.13　子贡曰："有美玉于斯，韫椟而藏诸①？求善贾而沽诸②？"子曰："沽之哉！沽之哉！我待贾者也。"

【题解】

　　孔子一直主张好学、修身是为了见用于社会。本章表现了他的求仕心情。

　　"待贾而沽"说明了这样一个问题，孔子自称是"待贾者"，一方面，他四处游说，以宣扬礼治天下为己任，期待着各国统治者能够行仁道于天下；另一方面，他也随时准备着自己能走上治国之位，依靠政权的力量去推行礼。

【注释】

①韫椟：藏在柜子里。韫，藏。椟，木柜子。②贾：商人。贾又通"价"，价格。取后一义，善贾便成了"好价钱"。沽：卖。

【译文】

子贡说："这儿有一块美玉，是把它放在匣子里珍藏起来呢？还是找位识货的商人卖掉呢？"孔子说："卖掉它吧！卖掉它吧！我在等待识货的商人啊！"

7.14　子欲居九夷①。或曰："陋，如之何？"子曰："君子居之，何陋之有？"

【题解】

孔子认为一个人有了良好的仁德修养，是不怕外部环境的艰苦的；强调了修养过程中人的主体作用。

中国古代，中原地区的人把居住在东面的人们称为夷人，认为此地闭塞落后，当地人也愚昧不开化。孔子在回答某人的问题时说，只要有君子去这些地方居住，传播文化知识，使愚蒙的人们开化，那么这些地方就不会闭塞落后了。

【注释】

①九夷：泛指东方少数民族。

【译文】

孔子想到九夷去居住。有人说："那地方非常鄙陋，怎么能居住呢？"孔子说："有君子住在那儿，怎么会鄙陋呢？"

7.15　子曰："吾自卫反鲁①，然后乐正，《雅》、《颂》各得其所②。"

【题解】

孔子的话表明，他的确对《诗经》做了分类整理。

【注释】

①自卫反鲁：反，通"返"。孔子从卫国返回鲁国是在鲁哀公十一年冬。②《雅》《颂》：《诗经》中两类不同的诗的名称，同时也是两类不同的乐曲的名称。

【译文】

孔子说："我从卫国回到鲁国，才对音乐进行了整理，《雅》和《颂》都各有了适当的位置。"

7.16　子曰："出则事公卿，入则事父兄，丧事不敢不勉，不为酒困，何有于我哉？"

"出则事公卿",是为国尽忠;"入则事父兄",是为长辈尽孝。忠与孝是孔子特别强调的两个道德规范。它是对所有人的要求,而孔子本人就是这方面的身体力行者。在这里,孔子谦说自己还要勉力去做到这几点。

【译文】

孔子说:"出外便服侍公卿,入门便侍奉父兄,有丧事,不敢不勉力去办,不被酒所困扰,这些事我做到了哪些呢?"

7.17 子在川上曰:"逝者如斯夫!不舍昼夜。"

【题解】

这句是《论语》中的名言。孔子面对奔流不息的大河,发出了时不我待的感慨。

【译文】

孔子站在河边,说:"消逝的时光就像这河水一样呀,日夜不停地流去。"

7.18 子曰:"吾未见好德如好色者也。"

【题解】

孔子的原意是说"好德"之难,难在自觉和有恒,这并没有要借"好德"来"禁欲"的意思。

【译文】

孔子说:"我没有见过像好色那样好德的人。"

7.19 子曰:"譬如为山,未成一篑①,止,吾止也。譬如平地,虽覆一篑,进,吾往也。"

【题解】

孔子在这里说的是,在治学与修身及做事上,要有一股锲而不舍的韧劲,孔子在这里用堆土成山这一比喻,说明功亏一篑和持之以恒的深刻道理,他鼓励自己和学生们无论在做人还是做事上,都应该坚持不懈,高度自觉。这对于立志有所作为的人来说,永远都是十分重要的警句。

【注释】

①篑:土筐。

【译文】

孔子说:"好比堆土成山,只差一筐土就完成了,这时停下来,是我自己要停下来的。又好比平整土地,虽然只倒下一筐土,如果决心继续,还是要自己去干的。"

7.20 子曰:"语之而不惰者①,其回也与②!"

颜回对老师的教导句句皆能领会，所以从无懈怠的感觉。

【注释】

①语：告诉。②与：通"欤"。

【译文】

孔子说："听我说话而能始终不懈怠的，大概只有颜回吧！"

7.21　子谓颜渊，曰："惜乎！吾见其进也，未见其止也。"

【题解】

这是孔子用死去的学生颜渊的勤奋刻苦精神，来激励其他学生们好学上进。颜渊是一个十分执着、勤奋且刻苦的人，他在生活方面是最低要求，一心用在学问的增长和道德修养的日新方面。但他却不幸过劳早死了。对于他的死，孔子自然十分惋惜和悲痛。他经常以颜渊为榜样提醒其他学生们。

【译文】

孔子谈到颜渊，说："可惜啊！我看到他不断地前进，没有看到过他停止。"

7.22　子曰："苗而不秀者有矣夫①！秀而不实者有矣夫②！"

【题解】

这里孔子是借自然界的庄稼的生长、开花到结果这一过程中苗不开花、开了花不结实这一现象，比喻一个人建功立业之难。有的人很有根底，但不能始终坚持，最终也就没有成就。在这里，孔子还是希望他的学生既能坚持勤奋学习，最终又能有所成就。

【注释】

①苗：庄稼出苗。②秀：吐穗开花。实：结果实。

【译文】

孔子说："有只长苗而不开花的吧！有开了花却不结果实的吧！"

7.23　子曰："后生可畏，焉知来者之不如今也？四十、五十而无闻焉，斯亦不足畏也已。"

【题解】

这是孔子勉励年轻人的名言。他从正反两个方面来提醒年轻人珍惜时光，努力进取。

优势在年轻，但可惧的是很快会变老，常言说"青出于蓝而胜于蓝""长江后浪推前浪，一代更比一代强"。社会在发展，人类在进步，孔子的这种今胜于昔的思想是一贯的。

【译文】

孔子说："年轻人是可敬畏的，怎么知道他们将来赶不上现在的人呢？一个人如果到了四五十岁的时候还没有什么名望，这样的人也就不值得敬畏了。"

7.24　子曰："法语之言①，能无从乎？改之为贵。巽与之言②，能无说乎？绎之为贵③。说而不绎，从而不改，吾末如之何也已矣。"

【题解】

孔子在这里告诫人们，对待批评要能听得进去，对待表扬要能自省，这才是正确的态度。

这里讲的第一层是言行一致的问题。听从那些正确的话只是第一步，而真正需要的是依照正确的意见去改正自己的错误。第二层讲的是忠言逆耳，而顺耳之言也要仔细辨别是非真伪。孔子所讲的这两点对于我们今天仍有极大的借鉴意义。

【注释】

①法：正道。②巽：恭也，即恭顺谦敬之言，意译为温和委婉的表扬话。③绎：抽出事物的条理，加以分析鉴别。

【译文】

孔子说："合乎礼法原则的话，能够不听从吗？但只有按它来改正错误才是可贵的。恭顺赞许的话，听了能够不高兴吗？但只有分析鉴别以后才是可贵的。只顾高兴而不加以分析，表面听从而不加以改正，我也没有什么办法来对付这种人了。"

7.25　子曰："主忠信，毋友不如己者，过则勿惮改。"

【题解】

此段与《学而》篇第 8 重复，故译文略。

7.26　子曰："三军可夺帅也①，匹夫不可夺志也②。"

【题解】

这是孔子流传千古的说明人格可贵的名言。意思是说：一个人的理想、志向和意志是极为可贵的，人格的崇高和意志的坚强都是做人的最高尊严，不容侵犯。我们说的"理想"，在孔子时代称为"志"，就是人的志向、志气。"匹夫不可夺志"，反映出孔子对于"志"的高度重视，将它与三军之帅相比。对于一个人来讲，他有自己的志向和独立人格，他应维护自己的尊严，不怕任何威胁利诱，始终坚持自己的"志向"。孔子这一思想影响了中国人"人格"观念的形成。

【注释】

①三军：古代大国三军，每军一万两千五百人。②匹夫：一个男子汉，泛指普通老百姓。

【译文】

孔子说："一国的军队，可以强行使它丧失主帅；一个男子汉，却不可能强迫夺去他的志向。"

7.27 子曰:"衣敝缊袍①,与衣狐貉者立②,而不耻者,其由也与?'不忮不求,何用不臧③?'"子路终身诵之。子曰:"是道也,何足以臧?"

【题解】

这一段记述了孔子对他的弟子子路既表扬又提醒的两句话。他这是因材施教,希望子路不要满足于目前已经取得的成绩,因为仅是不贪求、不忌妒是不够的,还应该有更高更远的志向,成就一番大的德业。

【注释】

①衣:穿,当动词用。敝:破旧。缊袍:用乱麻衬在里面的袍子。②狐貉:用狐和貉的皮做的裘皮衣服。③不忮不求,何用不臧:见《诗经·卫风·雄雉》。忮,妒害。臧,善,好。

【译文】

孔子说:"穿着破旧的絮棉袍子,与穿着狐貉裘皮衣服的人站在一起,而不觉得羞耻的,大概只有仲由吧!《诗经》上说:'不忌妒,不贪求,为什么不好呢?'"子路听了,从此常常念着这两句话。孔子又说:"仅仅这个样子,又怎么算得上好呢?"

7.28 子曰:"岁寒,然后知松柏之后雕也①。"

【题解】

孔子的这句话和"匹夫不可夺志"一样,是在通过自然界的令人感动的形象来揭示人世间的哲理。孔子认为,人是要有精神的。作为有远大志向的君子,他就像松柏那样,不会垮,而且能够经受住各种各样的环境的考验。

【注释】

①雕:通"凋",凋零。

【译文】

孔子说:"寒冷的季节到了,才知道松柏的叶子是最后凋零的。"

7.29 子曰:"知者不惑①,仁者不忧,勇者不惧。"

【题解】

在儒家传统道德中,智、仁、勇是三个重要的范畴,也是仁精神境界的不同体现。是君子的基本品质。《礼记·中庸》说:"知、仁、勇,三者天下之达德也。"孔子希望自己的学生能具备这三种达德,成为有精神境界的真正的君子。

【注释】

①知:通"智"。

孔子说："聪明的人不疑惑，仁德的人不忧愁，勇敢的人不畏惧。"

7.30 子曰："可与共学，未可与适道；可与适道，未可与立^①；可与立，未可与权^②。"

【题解】

孔子的话说明，立志于道的人应该坚持自新，人的能力发展不平衡；要能够通达应变，要寻求志同道合的人共同发展，在与人交往中能够通权达变是很高的境界。

【注释】

①立：立于道而不变，即坚守道。②权：本义为秤锤，引申为权衡轻重，随机应变。

【译文】

孔子说："可以和他一同学习的人，未必可以和他走共同的道路，可以和他一同走共同的道路，未必可以和他事事依礼而行；可以和他事事依礼而行，未必可以和他一起变通灵活处事。"

7.31 "唐棣之华，偏其反而。岂不尔思？室是远而^①。"子曰："未之思也，夫何远之有？"

【题解】

这里记录的是孔子对古代流传的几句逸诗的评论，只要坚持，目标就不远了。

【注释】

①"唐棣之华"四句：这是逸诗。上两句用以起兴。唐棣，木名。华，通"花"。偏其反而，翩翩地摇摆。反，翻转摇摆。

【译文】

"唐棣树的花，翩翩地摇摆，难道我不思念你吗？是因为家住得太远了。"对于这四句古诗，孔子说："那是没有真正思念啊，如果真的思念，有什么遥远的呢？"

颜渊篇第八

8.1 颜渊问仁。子曰："克己复礼为仁^①。一日克己复礼，天下归仁焉。为仁由己，而由人乎哉？"

颜渊曰："请问其目。"子曰："非礼勿视，非礼勿听，非礼勿言，非礼勿动。"

颜渊曰："回虽不敏，请事斯语矣。"

这段话是孔子的著名言论。"克己复礼"是《论语》的核心内容，孔子阐释了"仁"与"礼"的关系。仁是内在的核心，礼是外在的表现形式。

【注释】

①克己复礼：克制自己，使自己的行为归到礼的方面去，即合于礼。复礼：归于礼。

【译文】

颜渊问什么是仁。孔子说："抑制自己，使言语和行动都走到礼上来，就是仁。一旦做到了这些，天下的人都会称许你有仁德。实行仁德是由自己，难道是靠别人？"

颜渊说："请问实行仁德的具体途径。"孔子说："不合礼的事不看，不合礼的事不听，不合礼的事不言，不合礼的事不动。"

颜渊说："我虽然不聪敏，请让我照这些话去做。"

8.2　仲弓问仁。子曰："出门如见大宾，使民如承大祭。己所不欲，勿施于人。在邦无怨①，在家无怨②。"

仲弓曰："雍虽不敏，请事斯语矣。"

《孔子圣迹图·克复传颜》

【题解】

孔子阐述了为政者如何实践仁的思想，说出了做人的最高境界："己所不欲，勿施于人。"

【注释】

①邦：诸侯统治的国家。②家：卿大夫的封地。

【译文】

仲弓问什么是仁。孔子说："出门好像去见贵宾，役使民众好像去承担重大祀典。自己所不想要的事物，就不要强加给别人。在邦国做事没有抱怨，在卿大夫之家做事也无抱怨。"

仲弓说："我冉雍虽然不聪敏，请让我照这些话去做。"

8.3　司马牛问仁。子曰："仁者，其言也讱①。"

曰："其言也讱，斯谓之仁已乎？"

子曰："为之难，言之得无讱乎？"

【题解】

孔子因材施教，因为司马牛多言而躁，所以孔子告诉他说话要谨慎，强调言行一致的重要性。

①讱：说话谨慎，不容易出口。

【译文】

司马牛问什么是仁，孔子说："仁人，他的言语谨慎。"

司马牛说："言语谨慎，这就可以称作仁了吗？"

孔子说："做起来难，说话能不谨慎吗？"

8.4 司马牛问君子。子曰："君子不忧不惧。"曰："不忧不惧，斯谓之君子已乎？"子曰："内省不疚①，夫何忧何惧？"

【题解】

孔子对弟子们的教育都带有很强的针对性。因为司马牛正直善言而性情急躁，所以在这里，孔子耐心地引导他加强修养，使自己心胸开朗、坦然无畏。

【注释】

①疚：内心痛苦，惭愧。

【译文】

司马牛问怎样才是君子。孔子说："君子不忧愁，不恐惧。"司马牛说："不忧愁，不恐惧，这就叫君子了吗？"孔子说："内心反省而不内疚，那还有什么忧虑和恐惧的呢？"

8.5 司马牛忧曰："人皆有兄弟，我独亡。"子夏曰："商闻之矣：死生有命，富贵在天。君子敬而无失，与人恭而有礼。四海之内，皆兄弟也。君子何患乎无兄弟也？"

【题解】

这是《论语》中的一段名言，其中"死生有命，富贵在天""四海之内皆兄弟"等短语长期为后世所使用。

【译文】

司马牛忧愁地说："别人都有兄弟，唯独我没有。"子夏说："我听说过：'死生由命运决定，富贵在于上天的安排。'君子认真谨慎地做事，不出差错，对人恭敬而有礼貌，四海之内的人，就都是兄弟，君子何必担忧没有兄弟呢？"

8.6 子张问明。子曰："浸润之谮①，肤受之愬②，不行焉，可谓明也已矣。浸润之谮，肤受之愬，不行焉，可谓远也已矣。

【题解】

孔子在这里论述的是明智的问题，它对处于领导地位的执政者而言，更为至关重要。

①浸润之谮：像水浸润物件一样逐渐传播的谗言。谮，诬陷。②肤受之愬：像皮肤感受到疼痛一样的诬告，即诽谤。愬，通"诉"。

【译文】

子张问什么是见事明白。孔子说："逐渐渗透的谗言，切身感受的诽谤，在你这儿都行不通，就可以称得上见事明白了。逐渐渗透的谗言，切身感觉的诽谤，在你这里都行不通，可以说是有远见了。"

8.7　子贡问政。子曰："足食，足兵①，民信之矣。"子贡曰："必不得已而去，于斯三者何先？"曰："去兵。"子贡曰："必不得已而去，于斯二者何先？"曰："去食。自古皆有死，民无信不立。"

【题解】

孔子阐述了自己以仁德的治国见解。他认为管理一个国家，首先是人民的吃饭，然后是保卫国家，但更重要的是取得人民的信任，这样才能使全国百姓同心协力。

【注释】

①兵：武器，指军备。

【译文】

子贡问怎样治理政事。孔子说："粮食充足，军备充足，民众信任政府。"子贡说："如果迫不得已要去掉一些，三项中先去掉哪一项呢？"孔子说："去掉军备。"子贡说："如果迫不得已，要在剩下的两项中去掉一项，先去掉哪一项呢？"孔子说："去掉粮食。自古以来，人都是要死的，如果没有民众的信任，那么国家就站立不住了。"

8.8　棘子成曰①："君子质而已矣②，何以文为③？"子贡曰："惜乎，夫子之说君子也④。驷不及舌⑤。文犹质也，质犹文也。虎豹之鞟犹犬羊之鞟⑥。"

【题解】

关于文与质的关系问题，子贡认为应"文质兼备"，表里一致，这一思想源于孔子。

【注释】

①棘子成：卫国大夫。古代大夫尊称夫子，故子贡以此称之。②质：质地，指思想品德。③文：文采，指礼节仪式。④说：谈论。⑤驷不及舌：话一出口，四匹马也追不回来，即"一言既出，驷马难追"。⑥鞟：去毛的兽皮。

【译文】

棘子成说："君子有个好的本质就行啦，要文采做什么呢？"子贡说："可惜呀！夫子你来这样谈论君子。一言既出，驷马难追。文采如同本质，本质也如同文采，二者是同等重要的。假如去掉虎豹和犬羊的有文采的皮毛，那这两样皮革就没有多大的区别了。"

8.9 哀公问于有若曰:"年饥,用不足,如之何?"有若对曰:"盍彻乎①?"曰:"二,吾犹不足,如之何其彻也?"对曰:"百姓足,君孰与不足②?百姓不足,君孰与足?"

这里记述的是鲁哀公和有若的对话。有若是孔子的得意弟子,很善于领会、发挥孔子的思想。这段话明确地把百姓放在与君王同等重要的位置上,体现了孔子"仁政"的理想。

【注释】

①盍彻乎:盍,何不。彻,西周奴隶主国家的一种田税制度。旧注曰:"什一而税谓之彻。"②孰与:与谁,同谁。

【译文】

鲁哀公问有若说:"年成歉收,国家备用不足,怎么办呢?"有若回答说:"何不实行十分抽一的税率呢?"哀公说:"十分抽二,我尚且不够,怎么能去实行十分抽一呢?"有若回答说:"如果百姓用度足,国君怎么会用度不足呢?如果百姓用度不足,国君用度怎么会足呢?"

8.10 子张问崇德辨惑。子曰:"主忠信,徙义,崇德也。爱之欲其生,恶之欲其死。既欲其生,又欲其死,是惑也。'诚不以富,亦祇以异①。'"

【题解】

这里孔子谈的主要是个人的道德修养应该以忠信为基础的问题。

【注释】

①诚不以富,亦祇以异:见《诗经·小雅·我行其野》。这两句诗引在这里,颇觉费解。有人认为是错简。今按朱熹《四书集注》中解释译出。祇,适。与"衹""秖"等字通用。旧读"zhǐ",今读上声。

【译文】

子张向孔子请教怎样去提高品德修养,分辨迷惑。孔子说:"以忠厚诚实为主,行为总是遵循道义,这就可以提高品德。对于同一个人,爱的时候希望他长期活下去;厌恶的时候,又希望他死去。既要他长寿,又要他短命,这就是迷惑。'这样对自己实在是没有益处,也只能使人感到奇怪罢了。'"

8.11 齐景公问政于孔子。孔子对曰:"君君,臣臣,父父,子子。"公曰:"善哉!信如君不君,臣不臣,父不父,子不子,虽有粟,吾得而食诸?"

【题解】

此段说明了孔子理想中的社会礼法制度,摆正人与人之间的名分关系,这对维护社会秩序来说是很重要的。

齐景公向孔子询问政治。孔子回答说："国君要像国君，臣子要像臣子，父亲要像父亲，儿子要像儿子。"景公说："好哇！如果真的国君不像国君，臣子不像臣子，父亲不像父亲，儿子不像儿子，即使有粮食，我能够吃得着吗？"

8.12 子曰："片言可以折狱者①，其由也与？"子路无宿诺②。

【题解】

仲由凭"片言"就可以"折狱"，不但说明他在审理刑狱方面卓有才干，更重要的是说明他信誉卓著。

【注释】

①折狱：狱，案件，即断案。②宿诺：宿，久。拖了很久而没有兑现的诺言。

【译文】

孔子说："根据单方面的供词就可以判决诉讼案件的，大概只有仲由吧？"子路没有说话不算数的时候。

8.13 子曰："听讼，吾犹人也。必也使无讼乎！"

【题解】

此句表明了孔子一贯主张的德治、礼治的政治思想。

【译文】

孔子说："审理诉讼案件，我同别人一样。重要的是必须使诉讼的案件根本不发生！"

8.14 子张问政。子曰："居之无倦，行之以忠。"

【题解】

同上段一样，谈论的也是从政为官要忠诚和勤谨的问题。

【译文】

子张问怎样治理政事，孔子说："居于官位不懈怠，执行君主令要忠实。"

8.15 子曰："博学于文，约之以礼，亦可以弗畔矣夫。"

【题解】

此处与《雍也》篇第27重复，故译文略。

8.16 子曰："君子成人之美，不成人之恶。小人反是。"

【题解】

这是孔子的一段名言，说明一个有道德的君子是以仁爱为心的，所以愿意看人家好；

而缺德的小人总愿意别人坏，在对人的态度上完全不同。

【译文】

孔子说："君子成全别人的好事，而不促成别人的坏事。小人则与此相反。"

8.17 季康子问政于孔子。孔子对曰："政者，正也。子帅以正①，孰敢不正？"

【题解】

从这段话可以看出，孔子十分注重为政者的模范带头作用，榜样的力量是无穷的。

【注释】

①帅：通"率"，率领。

【译文】

季康子向孔子问到为政方面的事。孔子回答说："政的意思就是端正，您自己先做到端正，谁还敢不端正？"

8.18 季康子患盗，问于孔子。孔子对曰："苟子之不欲，虽赏之不窃。"

【题解】

这里孔子谈论的仍是为政为官之道在于自己要无欲则刚，自己清廉才能正人。

【译文】

季康子担忧盗窃，来向孔子求教。孔子对他说："如果您不贪求太多的财物，即使奖励他们去偷，他们也不会干。"

8.19 季康子问政于孔子曰："如杀无道，以就有道，何如？"孔子对曰："子为政，焉用杀？子欲善而民善矣。君子之德风，小人之德草。草上之风①，必偃②。"

【题解】

上行下效，为政者的作风对社会的民风影响很大，所以为政者要注意自己的所作所为，给百姓以良好的影响。

【注释】

①草上之风：谓风吹草。上，一做尚，加也。上之风谓上之以风，即加之以风。②偃：倒下。

【译文】

季康子向孔子问政事说："假如杀掉坏人，以此来亲近好人，怎么样？"孔子说："您治理国家，怎么想到用杀戮的方法呢？您要是好好治国，百姓也就会好起来。君子的品德如风，小人的品德如草。草上刮起风，草一定会倒。"

8.20 子张问："士何如斯可谓之达矣①？"子曰："何哉，尔所谓达者？"子张对曰：

"在邦必闻，在家必闻。"子曰："是闻也，非达也。夫达也者，质直而好义，察言而观色，虑以下人②。在邦必达，在家必达。夫闻也者，色取仁而行违，居之不疑。在邦必闻，在家必闻。"

【题解】

这里讲的是一个人在社会上的影响是和他的品德方面名实相符的，因此要表里如一。

【注释】

①达：通达。②下人：下于人，即对人谦逊。

【译文】

子张问道："士要怎么样才可说是通达了？"孔子说："你所说的通达是什么呢？"子张回答说："在诸侯的国家一定有名声，在大夫的封地一定有名声。"孔子说："这是有名声，不是通达。那通达的人，本质正直而喜爱道义，体会别人的话语，观察别人的脸色，思想上愿意对别人谦让。在诸侯的国家一定通达，在大夫的封地一定通达。那有名声的人，表面上要实行仁德而行动上却相反，以仁人自居而毫不迟疑。他们在诸侯的国家一定虚有其名，在大夫的封地也一定虚有其名。"

8.21　樊迟从游于舞雩之下，曰："敢问崇德，修慝①，辨惑。"子曰："喜哉问！先事后得，非崇德与？攻其恶，无攻人之恶，非修慝与？一朝之忿，忘其身，以及其亲，非惑与？"

【题解】

樊迟提出的三个问题都是关于个人的修身、齐家等有关思想品德修养和社会实践及影响的。

【注释】

①修慝：改恶从善。修，治，指改正。慝，邪恶。

【译文】

樊迟跟随孔子在舞雩台下游览，说道："请问如何提高自己的品德修养，消除邪恶，辨别迷惑。"孔子说："问得好啊！辛劳在先，享乐在后，这不就可以提高自己的品德修养吗？检查自己的错误，不去指责别人的缺点，这不就消除了潜在的怨恨吗？因为一时气愤，而不顾自身和自己的双亲，这不就是迷惑吗？"

8.22　樊迟问仁。子曰："爱人。"问知。子曰："知人。"樊迟未达。子曰："举直错诸枉①，能使枉者直。"樊迟退，见子夏曰："乡也吾见于夫子而问知②，子：'举直错诸枉，能使枉者直。'何谓也？"子夏曰："富哉言乎！舜有天下，选于众，举皋陶③，不仁者远矣。汤有天下，选于众，举伊尹④，不仁者远矣。"

【题解】

仁是孔子伦理思想的核心，包含了"爱人"和"知人"两部分内容。前者具有人道主义色彩，后者则是古代人文精神的体现。

【注释】

①举直错诸枉：把正直的人摆在邪恶的人的上面，即选用贤人，罢黜坏人。错，通"措"，安置。②乡：同"向"，过去。见于：被接见。③皋陶：舜时的贤臣。④伊尹：尚汤时辅相。

【译文】

樊迟问什么是仁，孔子说："爱人。"樊迟又问什么是智，孔子说："善于知人。"樊迟没有完全理解。孔子说："把正直的人提拔上来，使他们的位置在不正直的人上面，就能使不正直的人变正直。"樊迟退了出来，见到子夏，说："刚才我去见到老师，问他什么是智，他说'把正直的人提拔上来，使他们的位置在不正直的人上面'，这是什么意思？"子夏说道："这是含义多么丰富的话呀！舜有了天下，在众人中选拔人才，把皋陶提拔了起来，不仁的人就远远地离开了。汤得了天下，也从众人中选拔人才，把伊尹提拔起来，那些不仁的人就远远离开了。"

8.23 子贡问友。子曰："忠告而善道之①，不可则止，毋自辱焉。"

【题解】

在这里，孔子谈的是交友之道。

【注释】

①道：通"导"。

【译文】

子贡问怎样交朋友。孔子说："忠心地劝告他并好好地开导他，如果不听从也就罢了，不要自取侮辱。"

8.24 曾子曰："君子以文会友，以友辅仁。"

【题解】

此句讲的也是交友之道。以文会友被认为是君子所为。

【译文】

曾子说："君子用文章学问来结交、聚合朋友，用朋友来帮助自己培养仁德。"

子路篇第九

9.1 子路问政。子曰："先之劳之。"请益。曰："无倦。"

【题解】

此句谈的是执政者的道德修养问题。

　　子路问为政之道。孔子说："自己先要身体力行带好头，然后让老百姓辛勤劳作。"子路请求多讲一些，孔子说："不要倦怠。"

子贡问友

　　9.2　仲弓为季氏宰，问政。子曰："先有司，赦小过，举贤才。"曰："焉知贤才而举之？"子曰："举尔所知。尔所不知，人其舍诸？"

【题解】

　　为政在人，为政者一定要为下面的人做出表率，对下属的小过失不要计较，要抓大放小。重要的在于善于举贤，从近处做起，从自己做起，这都是孔子的为政之道。

【译文】

　　仲弓做了季氏的总管，问怎样管理政事，孔子说："自己先给下属各部门主管人员做出表率，原谅人家的小错误，提拔贤能的人。"仲弓说："怎么知道哪些人是贤能的人而去提拔他们呢？"孔子说："提拔你所知道的；那些你所不知道的，别人难道会埋没他吗？"

　　9.3　子路曰："卫君待子而为政，子将奚先？"子曰："必也正名乎！"子路曰："有是哉，子之迂也！奚其正？"子曰："野哉，由也！君子于其所不知，盖阙如也①。名不正，则言不顺；言不顺，则事不成；事不成，则礼乐不兴；礼乐不兴，则刑罚不中②；刑罚不中，则民无所措手足。故君子名之必可言也，言之必可行也。君子于其言，无所苟而已矣③。"

【题解】

　　这是孔子言论中关系到国家大事或为人处世的著名论述，其中"名不正则言不顺"一句常被人们引用。正名，就是一个国家、一个事业，光明正大的理念要讲清楚，这是孔子的一个基本的政治观点。

【注释】

　　①阙：通"缺"。缺而不言，存疑的意思。②中：得当。③苟：随便，马虎。

【译文】

　　子路说："卫国的国君等待您治理政事，您将准备先做什么呢？"孔子说："那一定是先要纠正名分吧！"子路说："您的迂腐竟然到了这种地步吗？这个名为什么去正呢？"孔子说："真粗野呀，仲由！君子对于他所不知道的，一般要采取保留的态度（不要乱说）。名分不正，说话就不能顺理成章；说话不能顺理成章，事情就做不成；做不成事情，国家的礼乐制度就兴盛不起来；礼乐制度不能兴盛，刑罚也就不能得当，刑罚不得当，百姓就会手足无措，不知如何是好。因此君子使用一个概念，就一定要能说得清楚，说出来了必定要行得通。君子对自己所说的话，不过是没有一点凑合、糊弄罢了。"

9.4　樊迟请学稼。子曰："吾不如老农。"请学为圃。曰："吾不如老圃。"樊迟出。子曰："小人哉，樊须也！上好礼，则民莫敢不敬；上好义，则民莫敢不服；上好信，则民莫敢不用情。夫如是，则四方之民襁负其子而至矣①，焉用稼？"

【题解】

春秋时代，礼崩乐坏，孔子把克己复礼当成毕生大事，在孔子看来，如果为政者把精力放在生活的具体事务上，就是舍本逐末了。

【注释】

①襁：背负小孩所用的布兜子。

【译文】

樊迟向孔子请教如何种庄稼，孔子说："我不如老农民。"又请教如何种蔬菜，孔子说："我不如老菜农。"樊迟出去了。孔子说："真是个小人啊！樊迟这个人！居于上位的人爱好礼仪，老百姓没有敢不恭敬的，居于上位者爱好道义，老百姓就没有敢不服从的；居于上位的人爱好诚信，老百姓就没有敢不诚实的。如果能够做到这一点，那么，四方的老百姓就会背负幼子前来归服，何必要自己来种庄稼呢？"

9.5　子曰："诵《诗》三百，授之以政，不达；使于四方①，不能专对；虽多，亦奚以为？"

【题解】

孔子的这段言论表明，他的教育思想和目的是致力于培养对时代有用的人，能够治理国家，让天下归仁，学习《诗经》也是让弟子们增加多方面的知识，成为有用人才，而不是纯粹的文人或书呆子。

【注释】

①使：出使。

【译文】

孔子说："熟读了《诗》(《诗经》) 三百篇，交给他政务，他却搞不懂；派他出使到四方各国，又不能独立应对外交。虽然读书多，又有什么用处呢？"

9.6　子曰："其身正，不令而行；其身不正，虽令不从。"

【题解】

这也是孔子一贯坚持的持政者要以身作则的原则。

【译文】

孔子说："(作为管理者) 如果自身行为端正，不用发布命令，事情也能推行得通；如果本身不端正，就是发布了命令，百姓也不会听从。"

9.7 子曰："鲁、卫之政，兄弟也。"

【题解】

鲁国是周公旦的封地，卫国是康叔的封地，周公旦和康叔是兄弟，当时两国的政治情况都趋向于衰败，这些也相似。故而孔子有此感叹。

【译文】

孔子说："鲁国的政治和卫国的政治，像兄弟一样。"

9.8 子谓卫公子荆："善居室^①。始有，曰：'苟合矣^②。'少有，曰：'苟完矣。'富有，曰：'苟美矣。'"

【题解】

这是孔子对卫公子荆的赞美，孔子认为为政者应该在自己的生活上知足，在仁德上知不足。

【注释】

①善居室：善于治理家政，善于居家过日子等。②合：足。据俞樾《群经平议》。

【译文】

孔子谈到卫国的公子荆，说："他善于居家过日子。当他刚开始有财物时，便说：'差不多够了。'当稍微多起来时，就说：'将要足够了。'当财物到了富有时，就说：'真是太完美了。'"

9.9 子适卫^①，冉有仆^②。子曰："庶矣哉^③！"冉有曰："既庶矣，又何加焉？"曰："富之。"曰："既富矣，又何加焉？"曰："教之。"

【题解】

孔子在这里提出了"先富后教"的政治思想，认识到经济富裕是德教的基础，很了不起。

【注释】

①适：往，到……去。②仆：动词，驾驭车马。亦做名词用，指驾车的人。③庶：众多。

【译文】

孔子到卫国去，冉有为他驾车子。孔子说："人口真是众多啊！"冉有说："人口已经是如此众多了，又该再做什么呢？"孔子说："使他们富裕起来。"冉有说："已经富裕了，还该怎么做？"孔子说："让他们接受良好的教育。"

9.10 子曰："苟有用我者，期月而已可也^①，三年有成。"

　　据《史记·孔子世家》记载，这是孔子在卫国时有感而发，表达了自己对从政的信心。

　　①期月：一年。

　　孔子说："假如有人用我主持国家政事，一年之内就可以见到成效了，三年便能完全治理好。"

　　9.11　子曰："'善人为邦百年^①，亦可以胜残去杀矣^②。'诚哉是言也！"

　　春秋时代，各国执政者从事不义的战争，只有具有仁爱之心的善人用相当长的时间（一百年），才能扭转这种积重难返的局面。

　　①为邦：治国。②胜残：克服残暴。

　　孔子说："'善人治理国家一百年，也就能够克服残暴行为，消除虐杀现象了。'这句话说得真对啊！"

　　9.12　子曰："如有王者，必世而后仁^①。"

　　孔子说，能够行仁道的"王者"只需三十年便可实现仁政，这显然比用一百年"为邦"的"善人"更高明。

　　①世：古代以三十年为一世。

　　孔子说："如果有王者兴起，一定要三十年才能让天下实现仁爱。"

　　9.13　子曰："苟正其身矣，于从政乎何有？不能正其身，如正人何？"

　　在这里，孔子讲的还是"正人先正己"的道理。

　　孔子说："如果端正了自己的言行，治理国家还有什么难的呢？如果不能端正自己的言行，又怎么能去端正别人呢？"

9.14 冉子退朝①。子曰："何晏也？"对曰："有政。"子曰："其事也。如有政，虽不吾以②，吾其与闻之③。"

孔子说是议事而不是议政，也有证明的意思，因为冉有是退于季氏的私朝。这也说明孔子虽不在朝，却一直对国家政治十分关心。

①朝：朝廷。或指鲁君的朝廷，或指季氏议事的场所。解释不一。②不吾以：不用我。以，用。③与：参与。

冉有从办公的地方回来，孔子说："今天为什么回来得这样晚呢？"冉有回答说："有政务。"孔子说："那不过是一般性的事务罢了。如果是重要的政务，虽然不用我，我还是会知道的。"

9.15 定公问："一言而可以兴邦，有诸？"孔子对曰："言不可以若是其几也①。人之言曰：'为君难，为臣不易。'如知为君之难也，不几乎一言而兴邦乎？"曰："一言而丧邦，有诸？"孔子对曰："言不可以若是其几也。人之言曰：'予无乐乎为君，唯其言而莫予违也。'如其善而莫之违也，不亦善乎？如不善而莫之违也，不几乎一言而丧邦乎？"

"一言可以兴邦""一言可以丧邦"，已经成为成语，这并非言过其实。执政者确实应该小心谨慎，注意自己的一言一行。

①几：近。

鲁定公问："一句话可以使国家兴盛，有这样的事吗？"孔子回答说："对语言不能有那么高的期望。有人说：'做国君难，做臣子也不容易。'如果知道了做国君的艰难，自然会努力去做事，这不近于一句话而使国家兴盛吗？"定公说："一句话而丧失了国家，有这样的事吗？"孔子回答说："对语言的作用不能有那么高的期望。有人说：'我做国君没有感到什么快乐，唯一使我高兴的是我说的话没有人敢违抗。'如果说的话正确而没有人违抗，这不是很好吗？如果说的话不正确也没有人敢违抗，这不就近于一句话就使国家丧亡吗？"

9.16 叶公问政。子曰："近者说①，远者来。"

叶是春秋时期的小国，更应该注意与邻国友好，实行仁道，"近说远来"也是社会生活交往的一个规律。

①说：同"悦"。

叶公问怎样治理国家。孔子说："让近处的人快乐满意，使远处的人闻风归附。"

9.17　子夏为莒父宰^①，问政。子曰："无欲速，无见小利。欲速则不达，见小利则大事不成。"

【题解】

这是孔子提出的关于管理地方行政的原则、方法的一段问答。"欲速则不达"一句已经成为成语，做大事小事都要符合这个规律。

【注释】

①莒父：鲁国的一个城邑，在今山东莒县境内。

【译文】

子夏做了莒父地方的长官，问怎样治理政事。孔子说："不要急于求成，不要贪图小利。急于求成反而达不到目的，贪小利则办不成大事。"

9.18　叶公语孔子曰^①："吾党有直躬者^②，其父攘羊^③，而子证之^④。"孔子曰："吾党之直者异于是。父为子隐，子为父隐，直在其中矣。"

【题解】

此段表明了在中国的传统社会中，伦理道德高于法制的事实。从这里我们可以推想古代社会的情况，以及中国社会历史上的法、情、礼之间的关系。

【注释】

①语：告诉。②党：指家乡。古代五百家为党。③攘：偷窃。④证：告发。

【译文】

叶公告诉孔子说："我家乡有个正直的人，他父亲偷了别人的羊，他便出来告发。"孔子说："我家乡正直的人与这不同：父亲替儿子隐瞒，儿子替父亲隐瞒，正直就在这里面了。"

9.19　樊迟问仁。子曰："居处恭，执事敬，与人忠。虽之夷狄，不可弃也。"

【题解】

在这里，孔子提出了做人在生活、工作和交友等各个方面的"仁"的要求。"恭""敬"、"忠"是一个人的为人之道，到哪里都行得通。

【译文】

樊迟问什么是仁。孔子说："平时的生活起居要端庄恭敬，办事情的时候严肃认真，对待他人要忠诚。就是去到边远的少数民族居住的地方，也是不能废弃这些原则的。"

9.20 子贡问曰："何如斯可谓之士矣？"子曰："行己有耻，使于四方，不辱君命，可谓士矣。"曰："敢问其次。"曰："宗族称孝焉，乡党称弟焉。"曰："敢问其次。"曰："言必信，行必果，硁硁然小人哉①！抑亦可以为次矣。"曰："今之从政者何如？"子曰："噫！斗筲之人②，何足算也！"

【题解】

士阶层是周代贵族阶层最基本的一层，后来演变成知识分子的通称。这里孔子从知耻、言行、忠信等方面提出了"士"的标准。

【注释】

①硁硁：象声词，敲击石头的声音。这里引申为像石块那样坚硬。②斗筲之人：比喻气量狭小的人。筲，竹器，容一斗二升。

【译文】

子贡问道："怎样才可称得上'士'呢？"孔子说："自己的言行都保持着羞耻之心，出使四方各国不辜负君主的使命，这就可以称作'士'了。"子贡说："请问次一等的'士'是什么样。"孔子说："宗族的人称赞他孝顺，乡里的人称赞他友爱。"子贡说："请问再次一等的'士'什么样？"孔子说："说话一定要诚信，做事一定要坚定果断，这虽是耿直固执的小人，但也可以算作再次一等的'士'了。"子贡说："现在那些执政的人怎么样？"孔子说："唉！一帮气量狭小的家伙，算得了什么呢！"

9.21 子曰："不得中行而与之①，必也狂狷乎②！狂者进取，狷者有所不为也。"

【题解】

孔子认为能够"中行"的人是理想中的合乎中庸之道的人，然而现实中这种人太少了，如果有"狂"和"狷"，就算不错，不得已时，只好退而求其次。

【注释】

①中行：行为合乎中庸。与：相与，交往。②狷：性情耿介，不肯同流合污。

【译文】

孔子说："找不到行为合乎中庸的人而和他们交往，一定只能和勇于向前及洁身自好的人交往！勇于向前的人努力进取，洁身自好的人不会去做坏事！激进的人勇于进取，耿介的人不做坏事。"

9.22 子曰："南人有言曰：'人而无恒，不可以作巫医①。'善夫！""不恒其德，或承之羞②。"子曰："不占而已矣。"

【题解】

这里讲的是恒心在学习、做事、与人交往和自我修养方面的重要性。

①巫医：用卜筮为人治病的人。②不恒其德，或承之羞：此二句引自《易经·恒卦·爻辞》。

【译文】

孔子说："南方人有句话说：'人如果没有恒心，就不可以做巫医。'这话说得好啊！"《周易》说："不能长期坚持自己的德行（三心二意），有时就要承受羞辱。"孔子又说："这句话的意思是叫没有恒心的人不要占卦了。"

9.23 子曰："君子和而不同①，小人同而不和。"

【题解】

此句孔子论述了"和而不同"这一重要思想，这是"君子"与"小人"的又一区别，也成为中国社会重要的传统思想的核心内容之一。

【注释】

①和：和谐，协调。同：人云亦云，盲目附和。

【译文】

孔子说："君子追求与人和谐而不是完全相同、盲目附和，小人追求与人相同、盲目附和而不能与人和谐。"

9.24 子贡问曰："乡人皆好之，何如？"子曰："未可也。""乡人皆恶之，何如？"子曰："未可也。不如乡人之善者好之，其不善者恶之。"

【题解】

此段讲的是如何认识人、评价人的问题。孔子认为，评价一个人，不能简单地听从当地当局人们各种各样的毁誉，不能从众，还要细心考察其所以毁、所以誉的原因，然后才能做出准确的评价。

【译文】

子贡问道："乡里人都喜欢他，这个人怎么样？"孔子说："不能说他好。""乡里人都厌恶他，这个人怎么样？"孔子说："不能说他坏。最好是乡里的好人都喜欢他，乡里的坏人都厌恶他。"

9.25 子曰："君子易事而难说也①。说之不以道，不说也。及其使人也，器之②。小人难事而易说也。说之虽不以道，说也。及其使人也，求备焉。"

【题解】

孔子在这里谈的是做人的两种作风。这是君子和小人之间的又一差别，君子严于律己，宽以待人，小人对人求全责备。

①说：通"悦"。②器之：按各人的才德适当使用。器，器用，做动词用。

【译文】

孔子说："在君子手下做事情很容易，但要取得他的欢心却很难。不用正当的方式去讨他的欢喜，他是不会喜欢的；等到他使用人的时候，能按各人的才德去分配任务。在小人手下做事很难，但要想讨好他却很容易，用不正当的方式去讨好他，他也会很高兴。在用人的时候，却是要百般挑剔求全责备的。"

9.26　子曰："君子泰而不骄，小人骄而不泰。"

【题解】

由于君子和小人的内在的心灵、思想、修养不同，诚于忠，形于外，自然他们表现于外的风格也不相同。

【译文】

孔子说："君子安详坦然而不骄矜凌人，小人骄矜凌人而不安详坦然。"

9.27　子曰："刚、毅、木、讷近仁。"

【题解】

孔子认为"仁"是最高境界，不易达到，可以从基本的刚、毅、木、讷这做人的四种品质做起。

【译文】

孔子说："刚强、坚毅、质朴、言语实在而谨慎，具备了这四种品德的人便接近仁德了。"

9.28　子路问曰："何如斯可谓之士矣？"子曰："切切偲偲①，怡怡如也②，可谓士矣。朋友切切偲偲，兄弟怡怡。"

【题解】

前面子贡问士，孔子提出了士的三个标准。这里子路问士，孔子提出要正确地处理好朋友之间、弟兄之间的和谐关系。这些回答都是在因材施教。

【注释】

①偲偲：勉励、督促、诚恳的样子。②怡怡：和气、亲切、顺从的样子。

【译文】

子路问道："怎样才可以称为士呢？"孔子说："互相帮助督促而又和睦相处，就可以叫作士了。朋友之间是互相勉励督促，兄弟之间是和睦相处。"

9.29　子曰："善人教民七年，亦可以即戎矣①。"

【题解】

孔子是主张和平的，他反对暴力和带有侵略性质的兼并战争，但他主张保卫国家、抵抗外侵的战争。他认为对人民要加强保卫国家的教育和训练。

【注释】

①即戎：参与军事。即用作动词，表示"就"的意思。

【译文】

孔子说："善人教导训练百姓七年的时间，也可以叫他们去作战了。"

9.30　子曰："以不教民战^①，是谓弃之。"

【题解】

这里是说要爱惜人民，让没有经过教育和训练的人民去打仗，就是抛弃他们的生命。

【注释】

①不教民：不教之民。

【译文】

孔子说："让没有受过训练的人去作战，这是抛弃他们，让他们去送死。"

第五卷

孟　子

梁惠王章句上

【原文】

孟子见梁惠王①。王曰:"叟不远千里而来②,亦将有以利吾国乎③?"

孟子对曰:"王何必曰利?亦有仁义而已矣。王曰'何以利吾国'?大夫曰'何以利吾家'?士庶人曰④'何以利吾身'?上下交征利而国危矣⑤。万乘之国弑其君者⑥,必千乘之家;千乘之国弑其君者,必百乘之家。万取千焉,千取百焉,不为不多矣。苟为后义而先利⑦,不夺不餍⑧。未有仁而遗其亲者也⑨,未有义而后其君者也。王亦曰仁义而已矣,何必曰利?"

【注释】

①梁惠王:就是魏惠王(公元前400—前319年),惠是他的谥号。他即位后九年由旧都安邑(今山西夏县北)迁都大梁(今河南开封西北),所以又叫梁惠王。②叟:老人。③亦:这里是"只"的意思。④士庶人:士和庶人。庶人即老百姓。⑤交征:互相争夺。征,取。⑥乘:古代用四匹马拉的一辆兵车叫一乘,诸侯国的大小以兵车的多少来衡量。战国末期的万乘之国有韩、赵、魏梁、燕、齐、楚、秦七国,千乘之国有宋、卫、中山以及东周、西周。至于下句中千乘、百乘之家的"家",则是指拥有封邑的公卿大夫封邑大,有兵车千乘;大夫封邑小,有兵车百乘。弑:下杀上、卑杀尊、臣杀君叫弑。⑦苟:如果。⑧餍:满足。⑨遗:遗弃,抛弃。

【译文】

孟子拜见梁惠王,梁惠王说:"老人家,您不远千里而来,定将有什么有利于我国吗?"

孟子回答道:"大王为什么要讲'利'?有仁义就够了。大王说:'有什么有利于我国?'大夫们说:'有什么有利于我家?'士和庶人们说:'有什么有利于我自己?'这样上下互相追求私利,那么,国家就危险了。在拥有兵车万乘的国家,谋杀他们的君主的,必然是拥有兵车千乘的大夫;在兵车千乘的国家,谋杀他们的君主的,必然是拥有兵车百乘的大夫之家。在兵车万乘的国家里,大夫能从中获得兵车千乘;在兵车千乘国家里,大夫能从中获得兵车百乘,不能说是不多了。假如真正是轻义而重利,那就非闹到篡夺君位的地步是不能满足的。可是,从来没有讲仁德的人会遗弃他的双亲的,从来没有讲道义的人会不尊重他的君王的。大王您只要讲仁义就够了,为什么要讲利呢?"

【原文】

孟子见梁惠王。王立于沼上,顾鸿雁麋鹿,曰:"贤者亦乐此乎?"

孟子对曰:"贤者而后乐此,不贤者虽有此,不乐也。诗云①:'经始灵台②,经之营之,庶民攻之③,不日成之④。经始勿亟⑤,庶民子来⑥。王在灵囿⑦,麀鹿攸伏⑧,麀鹿濯濯⑧,白鸟鹤鹤⑨。王在灵沼⑩,于牣鱼跃⑪。'文王以民力为台为沼,而民欢乐之,谓其台曰灵台,谓其沼曰灵沼,乐其有麋鹿鱼鳖。古之人与民偕乐,故能乐也。汤誓曰⑫：'时日害丧⑬，予及女偕亡⑭。'民欲与之偕亡，虽有台池鸟兽，岂能独乐哉？"

【注释】

①诗云：下面所引的是《诗经·大雅·灵台》，全诗共四章，文中引的是前两章。②经始灵台：经始，开始规划营造；灵台，台名，故址在今陕西西安西北。③攻：建造。④不日：不几天。⑤亟：急。⑥庶民子来：老百姓像儿子似的来修建灵台。⑦圃：古代帝王蓄养禽兽的园林。⑧濯濯：肥胖而光滑的样子。⑨鹤鹤：羽毛洁白的样子。⑩灵沼：池名。⑪牣：满。⑫汤誓：《尚书》中的一篇，记载商汤王讨伐夏桀时的誓师词。⑬时日害丧：这太阳什么时候毁灭呢？时，这；日，太阳；害，何，何时；丧，毁灭。⑭予及女：我和你。女同"汝"，你。

【译文】

孟子谒见梁惠王，梁惠王站在水沼上，望着那鸿雁麋鹿，得意扬扬地问孟子道："贤德的人也喜欢享受这些东西吗？"

孟子回答说："是贤德的人才能享受到这些东西，不是贤德的人，尽管拥有这些东西也享受不到。《诗经》里面说：'开始筹建灵台，又是测量又经营。百姓一齐来建造它，很快便建成了。动工不用多督促，百姓都如子女一样自愿前来。文王来到灵圃，母鹿伏地自悠悠。母鹿长得肥又美，白色的鸟洁白又肥美！文王来到灵沼旁，啊！满池鱼跳跃！'文王用百姓的劳力建高台挖深池，百姓却欢欢喜喜，称他的台为灵台，称他的沼为灵沼，为他能享受到麋鹿鱼鳖的奉养而高兴。古时的贤者能够与民同乐，所以能得到快乐。《尚书》里的《汤誓》(载有百姓诅咒暴君夏桀王的话)道：'这个太阳什么时候灭亡？我们愿意跟你一同灭亡。'百姓要跟他一同灭亡，那他即使有台池鸟兽，难道能够独自享受吗？"

【原文】

梁惠王曰："寡人之于国也，尽心焉耳矣。河内凶①，则移其民于河东②，移其粟于河内。河东凶，亦然。察邻国之政，无如寡人之用心者。邻国之民不加少，寡人之民不加多，何也？"

孟子对曰："王好战，请以战喻。填然鼓之，兵刃既接③，弃甲曳兵而走。或百步而后止，或五十步而后止。以五十步笑百步，则何如？"

曰："不可。直不百步耳，是亦走也。"

【注释】

①河内：指黄河以北的今河南沁阳、济源、博爱一带，当时是魏国的领土。②河东：指黄河以东的今山西西南部，当时是魏国的领土。③兵：兵器。

【译文】

梁惠王说："对于治理国家，我真的是尽心竭力呀！河内发生了灾荒，就将那里的灾民移往河东，将河东的粮食运送到河内。当河东发生了灾荒时，我也是这样做。看看邻国的君主办理政事，没有一个像我这样用心的。可是，邻国的人民并不见减少，而我的人民并不见增多，这是什么原因呢？"

孟子回答道："大王您喜欢打仗，就让我拿战争来打比方吧。战鼓咚咚地敲响了，短兵相接，打了败仗的就抛下盔甲，拖着武器，狼狈逃窜，有的逃了上百步才停下来，有的只逃五十来步就停住了脚，后者拿自己只后退五十来步去讥笑后退了百步的人胆子小，您觉得这种做法怎么样呢？"

梁惠王说："不行。只不过没有后退上百步罢了，可这也是逃跑呀。"

【原文】

曰："王如知此，则无望民之多于邻国也。不违农时，谷不可胜食也；数罟不入洿池①，鱼鳖不可胜食也；斧斤以时入山林，材木不可胜用也。谷与鱼鳖不可胜食，林木不可胜用，是使民养生丧死无憾也。养生丧死无憾，王道之始也。五亩之宅，树之以桑，五十者可以衣帛矣；鸡豚狗彘之畜，无失其时，七十者可以食肉矣；百亩之田，勿夺其时，数口之家可以无饥矣；谨庠序之教②，申之以孝悌之义，颁白者不负戴于道路矣。七十者衣帛食肉，黎民不饥不寒，然而不王者，未之有也。狗彘食人食而不知检，途有饿莩而不知发③。人死，则曰：'非我也，岁也。'是何异于刺人而杀之，曰：'非我也，兵也。'王无罪岁，斯天下之民至焉。"

【注释】

①数罟：密网。洿池：大池。②庠序：古代地方所设的学校。③莩：饿死的人。

【译文】

孟子说："大王您既然懂得了这个道理，就不必去盼望您国家的人民比邻国多啦。治理国家的人只要不去剥夺农民耕种的时间，那粮食就吃不了；不拿过于细密的渔网到池塘中去捞鱼，那鱼类水产便吃不完；砍伐林木有定时，那木材便用不尽。粮食和鱼类水产吃不完，木材用不尽，这样便使老百姓供养生人、安葬死者不会感到什么不满足。老百姓养生送死没有什么不满足，这便是王道的起点。在五亩大的住宅旁，种上桑树，上了五十岁的人就可以穿丝绵袄了；鸡和猪狗一类家畜不要耽误它们繁殖饲养的时间，上了七十岁的人就可以经常吃到肉食了。一家一户所种百亩的田地能及时得到耕种，数口之家就不会闹饥荒了。认真地搞好学校教育，反复地阐明孝顺父母、尊敬老人的重要意义，须发花白的老人们就不再会肩挑背负出现在道路上了。七十岁以上的人穿丝绵吃肉食，一般老百姓不缺衣少食，这样还不能得到广大人民的拥戴而实现王道的事，是绝不会有的。现在，猪狗一类家畜吃着人吃的粮食却不知道设法制止，路上出现了饿死的人却不知道开仓赈济饥民；老百姓死了，却说'置他们于死地的不是我，是凶年饥岁'，这和

桑麻织作

桑麻织作——采桑养蚕是中国自古就有的劳作，但因蚕丝珍贵，一般人很难穿得起丝质衣服。

拿刀把人刺死，却说'是兵器杀的人，不是我杀的'，有什么不同呢？大王您要是能够不归罪于凶年饥岁，这样，普天之下的老百姓便会投奔到您这儿来了。"

【原文】

梁惠王曰："寡人愿安承教^①。"孟子对曰："杀人以梃与刃^②，有以异乎？"曰："无以异也。""以刃与政，有以异乎？"曰："无以异也。"曰："庖有肥肉^③，厩有肥马^④，民有饥色，野有饿莩，此率兽而食人也。兽相食，且人恶之^⑤。为民父母，行政不免于率兽而食人。恶在其为民父母也^⑥？仲尼曰：'始作俑者^⑦，其无后乎！'为其象人而用之也^⑧。如之何其使斯民饥而死也？"

【注释】

①安：乐意。②梃：木棒。③庖：厨房。④厩：马栏。⑤且人恶之：按现在的词序，应是"人且恶之"。且，尚且。⑥恶：疑问副词，何，怎么。⑦俑：古代陪葬用的土偶、木偶。"始作俑者"就是指这最初采用土偶、木偶陪葬的人。后来这句话成为成语，指首开恶例的人。⑧象：同"像"。

【译文】

梁惠王对孟子说："我愿高兴地接受您的教导。"孟子回答道："用棍棒杀人和用刀子杀害人，二者有什么不同吗？"惠王说："没有什么不同。"孟子紧接上去问道："用刀子杀人和用政治杀人有什么不同吗？"惠王说："没有什么不同。"孟子说："厨房里摆着肥美的肉食，马栏里关着膘肥体壮的马匹，老百姓却面有饥色，田野上横陈着饿死者的尸体，这无异于赶着兽类去吃人。兽类自相残食，人们尚且憎恶它们这种行为；那些号称为民父母的执政者，办理政事时，不免干出类似驱赶兽类去吃人的勾当来，那么，他们作为人民父母的意义又在哪里呢？孔仲尼说过一句这样的话：'第一个制作殉葬用的木偶的人，应该没有后代留下吧！'孔子为什么对这个深恶痛绝呢？就因为用了像人形貌的木偶去殉葬。照这样看来，又怎么可以使老百姓饥饿而死呢？"

【原文】

梁惠王曰："晋国^①，天下莫强焉^②，叟之所知也。及寡人之身，东败于齐，长子死焉^③；西丧地于秦七百里^④；南辱于楚^⑤。寡人耻之，愿比死者壹洒之^⑥，如之何则可？"

孟子对曰："地方百里而可以王^⑦。王如施仁政于民，省刑罚，薄税敛，深耕易耨^⑧。壮者以暇日修其孝悌忠信，入以事其父兄，出以事其长上，可使制梃以挞秦楚之坚甲利兵矣。彼夺其民时，使不得耕耨以养其父母，父母冻饿，兄弟妻子离散。彼陷溺其民，王往而征之，夫谁与王敌？故曰：'仁者无敌。'王请勿疑！"

【注释】

①晋国：韩、赵、魏三家分晋，被周天子和各国承认为诸侯国，称三家为三晋，所以，梁（魏）惠王自称魏国也为晋国。②莫强：没有比它更强的。③东败于齐，长子死焉：公元前341年，魏与齐战于马陵，兵败，主将庞涓被杀，太子申被俘。④西丧地于秦七百

里：马陵之战后，魏国国势渐衰，秦屡败魏国，迫使魏国献出河西之地和上郡的十五个县，约七百里地。⑤南辱于楚：公元前324年，魏又被楚将昭阳击败于襄陵，魏国失去八邑。⑥愿比死者壹洒之：比：替，为；壹：全，都；洒：洗刷。全句说，希望为全体死难者报仇雪恨。⑦地方百里：方圆百里的土地。⑧易耨：及时除草。易：疾，快；耨：除草。

【译文】

梁惠王对孟子说："当今世上没有哪个国家比晋国强大，这是您老人家所知道的。自从我继承王位，东面被齐国打败，连我的大儿子也丢了性命，西面丧失土地七百余里给秦国；南面又被楚国所折辱。我对此深以为耻，愿意替那些为国牺牲的人彻底报仇雪恨。要怎么办才可以（做到）呢？"

孟子答道："国家不在大，只要有方圆百里的土地就可以实行王道，使天下归心。大王您假如能够对人民实施仁政，废除严刑峻法，减免苛捐杂税，督促人民深耕土地，清除杂草，壮年人还在农闲的时候讲求孝顺父母、尊敬兄长、办事尽力和待人诚实的道理，在家里便用来侍奉父兄，在外便用来侍奉长辈和上级（包括国君），这样即使他们用木棒也足以打败那些身披坚甲、手执利器的秦楚的军队了。秦、楚、齐等国剥夺人民的耕种时间，使他们不能从事农耕来养活他们的父母，以致父母受冻挨饿，妻离子散，兄弟天各一方。他们陷人民于水深火热之中，大王您派军队前往讨伐他们，又有谁敢跟大王您对敌呢？有句老话说：'奉行仁政的人无敌于天下。'大王啊，请您对这点不要再怀疑了！"

【原文】

孟子见梁襄王^①。出，语人曰^②："望之不似人君，就之而不见所畏焉。卒然问曰^③：'天下恶乎定？'吾对曰：'定于一。''孰能一之？'对曰：'不嗜杀人者能一之。''孰能与之^④？'对曰：'天下莫不与也。王知夫苗乎？七八月之间旱^⑤，则苗槁矣。天油然作云，沛然下雨，则苗浡然兴之矣^⑥。其如是，孰能御之？今夫天下之人牧^⑦，未有不嗜杀人者也，如有不嗜杀人者，则天下之民皆引领而望之矣。诚如是也，民归之，由水之就下^⑧，沛然谁能御之？'"

【注释】

①梁襄王：梁惠王的儿子，名嗣，公元前318—前296年在位。②语：告诉。③卒然：突然。卒同"猝"。④与：从，跟。⑤七八月：这里指周代的历法，相当于夏历的五六月，正是禾苗需要雨水的时候。⑥浡然：兴起的样子。浡然兴之即蓬勃地兴起。⑦人牧：治理人民的人，指国君。"牧"由牧牛、牧羊的意义引申过来。⑧由：同"犹"，好像，如同。

【译文】

孟子见到梁襄王，出来之后，告诉人家说："远远望上去不像个国君的样子，走到他跟前却又看不到有什么使人敬畏的地方。见了我后，突然问道：'天下要怎样才能使之安定呢？'我回答说：'天下安定在于统一。'他紧接着又问道：'谁能统一天下呢？'我对他说：'不喜欢杀人的国君就能统一天下。'他又问：'谁会归附他呢？'我又回答：'天下没有不归附他的。大王您知道禾苗生长的情况吗？七八月时，一发生干旱，禾苗就要枯槁了。只要天上乌云翻滚，大雨倾盆，禾苗便又蓬蓬勃勃地生长令人欢喜了。要是像这样，谁能阻挡其生长呢！现在世上那些做国君的人，没有不喜欢杀人的，如果有不喜欢杀人的，天下的老百姓就会伸长脖子巴望他来解救自己了。如果真是这样，那么，老百姓归附他，就好比水向低处流，奔腾澎湃，又有谁能阻挡得了它们呢！'"

【原文】

齐宣王问曰①："齐桓、晋文之事②，可得闻乎？"孟子对曰："仲尼之徒无道桓、文之事者，是以后世无传焉，臣未之闻也。无以③，则王乎？"曰："德何如，则可以王矣？"曰："保民而王，莫之能御也。"曰："若寡人者，可以保民乎哉？"曰："可。"曰："何由知吾可也？"曰："臣闻之胡龁曰④：王坐于堂上，有牵牛而过堂下者，王见之，曰：'牛何之？'对曰：'将以衅钟⑤。'王曰：'舍之！吾不忍其觳觫⑥，若无罪而就死地。'对曰：'然则废衅钟与？'曰：'何可废也？以羊易之！'不识有诸？"

曰："有之。"

【注释】

①齐宣王：姓田，名辟疆。齐威王的儿子，齐湣王的父亲，约公元前319年至公元前301年在位。②齐桓、晋文：指齐桓公、晋文公。齐桓公，春秋时齐国国君，姓姜，名小白。公元前685年至公元前643年在位，是春秋时第一个霸主。晋文公，春秋时晋国国君，姓姬，名重耳，公元前636年至公元前628年在位，也是春秋五霸之一。③无以：不得已。以，同'已'。④胡龁：人名，齐宣王身边的近臣。⑤衅钟：新钟铸成，杀牲取血涂抹钟的孔隙，用来祭祀。按照古代礼仪，凡是国家的某件新器物或宗庙开始使用时，都要杀牲取血加以祭祀。⑥觳觫：因恐惧而战栗的样子。

【译文】

齐宣王问孟子道："先生您可以把春秋时齐桓公和晋文公称霸于诸侯的事业讲给我听听吗？"孟子回答说："孔子门下的人，没有一个讲述齐桓公和晋文公的霸业，所以后世不曾传下来，我没有听说过。如果一定要我说下去，就谈谈王道好吗？"齐宣王问道："要具备怎样的德行才有资格施行王道呢？"孟子答道："通过安抚人民（使他们安居乐业）的方法去施行王道，那是没有谁能阻挡得了的。"齐宣王又问："像我这样的人，可以安抚百姓吗？"孟子答道："可以。"齐宣王又问："您凭什么知道我可以呢？"孟子继续答道："我听到您的近臣胡龁说，有一次大王您坐在堂上，有个人牵着牛走过堂下，您问他道：'牵牛上哪儿去？'他回话道：'要杀了它去祭钟。'您说：'放掉它吧！它这样没有罪过却往死地里送，看到它那吓得发抖的样子，我心里实在不忍。'那个人回问道：'那么，就废止祭钟的仪式吗？'您说：'怎么可以废止呢？拿只羊去换吧！'不知有没有这回事？"

齐宣王说："有这回事。"

【原文】

曰："是心足以王矣。百姓皆以王为爱也①，臣固知王之不忍也。"王曰："然，诚有百姓者。齐国虽褊小②，吾何爱一牛？即不忍其觳觫，若无罪而就死地，故以羊易之也。"曰："王无异于百姓之以王为爱也③。以小易大，彼恶知之？王若隐其无罪而就死地④，则牛羊何择焉？"王笑曰："是诚何心哉？我非爱其财而易之以羊也。

宜乎百姓之谓我爱也。"曰："无伤也⑤，是乃仁术也，见牛未见羊也。君子之于禽兽也，见其生，不忍见其死；闻其声，不忍食其肉。是以君子远庖厨也⑥。"

【注释】

①爱：吝啬。②褊：狭小。③异：奇怪，疑怪，责怪。④隐：疼爱，可怜。⑤无伤：没有关系，不要紧。⑥庖厨：厨房。

【译文】

孟子说："有这样的好心就足以凭借来施行王道了。百姓都以为大王吝啬，我本来就知道您是于心不忍哪。"齐宣王说："对，如果真像百姓所想的，齐国地方虽然不大，我怎么会舍不得一头牛呢？就是因为不忍心看到它吓得发抖，这样毫无罪过却要被往死地里送，所以才说拿只羊去换它。"孟子说："您不要怪百姓以为大王您吝啬。拿小小的羊去换下头大牛来，他们又怎么知道您的用意呢？您要是哀怜牲畜没有罪过却往死地里送，那么在牛羊两者之中又有什么选择呢？"齐宣王不禁发笑道："这是什么心理呢？我并不是吝惜钱财才拿只羊去替换它（牛），难怪百姓要说我吝啬呢。"孟子说："这没有关系，这正是仁爱之道，因为你只见到牛没有见到羊。一个有仁爱之心的人对于那些家禽家畜，看到它们活得那么好，就不忍心看着它们死去，听到它们的声音，便不忍心吃它们的肉。所以，一些宅心仁厚的人们总是要把厨房建造得离自己的住地远一点。"

【原文】

王说曰①："诗云②：'他人有心，予忖度之③。'夫子之谓也。夫我乃行之，反而求之，不得吾心。夫子言之，于我心有戚戚焉④。此心之所以合于王者，何也？"曰："有复于王者曰：'吾力足以举百钧⑤'，而不足以举一羽；'明足以察秋毫之末⑥'，而不见舆薪⑦，则王许之乎⑧？"曰："否。""今恩足以及禽兽，而功不至于百姓者，独何与？然则一羽之不举，为不用力焉；舆薪之不见，为不用明焉；百姓之不见保，为不用恩焉。故王之不王，不为也。非不能也。"

【注释】

①说：同"悦"。②诗云：引自《诗经·小雅·巧言》。③忖度：猜测，揣想。④戚戚：心有所动的感觉。⑤钧：古代重量单位，三十斤为一钧。⑥秋毫之末：指细微难见的东西。⑦舆：车子。薪：木柴。⑧许：赞许，同意。

【译文】

齐宣王听了，高兴地说："《诗经》里面讲过：'别人有想法，我能猜中它。'这个话像是冲着老先生您说的。我自己做了这件事，回过头来要探索做它的目的和意义，反而得不出。经您这样一讲，我心里又有些触动了。这种心地岂能与王道仁政合拍呢？"孟子说："有人向大王禀告：'我的力气能够举起三千斤重的东西，却拿不起一根羽毛；我的视力能够看清秋天里刚换过的兽毛的末梢，却看不见一大车木柴。'那么，大王您会同意他这种说法吗？"齐宣王说："不，我不会同意。"孟子紧接着说："现在大王您一片仁心，使禽兽受惠，而百姓却一无所得，这是什么原因呢？这样看来，一根羽毛拿不起来，是因为不愿用手力，一车柴看不见，是因为不愿用目力；百姓不被爱护，是因为不愿广施恩泽。所以大王您的不行王道，统一天下，是不肯做。并不是不能做。"

【原文】

　　曰："不为者与不能者之形何以异①？"曰："挟太山以超北海②，语人曰，'我不能'，是诚不能也。为长者折枝，语人曰：'我不能'，是不为也，非不能也。故王之不王，非挟太山以超北海之类也；王之不王，是折枝之类也。

　　老吾老，以及人之老；幼吾幼，以及人之幼③。天下可运于掌④。诗云⑤：'刑于寡妻⑥，至于兄弟，以御于家邦。'言举斯心加诸彼而已。故推恩足以保四海，不推恩无以保妻子。古之人所以大过人者无他焉，善推其所为而已矣。今恩足以及禽兽，而功不至于百姓者，独何与？

　　权⑧，然后知轻重；度，然后知长短。物皆然，心为甚。王请度之"。

【注释】

　　①形：情况，状况。②太山：泰山。北海：渤海。③老吾老，以及人之老；幼吾幼，以及人之幼：第一个"老"和"幼"都做动词用，老：尊敬；幼：爱护。④运于掌：在手心里运转，比喻治理天下很容易。⑤《诗》云：以下三句引自《诗经·大雅·思齐》。⑥刑：同"型"，指树立榜样，做示范。寡妻：国君的正妻。⑦御：治理。⑧权：本指秤锤，这里用作动词，指称物。

【译文】

　　齐宣王问道："不肯做和不能做，从外表上来说，有什么不同？"孟子说："要一个人将泰山挟在腋下跳过渤海，他告诉别人说：'我不能做。'这的确是不能做。叫一个人替年迈力衰的长辈按摩肢体，他告诉别人说：'我不能做。'这是他不肯做，不是不能做。所以大王您的不行王道，统一天下，不是属于将泰山挟在腋下跳过渤海一类的事情；大王您的不行王道，统一天下，是属于替年迈力衰的长辈按摩肢体一类的事情。

　　尊奉自家的长辈，推广开去也尊奉人家的长辈，爱抚自家的儿童，推广开去也爱抚人家的儿童，那么，治理天下便可以像把一件小东西放在手掌上转动那么容易了。《诗经》里面说过：'在家先为妻子立榜样，然后兄弟也照样，再行推广治国安邦。'这不过是说拿自己的一片仁爱之心加到别人的身上罢了。因此，能够推广恩泽，爱护百姓的人就能保护天下，否则，就连自己的老婆孩子也保护不了。古代那些圣明的国君之所以能远远超过一般人，没有别的什么秘诀，只是善于推己及人罢了。现在大王您的恩泽能够施及禽兽，而百姓们却得不到点滴好处，这又是什么原因呢？

　　称一称，然后才知道轻重，量一量，然后才知道长短。凡是物体，没有不是这样的，心的长短轻重就较一般物体更难齐一，尤其需要衡量。请大王您细加衡量吧！"

【原文】

　　"抑王兴甲兵①，危士臣，构怨于诸侯②，然后快于心与？"王曰："否，吾何快于是？将以求吾所大欲也。"曰："王之所大欲，可得闻与？"王笑而不言。曰："为肥甘不足于口与？轻暖不足于体与？抑为采色不足视于目与③？声音不足听于耳

— 285 —

与？便嬖不足使令于前与⑷？王之诸臣皆足以供之，而王岂为是哉？"曰："否，吾不为是也。"曰："然则王之所大欲可知已。欲辟土地⑤，朝秦楚⑥，莅中国而抚四夷也⑦。以若所为求若所欲⑧，犹缘木而求鱼也。"王曰："若是其甚与？"曰："殆有甚焉⑨。缘木求鱼，虽不得鱼，无后灾；以若所为，求若所欲，尽心力而为之，后必有灾。"

【注释】

①抑：还是。②构怨：结怨，构成仇恨。③采色：即彩色。④便嬖：君王左右被宠爱的人。⑤辟：开辟。⑥朝：使……来朝。⑦莅：临。⑧若：你。⑨殆：表示不肯定，有"大概""几乎""可能"等多种含义。

【译文】

"难道大王您要兴师动众，使您的臣下和士兵冒生命的危险，和诸侯结下深仇大恨，然后心里才感到快活吗？"齐宣王说："不，我对这个有什么快感？我之所以这样做，是想借此得到我所梦寐以求的东西。"孟子问道："大王您所十分希望得到的东西，可以讲给我听听吗？"齐宣王只是笑笑，不回答。孟子先故意用试探的口吻问道："是为了好吃的食品不够味吗？轻暖的衣着不够舒适吗？还是为了文采美色不中看吗？琴瑟歌唱不中听吗？侍奉左右的宠臣不够役使吗？大王您下面的臣子这些都能充分供给，您难道为的是这些吗？"齐宣王说："不，我不是为这些。"孟子说："那么，您所十分希望得到的东西可以知道了。您是想扩张国土，使秦、楚等大国北面朝见您，然后统治整个中原地带，安抚四方边远部族。凭您现在的所作所为，去追求您所想得到的东西，简直像是爬到树上去抓鱼一样。"齐宣王问道："事情会像您讲得这么严重吗？"孟子说："恐怕还要更严重。爬到树上去抓鱼，尽管抓不到鱼，却不会有什么后患；凭您的所作所为，去追求您所希望得到的东西，要是尽心竭力地去做，必然会留下灾祸。"

孟子像

孟子是继孔子之后儒家的代表人物，他发扬了孔子的学说并使之光大于后世，成就仅次于孔子，因而后世儒家尊称他为"亚圣"。他所著的《孟子》一书，对封建社会影响深远。

【原文】

曰："可得闻与？"曰："邹人与楚人战①，则王以为孰胜？"曰："楚人胜。"曰："然则小固不可以敌大，寡固不可以敌众，弱固不可以敌强。海内之地方千里者九，齐集有其一。以一服八，何以异于邹敌楚哉？盖亦反其本矣。

今王发政施仁，使天下仕者皆欲立于王之朝，耕者皆欲耕于王之野，商贾皆欲藏于王之市，行旅皆欲出于王之涂②，天下之欲疾其君者，皆欲赴愬于王。其若是，孰能御之？"

王曰："吾惛③，不能进于是矣。愿夫子辅吾志，明以教我。我虽不敏，请尝试之。"

曰："无恒产而有恒心者④，惟士为能。若民，则无恒产，因无恒心。苟无恒心，放辟⑤，邪侈⑥，无不为已。及陷于罪，然后从而刑之，是罔民也⑦。焉有仁人在位，罔民而可为也？是故明君制民之产⑧，必使仰足以事父母，俯足以畜妻子，乐岁终身饱，凶年免于死亡。然后驱而之善，故民之从之也轻⑨。

今也制民之产，仰不足以事父母，俯不足以畜妻子，乐岁终身苦，凶年不免于死亡。此惟救死而恐不赡⑩，奚暇治礼义哉⑪？

王欲行之，则盍反其本矣⑫。五亩之宅，树之以桑，五十者可以衣帛矣；鸡豚狗彘之畜，无失其时，七十者可以食肉矣；百亩之田，勿夺其时，八口之家可以无饥矣；谨庠序之教，申之以孝悌之义，颁白者不负戴于道路矣。老者衣帛食肉，黎民不饥不寒，然而不王者，未之有也。"

【注释】

①邹：国名，就是当时的邾国，国土很少，首都在今山东邹县东南的邾城。楚：即楚国，春秋和战国时期都是大国。②涂：同"途"。③惛：同"昏"，昏乱，糊涂。④恒产：可以赖以维持生活的固定财产。如土地、田园、林木、牧畜等。⑤放：放荡。辟：同"僻"，指歪门邪道。⑥侈：放纵挥霍。邪侈指违法乱纪。⑦罔：同"网"，有"陷害"的意思。⑧制：订立制度、政策。⑨轻：轻松，容易。⑩赡：足够，充足。⑪奚暇：怎么顾得上。奚，疑问词，怎么，哪有。暇，余暇，空闲。⑫盍："何不"的合音字，为什么不。

【译文】

齐宣王说："您可以把后必有灾的道理讲给我听听吗？"孟子反问道："假如邹国人跟楚国人开战，那么大王您认为谁会得胜呢？"齐宣王回答说："当然楚国人会得胜。"孟子说："这样说来，小国本来就不可以抵挡大国，人数少的本来就不可以抵挡人数多的，势力弱的本来就不可以抵挡势力强的。现在天下拥有千里见方土地的国家一共只有九个，齐国的土地凑起来也不过只占九分之一。拿九分之一的地方去征服九分之八的地方，这跟邹国去和楚国对敌又有什么两样呢？您又为什么不回到根本上去求得问题的解决呢？

现在大王您如果发布命令，施行仁政，使天下想做官的人都愿意在大王您的朝中做官，耕田的人都愿意在大王您的田野里种地，经商的人都愿意到大王您的街市上做生意，旅行的人都愿意到大王您的国土上来游历，天下那些对自己的国君不满的臣僚都愿来到大王您跟前申诉。要是真能做到这样，又有谁能跟您对敌呢？"

齐宣王说："我的脑子不大好使了，不能施行这样的仁政。希望先生您辅助我实现我的志向，明确地教导我。我虽然缺乏才干，请让我试试看。"

孟子说："一个人没有一定的维持生计的产业，却能坚持一贯向善的好思想，这只有读书明理的人才做得到。至于普通老百姓，只要失去了一定的维持生计的产业，就会动摇一贯向善的好思想。假使真的没有了这种好思想，那就会肆意妄为，不守法纪，胡作非为，没有什么干不出来的。等到因此犯了罪，然后对他们施加刑罚，这等于设下罗网陷害人民。怎么会有仁爱的国君在位，却可以干出陷害人民的勾当的呢？所以贤明的国君规定老百姓的产业，一定要使他们上面足够奉养他们的父母亲，下面足够养活他们的老婆孩子，遇上好年成终身饱暖，即使是凶年饥岁，也能不至于饿死，然后要求他们走上向善的道路，因此老百姓也就容易听从了。

现在规定老百姓的产业，上面不够奉养父母亲，下面不够养活老婆孩子；即使年成好，也要终生困苦，遇上凶年饥岁，就更是免不了要饿死。这样就连救自家儿的性命都还来不及，哪有空余时间去讲究什么礼义呢？

大王您既然想成就统一天下的大业，何不回到根本上来呢：在五亩大的住宅旁，种上桑树，五十岁的人就可以穿丝绵了；鸡和猪狗一类家畜不要耽误它们繁殖饲养的时间，七十岁年纪的人就可以经常吃到肉食了。一家一户所种百亩的田地能及时得到耕种，八口人吃饭的人家，就可以不挨饿了。认真地搞好学校教育，反复地阐明孝顺父母、尊敬长辈的重要意义，须发花白的老人们就不再会肩挑背负地出现在道路上了。年老的人穿丝绵、吃肉食，一般老百姓不缺衣少食，这样还不能得到广大人民的拥戴，以实现王道，是绝对不会有的。"

梁惠王章句下

【原文】

庄暴见孟子①，曰："暴见于王②，王语暴以好乐，暴未有以对也。"曰："好乐何如！"孟子曰："王之好乐甚，则齐国其庶几乎！"他日，见于王曰："王尝语庄子以好乐，有诸？"王变乎色，曰："寡人非能好先王之乐也，直好世俗之乐耳。"

【注释】

①庄暴：齐国大臣。②王：指齐宣王。

【译文】

庄暴见到孟子，说："齐王召见我，告诉我他喜欢音乐，我一时想不到用什么话来回答他。"庄暴稍停一会儿，接着问孟子道："一个做国君的人喜欢音乐，到底应不应该呢？"孟子说："齐王要喜欢音乐到了极点，那么，齐国差不多就可以治理好了啊！"后来有一天，孟子被齐宣王召见时，说："大王您曾经告诉过庄暴您喜欢音乐，有这回事吗？"齐宣王一听，惭愧得脸上都变了颜色，说："寡人喜欢的并不是先代帝王遗留下来的古乐，只不过是一些世俗流行的音乐罢了。"

【原文】

曰："王之好乐甚，则齐其庶几乎！今之乐犹古之乐也①。"曰："可得闻与②？"曰："独乐乐③，与人乐乐，孰乐？"曰："不若与人。"曰："与少乐乐④，与众乐乐，孰乐？"曰："不若与众。"

【注释】

①今之乐，犹古之乐也：当代的音乐犹如古代的音乐。②可得闻与：（这道理）可以让我听听吗？与，通"欤"。③独乐乐：独自一人娱乐的快乐。前一个"乐"做动词用。以下几句也类似。④少：少数人。

　　孟子说:"大王您要是喜欢音乐到了极点,那么,齐国就治理得差不多了呢!时下流行的音乐和古代的音乐都一样嘛。"齐宣王说:"您可以把这个道理说给我听听吗?"孟子没有正面回答齐宣王,却反问道:"一个人独自享受听音乐的乐趣,和跟别人一道享受听音乐的乐趣相比,哪一种更令人快乐些呢?"齐宣王说:"一个人听音乐不如跟别人一道听音乐更快乐。"孟子继续问道:"跟少数人一道享受听音乐的乐趣和跟多数人享受听音乐的乐趣相比,哪一种更令人快乐些呢?"齐宣王说:"跟少数人听音乐不如跟多数人听音乐更快乐。"

【原文】

　　"臣请为王言乐:今王鼓乐于此,百姓闻王钟鼓之声,管龠之音①,举疾首蹙頞而相告曰②:'吾王之好鼓乐,夫何使我至于此极也?父子不相见,兄弟妻子离散。'今王田猎于此,百姓闻王车马之音,见羽旄之美③,举疾首蹙頞而相告曰:'吾王之好田猎,夫何使我至于此极也?父子不相见,兄弟妻子离散。'此无他,不与民同乐也。

　　今王鼓乐于此,百姓闻王钟鼓之声,管龠之音,举欣欣然有喜色而相告曰:'吾王庶几无疾病与?何以能鼓乐也?'今王田猎于此,百姓闻王车马之音,见羽旄之美,举欣欣然有喜色而相告曰:'吾王庶几无疾病与?何以能田猎也?'此无他,与民同乐也。今王与百姓同乐,则王矣。"

【注释】

　　①管龠:古管乐器名。龠,似笛而短小。②蹙頞:蹙,紧缩;頞,鼻梁。蹙頞,形容愁眉苦脸的样子。③羽旄:鸟羽和旄牛尾。古人用作旗帜上的装饰,故可代指旗帜。

【译文】

　　孟子紧接着说:"请让我为您陈述一下应该怎样来享受欣赏音乐的乐趣吧。假如现在大王您在这里演奏音乐,老百姓一听到大王您钟鼓的声音和箫管吹出的曲调,全皱着眉头痛苦地说:'我们大王光顾自己听音乐,怎么把我们弄到妻离子散、父母兄弟天各一方这样困苦不堪的地步呢?'现在大王您在这里打猎,老百姓听到大王您的车子和马的声音,看见装饰得怪好看的旗帜,大家全皱着眉头、痛苦地说:'我们大王光顾自己打猎开心,却把我们弄到妻离子散、父母兄弟天各一方这样困苦不堪的地步呢?'这没有别的原因,只是由于不与老百姓一同娱乐的缘故。

　　假如现在大王您在这里奏乐,老百姓一听到您钟鼓的声音和箫管吹出的曲调,都喜形于色地奔走相告道:'我们大王应该没有什么疾病吧,不然,怎么能奏乐呢?'现在大王您在这里打猎,老百姓一听到大王您车子和马的声音,看见装饰得怪好看的旗帜,大家都喜形于色地奔走相告:'我们大王应该没有什么疾病吧,不然,怎么能打猎呢?'这没有别的原因,只是由于与老百姓一同娱乐的缘故。现在只要大王您能跟老百姓一同娱乐,就能够使人民归附于您,天下就会统一了。"

　　齐宣王问曰："文王之囿方七十里^①，有诸？"孟子对曰："于传有之。"曰："若是其大乎？"曰："民犹以为小也。"曰："寡人之囿方四十里，民犹以为大，何也？"曰："文王之囿方七十里，刍荛者往焉，雉兔者往焉，与民同之。民以为小，不亦宜乎？臣始至于境，问国之大禁，然后敢人。臣闻郊关之内有囿方四十里，杀其麋鹿者如杀人之罪。则是方四十里，为阱于国中，民以为大，不亦宜乎？"

【注释】

　　①囿：古代畜养禽兽的园林。

【译文】

　　齐宣王问孟子道："传说周文王豢养禽兽种植花木的园子有七十里见方大，有这回事吗？"孟子回答说："在古书上是有这样的记载。"齐宣王说："真的有这样大吗？"孟子说："老百姓还以为小了呢。"齐宣王说："我的园子，只有四十里见方，老百姓还认为大了，这是什么原因呢？"孟子说："周文王的园子，周围七十里见方，割饲料和打柴的人可以到那里去，打野鸡、兔子的人也可以到那里去，文王与老百姓一同享有园子的利益，老百姓认为小了，难道不是应该的吗？我初踏上您的边境，先打听一下齐国有哪些重大的禁令，然后才敢进入国境。我听说齐国都城的远郊，有一个四十里见方的园子，射杀园子里的麋鹿的，就跟犯了杀人罪一样，这就等于在国土上，设下了个四十里见方的大陷阱来坑害老百姓，老百姓嫌它大了难道不是合情合理的吗？"

【原文】

　　齐宣王问曰："交邻国有道乎？"孟子对曰："有。惟仁者为能以大事小，是故汤事葛^①，文王事昆夷^②；惟智者为能以小事大，故大王事獯鬻^③，勾践事吴^④。以大事小者，乐天者也；以小事大者，畏天者也。乐天者保天下，畏天者保其国。诗云^⑤：'畏天之威，于时保之。'"王曰："大哉言矣！寡人有疾，寡人好勇。"对曰："王请无好小勇。夫抚剑疾视曰，'彼恶敢当我哉'！此匹夫之勇，敌一人者也。王请大之！"

【注释】

　　①汤事葛：汤，商汤，商朝的创建人。葛，葛伯，葛国的国君。葛国是与商紧邻的小国，故城在今河南省宁陵县北十五里处。②文王事昆夷：文王，周文王。昆夷，也写作"混夷"，周朝初年的西戎国名。③大王事獯鬻：大王，周文王的祖父，即古公亶父。獯鬻又称猃狁，当时北方的少数民族。④勾践：春秋时越国国君（公元前497—前465年在位）。吴：指春秋时吴国国君夫差。⑤诗云：以下引自《诗经·周颂·我将》。

【译文】

　　齐宣王问（孟子）道："跟邻国打交道有一定的原则和方法吗？"孟子回答说："有。只有以仁爱为怀的君主才能做到以大国的身份去侍奉小国，所以商汤王侍奉过葛伯，周文王侍奉过混夷。只有明智的君主才能做到以小国的身份侍奉大国，所以周的大王古公亶父侍奉过强悍的獯鬻族，越王勾践侍奉过打败了自己的吴王夫差。以大国的身份侍奉小国的，是喜爱天的美德（无往而不怡然自得）的人；以小国身份侍奉大国的，是害怕天的威严（无时不谨慎戒惧）的人。喜爱天的美德的人能够保有天下，害怕天的威严的人能够保住他们的国家。《诗经·周颂》中的《我将》篇说：'敬畏上天的威严，所以便保住了这国家的权柄。'"齐宣王说："您的话实在是说得太好了啊！可惜我有个毛病，我喜爱勇敢，怕是难做到您所说的。"孟子回答道："我恳请大王您不要喜爱小勇。有这么一个人，手按佩剑、圆睁双目说：'他怎么敢抵挡我呢！'这只是能与个把人为敌的小勇。我恳请大王您把您喜爱的勇敢扩大一点吧！"

【原文】

"诗云^①：'王赫斯怒^②，爰整其旅，以遏徂莒^③，以笃周祜^④，以对于天下。'此文王之勇也。文王一怒而安天下之民。书曰^⑤：'天降下民，作之君，作之师，惟曰其助上帝，宠之四方。有罪无罪，惟我在，天下曷敢有越厥志^⑥？'一人衡行于天下^⑦，武王耻之。此武王之勇也。而武王亦一怒而安天下之民。今王亦一怒而安天下之民，民惟恐王之不好勇也。"

【注释】

①诗云：以下诗句引自《诗经·大雅·皇矣》。②赫斯：发怒的样子。③以遏徂莒：遏，止；徂，往、到；莒，古国名，在今山东莒县，公元前431年被楚国消灭。④以笃周祜：笃，厚；祜，福。⑤书曰：书，《尚书》，以下引文见《尚书·周书·泰誓》。⑥厥：用法同"其"。⑦衡行：即"横行"。

【译文】

"《诗经·大雅》中的《皇矣》篇说：'我们文王对密须国人的侵暴行为勃然大怒，于是整顿好军队，以阻击侵犯莒国的敌寇，以增加我周朝的福泽，并回答天下对我周天子仰望的厚意。'这就是文王的大勇。文王一旦勃然大怒，便能使天下的人民得到安全。《尚书》里面说：'上天降生下土的人民，替他们立个君主，也替他们安排好老师，派给君主和老师们的任务只是帮助上天慈爱百姓。所以，四方的人有罪或是无罪，由我（姬发）来进行裁决。有我在这里，天下谁敢超越它（上天）的意志起来作乱呢？'只要有一个人敢在天下横行无忌，武王便认为这是自己的耻辱。这就是武王的大勇。武王也是只要一生气，便能使天下的人民得到安全。现在大王您要是也能做到一旦勃然大怒，便能使天下的人民得到安全，那人民便唯恐大王您不喜爱勇敢了。"

【原文】

齐宣王见孟子于雪宫^①。王曰："贤者亦有此乐乎？"

孟子对曰："有。人不得，则非其上矣^②。不得而非其上者^③，非也；为民上而不与民同乐者，亦非也。乐民之乐者，民亦乐其乐；忧民之忧者，民亦忧其忧。乐以天下，忧以天下，然而不王者，未之有也。

昔者齐景公问于晏子曰^④：'吾欲观于转附、朝舞^⑤，遵海而南，放于琅邪^⑥，吾何修，而可以比于先王观也？'"

【注释】

①雪宫：齐宣王的离宫（古代帝王在正宫以外临时居住的宫室，相当于当今的别墅之类）。②非：认为……非，即非难，埋怨。③非：不对，错误。④齐景公：春秋时代齐国国君，公元前547年至前490年在位。晏子：春秋时齐国贤相，名婴。⑤转附、朝舞：均为山名。⑥琅邪：山名，在今山东诸城东南。

游历

古人都信奉"读万卷书，行万里路"的做法，故而许多人在成年以后离家出外游历，或为求取功名，或单纯游山观水，结交贤士，增长见识。齐宣王虽贵为君王，也想出外游历，览遍人间山水风情。

【译文】

　　齐宣王在自己的离宫——雪宫里接见孟子。宣王说："贤德的人也有这种享乐吗？"

　　孟子回答道："有。人们得不到这种享乐，就会埋怨他们的君主。当然，得不到这种享乐便埋怨他们的君主，这样做是不对的；作为人民的君主却不与人民一同享受这种快乐，这也是不对的。以人民的快乐为自己的快乐的人，人民也会以他的快乐为他们的快乐；以人民的忧愁为自己的忧愁的人，人民也会以他的忧愁为他们的忧愁。与天下人民同乐，与天下人民同忧，这样还不能使天下归心的事，是绝不会有的。

　　从前齐景公问晏婴道：'我打算到转附和朝舞两座名山去游览一番，然后沿着海岸向南走，直达琅邪邑，我应该怎样做才能比得上古代圣王的游历呢？'"

【原文】

　　"晏子对曰：'善哉问也！天子适诸侯曰巡狩，巡狩者巡所守也；诸侯朝于天子曰述职，述职者述所职也。无非事者。春省耕而补不足，秋省敛而助不给。夏谚曰：'吾王不游，吾何以休？吾王不豫①，吾何以助？一游一豫，为诸侯度。'今也不然：师行而粮食，饥者弗食，劳者弗息。睊睊胥谗②，民乃作慝③。方命虐民④，饮食若流。流连荒亡，为诸侯忧。从流下而忘反谓之流，从流上而忘反谓之连，从兽无厌谓之荒，乐酒无厌谓之亡。先王无流连之乐，荒亡之行。惟君所行也。'景公说，大戒于国⑤，出舍于郊。于是始兴发补不足。召大师曰⑥：'为我作君臣相说之乐。'盖徵招角招是也⑦。其诗曰：'畜君何尤⑧？'畜君者，好君也。"

【注释】

　　①豫：义同"游"。②睊睊：因愤恨侧目而视的样子。胥：皆，都。谗：毁谤，说坏话。③慝：恶。④方命：违反命令。方，反，违反。⑤大戒：充分的准备。⑥大师：读为"太师"，古代的乐官。⑦徵招角招：徵与角是古代五音（宫、商、角、徵、羽）中的两个。招同"韶"，乐曲名。⑧尤：错误，过失。

【译文】

"晏婴答道:'您这个问题问得好！天子到诸侯的国家去叫巡狩，巡狩，就是巡视诸侯所守的疆土。诸侯到天子的朝廷去朝见叫述职，述职，就是汇报诸侯自己所担负的职守的情况。无论是天子出外巡狩，还是诸侯入朝述职，没有不是结合着工作进行的：春天视察耕种，并借此补助农具、种子不足的农户；秋天视察收割，并借此救济劳力、口粮不足的农户。夏朝时的俗谚说：'我们大王不出游，我怎能获得休息？我们大王不闲逛，我从哪里获得救助？我们大王出游或闲逛，全都可为诸侯学习的法度。'现在情况就不同了，天子一出来巡游，一大伙人员要为他奔忙，一大批粮食要被他消耗，以致闹到饥饿的人们吃不上饭，劳苦的人们得不到休息。群众侧目而视，怨声载道，都要起来反抗了。这样放弃先王的教导，虐待老百姓，暴饮暴食，像流水般地没个穷尽。这种流连荒亡的行为，不能不使诸侯们为之深深担忧。什么叫流连荒亡呢？从上流放舟而下游乐而忘返叫作流，从下流挽舟而上游乐而忘返叫作连，打猎没有个厌倦叫作荒，酗酒没有个节制叫作亡。古代的圣王不搞这种流连忘返的游乐、荒亡无节制的行为，到底该怎么办，就由大王您自己选择了。'景公听了很高兴，在都城做好充分的准备，然后自己到郊外去住下，于是开始行德政，打开仓库拿出粮食来赈济缺衣少食的贫苦人民。并把乐官召来说：'替我作一首君臣同乐歌吧！'大概就是《徵招》《角招》两首歌。那歌词中说，'制止君主的物欲又有什么过错呢？'制止君主的物欲，正是爱护君主呢。"

【原文】

齐宣王问曰："人皆谓我毁明堂①。毁诸？已乎②？"

孟子对曰："夫明堂者，王者之堂也。王欲行王政，则勿毁之矣。"

王曰："王政可得闻与？"

对曰："昔者文王之治岐也③，耕者九一④，仕者世禄，关市讥而不征⑤，泽梁无禁⑥。罪人不孥⑦。老而无妻曰鳏。老而无夫曰寡。老而无子曰独。幼而无父曰孤。此四者，天下之穷民而无告者。文王发政施仁，必先斯四者。诗云⑧：'哿矣富人⑨，哀此茕独⑩。'"

王曰："善哉言乎！"

曰："王如善之，则何为不行？"

【注释】

①明堂：为天子接见诸侯而设的建筑。这里是指泰山明堂，是周天子东巡时设，至汉代还有遗址。②已：止，不。③岐：地名，在今陕西岐山县一带。④耕者九一：指井田制。把耕地划成井字形，每井九百亩，周围八家各一百亩，属私田，中间一百亩属公田，由八家共同耕种，收入归公家，所以叫九一税制。⑤关：道路上的关卡，近于现代"海关"的概念。市：集市。讥：稽查。征：征税。⑥泽梁：在流水中拦鱼的设备。⑦孥：本指妻子儿女，这里用作动词，不孥即指不牵连妻子儿女。⑧诗云：以下引自《诗经·小雅·正月》。⑨哿：可以。⑩茕：孤单。

【译文】

齐宣王问（孟子）道："人们都劝我拆掉明堂，是拆掉呢，还是不拆？"

孟子答道："明堂是先代君王朝见诸侯、发布政令的殿堂。大王您要想施行王政，就不要拆掉了。"

齐宣王说:"施行王政的道理和做法您可以说给我听听吗?"

孟子回答说:"当年文王做西伯治理岐周的时候,对耕田的人只抽九分之一的税,大夫以上的朝官俸禄可以子孙世代承袭,关卡和市场仅稽查语言装束不同一般的人,并不征税。池沼鱼梁所在的地方不悬挂捕鱼的禁令,对犯罪的人施加刑罚只限于他本人,不连累他的妻子和儿女。年老独身或是死去妻室的男人叫鳏夫,年老死了丈夫的妇女叫寡妇,年迈膝下没儿没女的人叫孤老,年龄小便失去父亲的孩子叫孤儿。这四种人,是世间最无依无靠的穷苦人民。文王发布政令施行仁政时,一定会把这四种人作为优先抚恤的对象。《诗经·小雅·正月》里说:'过得称心如意的要数富人,最可哀怜的还是这些孤独者!'"

齐宣王说:"您说得真好啊!"

孟子说:"大王您如果认为王政好,那么,您为什么不施行呢?"

【原文】

王曰:"寡人有疾,寡人好货。"

对曰:"昔者公刘好货①。诗云②:'乃积乃仓,乃裹糇粮③,于橐于囊④。思戢用光⑤。弓矢斯张,干戈戚扬⑥,爰方启行⑦。'故居者有积仓,行者有裹囊也,然后可以爰方启行。王如好货,与百姓同之,于王何有?"

王曰:"寡人有疾,寡人好色。"

对曰:"昔者大王好色,爱厥妃⑧。诗云⑨:'古公亶父⑩,来朝走马,率西水浒⑪,至于岐下;爰及姜女⑫,聿来胥宇⑬。'当是诗也,内无怨女,外无旷夫⑭。王如好色,与百姓同之,于王何有?"

【注释】

①公刘:人名,后稷的后代,周朝的创业始祖。②诗云:引自《诗经·大雅·公刘》。③糇粮:干粮。④橐、囊:都是盛物的东西,囊大橐小。⑤思戢用光:思,语气词,无义;戢,同"辑",和睦;用,因而;光,发扬光大。⑥干戈戚扬:四种兵器。⑦爰方启行:爰,于是;方,开始;启行,出发。⑧厥:代词,他的,那个。⑨诗云:引自《诗经·大雅·绵》。⑩古公亶父:即周文王的祖父周太王。⑪率:循着。浒:水边。⑫姜女:太王的妃子,也称太姜。⑬聿:语首词,无义。胥:动词,省视,视察。宇:屋宇。⑭内无怨女,外无旷夫:怨女,未出嫁的老处女。旷夫,未娶妻的单身汉。古代女子居内,男子居外,所以以内外代指。

【译文】

齐宣王说:"我有个缺点,我喜爱财物。"

孟子回答道:"这不要紧,从前周朝王业的创始人公刘也贪图财物。《诗经·大雅·公刘》篇说:'收拾好露国和内仓,包裹好途中食用的干粮,装进小袋和大囊。一心想安抚人民以使国运光昌。弓儿箭儿这样大施张,还有干戈并戚扬,于是才开始迈步奔前方。'因此,必须做到不走的人仓里有积谷,走的人囊橐里面裹入了干粮,然后才可以出发。要是大王您贪图财物,与百姓一同享用,对于施行王政又有什么不可以呢。"

— 294 —

齐宣王又说："我还有个缺点，就是好女色。"

孟子回答说："这也不要紧，从前周朝王业的奠基人之一的大王（古公亶父）也好女色，宠爱他的妃子太姜。《诗经·大雅·绵》里说：'古公亶父为立家，一大清早跨骏马，沿着西方水边走，一直来到岐山下，同来还有姜氏女，一心要把房基察。'在这个时候，真正做到了国内没有因为找不到丈夫或丈夫长期在外而埋怨的女子，国外没有娶不到妻子或与妻子长期分居的光棍。大王您要是好女色，也能注意广泛满足老百姓在这方面的需要，对于施行王政又有什么不行呢？"

【原文】

孟子谓齐宣王曰："王之臣有托其妻子于其友，而之楚游者，比其反也①，则冻馁其妻子②，则如之何？"王曰："弃之③。"曰："士师不能治士④，则如之何？"王曰："已之⑤。"曰："四境之内不治，则如之何？"王顾左右而言他。

【注释】

①比：及、至、等到。反：同"返"。②则：这里的用法是表示事情的结果。③弃：断绝交情。④士师：司法官。⑤已：罢免。

【译文】

孟子对齐宣王说："您的臣子中，有个把妻室儿女托付给他的朋友照看而自己到楚国去游学的人，等到他回来时，如果他的妻子儿女受冻挨饿，那么，应该怎样对待他那个朋友呢？"齐宣王说："和他断绝交情。"孟子进一步问道："监狱官假如不能管理他下面的属官，那该怎么办呢？"齐宣王说："罢免他。"孟子再进一步问道："一个国家假如没有治理好，那又该怎么办呢？"齐宣王无话可说，只好回过头去望着左右臣下谈别的问题。

【原文】

孟子见齐宣王曰："所谓故国者①，非谓有乔木之谓也②，有世臣之谓也③。王无亲臣矣，昔者所进④，今日不知其亡也⑤。"

王曰："吾何以识其不才而舍之？"

曰："国君进贤，如不得已，将使卑逾尊，疏逾戚，可不慎与？左右皆曰贤，未可也；诸大夫皆曰贤，未可也；国人皆曰贤，然后察之；见贤焉，然后用之。左右皆曰不可，勿听；诸大夫皆曰不可，勿听；国人皆曰不可，然后察之；见不可焉，然后去之。左右皆曰可杀，勿听；诸大夫皆曰可杀，勿听；国人皆曰可杀，然后察之；见可杀焉，然后杀之。故曰，国人杀之也。如此，然后可以为民父母。"

【注释】

①故国：指历史悠久的国家。②乔木：高大的树木。③世臣：世代建立功勋的大臣。④进：进用。⑤亡：去位，去职。

【译文】

孟子谒见齐宣王时说："我们平常所说的历史悠久的国家，不是说它有年代久远的高大树木的意思，而是说历代有功业旧臣、与国家同休戚共命运的贤臣的意思。大王您现在没有亲信的臣子了，过去您所任用的人，到今天不知不觉地都丢掉了职位。"

齐宣王说："可是，我怎么样才能识别他无用而舍弃他呢？"

孟子说："国君选用贤才，如果万不得已要选拔新秀，那就将有可能使地位低下的人超过地位高的人，关系疏的人超过关系密的人，这样的事能不慎重对待吗？因此，国君用人时，左右的人都说这个人贤能，不足凭信，朝里的官员们都说他贤能，还是不足凭信，全国的人都说他贤能，然后对他进行调查了解。发现他确是贤能，再行起用。左右的人都说这个人不行，先别听；朝里的官员们都说他不行，也别听；全国的人都说他不行，然后对他进行调查了解。发现他确实不行，再抛开他。左右的人都说这个人有可杀之罪，先别听；朝里的官员们都说他有可杀之罪，也别听；全国的人都说他有可杀之罪，然后对他进行调查了解。发现他确实有可杀之罪，然后杀掉他。所以说他是全国人都想杀掉的人。能够做到这样，才可以真正做人民的父母。"

【原文】

齐宣王问曰："汤放桀①，武王伐纣②，有诸？"孟子对曰："于传有之。"曰："臣弑其君可乎？"曰："贼仁者谓之贼，贼义者谓之残。残贼之人谓之一夫。闻诛一夫纣矣，未闻弑君也。"

【注释】

①汤放桀：桀，夏朝最后一个君主，暴虐无道。传说商汤灭夏后，把桀流放到南巢（据传在今安徽巢县一带）。②武王伐纣：纣，商朝最后一个君主，昏乱残暴。周武王起兵讨伐，灭掉商朝，纣自焚而死。

【译文】

齐宣王问孟子道："商汤王流放夏桀王，周武王攻打商纣王，有这个事吗？"孟子回答说："在古代的史书上是载有这个事的。"齐宣王说："为臣的人杀掉他的君主可以吗？"孟子答道："损害仁爱、暴虐无道的人叫作贼，损害正义、颠倒是非的人叫作残。残贼的人叫作独夫，我只听说周武王杀了个'独夫'纣王，没有听说过他杀了君主。"

【原文】

孟子谓齐宣王曰："为巨室，则必使工师求大木①。工师得大木，则王喜，以为能胜其任也。匠人斫而小之，则王怒，以为不胜其任矣。夫人幼而学之，壮而欲行之。王曰'姑舍女所学而从我'，则何如？今有璞玉于此②，虽万镒③，必使玉人雕琢之。至于治国家，则曰'姑舍女所学而从我'，则何以异于教玉人雕琢玉哉？"

【注释】

①工师：管理各种工匠的官员。②璞玉：未雕琢加工过的玉。③镒：古代重量单位，二十两（一说二十四两）为一镒。

【译文】

孟子谒见齐宣王时说："您要建造大宫室，就一定要打发主管百工的官吏去寻求大木料。如果他找到了大木料，大王您就高兴，认为他称职。一旦工匠把材料砍小了，大王您便要发怒，认为他不称职。一个人从小学习先王治天下的方术，希望长大成人后能够拿去实行，如果大王您说'暂且抛开你所学的东西，听从我的话去做'，那又怎么样呢？现在这里有块没有经过雕琢的璞玉，虽然价值很昂贵，也一定要请玉匠雕琢加工。至于治理国家，却说'暂且丢下你所学的那一套，照我说的办吧！'那跟要玉匠按照您的吩咐去雕刻玉石又有什么区别呢？"

【原文】

齐人伐燕①，胜之。宣王问曰："或谓寡人勿取，或谓寡人取之。以万乘之国伐万乘之国，五旬而举之②，人力不至于此。不取，必有天殃③。取之，何如？"

孟子对曰："取之而燕民悦，则取之。古之人有行之者，武王是也④。取之而燕民不悦，则勿取。古之人有行之者，文王是也⑤。以万乘之国伐万乘之国，箪食壶浆⑥，以迎王师。岂有他哉？避水火也。如水益深，如火益热，亦运而已矣⑦。"

【注释】

①齐人伐燕：公元前315年（齐宣王五年），燕王哙将燕国让给他的相国子之，国人不服气，将军市被和太子平进攻子之，子之反攻，杀死了市被和太子平，国内一片混乱。齐宣王趁机进攻燕国，很快就取得了胜利。②五旬而举之：据《战国策·燕策》记载，当齐国的军队攻打燕国时，燕国"士卒不战，城门不闭"，因此齐国军队五十天就攻进了燕国的首都，杀死了燕王哙和子之。③不取，必有天殃：因齐宣王认为他攻打燕国太顺利，"人力不至于此"，是天意，所以，如果不占领它就是违背天意，必有灾殃。这是当时流行的观念。④武王是也：指武王灭纣。⑤文王是也：指周文王在三分天下有其二时，仍然服侍商纣王的事。⑥箪食壶浆：用箪装着食物，用壶装着酒浆。箪，古代盛饭的圆形竹器。⑦运：转。

【译文】

齐国人进攻燕国，战胜了它。齐宣王问孟子道："有的人叫我不要吞并它，有的人却劝我吞并它。若一个有万辆兵车的大国去攻打另一个万辆兵车的大国，只五十天便攻下了它，如果不是天意，人力是做不到这样的。看来，不吞并它，一定会有天灾降临。您觉得吞并它会有什么结果呢？"

孟子回答说："如果吞并它，燕国的人民高兴，就吞并它。古代的周武王便是这样做的。要是吞并它，燕国的人民不高兴，就不要吞并它。古代的周文王便是这样做的。一个有万辆兵车的大国去攻打另一个有万辆兵车的大国，老百姓携着饭筐和酒壶来迎接大王您的军队，难道有别的用意吗？只是想避免再过那种水深火热的生活啊。如果燕国被吞并后，老百姓蒙受的灾难更加深重，那他们也就只好躲避到别的地方了。"

【原文】

齐人伐燕，取之。诸侯将谋救燕。宣王曰："诸侯多谋伐寡人者，何以待之？"

孟子对曰："臣闻七十里为政于天下者，汤是也，未闻以千里畏人者也。书曰：'汤一征，自葛始①。'天下信之。'东面而征，西夷怨；南面而征，北狄怨。曰，'奚为后我？'民望之，若大旱之望云霓也②。归市者不止③，耕者不变。诛其君而吊其民④，若时雨降，民大悦。书曰：'傒我后⑤，后来其苏⑥。'"

【注释】

①汤一征，自葛始：《尚书》逸文。②云霓：霓，虹霓。虹霓在清晨出现于西方是下雨的征兆。③归市者：指做生意的人。④吊：这里是安抚、慰问的意思。⑤傒：等待。后：王，君主。⑥后来其苏：君王来了就会有起色。苏，恢复，苏醒，复活。

【译文】

　　齐国人攻打燕国，占领了它。一些别的诸侯准备商讨援救燕国。齐宣王问孟子说："诸侯们打算来攻打我，该用什么办法去对付他们呢？"

　　孟子回答道："我只听说以区区七十里地统一天下的，汤便是。没有听说像齐王您那样拥有国土千里的人反而会畏惧人的。《尚书》中说：'商汤王当初出征时，是从讨伐葛伯开始的。'天下的人对他非常信赖，'当他向东出兵的时候，居住在西面的夷人就埋怨他，当他向南出兵的时候，居住在北面的狄人也埋怨他，他们都说'为什么把我们摆在后面呢？'老百姓盼望他，就像大旱年岁盼望天空出现预示天将降雨的虹霓一样。他的军队所到之处，做生意的不停止营业，种田的照常下田劳动，仅仅诛杀残害人民的暴君，对老百姓却能安抚慰问，使他们感到汤的到来，有如旱天及时降落的雨水。老百姓心里十分高兴。《尚书》里面说：'盼望我们的君主啊，君主一到，我们就可以生存下去了哪！'"

【原文】

　　"今燕虐其民，王往而征之。民以为将拯己于水火之中也，箪食壶浆，以迎王师。若杀其兄父，系累其子弟①，毁其宗庙②，迁其重器③，如之何其可也？天下固畏齐之强也。今又倍地而不行仁政，是动天下之兵也。王速出令，反其旄倪④，止其重器，谋于燕众，置君而后去之，则犹可及止也。"

【注释】

①系累：束缚，捆绑。②毁其宗庙：宗庙，天子、诸侯祭祀祖先的地方。国家保存，宗庙就得以保存。故"毁其宗庙"意味着灭其国家。③迁其重器：重器，古代君王所铸造的作为传国宝器的鼎之类。迁其重器，意味着灭亡其国家。④旄倪：旄，通"耄"，八九十岁的人叫作耄，这里通指老年人。倪，指小孩子。

【译文】

　　"现在燕王虐待他的老百姓，大王您发兵去讨伐他，老百姓以为您将要把他们从水深火热中拯救出来，所以纷纷提着饭筐和酒壶来欢迎犒劳大王您的军队。如果您杀死他们的父兄，俘虏他们的子弟，拆毁他们的祖庙宗祠，抢走他们的传国宝器，那怎么行呢？天下的诸侯本来就害怕齐国的强大，现在您土地又扩大了一倍却不行仁政，这就必然要挑动天下的军队一齐来对付您。大王您现在要赶快发布命令，把俘虏的老人和小孩送回去，停止运走燕国的宝器，跟燕国的大众共同商议，拥立新的燕王，然后撤出军队，那就还能来得及阻止各国的兴兵。"

邹与鲁哄^①。穆公问曰^②："吾有司死者三十三人，而民莫之死也^③。诛之，则不可胜诛；不诛，则疾视其长上之死而不救^④，如之何则可也？"

孟子对曰："凶年饥岁，君之民老弱转乎沟壑^⑤，壮者散而之四方者，几千人矣^⑥；而君之仓廪实，府库充，有司莫以告，是上慢而残下也。曾子曰^⑦：'戒之戒之！出乎尔者，反乎尔者也。'夫民今而后得反之也。君无尤焉^⑧。君行仁政，斯民亲其上、死其长矣。"

【注释】

①邹与鲁哄：邹国与鲁国交战。哄，争吵、冲突、交战。②穆公：即邹穆公。孟子是邹国人，所以穆公问他。③莫之死：即"莫死之"的倒装，之指"有司"。意思是"没有人为他们而死"。④疾：憎恨。⑤转：弃尸的意思。⑥几：将近，几乎。⑦曾子：曾参，字子舆，孔子弟子。⑧尤：动词，责备、归罪。

【译文】

邹国跟鲁国打仗。邹穆公问孟子道："在这次战争中被打死的官吏达三十三人之多，可是，老百姓却没有一个为他们而死的。要是杀掉这些人吧，杀也杀不尽；要是不杀吧，那他们还是会仇视他们的长官，任官吏被打死而不加援救，您看要怎么办才好呢？"

孟子回答说："在灾荒的年岁里，您的老百姓年老体弱的大批大批地死亡，连埋葬都成问题，只好把遗骸辗转抛弃到山沟里去，壮年人四处逃荒的，快将近千人了，而大王您粮仓饱满，国库充足。管钱粮的官员们也不把这种严重的情况汇报给您，他们简直是高高在上，不仅不关心人民的疾苦，而且还残害人民。曾子说过：'要警惕啊！要警惕啊！你怎样对待人家，人家便会怎样对待你。'过去邹国的官吏是那样残酷无情地对待老百姓，从今以后老百姓只要一有机会，就会用同样的手段来回敬那些官吏了。您别责怪他们。只要大王您真施行德政，那么，老百姓便会敬爱君主和长官，并愿意为他们献出自己的生命了。"

【原文】

滕文公问曰^①："滕，小国也，间于齐楚^②。事齐乎？事楚乎？"

孟子对曰："是谋非吾所能及也。无已，则有一焉：凿斯池也^③，筑斯城也，与民守之，效死而民弗去^④，则是可为也。"

【注释】

①滕文公：滕国国君。滕国，古国名，西周分封的诸侯国，姬姓，开国国君是周文王的儿子错叔绣。在今山东滕县西南。公元前414年被越国灭，不久复国，又被宋国消灭。②间：处。③池：城池，也就是护城河。④效：献，致。

【译文】

滕文公问孟子道："滕国是个弱小的国家，处于齐、楚两大国之间。是侍奉齐国好呢，还是侍奉楚国好？"

孟子答道："决定这样重大的国策，不是我的力量所能办到的。如果万不得已要我谈，那就只有这么一个办法：加深这条护城河，加固这座城墙，与老百姓一条心，共同捍卫它，老百姓哪怕献出生命也不愿离开它，这样就还是有办法的。"

【原文】

滕文公问曰："齐人将筑薛①，吾甚恐。如之何则可？"

孟子对曰："昔者大王居邠②，狄人侵之，去之岐山之下居焉③。非择而取之，不得已也。苟为善，后世子孙必有王者矣。君子创业垂统，为可继也。若夫成功，则天也。君如彼何哉？强为善而已矣。"

【注释】

①薛：国名，其地在今山东滕县东南，战国初期为齐所灭，后成为齐权臣田婴、田文的封邑。②邠：地名，在今陕西郴县。③岐山：在今陕西岐山县东北。

【译文】

滕文公问孟子道："齐国人正打算加固薛城以威胁滕国，我感到很害怕。您看怎么办才好？"

孟子回答说："从前周的祖先大王居住在邠地，狄人去侵犯他，他便迁离了邠地到岐山下定居。他并不是选择好那块地方才拿来作为自己定居之所的，实在是由于强敌的威逼，不得已而为之啊。如果一个国君肯行善，他本身也许来不及直接受到好处，可他后世的子孙一定会有创立王业的。品德高尚、眼光远大的君子创立事业，并传给后代，正是为了可以流芳百世。至于成功与否，那就要看天意如何了。现在您又能拿强大的齐国怎么样呢？那也只好勉强行善政罢了。"

【原文】

滕文公问曰："滕，小国也。竭力以事大国，则不得免焉。如之何则可？"

孟子对曰："昔者大王居邠，狄人侵之。事之以皮币①，不得免焉；事之以犬马，不得免焉；事之以珠玉，不得免焉。乃属其耆老而告之曰：'狄人之所欲者，吾土地也。吾闻之也：君子不以其所以养人者害人。二三子何患乎无君②？我将去之。'去邠，逾梁山，邑于岐山之下居焉。邠人曰：'仁人也，不可失也。'从之者如归市。

"或曰：'世守也，非身之所能为也。效死勿去。'

"君请择于斯二者。"

【注释】

①币：帛类织物。古代曾以帛为货币，故今人才有"钱币"的名称。②二三子：你们这些人。

【译文】

滕文公问孟子道："滕国是个小国。即使尽自己的力量去侍奉周围的大国，也还是免不了被大国侵犯，请问要怎么办才行呢？"

孟子答道："从前古公亶父居住在邠地，狄人来侵扰他。古公拿皮袄丝绢去侍奉他们，他们不肯放过他；拿猎犬好马去侍奉他们，还是不肯放过他，拿珠玉珍宝去侍奉他们，他们仍然不肯放过他。于是只得召集国里的父老乡亲们告诉他们说：'狄人所索求的，无非是我的土地。我听前辈人说过：一个有道德的人绝不愿拿他用来养活老百姓的东西去害老百姓。诸位又何必担心没有君主呢？我打算离开这里了。'所以离开了邠地，越过梁山，在岐山下面筑城定居下来。邠地的老百姓说：'古公亶父真是个以仁爱为怀的人呀，我们万万不可以失去这样的好君主啊。'那些自愿跟随他的人就像赶集一样众多而又踊跃。

"但也有的人说：'国土是祖先传下来应该由子孙世代保守住的基业，不是可以由我个人擅自做出处理的。就算牺牲生命也不能放弃它。'

"请大王您在上述二者中任择其一吧。"

【原文】

鲁平公将出①。嬖人臧仓者请曰："他日君出，则必命有司所之。今乘舆已驾矣，有司未知所之。敢请。"

公曰："将见孟子。"

曰："何哉？君所为轻身以先于匹夫者，以为贤乎？礼义由贤者出。而孟子之后丧逾前丧。君无见焉！"

公曰："诺。"

乐正子入见②，曰："君奚为不见孟轲也？"

曰："或告寡人曰，'孟子之后丧逾前丧'，是以不往见也。"

【注释】

①鲁平公：战国时鲁国国君姬叔，公元前316—前297年在位。②乐正子：即乐正克，孟子弟子，当时在鲁国做官。

【译文】

鲁平公正打算出门，他那个名叫臧仓的宠臣请示道："以前大王您将要外出，就一定要把您所去的地方告知管事的臣下。现在您的车都已经套好了马，可管事的臣下还不知道您所要去的地方，我斗胆向您请示一下。"

平公说："我将要去见孟子。"

臧仓说："您为着什么要降低身份先去拜访一个普普通通的人呢？您认为孟子贤德吗？可贤德的人是应该执行礼义的，而孟子呢，他办母亲的丧事超过先前办父亲的丧事，这是不合乎礼义的。您就别会见他了。"

平公说："好吧。"

孟子的学生乐正子进宫谒见鲁平公，说："您为什么不会见孟轲呢？"

平公说："有人告诉我说，'孟子办母亲的丧事超过先前办父亲的丧事'，就为了这个原因，我才没有去见他。"

【原文】

曰："何哉君所谓逾者？前以士，后以大夫；前以三鼎，而后以五鼎与？"曰："否，谓棺椁衣衾之美也①。"曰："非所谓逾也，贫富不同也。"

乐正子见孟子，曰："克告于君，君为来见也。嬖人有臧仓者沮君，君是以不果来也。"曰："行或使之，止或尼之②，行止，非人所能也。吾之不遇鲁侯，天也。臧氏之子焉能使予不遇哉？"

【注释】

①椁：外棺。衣衾：这里指死者入殓时所用的衣服被褥。②尼：阻止。

【译文】

乐正子说："您所说的'后丧超过前丧'指的是什么呢？是说前面用士的礼仪葬父，后面用大夫的礼仪葬母；还是说前面用三鼎礼祭父、后面用五鼎礼祭母？"平公说："不是，我说的是装殓死者的棺椁衣衾的精美（后者超过前者）。"乐正子说："这不能说是'后丧超过前丧'，而是因为前后家境贫富不一样嘛。"

乐正子见了孟子，说："我把您推荐给了鲁君，鲁君本来将要来拜访您了。可是，有个名叫臧仓的宠臣阻止鲁君，鲁君就因为这个原因没能来。"孟子说："一个人干某件事时，无形中也许有一种力量在促使他这样做；他不干这件事时，又像是有一种力量在阻止他这样做。干这件事或不干这件事，不是人力所能决定的。我不能与鲁君相遇，是出于天命的支配。臧仓那个小子，又怎么能使我不与鲁君相遇呢？"

公孙丑章句上

【原文】

公孙丑问曰①："夫子当路于齐②，管仲③、晏子之功，可复许乎④？"

孟子曰："子诚齐人也，知管仲、晏子而已矣。或问乎曾西曰⑤：'吾子与子路孰贤⑥？'曾西蹴然曰⑦：'吾先子之所畏也⑧。'曰：'然则吾子与管仲孰贤？'曾西艴然不悦⑨，曰：'尔何曾比予于管仲⑩？管仲得君，如彼其专也；行乎国政，如彼其久也；功烈，如彼其卑也。尔何曾比予于是？'"曰："管仲，曾西之所不为也，而子为我愿之乎⑪？"

曰："管仲以其君霸，晏子以其君显。管仲、晏子，犹不足为与？"

曰："以齐王，由反手也⑫。"

晏子

晏子即晏婴，字仲，谥平，春秋时齐国大夫，是继管仲后齐国的名相，为人机谋权变，能言善辩。但是后世人都对他比较不屑，认为他没有成就出众的功业。

【注释】

①公孙丑：姓公孙，名丑，孟子弟子，齐国

人。②当路：当权，当政。③管仲：名夷吾，字仲，春秋初期政治家，曾任齐桓公的相，在齐国进行许多改革，增强了齐国的国力，辅佐齐桓公，使之成为春秋时第一个霸主。④许：兴盛、复兴。⑤曾西：名曾申，字子皙，鲁国人，曾参之子。⑥吾子：对友人的尊称，相当于"吾兄""老兄"之类。子路：姓仲，名由，字子路，孔子弟子。⑦蹴然：不安的样子。⑧先子：指已逝世的长辈。这里指曾西的父亲曾参。⑨艴然：恼怒的样子。⑩曾：竟然，居然。⑪为：同"谓"，认为。⑫由：同"犹"，好像。

【译文】

公孙丑问孟子说："先生您要是在齐国掌了权，渴望重建管仲、晏婴那样的功业吗？"

孟子答道："你到底是个齐国人，仅仅知道管仲、晏婴罢了。曾经有个人问曾西道：'我的先生啊，您跟子路相比，哪个更强些呢？'曾西肃然起敬，回答说：'子路是我先祖父所尊敬的人啊。'那个人又继续问道：'那么，您跟管仲相比，哪个又更强些呢？'曾西生气之色溢于言表，说：'你怎么拿管仲来和我相比呢？管仲得到他的君主的信任是那样的专一，行使国家政权的时间又是那样的长，可是，成就的功业却是那样的微不足道，你怎么拿他来和我相比呢！'"孟子稍微停顿了一下，接着说："管仲那样的人，连曾西都不愿意和他相比，你说我愿意学他吗？"

公孙丑说："管仲辅佐齐桓公建立了霸主之业，晏婴辅佐齐景公使他名扬天下。难道管仲、晏婴这样的人都不值得您效法吗？"

孟子说："拿齐国这样有条件的大国去施行王政，统一天下，那就像把手掌翻一下一样容易。"

【原文】

曰："若是，则弟子之惑滋甚。且以文王之德，百年而后崩①，犹未洽于天下；武王、周公继之②，然后大行。今言王若易然，则文王不足法与？"

曰："文王何可当也？由汤至于武丁③，贤圣之君六七作④。天下归殷久矣，久则难变也。武丁朝诸侯有天下，犹运之掌也。纣之去武丁未久也，其故家遗俗，流风善政，犹有存者；又有微子⑤、微仲⑥、王子比干⑦、箕子⑧、胶鬲⑨皆贤人也，相与辅相之⑩，故久而后失之也。尺地莫非其有也，一民，莫非其臣也，然而文王犹方百里起，是以难也。

【注释】

①百年而后崩：相传周文王活了九十七岁。百年是泛指寿命很长。②周公：姓姬，名旦，周武王之弟，因采邑在周（今陕西岐山县北），称为周公。曾辅佐武王伐纣灭商，统一天下；后又辅佐成王，巩固了周初的统治，是鲁国的始祖。③武丁：商代帝王，后被称为高宗。④作：相当于现代口语"起"。⑤微子：商纣王的庶兄，名启。⑥微仲：微启的弟弟。⑦王子比干：纣王叔父，因多次劝谏，被纣王剖心而死。⑧箕子：纣王叔父。⑨胶鬲：纣王之臣。⑩相与：共同。辅相：辅助。

【译文】

公孙丑说："像您这样说，那学生我的疑惑就更大了。连文王这样德高望重的人，活了近百岁才死，都还没有使天下融洽；武王、周公继承遗志努力了很久，然后才使王政大行，教化广被。现在您把施行王政、统一天下说得那么容易，难道文王还不够做榜样吗？"

孟子说："我们怎么可以跟文王相比呢？从汤王到武丁，这中间有六七个圣贤的君主兴起，天下的人归向殷商已经很久了，时间久了，要变动就难了。武丁朝见诸侯，统一天下，就像把一样东西放在手心里转动一样容易。商纣虽然不好，但是他离武丁没多久，那些有旧勋的世家上代流传下来的良好习俗，君主的好作风、好政教，当时还存在着，又有微子、微仲、王子比干、箕子和胶鬲这些贤良的人，一同来辅佐他（商纣），所以过了很久才失掉天下。那时没有一尺土地不是殷朝的土地，没有一个老百姓不是殷朝的臣民，可文王那时刚从百里见方的地方起事，因此这时要夺取天下就比较难了。

【原文】

"齐人有言曰：'虽有智慧，不如乘势；虽有镃基①，不如待时。'今时则易然也。夏后、殷、周之盛，地未有过千里也，而齐有其地矣；鸡鸣狗吠相闻，而达乎四境，而齐有其民矣。地不改辟矣，民不改聚矣，行仁政而王，莫之能御也。且王者之不作，未有疏于此时者也；民之憔悴于虐政，未有甚于此时者也。饥者易为食，渴者易为饮。孔子曰：'德之流行，速于置邮而传命②。'当今之时，万乘之国行仁政，民之悦之，犹解倒悬也。故事半古之人，功必倍之，惟此时为然。"

【注释】

①镃基：农具，类似今天的锄头。②置邮：驿站。

【译文】

"齐国人有句俗话说：'纵然有才智，不如顺应形势；纵然有大锄，不如等待农时。'现在就是容易行王政统一天下的大好时机：夏、商、周三代最盛的时期，政令所直接达到的区域从没有超过千里见方的，而齐国却有了它们那么宽广的辖地了；三代极盛时期，人烟稠密，鸡犬鸣吠的声音，从首都一直到四方国境，互相可以听到，而齐国也有了那么多的人民了；在齐国目前这样的条件下，土地不必再扩张了，人民也不必增多了，如果推行仁政以统一天下，那是没有谁能抵挡得住的。况且统一天下的贤圣之君的期盼，没有比现在更久的了；老百姓对暴政迫害的担心，没有比现在更厉害的了。一个饥饿的人对食物是不加挑剔的，一个口渴的人对饮料也是很少选择的。孔夫子说过：'仁政的推行，比驿站邮亭传递上级的政令还要迅速。'现在这个时候，如果一个万乘大国出来施行德政，那老百姓心里的高兴，就会跟一个倒挂着的人被解救下来差不多。因此只要做古人一半多的事，就可以获得比古人多一倍的成功，这也只有现在这个时候才做得到。"

【原文】

公孙丑问曰："夫子加齐之卿相，得行道焉，虽由此霸王不异矣。如此，则动心否乎？"

孟子曰："否。我四十不动心。"

曰："若是，则夫子过孟贲远矣①。"

曰："是不难。告子先我不动心②。"

曰："不动心有道乎？"

【注释】

①孟贲：古代著名勇士。②告子：战国时人，名不详。

【译文】

公孙丑问道："老师您要是官居齐国卿相的高位，能有机会实现您的抱负，哪怕从此成就帝王的大业，也不足为怪了。那么，在这种情况下，您会不会感到害怕怀疑以至动心呢？"

孟子说："不。我四十岁时就已经做到不动心了。"

公孙丑说："照这样说来，那老师您远远地超过孟贲了。"

孟子说："做到这个并不难，告子的不动心便比我还要早。"

公孙丑又问："做到不动心有诀窍吗？"

【原文】

曰："有。北宫黝之养勇也①，不肤挠，不目逃，思以一豪挫于人，若挞之于市朝。不受于褐宽博，亦不受于万乘之君。视刺万乘之君若刺褐夫。无严诸侯。恶声至，必反之。孟施舍之所养勇也②，曰：'视不胜犹胜也。量敌而后进，虑胜而后会，是畏三军者也。舍岂能为必胜哉？能无惧而已矣。'孟施舍似曾子，北宫黝似子夏③。夫二子之勇，未知其孰贤，然而孟施舍守约也。昔者曾子谓子襄曰④：'子好勇乎？吾尝闻大勇于夫子矣：自反而不缩，虽褐宽博，吾不惴焉；自反而缩，虽千万人，吾往矣。'孟施舍之守气，又不如曾子之守约也。"

【注释】

①北宫黝：姓北宫，名黝，齐国人，事迹不详。②孟施舍：姓孟，名施舍；一说姓孟施，名舍。事迹不详。③子夏：姓卜，名商，字子夏，孔子弟子。④子襄：曾参弟子。

【译文】

孟子说："有。北宫黝培养勇气的方法是：人家刺他的皮肤他一动也不动，刺他的眼睛他一眨也不眨，人家动了他一根毫毛，他便把它看作是像在大街上被人鞭打一顿一样的奇耻大辱。他不愿受普通平民的折辱，也不愿受大国君主的折辱。在他看来，刺杀大国的君主，就像刺杀一般平民一样；在他心目中，没有哪个国君值得他敬畏，谁骂了他一句，他就一定要回敬一句。另一个叫孟施舍的，他培养勇气的方法又不同于北宫黝，他说：'我对待不能战胜的敌人和对待能够战胜的敌人没有两样。估计敌人势力的强弱然后进兵，考虑有必胜的把握然后与敌人会战，那种被军队的数量所吓倒的人，不是真正的勇士。我孟施舍难道能够稳操胜算吗？我只是能够无所畏惧罢了。'孟施舍培养勇气的方法有点像曾子，北宫黝却有点像子夏。两个人培养勇气的方法到底谁比谁强，我也说不准。可是，我认为孟施舍能够抓住培养勇气的要领（即一往无前，无所畏惧）。从前，曾子对他的学生子襄说：'你爱好勇敢吗？我曾经从老师孔子那里听到过关于什么是大勇的论述：自己反躬自问，自己不在理上，哪怕对方是个普通平民，我也不能让人家害怕我，我自己反躬自问，正义在我这一边，哪怕面对千军万马，我也将勇往直前。'孟施舍虽说有点像曾子，但他所守的是无所畏惧的勇气，倒赶不上曾子守着一切都要占个理这一更为重大的要领。"

【原文】

曰："敢问夫子之不动心，与告子之不动心，可得闻与？"

"告子曰：'不得于言，勿求于心；不得于心，勿求于气。'不得于心，勿求于气，可；不得于言，勿求于心，不可。夫志，气之帅也；气，体之充也。夫志至焉①，气次焉。故曰：'持其志，无暴其气②。'"

"既曰'志至焉，气次焉'，又曰'持其志，无暴其气'者，何也？"

【注释】

①至：密、周到。②暴：糟蹋、损害。

【译文】

公孙丑说："我斗胆问一声，老师您不动心和告子不动心的异同，可以讲给我听听吗？"

孟子立即回答道："告子说：'对于对方语言的意思有不明白的地方，便应当抛开他的话，不必在自己心里琢磨他的话是不是有道理；对于一件事的道理心里没有弄清楚（即于心还有不安），就应当抑制自己的心（思想），千万别再为这而动气。'这便是告子能做到不动心比我早的原因。对于一件事的道理心里未弄清楚（即于心还有不安），就应当抑制自己的心（思想），千万别再因此动气，这样还是勉勉强强说得过去的。如果认为对于对方语言的意思有不明白的地方，便应当抛开他的话，不必在自己心里去琢磨他的话有没有道理，那就不对了。思想意志是气的将帅，气是充满人的身体的兵卒。思想意志到了哪里，气也就随之而出现在哪里。所以说：'一个人应该谨守自己的思想意志，保持其正确，合乎义理，不要随便意气感情用事，加喜怒于人。'"

公孙丑又问道："您既然说'思想意志到了哪里，气也就随之而出现在哪里'，又说'一个人应该谨守自己的思想意志，保持其正确，合乎义理，不要随便意气感情用事，加喜怒于人。'这又是为什么呢？"

【原文】

曰："志壹则动气①，气壹则动志也。今夫蹶者趋者②，是气也，而反动其心。"

"敢问夫子恶乎长③？"

曰："我知言，我善养吾浩然之气④。"

"敢问何谓浩然之气？"

【注释】

①志：思想，意志。壹：专注于某个方面。②蹶：摔倒。趋：奔跑。③长：擅长。④浩然：盛大而流动的样子。

【译文】

孟子回答说："这是因为一个人思想意志专注于某一个方面，他的意气感情也会受到影响从那个方面表现出来；相反，一个人的意志感情专注于某一个方面，他的思想意志也会受到影响被牵引到那个方面上。现在我们看看那些摔倒和奔跑的人，这只是体气在支配着他们的行动，然而却反过来影响他们的思想，动摇他们的意志。"

公孙丑紧接着问道："我大胆地请问老师您擅长什么？"

孟子说："我善于分析研究别人的话，并识别它们的是非得失，进而探寻出它们是非得失的原因，我善于培养我自己的浩然之气。"

公孙丑接过话茬又问道："我再斗胆请问一句，什么叫作浩然之气？"

【原文】

曰："难言也。其为气也，至大至刚，以直养而无害，则塞于天地之间。其为气也，配义与道；无是，馁也。是集义所生者，非义袭而取之也。行有不慊于心①，则馁矣。我故曰，告子未尝知义，以其外之也。必有事焉而勿正②，心勿忘，勿助长也。无若宋人然。宋人有闵其苗之不长而揠之者③，芒芒然归④。谓其人曰⑤：'今日病矣⑥，予助苗长矣。'其子趋而往视之，苗则槁矣。天下之不助苗长者寡矣。以为无益而舍之者，不耘苗者也⑦。助之长者，揠苗者也。非徒无益，而又害之。"

【注释】

①慊：快，痛快。②正：止。"而勿正"即"而勿止"。③闵：担心，忧愁。揠：拔。④芒芒然：疲倦的样子。⑤其人：指他家里的人。⑥病：疲倦，劳累。⑦耘：除草。

【译文】

孟子说："这个很难说清楚，它作为一种气，是最伟大、最刚劲的，如果用直道去培养而不伤害它的话，它就会充塞于天地之间，无所不在。它作为一种气，在性能上必须跟正义和道理紧密配合，不然，就要显得软弱乏力。这是由于一个人平日行事事事合于义理，日积月累，然后自然产生出来的，不是平日只靠一时装出行为合乎义理的样子从外面获得的。只要你行为中有一件事自己心里感到欠缺时，那你马上就会变得毫无气力了。我之所以说告子从来不懂得什么是义，就因为他把义看成是可以从身外获取的东西。要培养这种浩然之气，一定要在平日有所作为时自然合乎道义，而不要故意做作，从外表上装出合于道义的样子，每时每刻都不要忘记养气的事，但也不要不按它成长的规律去帮助它成长。千万不可像宋国人那样：宋国有个担心他的禾苗长不快而把苗拔高的人，拖着疲惫不堪的身子回到家中，对家里的人说：'今天简直累死了呀！我帮助禾苗长高了呢！'他的儿子赶快跑去一看，禾苗早就干枯了。世上不帮助禾苗生长的人实在很少。认为培养工作没有好处而抛弃它的，那就等于不除草的懒汉，那些不按照规律生硬地去帮助它生长的人，是拔苗助长的人——不但没有好处，而且还害了它。"

【原文】

"何谓知言？"

曰："诐辞知其所蔽①，淫辞知其所陷②，邪辞知其所离③，遁辞知其所穷④。生于其心，害于其政；发于其政，害于其事。圣人复起，必从吾言矣。""宰我、子贡

善为说辞⑤，冉牛、闵子、颜渊善言德行⑥。孔子兼之，曰："我于辞命则不能也。'
然则夫子既圣矣乎？"

【注释】

①诐辞：偏颇的言辞。②淫辞：夸张、过分的言辞。③邪辞：乖庆的话。④遁辞：躲闪的言辞。⑤宰我、子贡：都是孔子的弟子。宰我，姓宰，名予，字子我。子贡，姓端木，名赐，字子贡。⑥冉牛、闵子、颜渊：都是孔子的弟子。冉牛，姓冉，名耕，字伯牛。闵子，姓闵，名损，字子骞。颜渊，姓颜，名回，字子渊。

【译文】

公孙丑又紧接着问道："什么叫作知言呢？"

孟子说："听了偏颇不正的话，我便知道说话人的病根在于有所蔽塞，听了夸张的话，我便知道他的病根在于有所沉溺，听了乖庆的话，我便知道他的病根在于叛离了正道，听了躲躲闪闪的话，我便知道他的病根在于理屈词穷。这四种言辞上的病根如果是从他心里（思想上）产生出来了，便要在政治上产生危害；如果这些病根从政治设施方面体现了出来，便要妨害国家的各项具体工作。现在或将来如果能有圣人再度出现，也必然会赞成我所说的这些话。"公孙丑又问道："宰我、子贡长于言辞，冉牛、闵子和颜渊以德行见称；孔子则兼有他们的长处，但他还是说：'我对于说话，并不擅长。'老师您既知言，又善养浩然之气，不是已经成了圣人了吗？"

【原文】

曰："恶！是何言也？昔者子贡问于孔子曰：'夫子圣矣乎？'孔子曰：'圣则吾不能，我学不厌而教不倦也。'子贡曰：'学不厌，智也；教不倦，仁也。仁且智，夫子既圣矣！'夫圣，孔子不居，是何言也？"

"昔者窃闻之：子夏、子游、子张皆有圣人之一体①，冉牛、闵子、颜渊则具体而微。敢问所安。"

曰："姑舍是。"

曰："伯夷②、伊尹何如③？"

【注释】

①子游、子张：都是孔子弟子。子游，姓言，名偃，字子游。子张，姓颛孙，名师，字子张。②伯夷：商末孤竹国君的长子。起初孤竹君以次子叔齐为继承人，死后，叔齐让位给伯夷，伯夷不受，后两人都投奔到周。周武王伐纣时，伯夷兄弟两人拦马谏阻武王；周灭商后，两人隐居首阳山，不食周粟而死。③伊尹：商汤之相，曾辅汤灭夏。

【译文】

孟子不禁惊诧地说："哎！你这是什么话呢？从前子贡向孔子问道：'老师您已经成了圣人了吗？'孔子说：'圣人，我还不能做到，我能做到的，不过是学习不感厌倦、教诲别人不知疲劳罢了。'子贡说：'学习不厌倦，这是智的表现，教诲别人不知疲劳，这是仁的表现。具备了智和仁这两种高尚的品德，老师您已经称得上是圣人了啊。'圣人，孔子都不敢当，你这是什么话呢？"

公孙丑又问道："从前我听说过，子夏、子游和子张，都学得了孔圣人一方面的特长，冉牛、闵子和颜渊大体上具备孔子的才德，但比不上他的博大。请问老师，您与上面这些人中哪一个更接近呢？"

孟子说："暂且放下这些吧。"

公孙丑又问："伯夷和伊尹怎么样呢？"

【原文】

曰："不同道。非其君不事，非其民不使；治则进，乱则退，伯夷也。何事非君①，何使非民，治亦进，乱亦进，伊尹也。可以仕则仕，可以止则止，可以久则久，可以速则速，孔子也。皆古圣人也，吾未能有行焉；乃所愿，则学孔子也。""伯夷、伊尹于孔子，若是班乎？"曰："否。自有生民以来，未有孔子也。"曰："然则有同与？"

【注释】

①何：通"可"。

【译文】

孟子说："他们处世之道并不相同。不是他认可的君主不侍奉，不是他认可的人民不役使，天下太平就进到朝廷去做官，天下不太平便退而隐居在野，这就是伯夷处世的态度。什么君主都可以侍奉，什么人民都可以役使，天下太平也做官，天下不太平也做官，这就是伊尹的处世态度。可以做官就做官，可以退居在家就退居在家，可以长干下去就长干下去，可以赶快离开就赶快离开，这就是孔子的处世态度。他们都是古代的圣人。我没能做到他们那样。至于我个人的愿望，便是要学习孔子。"公孙丑又问："伯夷、伊尹对于孔子来说，是同等的吗？"孟子答道："不。自有人类以来，就没出现过孔子这样伟大的人物。"公孙丑问："那么他们有相同的地方吗？"

【原文】

曰："有。得百里之地而君之，皆能以朝诸侯有天下。行一不义、杀一不辜而得天下，皆不为也。是则同。"

曰："敢问其所以异？"

曰："宰我、子贡、有若智足以知圣人①。污，不至阿其所好。宰我曰：'以予观于夫子，贤于尧舜远矣②。'子贡曰：'见其礼而知其政，闻其乐而知其德。由百世之后，等百世之王，莫之能违也。自生民以来，未有夫子也。'有若曰：'岂惟民哉？麒麟之于走兽，凤凰之于飞鸟，太山之于丘垤，河海之于行潦，类也。圣人之于民，亦类也。出于其类，拔乎其萃，自生民以来，未有盛于孔子也。'"

【注释】

①有若：姓有，名若，孔子弟子。②尧舜：传说中父系氏族社会后期部落联盟的两个

首领，儒家推崇他们是古代的圣君。

孟子说："有。如果他们得到见方百里的土地而又被人们拥立为君主，他们都能使诸侯来朝，统一天下。要他们做一件不合道理的事，杀一个无辜的人，因而得到天下，他们都不会干。这就是他们一致的地方。"

公孙丑问道："请问他们的不同在什么地方？"

孟子说："宰我、子贡和有若，他们的智慧足以了解孔子，即使夸张一点，也不至于对所喜爱的人怀着私情，虚加赞扬。宰我说：'依我宰予对老师的看法，他比尧舜高明得多。'子贡说：'一般说来，见到一个国家的礼制，就可以了解这个国家的政治；听了一个国家的乐调，便可以了解这个国家的道德。哪怕从百世以后，用同等标准（办法）按次去评价百世列国的君主，没有一个能背离孔氏之道的。自有人类社会以来，没有出过一个像孔子这样伟大的人物。'有若说：'难道只有人民有高下之分吗？麒麟对于走兽，凤凰对于飞鸟，泰山对于小土堆，河和海对于路上横流的那些无源之水，是同类，圣人对于人民，也是同类，孔子却大大地超过了他的同类，在他的那一群中冒着尖儿。自有人类社会以来，没有哪一个人能像孔子那样伟大。'"

【原文】

孟子曰："以力假仁者霸①，霸必有大国，以德行仁者王，王不待大②。汤以七十里，文王以百里。以力服人者，非心服也，力不赡也③；以德服人者，中心悦而诚服也，如七十子之服孔子也④。诗云⑤：'自西自东，自南自北，无思不服⑥。'此之谓也。"

【注释】

①假：借，凭借。②待：等待，引申为依靠。③赡：充足。④七十子：孔子办学多年，传说有弟子三千，其中优秀者七十二人，这里是举其整数。⑤诗云：引自《诗经·大雅·文王有声》。⑥思：助词，无义。

【译文】

孟子说："凭着自己的实力，假托仁义之名去攻打别人的，可以称霸于诸侯，这种称霸的人一定要有个实力雄厚的大国作为他的基础；凭着自己高尚的道德，推行仁政的人，可以施行王道，使天下归附自己，施行王道就不一定要国家大、力量强，商汤王和周文王施行王道，前者凭借的是纵横七十里的地方，后者凭借的也只是百里见方的小国。倚仗势力征服别人的，别人并不是打从心里服从他，而是出于力量不足的原因。凭借德行使别人归附自己的，别人心悦诚服，完全出于自愿，就像孔子门下七十二贤人拜服孔子一样。《诗经》里说：'从西到东，从南到北，无不佩服得五体投地。'说的正是这个意思。"

【原文】

孟子曰："仁则荣，不仁则辱。今恶辱而居不仁，是犹恶湿而居下也。如恶之，莫如贵德而尊士，贤者在位，能者在职。国家闲暇①，及是时明其政刑。虽大国，必畏之矣。诗云②：'迨天之未阴雨③，彻彼桑土④，绸缪牖户⑤。今此下民⑥，或敢侮予？'孔子曰：'为此诗者，其知道乎！能治其国家，谁敢侮之？'今国家闲暇，及是时般乐怠敖⑦，是自求祸也。祸福无不自己求之者。诗云⑧：'永言配命，自求多福。'太甲曰⑨：'天作孽，犹可违⑩；自作孽，不可活⑪。'此之谓也。"

【注释】

①闲暇：指国家安定无内忧外患。②诗云：引自《诗经·邪风·鸱鸮》。③迨：趁着。④彻：剥取。桑土：桑树根。土，同"杜"，东齐方言说"根"为"杜"。⑤绸缪：缠结。牖：窗子。户：门。⑥下民：民，意同"人"。这里的诗句是以鸱鸮（一种形似黄雀而身体较小的鸟）的口吻所言，其巢在上，所以称人为"下民"。⑦般：乐。怠：怠情。敖：同"遨"，指出游。⑧诗云：引自《诗经·大邪·文王》。⑨太甲：《尚书》中的一篇，已失传；现在《尚书》中的《太甲》，系晋人伪作。⑩违：避。⑪活："逜"的借字，"逃"的意思。

【译文】

孟子说："国君只要施行仁政，就能国泰民安，身享荣乐；不施行仁政，就将国破民残，身遭屈辱。现在既然讨厌屈辱，可是仍然安于不仁的现状（即不愿施行仁政），这就好像讨厌潮湿却甘心居住在低下的地方一样。如果讨厌它，就不如重视德行，加强自我道德修养，尊敬贤能的人并起用他们，使道德高尚的贤人在位，才华出众的能人任职。国家安定了，没有内忧外患的干扰，趁着这个大好的时机，使政教修明，法纪森严，就算是大国，也一定要感到恐惧而来归附了。《诗经》里说过：'趁着天还没下雨，剥取桑根的皮儿，把那门窗修理好。那住在下面的人们，又有谁敢来欺侮我呢？'孔子说：'作这首诗的人，真还可算懂得治国的道理！一个国君能治理好他的国家，谁敢欺侮他呢？'现在国家安定，如果国君趁着这个时候，纵情游乐，懒问政事，这简直是自取祸害。一个人的祸福没有不是自个儿找来的。《诗经》中曾有过这样的句子：'人们应该常常念念不忘和天命配合，为自己多寻求些幸福。'《太甲》说：'天降祸害，还可以逃得掉；自己造成的祸害，逃也没法逃脱。'就是这个意思。"

【原文】

孟子曰："尊贤使能，俊杰在位，则天下之士皆悦而愿立于其朝矣。市廛而不征①，法而不廛②，则天下之商皆悦而愿藏于其市矣。关讥而不征③，则天下之旅皆悦而愿出于其路矣。耕者助而不税④，则天下之农皆悦而愿耕于其野矣。廛无夫里之布⑤，则天下之民皆悦而愿为之氓矣⑥。信能行此五者，则邻国之民仰之若父母矣。率其子弟，攻其父母，自生民以来，未有能济者也。如此，则无敌于天下。无敌于天下者，天吏也⑦。然而不王者，未之有也。"

【注释】

①廛：市中储藏、堆放货物的场所。征：征税。②法而不廛：指官方依据法规收购长期积压于货栈的货物，以保证商人的利益。③讥而不征：只稽查不征税。讥，问查。④助而不税：助，指助耕公田。相传殷周时代实行一种叫"井田制"的土地制度。一里见方的土地划作"井"字形，成九块，每块百亩，其中一块作为公田，其余八块分给八家，八家同养公田。"助而不税"指"耕者九一"的井田制只帮助种公田而不再收税。⑤廛：这里指民居，与"廛而不征"的"廛"所指不同。夫里之布：古代的一种税收名称，即"夫布""里布"，大致相当于

后世的土地税、劳役税。布，古代的一种货币。⑥氓：指从别处移居来的移民。⑦天吏：顺从上天旨意的执政者。这里的"吏"不是指小官，而指执行者。

【译文】

孟子说："尊重贤士，使用能者，让才德出众的人各在其位，那么天下的士子们，都会感到衷心喜悦而愿意到那个朝廷里来做官了；在市场上，提供储藏货物的货栈而不征收货物税，遇上货物滞销，便由国家按法定价格征购，不让它们长期积压在货栈中，那么天下的商人，都会感到衷心喜悦而愿意把货物藏在那个市场上了；关卡上，仅仅稽查语言装束不同一般的人，并不征税，那么天下的旅客，都会感到衷心喜悦而愿意取道于那个国家了；耕田的人，只需帮着耕种井田制中的公田而不用再另交租税，那么天下的农民，都会感到衷心喜悦而愿意到那里去种地了；里弄的居民们，不管在什么情况下（即使无正当职业或不在屋旁种桑麻），都给豁免附加的雇役钱和地税，那么天下各国的百姓们，都会感到衷心喜悦而愿意到那里去做寄居的百姓了。要是真的能做到上面五点，那么邻国的老百姓，便会对那里的国君像对父母般的仰望爱慕了。别国的国君如果妄图进犯这样的国家，就好像是率领儿女们去攻打他们自己的父母，从有人类以来，从没有能够获得成功的。这样，在天下就找不到敌人了。天下无敌的人，就是上天派遣到下界来的使者。要是做到了这样却还不能统一天下的，那是没有的事。"

【原文】

孟子曰："人皆有不忍人之心①。先王有不忍人之心，斯有不忍人之政矣。以不忍人之心，行不忍人之政，治天下可运之掌上。所以谓人皆有不忍人之心者，今人乍见孺子将入于井②，皆有怵惕恻隐之心。非所以内交于孺子之父母也③，非所以要誉于乡党朋友也④，非恶其声而然也。由是观之，无恻隐之心，非人也；无羞恶之心，非人也；无辞让之心，非人也；无是非之心，非人也。恻隐之心，仁之端也⑤；羞恶之心，义之端也；辞让之心，礼之端也；是非之心，智之端也。人之有是四端也，犹其有四体也。有是四端而自谓不能者，自贼者也；谓其君不能者，贼其君者也。凡有四端于我者⑥，知皆扩而充之矣，若火之始然⑦，泉之始达。苟能充之，足以保四海⑧；苟不充之，不足以事父母。"

【注释】

①不忍人之心：怜悯心，同情心。②乍：突然、忽然。③怵惕：惊惧。恻隐：哀痛，同情。内交：即结交。内同"纳"。④要誉：博取名誉。要，同"邀"，求。⑤端：开端，起源，源头。⑥我：同"己"。⑦然：同"燃"。⑧保：定，安定。

【译文】

孟子说："人们都有一颗怜悯的心。古代帝王由于有这种怜悯别人的心，这样才有了怜悯百姓的仁政。拿这种怜悯好心，去施行怜悯百姓的仁政，治天下就可以像把一件小东西放在手掌上翻转那么容易了，我之所以说每个人都有一颗怜悯的心的缘故，譬如人们突然看见无知的小孩将要跌到井里去，都会立即产生一种惊恐、伤痛不忍的心情——这不是为了想跟这孩子的爹娘攀交情，不是为了要在邻里朋友中获得个好名声，也不是由于不喜欢孩子的啼哭声才这样做的。从这件事看起来，任何一个人，要是没有同情别人的心，就称不上是人；没有羞耻的心，也算不了人；没有礼让的心，算不了人；没有是非之心，也算不了人。同情人的心，是仁的开端，羞耻的心，是义的开端；礼让的心，是礼的开端；是非的心，是智的开端。一个人有这四端，就好像他的身体有四肢一样，这是他本身固有的。有这四个开端却自认无所作为的人，是自己害自己的人，说他的君主无所作为的人，是陷害他的君主的人。凡是在自己本身具有这四个开端的人，要是知道把它们都扩大开去，那就会像火刚开始点着，泉水刚开始流出，它的前景是无可限量的。一个从事政治的人，假使能够扩大这四端，就可以保护天下的人民，使他们安居乐业，假使不去扩大的话，那就连自身的爹娘也无法奉养了。"

【原文】

孟子曰："矢人岂不仁于函人哉①？矢人唯恐不伤人，函人唯恐伤人。巫匠亦然②，故术不可不慎也③。孔子曰：'里仁为美。择不处仁，焉得智？'夫仁，天之尊爵也，人之安宅也。莫之御而不仁④，是不智也。不仁、不智、无礼、无义，人役也。人役而耻为役，由弓人而耻为弓⑤，矢人而耻为矢也。如耻之，莫如为仁。仁者如射，射者正己而后发。发而不中，不怨胜己者，反求诸己而已矣。"

【注释】

①矢人：造箭的人。函人：造铠甲的人。②巫：巫医。匠：匠人，这里特指做棺材的木匠。③术：这里指选择谋生之术，也就是选择职业。④御：阻挡。⑤由：同"犹"，好像。

【译文】

孟子说："造箭的人难道比制甲的人更不仁爱吗？造箭的人唯恐自己造的箭不能射伤人，而制甲的人却又唯恐自己制的甲不坚固让人受了伤。他们这些截然不同的思想都是由他们各自的职业决定的。专为人求福的巫人和专为人制棺材的匠人也是这样。所以，一个人选择职业时不可不持审慎的态度。孔子说过：'里弄中有仁厚的风俗，人们便认为这个里弄好，选择住处而不知选定有仁厚风俗的里弄，这哪里能说是聪明呢？仁，可以说是天赐的最崇高的爵，是人们最安全的住宅。分明没有谁阻拦，却不仁爱，这便是人们不明智的地方，一个人不仁、不智、无礼、无义，那就只配当供人使唤的仆役。当了仆役却又以供人役使为可耻，那就像造弓的人以造弓为可耻，造箭的人以造箭为可耻一样。要是觉得可耻，就不如仁爱。仁爱的人与射箭一样：一般射箭的人都是先加强自己射箭技术的修养，端正自己射箭的姿势，然后把箭射出去，假如射不中，不去埋怨胜过自己的同行，只是从自己本身去找原因罢了。"

【原文】

孟子曰："子路，人告之以有过则喜①。禹闻善言则拜。大舜有大焉，善与人同②。舍己从人，乐取于人以为善③。自耕、稼、陶、渔以至为帝，无非取于人者。取诸人以为善，是与人为善者也。故君子莫大乎与人为善。"

①有:同"又"。②善与人同:与人共同做善事。与,帮助、赞许。③以为善:以之为善。

【译文】

孟子说:"子路这个人,一听到人家告诉他他有过错,便表示高兴;夏禹听了有益的话,便向人拜谢。大舜比他两个更伟大,他愿意跟别人一同行善,抛弃自己不对的,听从人家对的,乐意吸取别人的好处来行善,一点儿也不勉强。从他在田间种田、烧制陶(瓦)器、打鱼到被推举为领袖,他身上所表现出来的许多优点,没有不是从别人那里虚心学习来的。吸取别人的优点来行善,其实,这也是帮助、鼓励别人行善的好作风。所以君子的所作所为没有比跟别人一同行善更伟大的了。"

【原文】

孟子曰:"伯夷,非其君不事,非其友不友。不立于恶人之朝,不与恶人言。立于恶人之朝,与恶人言,如以朝衣朝冠坐于涂炭。推恶恶之心,思与乡人立,其冠不正,望望然去之,若将浼焉。是故诸侯虽有善其辞命而至者,不受也。不受也者,是亦不屑就已。柳下惠①,不羞污君①,不卑小官。进不隐贤,必以其道。遗佚而不怨,厄穷而不悯。故曰:'尔为尔,我为我,虽袒裼裸裎于我侧②,尔焉能浼我哉?'故由由然与之偕而不自失焉,援而止之而止。援而止之而止者,是亦不屑去已。"孟子曰:"伯夷隘,柳下惠不恭。隘与不恭,君子不由也。"

【注释】

①柳下惠:春秋时鲁国大夫,姓展,名获,字禽;因封邑在柳下(地名),谥号惠,故称为柳下惠。②袒裼裸裎:袒裼,肉体袒露;裸裎,露身。

【译文】

孟子说:"伯夷这个人嘛,不是那样的君主就不肯侍奉,不是那样的朋友就不肯结交,不在恶人的朝廷里做官,不跟恶人讲话;在他看来,在恶人的朝廷里做官,跟恶人讲话,就像穿着礼服、戴着礼帽坐在污泥和炭灰上,简直叫人受不了。把这种憎恶坏人的心思推广开去,他感到要是跟一个乡下人在一起,乡下人的帽又歪歪斜斜地戴在头上,他便要撇下乡下人不理睬,径自走开去,好像自己要被这个乡下人玷污了似的。所以当时各国的国君尽管好言好语来聘请他去做官,他却不接受。他不接受的原因,也是由于他认为那些国君不干净,不适合接近。柳下惠却完全不一样,他不以侍奉不好的君主为羞耻,也不嫌弃做个小官,进到朝廷并不隐瞒自己的才干,但一定要根据原则;不被上面任用也毫无怨言,处境极端困难也并不感到忧伤。所以他说:'你是你,我是我,哪怕你在我旁边赤身露体,无礼到了极点,你又怎么能玷污我呢?'因此他怡然自得地与他们这些人在一起,却并不会有失常态。别人挽留他,他便留住。他之所以一被挽留即留住,这也是因为他认为贸然离去并不算是洁身自好。"孟子说:"伯夷胸襟过于狭隘,柳下惠的态度又太不恭敬。狭隘和不恭敬,贤德的君子是不会这样做的。"

公孙丑章句下

孟子曰:"天时不如地利,地利不如人和。三里之城,七里之郭①,环而攻之而不胜。夫环而攻之,必有得天时矣;然而不胜者,是天时不如地利也。城非不高也,池非不深也②,兵革非不坚利也③,米粟非不多也,委而去之④,是地利不如人和也。故曰:域民不以封疆之界⑤,固国不以山溪之险,威天下不以兵革之利。得道者多助,失道者寡助。寡助之至,亲戚畔之⑥;多助之至,天下顺之。以天下之所顺,攻亲戚之所畔,故君子有不战⑦,战必胜矣。"

诸葛亮隆中对

刘备三顾茅庐,请诸葛亮出山辅佐。诸葛亮在隆中与刘备分析天下形势指出天时、地利、人和是成大事的重要条件。

【注释】

①三里之城,七里之郭:内城叫"城",外城叫"郭"。内外城比例一般是三里之城、七里之郭。②池:即护城河。③兵:武器,指戈、矛、刀、箭等攻击性武器。革:皮革,指甲胄。古代甲胄有用皮革做的,也有用铜铁做的。④委:弃。⑤域民:限制人民。域,界限。⑥畔:同"叛"。⑦有:或,要么。

【译文】

孟子说:"得天时不如得地利好,得地利又不及得人和好。譬如这里有座内城三里、外城七里的城邑,敌人包围攻打却无法取胜。敌人既来围攻,一定是挑选过天时的了;然而却无法取胜,这正说明得天时不如得地利好。又譬如这里有另一座城邑,它的城墙筑得并不是不高,护城壕挖得并不是不深,士卒们的兵器和盔甲并不是不锐利、坚固,粮食也并不是不多,可是,当敌人一来进犯,守兵们便弃城而逃,这正足以说明得地利又不及得人和好。因此说:限制人民不必靠国家的疆界,巩固国防不必凭借山河的险要,威慑天下不必凭借武力的强大。得到正义的人帮助他的人就会多,失掉正义的人帮助他的人就会少。寡助到了极点时,连自己的亲人朋友都会背叛他,多助到了极点时,普天下的人都愿意顺从他。让天下都顺从他的人去攻打连他的亲戚也背叛他的人,因此,那些正义的君主要么不去攻打,只要一去攻打,就会立即获得胜利。"

【原文】

孟子将朝王①。王使人来曰:"寡人如就见者也②,有寒疾,不可以风。朝将视朝,不识可使寡人得见乎③?"

对曰："不幸而有疾，不能造朝④。"

明日出吊于东郭氏⑤。公孙丑曰："昔者辞以病，今日吊，或者不可乎？"

曰："昔者疾，今日愈，如之何不吊？"

王使人问疾，医来。

孟仲子对曰⑥："昔者有王命，有采薪之忧⑦，不能造朝。今病小愈，趋造于朝，我不识能至否乎？"使数人要于路⑧，曰："请必无归，而造于朝！"

不得已而之景丑氏宿焉⑨。景子曰："内则父子，外则君臣，人之大伦也。父子主恩，君臣主敬。丑见王之敬子也，未见所以敬王也。"

曰："恶！是何言也！齐人无以仁义与王言者，岂以仁义为不美也？其心曰'是何足与言仁义也'云尔，则不敬莫大乎是。我非尧舜之道，不敢以陈于王前，故齐人莫如我敬王也。"

【注释】

①王：指齐王。②如：宜，当，应当。③不识：不知。④造：到，上。⑤东郭氏：齐国的一个姓东郭的大夫。⑥孟仲子：孟子的堂兄弟，跟随孟子学习。⑦采薪之忧：本义是说有病不能去打柴，引申为自称生病的代词。薪，柴草。⑧要：拦截。⑨景丑氏：齐国的大夫景丑。

【译文】

孟子正准备去朝见齐王，却碰上齐王打发人来传话道："本来我是将要来看望您的，无奈得了感冒，不能吹风，今早我将临朝视事，不知道可不可以让我有幸见到您？"

孟子回答说："我也不幸得了点病，不能上朝去。"

第二天，孟子到齐国的大夫东郭氏家去作吊。公孙丑说："昨天刚托病不上朝，今天却又出门去作吊，这样做也许不大合适吧？"

孟子答道："昨天有病，今天病好了，怎么不去作吊呢？"

齐王派人来探看孟子的病，大夫也一起来了。

孟仲子只得应付来人说："昨天王命召见，恰好先生病了，不能上朝。今天病稍好了点，已上朝去了，我不知道他能不能到达朝中？"所以打发几个人到路上拦住孟子说："请您一定别回家，上朝去走一趟吧！"

孟子没有办法，只得绕道去较为相好的朋友景丑氏家借住一晚。景丑知道这种情况后，便提出异议道："在家庭内就得讲个父子之亲，在家庭外就得讲个君臣之义，这是人们相互之间重大的伦常关系。父子之间以恩爱为主，君臣之间以尊敬为主，我只看到齐王对你的尊敬，却没有看到你用来尊敬齐王的任何表示。"

孟子说："哎！你这是什么话！你们齐国人没有一个拿仁义之道去跟齐王谈的，难道真的是认为仁义不好吗！他们心里无疑是这样的：'这样一个君主哪配跟他谈论什么仁义之道呢？'我看，再没有什么行为比这种态度更不尊敬齐王了。我治国的理论比不上尧舜治天下的理论，不敢拿到齐王前面去说，因此齐国人对齐王的尊敬是谁也比不上我的。"

【原文】

景子曰："否，非此之谓也。礼曰：'父召，无诺①；君命召，不俟驾②。'固将朝也，闻王命而遂不果，宜与夫礼若不相似然③。"

曰："岂谓是与？曾子曰：'晋楚之富，不可及也。彼以其富，我以吾仁；彼以其爵，我以吾义，吾何慊乎哉④？'夫岂不义而曾子言之？是或一道也。天下有达尊三：爵一，齿一，德一。朝廷莫如爵，乡党莫如齿，辅世长民莫如德。恶得有其一，以慢其二哉？故将大有为之君，必有所不召之臣。欲有谋焉，则就之。其尊德乐道，不如是不足与有为也。故汤之于伊尹，学焉而后臣之，故不劳而王；桓公之于管仲，学焉而后臣之，故不劳而霸。今天下地丑德齐⑤，莫能相尚。无他，好臣其所教，而不好臣其所受教。汤之于伊尹，桓公之于管仲，则不敢召。管仲且犹不可召，而况不为管仲者乎？"

【注释】

①父召，无诺：出自《礼记·曲礼》，"父召无诺，先生召无诺，唯而起。""唯"和"诺"都是表示应答，急时用"唯"，缓时用"诺"。父召无诺的意思是说，听到父亲叫，不等说"诺"就要起身。②不俟驾：不等到车马备好就起身。③宜：意同"殆"，大概，恐怕。④慊：憾，少。⑤丑：类似，相近，同。

【译文】

景丑说："不，我说的不是这个。《礼记》中说：'父亲召唤儿时，轻轻答应一声是，便立即起身，绝对不可以慢条斯理地说声诺。君主下令召臣子，应该立即动身，不能等驾好车子再走。你本来准备上朝，听到齐王召唤反而不去了，也许跟《礼记》上说的不大相符吧。"

孟子说："难道你说的是这个吗？曾子说过：'晋国和楚国的豪富，是人家不能相比的。不过，他们凭的是财富，我行的是仁；他们仗的是爵位，我守的是仁义，和他们比起来，我心里又有什么遗憾呢！'曾子讲这个话难道有什么不对吗？这中间也许是有道理的。天下有三个为人们所普遍尊敬的东西：一个是爵位，一个是年龄，一个是德行。这三个东西被重视的程度因地而异，在朝廷里没有比得上爵位的，在乡里没有比得上年龄的，在辅佐君主扶养百姓方面就没有比得上德行的，又怎能仗着自己占着一面（爵位）却去怠慢占着两面（年龄与德行）的人呢！所以将要大有作为的君主，一定有他不敢召唤的臣子，要是有重大国事必须得商议，就亲自去他家里请教。他（国君）重视德行、乐于行仁政，认为不这样做，就不能与贤德的臣子有所建树。所以，商汤王对于伊尹，先向他学习，然后用他为臣子，所以，能够做到不劳而行王道于天下，桓公对于管仲，也是先向他学习，然后再用他为臣，因此，能够做到不劳而成立霸主的事业。现在天下的大国，土地大小都差不多，君主们的思想行为也不相上下，谁也没能超过谁，这没有别的原因，就是他们喜欢用听从他们教导的人做臣子，而不喜欢用有能力教导他们的人做臣子。商汤王对于伊尹，齐桓公对于管仲，就不敢召唤。管仲这样的人都不可以召唤，何况不屑做管仲的人呢！"

【原文】

陈臻问曰①："前日于齐，王馈兼金一百而不受②；于宋，馈七十镒而受；于薛③，馈五十镒而受。前日之不受是，则今日之受非也；今日之受是，则前日之不受非也。

夫子必居一于此矣。"

孟子曰:"皆是也。当在宋也,予将有远行,行者必以赆④,辞曰:'馈赆。'予何为不受?当在薛也,予有戒心⑤。辞曰:'闻戒。'故为兵馈之,予何为不受?若于齐,则未有处也⑥。无处而馈之,是货之也⑦。焉有君子而可以货取乎?"

【译文】

陈臻问道:"前些日子在齐国,齐王赠送给您质好价高的黄金一百镒您却不接受。近来在宋国,宋君赠送七十镒黄金您接受了;在薛地,薛君赠送五十镒黄金您也接受了。如果前些日子的不接受是对的,那么,今天的接受就不对了,如果今天的接受是对的,那么,前些日子的不接受就不对了。先生您在这两个截然相反的做法中,一定有一个是做错了的。"

孟子说:"都是对的。当在宋国的时候,我将要远出旅行,按照惯例,对出门旅行的人一定要送点礼,宋君当时说是送路费,我为什么不接受呢?当在薛地时,听说有人想暗害我,我得有所戒备,薛君当时听说我要做戒备,因此送点钱给我购置武器,我又怎么不接受呢?至于在齐国,就没有说明是什么用途,不说明用途却要无缘无故地送钱给我,这无异是想收买我。哪有贤德君子可以用钱财收买的呢?"

【原文】

孟子之平陆①。谓其大夫曰②:"子之持戟之士,一日而三失伍,则去之否乎?"曰:"不待三。""然则子之失伍也亦多矣。凶年饥岁,子之民,老羸转于沟壑,壮者散而之四方者,几千人矣。"曰:"此非距心之所得为也。"曰:"今有受人之牛羊而为之牧之者,则必为之求牧与刍矣。求牧与刍而不得,则反诸其人乎?抑亦立而视其死与?"曰:"此则距心之罪也。"他日,见于王曰:"王之为都者,臣知五人焉。知其罪者,惟孔距心。为王诵之。"王曰:"此则寡人之罪也。"

【译文】

孟子到平陆,对那里的邑令说:"你城里守卫边疆的战士,假如一天之内三次擅离职守,这样,是不是要将他开除呢?"邑令说:"没必要等到三次才开除。"孟子紧接着说:"可是,你失职的地方也已经不少了。在饥荒年岁,你管治的老百姓,老弱病残辗转抛尸到山沟中的,体力较强些的青壮年散走四方的,几乎近千人了。"邑令说:"这不是我孔距心力所能及的事。"孟子说："现在如果有个人接受了替人牧放牛羊的任务，他就一定要替人家找牧地和草料。万一找不到牧地和草料，那么，是把牛羊送还给人家呢，还是站在那里眼看着牛羊饿死呢？"邑令说："这就是我孔距心的罪过了。"后来，孟子朝见齐王说："大王您的邑令，我结识了五个，其中能认识失职的罪过的，只有孔距心一人。"于是把自己跟孔距心的谈话对齐王说了一遍。齐王听后说："这也是我的罪过啊。"

【原文】

孟子谓蚳鼃曰①："子之辞灵丘而请士师②，似也，为其可以言也。今既数月矣，未可以言与？"蚳鼃谏于王而不用，致为臣而去。齐人曰："所以为蚳鼃，则善矣；所以自为，则吾不知也。"公都子以告③。曰："吾闻之也：有官守者，不得其职则去；有言责者，不得其言则去。我无官守，我无言责也，则吾进退，岂不绰绰然有余裕哉？"

【注释】

①蚳鼃：齐国大夫。②灵丘：齐国边境邑名。士师：官名，掌禁令、狱讼、刑罚，为古代法官之通称。③公都子：孟子的学生。

【译文】

孟子对蚳鼃说："你辞掉灵丘邑令不当，却要求去做治狱官，这件事做得似乎有点道理，因为做了治狱官可以向主上进言了。现在你当治狱官已经几个月了，难道还不可以进言吗？"蚳鼃向齐王进了言却没有被采纳，便辞官离去了。齐国有人议论这件事道："孟子替蚳鼃打算的还是好的，可为自己打算的怎样，我就不知道了。"公都子把这些话告诉了孟子。孟子说："我听说过：有官职的人，不能履行他的职责就只有辞官不干，有进言责任的人，他进了言上边的人不采纳，就得辞官不干。我既没有官职，也没有进言的责任，那我的进退，岂不是宽宽绰绰，有更多的自由吗？"

【原文】

孟子为卿于齐，出吊于滕，王使盖大夫王驩为辅行①。王驩朝暮见，反齐滕之路，未尝与之言行事也。公孙丑曰："齐卿之位，不为小矣；齐滕之路，不为近矣。反之而未尝与言行事，何也？"曰："夫既或治之，予何言哉？"

【注释】

①盖：齐国邑名，在今山东沂水县西北。王驩：盖邑的地方长官，齐王的宠臣。

【译文】

孟子在齐国为卿，奉命出使滕国去吊唁，齐王还另派了盖邑的邑令王驩做副使。王驩早晚同孟子在一块，往返于齐滕的道路上，孟子却从未和他商量过怎样行事。公孙丑不禁发问道："齐卿的位置，不算小了；从齐到滕的路，也不算近了，来回一整趟您却从不曾和王驩商量怎样行事，这是为什么呢？"孟子说："既然有人去办理那些事了，我还说什么呢？"

　　孟子自齐葬于鲁①，反于齐，止于嬴②。充虞请曰③："前日不知虞之不肖，使虞敦匠事④。严⑤，虞不敢请。今愿窃有请也，木若以美然⑥。"曰："古者棺椁无度⑦，中古棺七寸⑧，椁称之。自天子达于庶人，非直为观美也，然后尽于人心。不得⑨，不可以为悦⑧；无财，不可以为悦。得之为有财。古之人皆用之，吾何为独不然？且比化者，无使土亲肤⑪，于人心独无恔乎⑫？吾闻之君子：不以天下俭其亲。"

【注释】

　　①自齐葬于鲁：孟子在齐国时，随行的母亲去世，孟子把母亲的遗体从齐国送回鲁国安葬。②嬴：地名，故城在今山东莱芜西北。③充虞：孟子的学生。④敦：治，管。⑤严：急，忙。⑥以：太。⑦棺椁无度：古代棺材分内外两层，内层叫棺，外层的套棺叫椁。棺椁无度是说棺与椁都没有尺寸规定。⑧中古：指周公治礼以后的时代。⑨不得：指礼制规定所不允许。⑩为：这里是"与"的意思。⑪比：为了。化者：死者。⑫恔：快，快慰，满足。

【译文】

　　孟子将母亲从齐国归葬到鲁国后，重新返回齐国，在嬴邑停留下来。充虞请问道："早先您不知道我的能力差，承蒙派遣我去监督备办棺木。当时事忙，我不敢请示。现在我想请教一下：我觉得棺木似乎有点儿过于华美了。"孟子说："上古时候人们用的内棺和外棺尺寸的厚薄，没有什么规定，中古时候规定内棺厚七寸，外棺的厚薄必须与它相称。上起天子，下至百姓，对棺椁都得讲究，不止是为了好看，大家认为只有这样做了，然后才算是尽了孝心。受到礼法限制，不得用好棺木，当然不能令人称心如意；限于财力，不可能购置好棺木，同样也难以做到称心如意。只要礼法允许而财力又能办到，古代人都会用好棺木，我为什么就不能这样做呢？而且为了让死者的遗体不沾着泥土，这样做人子的心不是可以感到慰藉而不再有什么遗憾吗？我听说过：一个懂孝道的君子，绝不因为要为天下人节约物资而在埋葬父母的大事上省钱。"

【原文】

　　沈同以其私问曰①："燕可伐与？"孟子曰："可。子哙不得与人燕，子之不得受燕于子哙。有仕于此②，而子悦之，不告于王而私与之吾子之禄爵；夫士也，亦无王命而私受之于子，则可乎？何以异于是？"齐人伐燕。或问曰："劝齐伐燕，有诸？"曰："未也。沈同问'燕可伐与'？吾应之曰'可'，彼然而伐之也。彼如曰'孰可以伐之'？则将应之曰：'为天吏，则可以伐之。'今有杀人者，或问之曰'人可杀与'？则将应之曰'可'。彼如曰'孰可以杀之'？则将应之曰：'为士师，则可以杀之。'今以燕伐燕，何为劝之哉？"

【注释】

　　①沈同：齐国大臣。②仕：同"士"。

【译文】

　　沈同以他个人的身份问孟子道："我们可以讨伐燕国吗？"孟子说："可以。没有天子的命令，子哙无权擅自把燕国让给人家，子之也不得擅自从子哙那里接受燕国。如果这里有个谋求官职的人，你很喜欢他，也不向齐王报告，便把自己的俸禄和官爵都暗地里让给他；而那个人呢，也没有得到齐王的命令便从你那里私自接受你的俸禄和官爵，你说这样做可以吗？子哙和子之私下授受燕国的事跟这个又有什么不同呢？"齐国人出兵讨伐燕国。有人问孟子道："听说您曾劝齐国讨伐燕国，有这回事吗？"孟子说："没有这回事。沈同问过，'燕国可以讨伐吗？'我回答他说'可以'，他便真的认为是这样而使齐国出兵去讨伐了燕国。他假如进一步问，'谁可以去讨伐燕国？'那我就会回答他，'只有上得天意的天吏才可以去讨伐它。假如现在有个杀人犯，有人问道：'这个杀人犯可以杀掉吗？'那么被问的人就会回答他说：'可以。'那人如果继续问，'谁可以杀他呢？'被问的人就将回答道，'做治狱官，就可以杀他。'现在以一个跟无道燕国不相上下的国家去讨伐燕国，我怎么能劝他们这样做呢？"

周公像

【原文】

燕人畔①。王曰："吾甚惭于孟子。"陈贾曰②："王无患焉。王自以为与周公，孰仁且智？"王曰："恶！是何言也？"曰："周公使管叔监殷，管叔以殷畔③。知而使之，是不仁也；不知而使之，是不智也。仁智，周公未之尽也，而况于王乎？贾请见而解之。"见孟子问曰："周公何人也？"曰："古圣人也。"曰："使管叔监殷，管叔以殷畔也，有诸？"曰："然。"曰："周公知其将畔而使之与？"曰："不知也。""然则圣人且有过与？"曰："周公，弟也；管叔，兄也。周公之过，不亦宜乎？且古之君子，过则改之；今之君子，过则顺之。古之君子，其过也，如日月之食，民皆见之；及其更也，民皆仰之。今之君子，岂徒顺之，又从为之辞。"

【注释】

①燕人畔：齐国占领燕国时，孟子曾向齐宣王提出，为燕立一君主而后撤离，齐王不听。两年内，燕人不服。赵国等诸侯国也反对齐吞并燕，怕齐国因此而变得更强大，于是立燕昭王，燕人拥护，迫使齐军败退撤回。②陈贾：齐国大夫。③周公使管叔监殷，管叔以殷畔：周武王灭商后，封纣王之子武庚于其旧都，派其弟管叔、蔡叔、霍叔去监视殷的遗民。武王死后，成王幼，周公执政，管叔等和武庚反叛，后周公平定了叛乱。

【译文】

燕国人不归附齐国。齐王说："我对孟子感到很惭愧。"陈贾说："大王别为这个难过。您觉得您跟周公相比，哪一个更仁爱而又聪明些呢？"齐王不太高兴地说："哎！你这是什么话！"陈贾说："周公派遣管叔去监督殷国，管叔却带领殷国一起反叛周朝。如果周公知道管叔会叛变却要派遣他，这就对自己兄弟太不仁爱了；如果不知道而派遣他，这便是他不聪明的地方。仁和智，周公尚且没有完全做到，何况大王您呢？请让我陈贾去向孟子做些解释。"陈贾见到孟子问道："周公是个什么样的人呢？"孟子说："是古代的圣人。"陈贾说："周公派遣管叔监督殷国，管叔率领殷国一道反叛周朝，有这件事吗？"孟子说："不错。"陈贾说："周公是事先知道他将会反叛却仍派遣他的吗？"孟子说："不知道。"陈贾紧接着又问道："那么，圣人尚且会有过错吗？"孟子答道："周公是弟弟，管叔是哥哥，周公的过错，不也是合乎情理的事吗？况且古代品德高尚的君子，有过就改，现在身居高位的君子，明知错了，却将错就错。古代的君子，他们犯的过错，像天上发生的日食、月食一样，老百姓都可以看到，当他们改正错误时，老百姓也都能抬头看见。现在的君子，不但一错再错，而且还要千方百计找借口、编谎言来为自己的错误做辩护。"

【原文】

孟子致为臣而归①。王就见孟子，曰："前日愿见而不可得，得侍，同朝甚喜。今又弃寡人而归，不识可以继此而得见乎？"对曰："不敢请耳，固所愿也。"他日，王谓时子曰②："我欲中国而授孟子室③，养弟子以万钟④，使诸大夫国人皆有所矜式⑤，子盍为我言之？"时子因陈子而以告孟子，陈子以时子之言告孟子⑥。孟子曰："然，夫时子恶知其不可也？如使予欲富，辞十万而受万，是为欲富乎？季孙曰⑦：'异哉子叔疑⑧！使己为政，不用，则亦已矣，又使其子弟为卿。人亦孰不欲富贵？而独于富贵之中，有私龙断焉⑨。'古之为市也，以其所有易其所无者，有司者治之耳。有贱丈夫焉，必求龙断而登之，以左右望而罔市利。人皆以为贱，故从而征之。征商，自此贱丈夫始矣⑩。"

【注释】

①致为臣而归：指孟子辞去齐宣王的客卿而归故乡。致，在古代有"致仕""致禄""致政"等多种说法，其中的"致"都是"归还"的意思。②时子：齐王的臣子。③中国：在国都中，指临淄城。"中"在这里是介词，"国"即国都。④万钟：钟，古代量器。齐国量器有豆、区、釜、钟四种。每豆四升，每区四斗，每釜四区，每钟十釜。万钟为六万四千石。⑤矜式：敬重，效法。⑥陈子：即陈臻，孟子弟子。⑦季孙：人名，事迹不详。⑧子叔疑：人名，事迹不可考。⑨龙断：即"垄断"。原意指高而不相连属的土墩子，后逐渐引申为把持、独占。⑩丈夫：对成年男子的通称。

【译文】

孟子辞职想回家。齐王登门见到孟子说："以前您还没有来齐时，我期望见到您都不可能，后来有幸能和您同朝共事，我感到十分高兴。现在您丢下我要回故乡去了，不知从今以后，我们还有见面的机会吗？"孟子答道："我只是不敢（非分地）提出这样的要求罢了，其实，这本是我的愿望呢。"在另一天，齐王对时子说："我想在首都的中心地带建一座房子供孟子住，送给他万钟粮粟作为他的弟子们的生活费用，使朝廷内外的官民都有所取法，你为什么不替我向孟子说说我这种打算？"时子托陈子转告孟子，陈子将时子的话告诉了孟子。孟子说："哦！那位时子又怎么知道这种事情不可以做呢？假如我想发财，辞去十万钟的禄米不要却去接受万钟的赐粮，这是为了想发财吗？季孙说过：'子叔疑这个人真奇怪！自己被任命做官，没有取得信任，也就算了吧，却又要（活动）让他的子弟去做卿。人们又有谁不想获取高官厚禄，而只有他却独独想在升官发财之中垄断一切。'什么叫垄断呢？古代的集市贸易，人们都是拿他们自己所有的东西，去跟人家交换自己所没有的东西，这些事情不过由有关部门去管理罢了。后来有一个被人瞧不起的贪得无厌的汉子，一定要找一个唯一突出的高丘爬上去，以便四面张望，把集市上贸易的盈利一齐捞过来，人们都鄙视他这种行为，因此就向他征税。向商人征税的制度是从这个卑鄙的汉子开始的。"

【原文】

孟子去齐，宿于昼①。有欲为王留行者，坐而言。不应，隐几而卧。客不悦曰："弟子齐宿而后敢言②，夫子卧而不听，请勿复敢见矣。"曰："坐！我明语子。昔者鲁缪公无人乎子思之侧③，则不能安子思④；泄柳、申详，无人乎缪公之侧⑤，则不能安其身。子为长者虑，而不及子思，子绝长者乎？长者绝子乎？"

【注释】

①昼：齐国邑名，在今山东临淄附近。②齐：同"斋"，斋戒。古人在有重大事情前，沐浴更衣，不饮酒，不吃荤，以示诚敬，称斋戒。③鲁缪公：鲁国国君，名显，公元前409—前377年在位。④子思：名孔伋，孔子之孙。鲁缪公尊敬子思，常派人在子思身边伺候致意，使子思安心。⑤泄柳、申详：同为鲁缪公时贤人。泄柳亦称子柳；申详，孔子弟子子张之子。他们二人认为，如果没有贤者在左右维护君主，自身就感到不安。

【译文】

孟子离开齐国，住在昼邑。有个来替齐王挽留孟子的人，跪坐着跟孟子说话。孟子没有回答他，靠在小桌子上打盹。客人不高兴地说："学生先一天斋戒致敬然后才敢前来进言，先生却睡大觉，连听也不听，这样我以后就不敢再求见您了。"孟子说："坐下来！我清楚地告诉你。从前鲁缪公要不是经常有人留在子思旁边表达自己对子思的诚意，就不能把子思留下来，泄柳和申详要是没有人经常在鲁缪公旁边维持，他们也就不能安下身来。你替长辈打算，赶不上子思时的贤者为子思着想的，却来劝我留下，到底是你跟长辈决绝呢，还是长辈跟你决绝呢？"

【原文】

孟子去齐。尹士语人曰①："不识王之不可以为汤武，则是不明也；识其不可，然且至，则是干泽②。千里而见王，不遇故去。三宿而后出昼，是何濡滞也？士则兹不悦。"高子以告③。曰："夫尹士恶知予哉？千里而见王，是予所欲也；不遇故去，岂予所欲哉？予不得已也。予三宿而出昼，于予心犹以为速，王庶几改之！王如改诸，则必反予。夫出昼而王不予追也，予然后浩然有归志。予虽然，岂舍王哉？王由足用为善。王如用予，则岂徒齐民安，天下之民举安。王庶几改之，予日望之。予岂若是小丈夫然哉？谏于其君而不受，则怒，悻悻然见于其面，去则穷日之力而后宿哉？"尹士闻之曰："士诚小人也。"

【注释】

①尹士：齐国人。②干：求。③高子：齐国人，孟子弟子。

【译文】

孟子离开齐国。尹士对别人说："不知道齐王成不了商汤王、周武王那样的人，那就是孟子缺乏眼力的地方，知道其不行，可还是来到了齐国，那就是贪图富贵了。跑了一千多里路来见齐王，因为意见不合所以离去，住了三晚才出了昼县，到底又是为了什么这样慢腾腾的呢？我就对这一点不高兴。"高子把这些话告诉了孟子。孟子说："那个尹士又怎么了解我呢？跑了一千多里路来见齐王，这是我的愿望；因为意见不相合所以离去，难道是我的愿望吗？我是不得已啊。我住了三晚才走出昼县，在我的心里还认为快了点，当时我心想，齐王也许会改变原来的态度吧！齐王如果改变态度，就一定会把我召回去。我走出了昼县齐王却还不来追我回去，然后我才有了难以抑制的回乡打算。我尽管这样，难道愿意舍弃齐王吗？我认为齐王还是有条件办好政事的。齐王如果用了我，那何止是齐国人民安居乐业，天下的人民也全都能安居乐业，齐王也许会改变态度，我天天盼望他能如此！我难道会像那种心地狭窄的人的样子吗？向他的国君进谏没有被采纳就发脾气，怒容满面，离开那个国家时就竭尽全力跑够一天的路程然后住宿？"尹士听到这些话后说："我的确是个目光短浅的小人啊。"

【原文】

孟子去齐。充虞路问曰^①："夫子若有不豫色然^②。前日虞闻诸夫子曰：'君子不怨天，不尤人^③。'"曰："彼一时，此一时也。五百年必有王者兴，其间必有名世者^④。由周而来，七百有余岁矣。以其数，则过矣；以其时考之，则可矣。夫天未欲平治天下也，如欲平治天下，当今之世，舍我其谁也？吾何为不豫哉？"

【注释】

①充虞：孟子弟子。②豫：快乐，愉快。③不怨天，不尤人：这是孔子的话，见《论语·宪问》。尤，责怪，抱怨。④名世者：有名望而辅佐君王的人。

【译文】

孟子离开齐国，充虞在路上问他道："先生您好像有点儿不满意。以前我听见先生您说过：'一个道德修养高的君子是不会怨天尤人的。对吗？'"孟子说："那时是那时，现在是现在，情况不同了嘛！从历史的进程来看，我发现每隔五百年就一定会有一位推行王道的圣君降生，这中间一定也还会有一些以才德闻名于世的人才出现。从周朝开国以来，到现在已有七百多年了。拿时数来说，就超过了五百年；拿时势来考察一下，就该有诞生圣君贤相的可能了。上天要是不想让天下太平，那就没有什么说的了；上天要是想使天下获得太平，那当今的世上，除了我还有谁能担当这份重任呢？我为什么不满意呢？"

【原文】

孟子去齐居休^①。公孙丑问曰："仕而不受禄，古之道乎？"曰："非也。于崇^②，吾得见王。退而有去志，不欲变，故不受也。继而有师命，不可以请。久于齐，非我志也。"

【注释】

①休：地名，在今山东滕县北，距孟子家约百里。②崇：地名，不可考。

【译文】

孟子离开齐国，在休地住下。公孙丑问道："做官却不接受俸禄，这是古代传下来的法规吗？"孟子说："不是。当日在崇地，我有机会见到齐王，因为他这个人不愿行仁政，所以我后来便起了离开的念头，我不想改变这种念头，所以不接受俸禄。接着齐国又发生了战事，不适于请求离去。留在齐国的时间过长，并不是我的志愿。"

滕文公章句上

【原文】

滕文公为世子①，将之楚，过宋而见孟子。孟子道性善，言必称尧舜。世子自楚反，复见孟子。孟子曰："世子疑吾言乎？夫道一而已矣。成覸谓齐景公曰②：'彼丈夫也，我丈夫也，吾何畏彼哉？'颜渊曰：'舜何人也？予何人也？有为者亦若是。'公明仪曰③：'文王我师也，周公岂欺我哉？'今滕，绝长补短，将五十里也，犹可以为善国。书曰：'若药不瞑眩④，厥疾不瘳⑤。'"

【注释】

①世子：即太子。"世"和"太"古音相同，古书常通用。②成覸：齐国的勇士。③公明仪：人名，复姓公明，名仪，鲁国贤人，曾子学生。④瞑眩：眼睛昏花看不清楚。⑤瘳：病愈。

【译文】

滕文公做太子时，将要出使到楚国去，路过宋国，便特地去看望孟子。孟子跟他讲了人性善的观点，开口不离尧舜。太子从楚国回来时，又会见了孟子。孟子说："太子怀疑我的话吗？道理只有一个罢了。成覸对齐景公说：'他是男子汉大丈夫，我也是男子汉大丈夫，我干吗要怕他呢？'颜渊说过：'舜是什么样的人呢？我是什么样的人呢？有作为的人也应该像他一样。'公明仪曾经说：'文王是我的老师，周公难道会骗我吗？'现在滕国虽小，如果将土地截长补短进行丈量，也将有五十里见方大，还是可以建设成一个好国家的。《尚书》说：'如果一种药服了后不使人产生头晕目眩的感觉，那病是不会治好的。'"

【原文】

滕定公薨①。世子谓然友曰②："昔者孟子尝与我言于宋，于心终不忘。今也不幸至于大故③，吾欲使子问于孟子，然后行事。"然友之邹问于孟子。孟子曰："不亦善乎！亲丧固所自尽也④。曾子曰：'生，事之以礼；死，葬之以礼，祭之以礼，可谓孝矣。'诸侯之礼，吾未之学也。虽然，吾尝闻之矣。三年之丧⑤，斋疏之服⑥，饘粥之食⑦，自天子达于庶人，三代共之。"然友反命，定为三年之丧。父兄百官皆不欲也，曰："吾宗国鲁先君莫之行⑧，吾先君亦莫之行也，至于子之身而反之，不可。且志曰⑨：'丧祭从先祖。'"曰："吾有所受之也。"

【注释】

①滕定公：滕文公的父亲。薨：死。古代称侯王死，唐代以后用于指二品以上官员死。②然友：人名，太子的老师。③大故：重大的事故，指大丧、凶突之类。④自尽：尽自己最大的心力。⑤三年之丧：指子女为父母、臣下为君主守孝三年。⑥斋疏之服：用粗布

— 325 —

做的缝边的丧服。斋,指衣服缝边。古代丧服叫作衰,不缝衣边的叫"斩衰",缝衣边的叫"齐衰"。⑦饣粥:稠粥。⑧宗国:鲁国的始封祖和滕国的始封祖是兄弟,按照宗法制度,滕国尊称鲁国为宗国。⑨志:记国家世系等的书。

【译文】

　　滕定公死了,太子对老师然友说:"前些时候孟子在宋国曾经跟我说过一些话,我心里始终不能忘记。现在不幸遭到了大变故,我打算请你去向孟子请教,然后再举办丧事。"然友到邹国向孟子请教。孟子说:"太子能够问及这样的事,这不也好得很吗!办理父母的丧事,本是做孝子的人所应全力以赴的。曾子说过:'父母在世时,按礼仪的规定去侍奉;父母去世时,按礼仪的规定去安葬、去祭祀,这就称得上是尽孝了。有关诸侯丧葬的礼仪,我没有学习过,但是,我曾经听说过:父母去世后,孝子守孝三年,穿缝了边的粗布孝服,喝着稀饭,上从天子下到老百姓,夏、商、周三代都没有例外。"然友回去汇报了,所以定为守孝三年。公族的父兄和朝里的百官都不愿意,说:"我们的宗国鲁国的先代君主都没有行过三年之丧,我们的先代君主也没有行过,到您这儿却要在这方面一反祖先的所为,这事不能做。何况《志》书里说过:'丧葬和祭祀要照祖先的成规办事。'这样我们就可以说:'我们这样做是上有继承的。'"

【原文】

　　谓然友曰:"吾他日未尝学问,好驰马试剑。今也父兄百官不我足也;恐其不能尽于大事,子为我问孟子。"

　　然友复之邹问孟子。孟子曰:"然,不可以他求者也。孔子曰:'君薨,听于冢宰①。饣粥②,面深墨。即位而哭,百官有司,莫敢不哀,先之也。'上有好者,下必有甚焉者矣。'君子之德,风也;小人之德,草也。草尚之风必偃③。'是在世子。"然友反命。世子曰:"然。是诚在我。"五月居庐④,未有命戒。百官族人可谓曰知。及至葬,四方来观之,颜色之戚,哭泣之哀,吊者大悦。

【注释】

　　①冢宰:官名。原是辅佐天子的官,百官之长,相当于后世的宰相。②饣:饮。③君子之德……必偃:出自《论语·颜渊》篇。"尚"与"上"同;偃,倒下。④五月居庐:居住在丧庐中五个月。

【译文】

　　于是太子对然友说:"我以前不曾好好研究学问,只对跑马击剑感兴趣。现在父兄官吏们都不满意我的做法,我真担心我对这次丧礼不能做到竭诚尽力,请你再替我去向孟子请教一下。"然友又一次到邹国去向孟子请教。

　　孟子说:"对,这件事是不能向外人求救的。孔子说过:'君主去世,太子将一切政事全委托给冢宰去料理,喝稀饭,哀伤得面目黝黑,一临孝子之位便哀哀痛哭,这样,下属的官吏便没有敢不悲哀的,由于太子带了头。'在上位的人有所爱好,下面的人一定便会对这个爱好得更厉害。君子的德像风,小人的德像草,风吹到草上面,草便一定会随着风向而倒下。这件事办得好坏完全取决于太子。"然友回去向太子复命。太子说:"对,这件事的确取决于我。"于是，太子住在丧庐里整整五个月之久，不曾发号施令。朝中百官和公族都表示满意，说太子懂礼。等到定公被安葬时，四面八方的人都来观看葬仪，太子脸色的悲伤，哭泣的哀痛，使来吊唁的客人们看了都感到十分满意。

【原文】

滕文公问为国。

孟子曰："民事不可缓也。诗云①：'昼尔于茅，宵尔索绹；亟其乘屋，其始播百谷。'民之为道也，有恒产者有恒心，无恒产者无恒心。苟无恒心，放僻邪侈，无不为已。及陷乎罪，然后从而刑之，是罔民也。焉有仁人在位，罔民而可为也？是故贤君必恭俭礼下，取于民有制。阳虎曰②：'为富不仁矣，为仁不富矣。'夏后氏五十而贡，殷人七十而助，周人百亩而彻，其实皆什一也。彻者，彻也③；助者，藉也④。龙子曰⑤：'治地莫善于助，莫不善于贡。'贡者校数岁之中以为常。乐岁，粒米狼戾，多取之而不为虐，则寡取之；凶年，粪其田而不足⑥，则必取盈焉。为民父母，使民盼盼然，将终岁勤动，不得以养其父母，又称贷而益之，使老稚转乎沟壑，恶在其为民父母也？夫世禄，滕固行之矣。诗云⑦：'雨我公田，遂及我私。'惟助为有公田。由此观之，虽周亦助也。

【注释】

①诗云：出自《诗经·豳风·七月》。②阳虎：春秋末期鲁国大夫季氏的家臣。③彻者，彻也：彻，通。是说这种税制在周是天下通行的税制。④助者，藉也：藉，借。意思是借助民力来耕种公田。⑤龙子：古代贤人。⑥粪：扫除。⑦诗云：出自《诗经·小雅·大田》。

【译文】

滕文公向孟子询问治国的方法。

孟子说："老百姓生产的事是刻不容缓的。《诗经》里说过：'白天赶紧割茅草，晚上要把绳索搓好，急忙修缮旧房舍，耕田播种的时间很快就到。'老百姓的一般情况是这样，有固定的产业（或收入）的人便有稳定的思想，没有固定的产业（或收入）的人便没有稳定的思想。如果老百姓没有稳定的思想，那么没有什么无法无天的事是干不出来的。等到犯了罪，然后再加刑罚，这就无异于布下罗网陷害老百姓。哪有仁爱的君主在位却干出陷害老百姓的事来的呢？所以贤良的君主务必做到处事恭谨，生活俭朴，礼贤下士，向老百姓征收赋税有定规。阳虎说过：'要发财就别讲仁爱，要讲仁爱就别想发财了。'夏朝每家授田五十亩，赋税行的是贡法，商朝每家授田七十亩，赋税行的是助法。周朝每家授田百亩，赋税行的是彻法，实际上征的税率都是十分之一。彻有通的意思，助有借的意思。龙子说：'经营土地的税制没有比助法更好的，没有比贡法更不好的。'所谓贡法就是计量、比较几年中的收成而定出一个税收的定数（即不管丰年、歉年都得按这个定数征税）。丰收年景粮食到处抛撒，多征收一点儿也不算苛暴，却征得少；凶年饥岁，田里的收获连购买来年的肥料都不够，却一定要征足这个定数。号称老百姓父母的国君而使老百姓整年地辛勤劳动，却没法子养活自己的父母，还得借高利贷来凑足纳税的数字，以致使老弱辗转流亡，饥寒交迫，抛尸于水沟荒野之中，为民父母的实际意义又在哪里呢？对做大官的人赐予土地，使他们的子孙世代享有田租收入的"世禄"制度，滕国本来早就实行了。但有利于老百姓的税制——助法却始终没有被采用，以致老百姓如此穷困。滕国既然能实行世禄制照顾做官的人的利益，也应该考虑考虑老百姓的痛苦而改行助法。《诗经》里面说：'希望上天首先降雨到公田，然后再把私田湿润。'只有实行助法才会有公田，从这篇周诗看来，虽然是周朝，也是实行助法的。

设为庠序学校以教之

【原文】

"设为庠序学校以教之：庠者，养也；校者，教也；序者，射也。夏曰校，殷曰序，周曰庠，学则三代共之，皆所以明人伦也。人伦明于上，小民亲于下。有王者起，必来取法，是为王者师也。诗云①：'周虽旧邦，其命惟新'，文王之谓也。子力行之，亦以新子之国。"

使毕战问井地②。

【注释】

①诗云：出自《诗经·大雅·文王》。②毕战：滕国的臣子。井地：即井田，相传为古代奴隶社会的一种土地制度。以方九百亩的地为一个单位，划成九区，其中为一百亩公田，八家均私田百亩，同养公田。因形如井字，故名。

【译文】

"基本上解决老百姓的生产生活问题后，还要设立'庠''序''学''校'等来教育他们。所谓'庠'，含有教养的意思；所谓'校'，含有教育的意思；所谓'序'，含有习射的意思。乡学（即地方学校）的名称，夏朝叫校，殷朝叫序，周朝叫庠。至于国家办的学校（也就是大学），三代都共用了'学'这个名称，无论乡学还是国学，都是用来向学生阐明教导他们明确'父子有亲、君臣有义、夫妇有别、长幼有序、朋友有信'这五种社会伦常观念的。在上面的诸侯、卿、大夫、士明确并承认组成上层社会这五种人与人之间的伦常关系，老百姓在下面自然也就亲密无间了。只要有愿意行王道的人出现，便一定要来向您模仿学习的，这样您就做了行王道的人的老师了。《诗经》里说过：'岐周虽是历经夏商两朝的古老之国，天命却有意使它来一番革新'。这是就文王创建帝业而说的。您努力干下去，也可以使您的国家焕然一新的。"

滕文公又打发毕战来向孟子询问有关井田制的问题。

【原文】

孟子曰："子之君将行仁政，选择而使子，子必勉之！夫仁政，必自经界始。经界不正，井地不钧①，谷禄不平②。是故暴君污吏必慢其经界③。经界既正，分田制禄可坐而定也。

"夫滕壤地褊小，将为君子焉④，将为野人焉。无君子莫治野人，无野人莫养君子。请野九一而助，国中什一使自赋。卿以下必有圭田⑤，圭田五十亩。余夫二十五亩。死徙无出乡，乡田同井。出入相友，守望相助⑥，疾病相扶持，则百姓亲睦。方里而井，井九百亩，其中为公田。八家皆私百亩，同养公田。公事毕，然后敢治私事，所以别野人也。此其大略也。若夫润泽之⑦，则在君与子矣。"

【注释】

①钧：同"均"。②谷禄：俸禄。③慢：通"漫"。④为：有。⑤圭田：供祭祀用的田地。⑥守：防守。望：察。⑦润泽：润色，修饰。引申为充实、完善。

【译文】

孟子说："你的国君将要施行德政，经过精心选择才派遣你来问我，你必须努力完成使命！施行德政，必须从划分和厘清田界入手。如果田界没有划分厘清，井地的大小就不能做到均衡一律，做大官的人从封地里所得到的作为俸禄的田租就不能做到合理公平。所以那些暴君和贪官总是千方百计要把正确的田界搞乱。田界既然已经划分厘清了，分田地给老百姓和给做官的人制定俸禄这两件事，便可以不费吹灰之力就决定下来了。"

"滕国，国土狭窄，但也有官吏，也有老百姓。没有官吏，便不能治理老百姓；没有老百姓，便不能养活官吏。我希望你们在郊野实行九分抽一的助法，城邑（按照贡法的规定）使人们自行缴纳十分之一的赋税。卿以下的官吏每人分给他们供祭祀用费的圭田，圭田规定为五十亩，对于那些被称为'余夫'的剩余劳动力，就每人另分给田二十五亩。这样，埋葬或搬家都不用背井离乡，在家乡同耕一井的田地，平日出入相亲相爱，防守盗贼互助互帮，如果一家有病人，八家一起来照顾，就做到真正的亲爱团结了。井田制：在每一平方里的土地上划为一个井田单位，一个井田单位共有田九百亩，中间的百亩是公田，八户人家各耕私田一百亩，八家须得共同耕好公田；公田里的农活完毕了，然后大家才敢去干私田的活，这样做就是为了使老百姓跟官吏有所区别。这里所说的只是井田制的大概情况；至于怎样搞得更完善、更理想一些，那就得靠你们的君主和你了。"

【原文】

有为神农之言者许行①，自楚之滕，踵门而告文公曰②："远方之人闻君行仁政，愿受一廛而为氓③。"文公与之处。其徒数十人，皆衣褐，捆屦、织席以为食④。陈良之徒陈相与其弟辛⑤，负耒耜而自宋之滕⑥，曰："闻君行圣人之政，是亦圣人也，愿为圣人氓。"陈相见许行而大悦，尽弃其学而学焉。陈相见孟子，道许行之言曰："滕君，则诚贤君也；虽然，未闻道也。贤者与民并耕而食，饔飧而治⑦。今也滕有仓廪府库，则是厉民而以自养也⑧，恶得贤？"

【注释】

①神农之言：神农氏的学说。神农是上古传说中的人物，常与伏羲氏、燧人氏一道被称为"三皇"。神农氏主要的功绩是教人从事农业生产，所以叫"神农"。春秋战国时期诸子百家多托古圣贤之名而标榜自己的学说。"农家"就假托为"神农之言"。许行：农家代表人物之一，生平不详。②踵：至，到。③廛：住房。氓：移民。④衣褐，捆屦、织席以

为食：穿粗麻衣，靠编草鞋、织草席谋生。衣，穿；褐，粗麻短衣；屦，草鞋。⑤陈良：楚国的儒者。陈相、陈辛：都是陈良的学生。⑥耒耜：古代一种像犁的农具，木柄叫"耒"，犁头叫"耜"。⑦饔飧：饔，早餐；飧，晚餐。⑧厉：病。

【译文】

　　有位学习神农学说的名叫许行的学者，从楚国来到了滕国，登门告诉文公说："远方的人听说您施行仁政，愿意提供一个住所给您的老百姓。"文公给了他住所。他的门徒有几十个，都穿着粗麻布衣，靠编草鞋、织麻席子活活。儒者陈良的门徒陈相和他的弟弟陈辛一起背着农具从宋国走到滕国，见了文公说："听说您施行圣人的仁政，这样说来您也是圣人了，我们愿意做圣人的老百姓。"陈相见到许行后十分高兴，全部抛弃他原来所学的东西，转而向许行学习。陈相去见孟子，转述许行的话说："滕君的确是个贤君，不过，还不懂得做贤君的道理。贤君应该跟老百姓一同种地获取口粮，自己弄饭吃，还要兼理国事。现在滕国有的是粮仓财库，那就是损害老百姓来养肥自己了，又怎么称得上贤德呢？"

【原文】

　　孟子曰："许子必种粟而后食乎？"曰："然。""许子必织布而后衣乎？"曰："否。许子衣褐。""许子冠乎？"曰："冠。"曰："奚冠？"曰："冠素。"曰："自织之与？"曰："否。以粟易之。"曰："许子奚为不自织？"曰："害于耕。"曰："许子以釜甑爨①，以铁耕乎②？"曰："然。""自为之与？"曰："否。以粟易之。""以粟易械器者，不为厉陶冶；陶冶亦以其械器易粟者，岂为厉农夫哉？且许子何不为陶冶，舍皆取诸其宫中而用之③？何为纷纷然与百工交易？何许子之不惮烦？"

【注释】

　　①釜：金属制的锅。甑：古代做饭用的一种陶器。爨：烧火做饭。②铁：指用铁做的农具。舍：相当于方言"啥"，即什么东西、一切东西的意思。③宫中：家中。古代住宅无论贵贱都可以叫"宫"，秦汉以后才专指帝王所居为宫。

【译文】

　　孟子说："许子一定要自己种庄稼然后才吃饭吗？"陈相说："是这样。""许子一定要织布然后才穿衣服吗？"陈相说："不，许子穿粗麻布衣。""许子戴帽子吗？"陈相说："戴帽子。"孟子说："戴什么帽子？"陈相说："戴白绢帽子。"孟子说："是自己织的吗？"陈相说："不，用粮食换来的。"孟子说："许子为什么不自己织呢？"陈相说："那会妨碍庄稼活。"孟子说："许子用锅甑弄饭、用铁器种地吗？"陈相说："对"。"这些炊具和农具是自己制造的吗？"陈相说："不是，是用粮食换来的。""农夫用粮食换炊具和农具，不能算是损害泥瓦工和冶铁工，泥瓦工和冶铁工也用他们的炊具和农具换粮食，怎么能说是损害了农夫呢？而且许子为什么不自己烧窑炼铁，无论什么东西都可以从官中取来用呢？为什么要这样忙碌地跟各种工匠去交换？为什么许子这样不怕麻烦呢？"

【原文】

　　曰："百工之事，固不可耕且为也。"

　　"然则治天下独可耕且为与？有大人之事①，有小人之事。且一人之身，而百工之所为备，如必自为而后用之，是率天下而路也②。故曰：或劳心，或劳力；劳心者治人，劳力者治于人；治于人者食人，治人者食于人——天下之通义也。

"当尧之时，天下犹未平，洪水横流，泛滥于天下。草木畅茂，禽兽繁殖，五谷不登，禽兽逼人。兽蹄鸟迹之道，交于中国。尧独忧之，举舜而敷治焉③。舜使益掌火④，益烈山泽而焚之，禽兽逃匿。禹疏九河，瀹济漯，而注诸海⑤；决汝汉，排淮泗，而注之江，然后中国可得而食也。当是时也，禹八年于外，三过其门而不入，虽欲耕，得乎？

【注释】

①大人：这里指有地位的人，与下文"小人"相对。②路：指奔波、劳累。③敷：遍。④益：舜的臣子。⑤瀹济漯：瀹，疏导；济漯，济水和漯水。

【译文】

陈相说："各种工匠的活儿本来就不可能在种地的同时干。"

"那么治理天下的事难道独独可以在种地的同时干吗？做官的有做官的应做的事情，当百姓的有当百姓的应做的事情。况且一个人身上所需用的东西，是所有工匠给做的，假如一定要自己制造的东西才去用，这简直是率领普天下的人全都奔忙于路途之上，永无停息了。所以有的人动脑筋，有的人卖力气，动脑筋的人统治别人，卖力气的人受别人统治；受人统治的人得养活别人，统治人的人受别人供养，这是天下通行的法则。

"当唐尧在位的时候，天下还没有整治好，洪水乱流，到处泛滥成灾。草木生长茂盛，禽兽成倍地增长，谷物没有收成，恶禽猛兽危害人们，它们的足迹遍布中原各地。尧独自对这种情况感到忧虑，因此就选拔舜来分管治理工作。舜又派伯益充任火正官，伯益放火焚烧山林和草泽地带，禽兽无地藏身，只得往四处奔逃躲避。舜又派禹修浚徒骇、太史等九条河的河道，疏通济水、漯水，让河水流入海中，开凿汝、汉、淮、泗等水的河道，把积水从适当的出口处排放出来，一并注入江中。然后中原地带的人们才有可能种上庄稼，得到饭吃。当这个时候，禹在外面奔忙了八年，三次经过家门都没空回去，在这种情况下，就算他想耕种，又哪能成呢？

【原文】

"后稷教民稼穑①。树艺五谷②，五谷熟而民人育。人之有道也，饱食、暖衣、逸居而无教，则近于禽兽。圣人有忧之，使契为司徒③，教以人伦：父子有亲，君臣有义，夫妇有别，长幼有序，朋友有信。放勋曰④：'劳之来之⑤，匡之直之，辅之翼之，使自得之，又从而振德之。'圣人之忧民如此，而暇耕乎？

"尧以不得舜为己忧，舜以不得禹、皋陶为己忧⑥。夫以百亩之不易为己忧者，农夫也。分人以财谓之惠，教人以善谓之忠，为天下得人者谓之仁。是故以天下与人易⑦，为天下得人难。孔子曰：'大哉，尧之为君！惟天为大，惟尧则之，荡荡乎民无能名焉！君哉舜也！巍巍乎有天下而不与焉！'尧舜之治天下，岂无所用其心哉？亦不用于耕耳。

【注释】

①后稷：相传为周的始祖，名弃。善于种植各种粮食作物，曾在尧舜时代做农官，教民耕种。②树艺：种植。③契：人名，传说中商的始祖，姓子。曾任舜的司徒，掌管教化。④放勋：尧的称号，放是大，勋是功劳，原本是史官的赞誉之词，后来成为尧的称号。⑤劳之来之：劳、来都读为去声，意为劝勉、慰劳。⑥皋陶：人名，相传为虞舜时掌管刑法的官。⑦易：治。

【译文】

“后稷教导老百姓耕种收割，栽培粮食作物，粮食作物成熟了，百姓也就得到了养育。人类的生活规律往往是这样，吃得饱、穿得暖、住得舒适，要是没有教育，那他们的生活情趣就会接近于禽兽。圣人对此又深感忧虑，便派契做掌管教育的司徒官，教给人们以人与人之间的道德关系：父子之间要亲爱，君臣之间要有礼义，夫妇之间必须有内外之别，长幼之间必须尊卑有序，朋友之间得有信用。放勋（尧）天天慰劳广大百姓，纠正他们，帮助他们，使他们各得其所，遇到困难，又援救他们，对他们施以恩德。圣人这样辛勤地为百姓操劳，还有多余的时间去耕田吗？

“尧把得不到舜这样有力的助手看作是自己心中忧虑的大事，舜也把得不到禹和皋陶这样有力的助手看作是自己心中忧虑的大事。那些把分管的百亩田地没有耕种好看作是自己忧虑的大事的，是农民。把财物分送给人只能算是小惠，教导别人行善可说是一片忠心，但毕竟受益面不广，时间也有限，只有为天下得到杰出的人才，才真正称得上是恩德广被的仁。所以把天下让给别人倒容易，为天下挑选到有能力治理天下的人才却是天大的难事。孔子说：‘尧作为帝王的确是伟大啊！世上只有天最伟大，自古以来只有尧能够效法天，对尧的无边圣德，百姓们简直找不到恰当的词语来形容他！了不起的帝王舜呀！他如此崇高地被拥戴登上帝位，却丝毫不以为乐呢！’尧舜的治理天下，难道不要动脑筋吗？只是也不可能把脑筋用到耕田上去罢了。

【原文】

“吾闻用夏变夷者①，未闻变于夷者也。陈良，楚产也，悦周公、仲尼之道，北

梦奠两楹

孔子患病，子贡去看望，孔子正拄杖在门口唱着："泰山要倒了，梁木要断了，有学问的人要死了。"七天后孔子去世。可见，孔子是知命之人。

学于中国。北方之学者，未能或之先也。彼所谓豪杰之士也。子之兄弟事之数十年，师死而遂倍之②。昔者孔子没，三年之外，门人治任将归③，入揖于子贡，相向而哭，皆失声，然后归。子贡反，筑室于场，独居三年，然后归。他日，子夏、子张、子游以有若似圣人，欲以所事孔子事之，强曾子。曾子曰：‘不可。江汉以濯之，秋阳以暴之④，皜皜乎不可尚已⑤。’今也南蛮鴃舌之人⑥，非先王之道，子倍子之师而

学之，亦异于曾子矣。吾闻出于幽谷迁于乔木者，未闻下乔木而入于幽谷者。鲁颂曰：'戎狄是膺⑦，荆舒是惩⑧。'周公方且膺之，子是之学，亦为不善变矣。"

【注释】

①夏：指当时居住中原地区的民族。夷：古代对东部各族的统称，这里泛指居住于中原地区以外的部族。②倍：同"背"，背叛。③治任：准备行李。治，整治；任，负担。④秋阳以暴：秋阳，秋天的太阳。周历比现在的农历早两个月，故"秋阳"相当于农历夏季的太阳。暴，同"曝"，晒。⑤皜皜：光明洁白的样子。⑥鴃：伯劳鸟。⑦戎、狄：北方的异族。膺：击退。⑧荆舒：南方的异族。惩：抵御。

【译文】

"我只听说拿中原的文化习俗去同化边远落后民族的事，没有听说过让中原人被边远落后民族同化的。陈良，原是在楚国生长的，他喜爱周公和仲尼的学说，所以跑到北方来向中原学习。北方的学者，没有人能够超过他。他确实算得上是杰出的人物。你们兄弟跟他学习了几十年，可是你们的老师一死便立即背叛他。从前孔子的去世，守孝三年已满，弟子们整理好行李担子将要各自回去，进去向子贡行礼告别，彼此望着号啕痛哭，声音都嘶哑了，然后才回去。子贡跟同学们告别后，回来在墓地上建筑了一间屋子，在那里独自住了三年，这才回去。后来，子夏、子张和子游由于有若的相貌有点像圣人孔子，想用侍奉孔子的礼节去侍奉他，强迫曾子同意。曾子说：'使不得，老师给我们的教育，就像用江汉的水那样洗濯过我们，又像用盛夏的太阳那样曝晒过我们，使我们志行洁白、意志坚强，老师那种光明高大的境界简直没法达到。'现在许行这个来自南蛮满口方言的人，居然指责、反对我们古圣先王的法规，你们却背叛你们的老师反过来向他学习，这也就跟曾子完全不同了。我只听说鸟儿总是愿意从幽暗的山谷迁移到高树上去栖息的，却没有听说过从高树上迁下来到幽暗的山谷中去落户的。《鲁颂》说：'要攻击戎狄，痛惩荆舒。'周公正是要攻击他们，你们却向这样的人学习，你们可算是不善于变通的人了。"

【原文】

"从许子之道，则市贾不贰①，国中无伪。虽使五尺之童适市②，莫之或欺。布帛长短同，则贾相若；麻缕丝絮轻重同，则贾相若；五谷多寡同，则贾相若；屦大小同，则贾相若。"

曰："夫物之不齐，物之情也。或相倍蓰③，或相什百，或相千万。子比而同之，是乱天下也。巨屦小屦同贾④，人岂为之哉？从许子之道，相率而为伪者也，恶能治国家？"

【注释】

①市贾不贰：贾通"价"；不贰，没有两样。②五尺：古代尺寸短，五尺约相当于现在三尺多一点。③倍蓰：倍，一倍；蓰，五倍。后文的什、百、千、万都是指倍数。④巨屦小屦：粗糙的草鞋与精致的草鞋。

陈相说："按照许子的办法去做，就可以使市面上物价一致，国里面没有弄虚作假的。就算是身高不满五尺的孩子上街去买东西，也不会有人去欺骗他。棉布和丝绸长短一样，价钱也就大同小异；麻线和丝绵的轻重相同，价钱也就大同小异；各种谷物的多少一样，价钱也就大同小异；鞋子大小相同，价钱也就大同小异。"

孟子说："各种货物的品种质量不一致，这是货物存在的客观情况，有的相差一倍到五倍，有的相差十倍到百倍，有的相差千倍到万倍。你把它们强拉在一起而等同起来，这是要造成天下的混乱。制作粗糙的鞋子和制作精细的鞋子卖同一价钱，人们怎么会干这样的傻事呢？按照许子的办法去做，简直是带着人们一同去弄虚作假，怎么能治理好国家呢？"

【原文】

墨者夷之，因徐辟而求见孟子①。孟子曰："吾固愿见，今吾尚病，病愈，我且往见。"夷子不来。

他日又求见孟子。孟子曰："吾今则可以见矣。不直，则道不见，我且直之。吾闻夷子墨者。墨之治丧也，以薄为其道也。夷子思以易天下，岂以为非是而不贵也？然而夷子葬其亲厚，则是以所贱事亲也。"

徐子以告夷子。

夷子曰："儒者之道，古之人'若保赤子'②，此言何谓也？之则以为爱无差等，施由亲始。"

徐子以告孟子。

【注释】

①墨者：墨家学派的人。墨家学派的创始人是墨翟。墨家主张"兼爱""尚贤""尚同"等，提倡"节用""节葬"，反对厚葬。墨家学说反映了当时小生产者的利益。夷之：姓夷名之。徐辟：孟子弟子。②若保赤子：见于《尚书·康诰》。

【译文】

墨家的门徒夷之通过徐辟的关系要求见孟子。孟子说："我本来愿意见他，无奈现在我还在患病，病好了，我打算去看望他，夷子不必来这里。"

过了一些日子，夷之又要求谒见孟子。孟子说："我现在就可以和他见面了。不直接地进行论辩，正确的道理就表现不出来，我准备直接和他进行论辩。我听说夷子是墨家学派的信徒，墨家的办丧事，把薄葬看作是他们的正道。夷子想拿这个来移风易俗，难道会把这个看作不对而不加崇尚吗？可是夷子却厚葬他的父母，这就无异于是拿他们所轻贱的礼仪去对待双亲了。"

徐子把这些话告诉了夷子。

夷子说："儒家的学说中确实有过这样的记载，古代的帝王对待老百姓就像爱抚初生的婴儿一样，这句话是什么意思呢？我就认为爱是没有差别的，但是实施这种爱却应该从自己的父母开始。"

徐子又把这些话转告了孟子。

【原文】

孟子曰："夫夷子，信以为人之亲其兄之子为若亲其邻之赤子乎①？彼有取尔也。赤子匍匐将入井，非赤子之罪也。且天之生物也，使之一本，而夷子二本故也。盖上世尝有不葬其亲者，其亲死，则举而委之于壑②。他日过之，狐狸食之，蝇蚋姑嘬之③。其颡有泚④，睨而不视。夫泚也，非为人泚，中心达于面目。盖归反蘽梩而掩之⑤。掩之诚是也，则孝子仁人之掩其亲，亦必有道矣。"

徐子以告夷子。夷子怃然为间曰⑥："命之矣⑦。"

【注释】

①赤子：婴儿。②委：委弃，抛弃。③蚋：蚊类小虫。嘬：噬，咬。④颡：额头。泚：出汗的样子。⑤蘽：土筐。梩：古代一种挖土的工具。⑥怃然：惆怅失意的样子。为间：即"有间"，过了一会儿。⑦命：受命，领教。

【译文】

孟子说："那位夷子难道真的认为人们爱他哥哥的孩子和爱他邻居的婴儿是一样的吗？古书中的话是用来打比方才这样说的，那是说老百姓因为无知而犯法，就像婴儿在地上爬着快要掉进井里去了，这并不是婴儿的罪过。其实，平日人们爱自己的侄儿和爱邻居的婴儿还是有所不同的。而且天生万物，使它们都只有一个根本，而夷子却主张爱没有差别，认为爱别人的父母，等于爱自己的父母，提出两个根本，这就是我要驳斥他的原因。大约上古时候曾经有过不埋葬父母的人，他的父母死了，就把他们的遗骸抬去抛到山沟里。后来路过那里，看见狐狸在吃他们，苍蝇、蚊子在吮叮他们。心里难过得额角冒汗，只是斜着眼睛瞟一下，连正视都不敢。那个人的流汗，并不是为了流给别人看的，而是出于真心难过，自然而然地在脸上流露出来。可能他回去取了畚箕和铁锹掩埋了父母的遗体实在是做得对的，这样看来，孝子仁人埋葬他们的父母亲，一定也是有道理的。"

徐子再次把孟子的话告诉了夷子，夷子心中茫然若有所失，过了一会儿，说："我衷心受教了。"

滕文公章句下

【原文】

陈代曰①："不见诸侯，宜若小然。今一见之，大则以王，小则以霸。且志曰：'枉尺而直寻②'，宜若可为也。"

孟子曰："昔齐景公田③，招虞人以旌④，不至，将杀之。志士不忘在沟壑⑤，勇士不忘丧其元⑥。孔子奚取焉？取非其招不往也。如不待其招而往，何哉？且夫枉尺而直寻者，以利言也。如以利，则枉寻直尺而利，亦可为与？昔者赵简子使王良与嬖奚乘⑦，终日而不获一禽。嬖奚反命曰⑧：'天下之贱工也。'或以告王良。良曰：

'请复之。'强而后可，一朝而获十禽。嬖奚反命曰：'天下之良工也。'简子曰：'我使掌与女乘。'谓王良。良不可，曰：'吾为之范我驰驱⑨，终日不获一；为之诡遇⑩，一朝而获十。诗云⑪："不失其驰，舍矢如破。"我不贯与小人乘⑫，请辞。'御者且羞与射者比⑬。比而得禽兽，虽若丘陵，弗为也。如枉道而从彼，何也？且子过矣，枉己者，未有能直人者也。"

【注释】

①陈代：孟子的学生。②枉：屈。寻：八尺为一寻。③田：打猎。④招虞人以旌：虞人，守猎场的小官。古代君王召唤臣下，按规定要有相应的物件做标志，旌旗是召唤大夫的，弓是召唤士的，若是召唤虞人，只能用皮冠。所以这个虞人不理睬齐景公用旌旗的召唤。《左传·昭公二十年》曾记载过这件事，孔子并对这个虞人有所称赞，所以下文孟子说到"孔子奚取焉"。⑤不忘：不忘本来是常常想到的意思，虽然常常想到自己"在沟壑"和"丧其元"的结局，但并不因此而贪生怕死。所以，这里的"不忘"也可以直接理解为"不怕"。⑥元：首，脑袋。⑦赵简子：晋国大夫，名赵鞅。王良：春秋末年著名的善于驾车的人。嬖奚：一个名叫奚的宠臣。⑧反命：复命。反同"返"。⑨范我驰驱：使我的驱驰规范。范，使……规范。⑩诡遇：不按规范驾车。⑪诗云：引自《诗经·小雅·车攻》。意为按规范驾车，箭放出去就能射中目标。⑫贯：同"惯"，习惯。⑬比：合作。

【译文】

陈代说："不愿谒见诸侯，未免显得心地太狭小了点吧，假如现在要去谒见他们，弄得好呢，也许可以施行德政。帮助他们统一天下，即使不那么理想，也可以富国强兵，帮助他们称霸于世。况且以前的《志》书中也说过：'受委屈不过一尺，而得伸直的却是八尺。'相较之下，应该说似乎是可以干的。"

孟子说："从前齐景公去打猎，拿饰有羽毛的旗子召唤主管田猎的小吏，小吏不来见，景公将要杀掉他。一个志士仁人正直不苟，不怕惨遭杀戮，尸填沟坑；一个大勇的人临危不乱，哪怕要掉脑袋，这不是孔子当年赞颂这个管田猎小吏的话吗，孔子赞扬他哪一点呢？就是赞扬他敢于坚守礼仪，不接受不合乎礼仪的召唤。如果我不待诸侯以礼相招，便径自去谒见他们，那成什么话呢？而且那些所谓受委屈一尺，却能伸直八尺的话，只是从得到利益的观点来说的。如果单从利益的观点来考虑问题的话，那么只要能得到利益，即使委屈八尺伸直一尺的事，难道也可以干吗？从前赵简子派王良替他的宠臣奚赶车出去打猎，赶了一整天却没有打到一只鸟，奚回来向赵简子汇报道：'王良简直是世上最蹩脚的赶车工。'有人把这个话告诉了王良，王良向赵简子请求说：'请让我再给他赶一次车吧。'奚经过劝说然后才勉强答应，一个早上就打到了十只鸟。奚回来在赵简子面前夸奖王良道：'王良真是世上最出色的赶车工。'简子说：'那我就派他专门替你赶车。'简子告诉王良这个决定，王良不答应，说：'我按照赶车的正当规矩替他赶着车奔驰，却整天打不到一只鸟，不按赶车的正当规矩去赶车，一个早上便打到十只鸟。可见有问题的不是我的赶车技术，而是他的射猎本领和品德。《诗经》里说过：不违背赶车的正规，箭一发出便定有杀伤。我不习惯替小人赶车子，请您同意我辞去这份差事。'一个赶车的人尚且以与一个不体面的射手合作为可耻。合作后打到的禽兽，尽管堆积如山，也不屑干。你怎么反倒劝我枉曲正道去屈从当今那些骄横无礼的诸侯呢？况且你在下面这个问题上弄糊涂了：凡是枉曲自己的人，没有一个能够使别人正直的。"

【原文】

景春曰①："公孙衍②、张仪岂不诚大丈夫哉③？一怒而诸侯惧，安居而天下熄④。"

孟子曰："是焉得为大丈夫乎？子未学礼乎？丈夫之冠也，父命之⑤；女子之嫁也，母命之，往送之门，戒之曰：'往之女家，必敬必戒，无违夫子！'以顺为正者，妾妇之道也。居天下之广居，立天下之正位，行天下之大道。得志与民由之，不得志独行其道。富贵不能淫，贫贱不能移，威武不能屈。此之谓大丈夫。"

【注释】

①景春：战国时纵横家。②公孙衍：魏国人，号犀首，著名的说客。③张仪：魏国人，与苏秦同为纵横家的主要代表。致力于"连横"去服从秦国，与苏秦"合纵"相对。④熄：指战火熄灭，天下太平。⑤丈夫之冠也，父命之：古代男子到二十岁叫作成年，行加冠礼，父亲开导他。

【译文】

景春说："公孙衍、张仪这样的人难道不是真正可称之为大丈夫的吗？他们如果发了怒，天下的诸侯便要为之战战兢兢，要是他们安静下来，天下便平安无事了。"

孟子说："这样的人又怎称得上是大丈夫呢？你没有学过礼吗？男子长大成人行冠礼时，由父亲主持其事，并面加教导，女儿出嫁时，母亲主持其事，将她送到门口，并警告她道：'去到你们家里，一定要恭敬，一定要遇事小心谨慎，不要违背丈夫的意志！'以婉顺为准则，是妇人女子行事之道。只有住在'仁'这个天下最宽大的住宅里，站在"礼"这个天下最正确的位置上，走在"义"这个天下最正大的道路上。得志时跟老百姓一起循着这条道路前进，不得志时便独自照这个行事，厚禄高官不能扰乱我的心志，家贫位卑不能改变我的行为，威力相逼不能改变我的志向，这样的人才称得上是大丈夫。"

【原文】

周霄问曰①："古之君子仕乎？"

孟子曰："仕。传曰：'孔子三月无君，则皇皇如也，出疆必载质。'公明仪曰：'古之人三月无君则吊。'"

"三月无君则吊，不以急乎？"

曰："士之失位也，犹诸侯之失国家也。礼曰：'诸侯耕助②，以供粢盛；夫人蚕缲③，以为衣服④。牺牲不成，粢盛不洁，衣服不备，不敢以祭。惟士无田，则亦不祭。'牲杀器皿衣服不备，不敢以祭，则不敢以宴，亦不足吊乎？"

【注释】

①周霄：战国时魏人。②耕助：即"耕藉"。藉，藉田，帝王亲耕之田。古代每到开春，都有耕藉之礼，以示重视农业。其礼先由天子亲耕，然后三公九卿诸侯大夫等依次躬耕。③夫人：诸侯的妻子。蚕缲：养蚕缲丝。④衣服：这里指祭祀时所穿的衣服。

周霄问道:"古代的君子做官吗?"

孟子说:"做官。上代的传记里就说过:'孔子只要三个月没有君主任命他做官,就感到心神不安,离开国境一定要随身携带进谒别的国君的见面礼。'公明仪也说:'古代的人三个月不侍奉君主,朋友亲戚便要登门对他进行慰问。'"

周霄紧接着问:"三个月没有君主侍奉便要进行慰问,不是有点太急了吗?"

孟子说:"士人失掉职位,就像诸侯失掉了国家一样。《礼记》上说:'诸侯带头参加藉田的耕种工作,就是为了供给祭品,诸侯夫人带头养蚕缫丝,就是为了供给祭服。祭祀用的牲畜养得不肥硕,粮食谷物不洁净,衣服不完备,不敢用来祭祀祖先神祇。士人要是没有供祭祀用的"圭田",也就没有资格祭祀。'祭祀用的牲畜、器皿、衣服不完备,不敢用来祭祀,也就不敢用来摆宴席款待宾客,难道这还不该去进行慰问吗?"

【原文】

"出疆必载质,何也?"

曰:"士之仕也,犹农夫之耕也,农夫岂为出疆舍其耒耜哉①?"

曰:"晋国亦仕国也②,未尝闻仕如此其急。仕如此其急也,君子之难仕,何也?"曰:"丈夫生而愿为之有室,女子生而愿为之有家。父母之心,人皆有之。不待父母之命、媒妁之言③,钻穴隙相窥,逾墙相从,则父母国人皆贱之。古之人未尝不欲仕也,又恶不由其道。不由其道而往者,与钻穴隙之类也。"

【注释】

①耒耜:泛指耕地所用的农具。 ②仕国:可出仕的国家。 ③媒妁:妁与媒同义,均为古代的婚姻介绍人。

【译文】

周霄又问:"离开国境一定要携带谒见别国君主的见面礼,这是为什么呢?"

孟子回答道:"士人要做官,就跟农夫要种田一样,农夫怎么会因为背井离乡而抛下他的农具不要呢?"

周霄又说:"我们魏国也是一个可以做官的国家,我从未听说过想做官竟到如此迫切的地步。想做官到了如此迫切的地步,君子却又偏偏这样难做官,这又是为什么呢?"孟子说:"男孩子一生下来,做父母的便愿意替他找个好妻室;女孩子一生下来,做父母的便愿意替她找个称心如意的丈夫。当父母的这种心情,人人都会有吧!可要是做女儿的不经过父母的许可,媒人的介绍,便扒墙打洞互相偷看,甚至爬过去进行幽会,那么父母和社会上的人士便都要瞧不起他们。古代的人不是不想做官,但又讨厌那种做官不择手段的行径。不经过正当门路而去做官的勾当,就跟男女扒墙打洞偷情幽会的丑行一样为人所不齿。"

【原文】

彭更问曰①:"后车数十乘,从者数百人,以传食于诸侯②,不以泰乎③?"

孟子曰:"非其道,则一箪食不可受于人;如其道,则舜受尧之天下,不以为泰,子以为泰乎？"

曰："否。士无事而食，不可也。"

曰："子不通功易事④，以羡补不足⑤，则农有余粟，女有余布；子如通之，则梓匠轮舆皆得食于子⑥。于此有人焉，入则孝，出则悌，守先王之道，以待后之学者⑦，而不得食于子。子何尊梓匠轮舆而轻为仁义者哉？"

【注释】

①彭更：孟子弟子。②传食：指住在诸侯的驿舍（宾馆）里接受饮食。传，驿舍，相当于今天的宾馆。③泰：同"太"，过分。④通功易事：交流成果，交换物资。⑤羡：余，多余。⑥梓、匠、轮、舆：分别是制造木器、宫室、车轮、车厢的木匠。这里代指各类工匠。⑦待：同"持"，扶持。

【译文】

彭更问道："随队的车辆几十部，带领的学生几百人，在诸侯的客馆里辗转地受到款待，这有点太过分了？"

孟子："要是不合理，就算是一筐子饭也不可以接受别人的；要是合理的话，就是舜接受尧让给他的天下，也称不上过分，你认为过分吗？"

彭更说："我不是这个意思，我认为士人不干具体工作，却接受人家的奉养，那样是不可以的。"

孟子说："你如果不实行各司其业，互换劳动产品，使各人拿自己多余的产品去补别人的不足，那么，农民就会有剩余的粮食，妇女就会有剩余的布匹，别人却缺衣少食，你要是实行互通有无，那么，木匠、车工就都能从你那里得到供养。现在这里有个人，回到家里就孝顺父母，去到外面就尊敬长上，谨守古代圣王的法规，用这个来扶持、培养后来的学者，却得不到你的供养，你为什么这样尊敬木匠、车工，却瞧不起行仁义的人呢？"

【原文】

曰："梓匠轮舆，其志将以求食也；君子之为道也，其志亦将以求食与？"

曰："子何以其志为哉？其有功于子，可食而食之矣。且子食志乎？食功乎？"

曰："食志。"

曰："有人于此，毁瓦画墁①，其志将以求食也，则子食之乎？"

曰："否。"

曰："然则子非食志也，食功也。"

【注释】

①墁：本义为粉刷墙壁的工具，这里指新粉刷过的墙壁。

【译文】

彭更说："木匠、车工从事劳动，他们的目的在于解决吃饭问题，君子们学习、施行圣人之道，难道也是为了解决吃饭问题吗？"

孟子说："你为什么专拿他们的动机目的来说呢？他对你有功绩，你认为可受给养才给他给养。况且你是根据他的目的动机给他给养呢？还是根据他的功绩贡献才给他给养呢？"

彭更说："根据他的动机目的。"

孟子说："现在有个人在这里，打碎屋上的瓦，划破粉刷得好好的墙壁，他这样做的目的在于要饭吃，那么你给不给他饭吃呢？"

彭更说："不能给。"

孟子说："那么，你给人给养不是根据动机目的，而是根据功绩贡献啊。"

商汤像

商汤（生卒年不详），姓子，原名履，又称武汤、成汤，商部落的杰出首领，在位13年，建立了中国历史上第二个奴隶制王朝——商朝，定都亳。他吸取夏桀亡国的教训，鼓励生产，减轻征赋，使商朝成为当时世界上强大的奴隶制王朝。

【原文】

万章问曰①："宋，小国也。今将行王政②，齐楚恶而伐之，则如之何？"

孟子曰："汤居亳③，与葛为邻，葛伯放而不祀。汤使人问之曰：'何为不祀？'曰：'无以供牺牲也。'汤使遗之牛羊。葛伯食之，又不以祀。汤又使人问之曰：'何为不祀？'曰：'无以供粢盛也。'汤使亳众往为之耕，老弱馈食。葛伯率其民，要其有酒食黍稻者夺之，不授者杀之。有童子以黍肉饷，杀而夺之。书曰：'葛伯仇饷。'此之谓也。为其杀是童子而征之，四海之内皆曰：'非富天下也，为匹夫匹妇复仇也。''汤始征，自葛载'，十一征而无敌于天下。东面而征，西夷怨，南面而征，北狄怨，曰：'奚为后我？'民之望之，若大旱之望雨也。归市者弗止，芸者不变，诛其君，吊其民，如时雨降，民大悦。书曰：'徯我后，后来其无罚。'"

【注释】

①万章：孟子弟子。②王政：指宋王偃早期想施行仁政以图强兴国的事，后宋发生内乱，诸大国觊觎，宋为齐所灭。③亳：邑名，在今河南省商丘市境内。

【译文】

万章问道："宋国是个小国家，现在准备要施行王政，齐楚两国却妒恨它这种善行，出兵攻打它，那该怎么办呢？"

孟子说："当年商汤居住在亳城，和葛国相邻，葛伯十分放肆，又不祭祀祖先神灵。汤派人去责问他：'为什么不祭祀呢？'葛伯回答说：'没有力量备办供祭祀用的牛羊。'汤便派人赠送牛羊给他，葛伯吃掉它们，并不拿去供祭祀。汤又打发人去责问：'为什么不祭祀呢？'回答说：'没有力量备办供祭祀用的粮米。'汤便派遣亳地的群众去替他耕种，老弱一些的人便去给耕田的人送饭。葛伯却带领他的老百姓中途拦住那携着酒食饭菜的送饭人进行抢夺，不给的便杀掉。有个孩子携着饭和肉送到田间去，他们抢走肉饭，并杀害了他。《尚书》中说：'葛伯跟送田饭的人有仇。'说的就是这回事。只是因为他杀死这个孩子，汤才出兵讨伐他，普天下的人都说：'汤的出兵，不是想夺取天下的财富，而是为平民老百姓报仇。'《尚书》上还说：'汤讨伐有罪的人，是从葛伯开始的。'一共进行了十一次征伐，普天之下没有遇到敌手。向东面出师讨伐时，西面的部族便要埋怨；向南面出师讨伐时，北面的部族便要埋怨，他们说：'为什么要把我们放在后面而不先来攻打呢？'老百姓盼望汤的讨伐之师，就像天大旱的日子里盼望着下雨一样，即使在战争的日子里，做买卖的人没有闭市，除草的人没有停下他们除草的工作。惩罚那些暴虐的君主，安抚那些无辜的老百姓，就像天降下一场及时的大雨，老百姓皆大欢喜。《尚书》中说：'我们恭候着我们君王的到来，君王来了我们就不再受罪了。'

【原文】

"'有攸不惟臣，东征，绥厥士女，匪厥玄黄，绍我周王见休，惟臣附于大邑周。'其君子实玄黄于匪以迎其君子，其小人箪食壶浆以迎其小人，救民于水火之中，取其残而已矣。太誓曰：'我武惟扬，侵于之疆^{①}，则取于残，杀伐用张，于汤有光。'不行王政云尔，苟行王政，四海之内皆举首而望之，欲以为君。齐楚虽大，何畏焉？"

【注释】

①于：即邘，古国名。下"取于残"之"于"同。

【译文】

"《周书》中有过这样的记载：'商朝有些人不想臣服于周，所以武王才出师东征，去安抚那里的民众。当周师东征的时候，商朝的官吏都愿把黑色和黄色的绢绸装在竹篮里作为礼物，拿这个自我介绍进见周王，争取周王的好感，使自己能臣服于大周国。'那些官吏们把黑色和黄色的绢绸装在竹篮里，带去迎接周国的官吏，那些老百姓提着饭篮和茶水去接周国的士兵们。可见武王出师攻打商纣，为的不过是从水火中解救出商朝的老百姓，把残害他们的暴君除掉罢了。《太誓》里就说过：'发扬我们的威武，攻进邘国的疆土，除掉邘国害民的暴君，以此张大杀伐之功，那就比商汤还要更有荣光。'只怕宋君不肯施行王政；如果真的能施行王政，普天之下的君民都抬起头来企望着他，想拥戴他为天下人的君主，齐国和楚国就算强大，又有什么可怕呢？"

【原文】

孟子谓戴不胜曰^{①}："子欲子之王之善与^{②}？我明告子。有楚大夫于此，欲其子之齐语也，则使齐人傅诸？使楚人傅诸？"

曰："使齐人傅之。"

曰："一齐人傅之，众楚人咻之^{③}，虽日挞而求其齐也，不可得矣；引而置之庄、岳之间数年^{④}，虽日挞而求其楚，亦不可得矣。子谓薛居州，善士也，使之居于王所。在于王所者，长幼卑尊，皆薛居州也^{⑤}，王谁与为不善？在王所者，长幼卑尊，皆非薛居州也，王谁与为善？一薛居州，独如宋王何？"

【注释】

①戴不胜：人名，宋国大臣。②之：向，往，到。③咻：喧哗干扰。④庄、岳：庄，街名；岳，里名，都在齐都城临淄城内。这里代指齐都中的闹市区。⑤薛居州：宋国人。

　　孟子对戴不胜说："你想你的君王朝好的方向走吗？我明白地告诉你。如果有个楚国的大夫在这里，想使他的儿子学会讲齐国话，那么是让齐国人教他呢？还是让楚国人教他呢？"

　　戴不胜答道："派齐国人教他。"

　　孟子说："一个齐国人教他，许多个楚国人在旁边吵吵嚷嚷干扰他，那尽管天天鞭打他，要他学会讲齐国话，也是办不到的；要是把他领去放在齐国庄、岳这样的闹市住上几年，那么你就是天天鞭打他，要他恢复讲楚国话，也是办不到的。你说薛居州是个好人，推荐他住在宋王宫中。如果住在王宫中的人，无论年长、年幼、地位低、地位高的都是像薛居州一样的好人，那宋王又跟谁去干坏事呢？如果住在王宫中的人，年长、年幼、地位低、地位高的都不是像薛居州一样的好人，那宋王又跟谁去做好事呢？仅仅一个薛居州，怎么对付宋王呢？"

【原文】

　　公孙丑问曰："不见诸侯何义？"

　　孟子曰："古者不为臣不见。段干木于逾垣而辟之①，泄柳闭门而不内②，是皆已甚。迫，斯可以见矣。阳货欲见孔子③而恶无礼。大夫有赐于士，不得受于其家，则往拜其门。阳货瞰孔子之亡也，而馈孔子蒸豚；孔子亦瞰其亡也④，而往拜之。当是时，阳货先，岂得不见？曾子曰：'胁肩谄笑，病于夏畦⑤。'子路曰：'未同而言，观其色赧赧然，非由之所知也。'由是观之，则君子之所养可知已矣。"

【注释】

　　①段干木：姓段干，名木，晋国人，孔子弟子子夏的弟子，清高而不屑为官。魏文侯去拜访他，他却翻墙逃走不见。辟：同"避"。②泄柳：鲁缪公时的贤者。③阳货欲见孔子：阳货想让孔子来拜见他。事见《论语·阳货》。④瞰：窥视。⑤胁肩谄笑，病于夏畦：胁肩，耸起肩头，故作恭敬的样子。胁肩谄笑形容逢迎谄媚的丑态。畦，本指菜地间划分的行列，这里指在菜地里劳动。

【译文】

　　公孙丑问道："您不愿谒见诸侯是什么意思呢？"

　　孟子说："古代的惯例，没有当诸侯的臣子，便不去谒见他。段干木跳墙躲避魏文侯，泄柳关起门来不接受鲁缪公的访问，这都已做得太过分了；要是对方逼着要见你，那还是可以见的。阳货想使孔子来见自己，但又怕失礼，按当时的规定，大夫如果赏赐东西给士，士要是正好不在家时，不能在家里接受大夫的赏赐，就应该到大夫家登门拜谢。阳货打听到孔子不在家时，便赐给孔子一个蒸猪腿，孔子也窥伺到阳货不在家时，径直到他家去拜谢。当这时，阳货先去赐东西给孔子，孔子怎么好不去回拜他呢？曾子说过：'耸起两个肩头，向人家装出一副讨好的笑脸，那真比盛夏的日子里到菜地去浇菜还要苦呢。'子路也说过：'明明跟这个人志趣不相投，却要勉强去和人家攀谈，看看他那羞惭得满脸涨红的样子，我真不知道为什么而来。'从上面这些事例看来，一个君子应该如何来培养自己的品德和操守就可以一目了然了。"

　　戴盈之曰^①："什一，去关市之征，今兹未能^②。请轻之，以待来年，然后已，何如？"

　　孟子曰："今有人日攘其邻之鸡者^③，或告之曰：'是非君子之道。'曰：'请损之，月攘一鸡，以待来年，然后已。'如知其非义，斯速已矣，何待来年。"

【注释】

　　①戴盈之：宋国大夫。②兹：年。③攘：偷。

【译文】

　　戴盈之说："恢复古代十分取一的税法，废除关卡和市上对商品的征税制度，今年还不能做到，现在请先减轻一些税收，以便等到明年，再全都废除，怎么样？"

　　孟子说："譬如现在有个每天偷邻居一只鸡的人，有人告诫他说：'这个不是君子应有的行为。'他回答道：'请先减少一点，一个月偷一只鸡，等到明年，再洗手不干。'假如知道那件事做得不对，就该立即罢手，为什么要等到明年呢？"

【原文】

　　公都子曰^①："外人皆称夫子好辩，敢问何也？"

　　孟子曰："予岂好辩哉？予不得已也。天下之生久矣，一治一乱。当尧之时，水逆行，泛滥于中国。蛇龙居之，民无所定。下者为巢，上者为营窟。书曰：'洚水警余。'洚水者，洪水也。使禹治之，禹掘地而注之海，驱蛇龙而放之菹。水由地中行，江、淮、河、汉是也。险阻既远，鸟兽之害人者消，然后人得平土而居之。

　　"尧舜既没，圣人之道衰。暴君代作，坏宫室以为污池，民无所安息；弃田以为园囿，使民不得衣食。邪说暴行又作。园囿、污池、沛泽多而禽兽至。及纣之身，天下又大乱。周公相武王，诛纣伐奄^②，三年讨其君，驱飞廉于海隅而戮之^③。灭国者五十；驱虎、豹、犀、象而远之。天下大悦。书曰：'丕显哉，文王谟！丕承哉，武王烈！佑启我后人，咸以正无缺。'"

【注释】

　　①公都子：孟子弟子。②奄：国名，原附属商，其地在今山东曲阜附近。周公伐奄是周成王时的事。③飞廉：商纣王的宠臣。

【译文】

　　公都子说："外面的人都说老师您喜欢辩论，请问这是什么原因呢？"

　　孟子说："难道我是喜欢辩论吗？我实在是不得已啊。人类社会产生已经很久了，治世和乱世总是轮换着出现。当尧的时候，洪水横流，在全国泛滥，到处被龙蛇盘踞，老百姓没有地方定居，低洼地方的人只好在树上搭窝，高地的人便将山地凿成一个连一个的洞。《尚书》中说："洚水警戒了我们。"洚水就是洪水。当时尧派禹治水。禹挖通河道把洪水导入海中，又把那些为害人们的龙蛇驱逐到草泽中去，于是水便被纳入河道中流，这就是长江、淮水、黄河和汉水。洪水给人们带来的危险和不方便已经没有了，为害人们的鸟兽之灾也消除了，然后人们才得以回到平地上来安居。

　　"尧舜去世后，圣人治国爱民之道就逐渐衰微了，暴虐的君主代代都产生过，他们拆毁民房来挖成深池，弄得老百姓无处安居；破坏农田来做园林，坏了老百姓的衣食。于是，荒谬的学说和残暴的行为又出现了，园林、池沼、草泽一多了，禽兽也就随之而来了。到了商纣的时候，天下又发生了大乱。周公辅佐武王，出兵攻打纣王，并讨伐助纣为虐的奄国，三年之内，诛杀了纣王，把纣王手下的坏臣子飞廉赶到海边杀死了。被消灭的国家多达五十个，赶着老虎、豹子、犀牛、大象远逃别处，天下的老百姓对此十分高兴。《尚书》里说：'多高明啊，文王的谋略！多无愧于先人啊，武王的功绩！帮助启发了我们后一辈，都能够因此正确地遵行王道，没有亏损的地方。'"

【原文】

　　"世衰道微，邪说暴行有作，臣弑其君者有之，子弑其父者有之。孔子惧，作春秋①。春秋，天子之事也。是故孔子曰：'知我者其惟春秋乎！罪我者其惟春秋乎！'

　　"圣王不作，诸侯放恣，处士横议，杨朱②、墨翟之言盈天下。天下之言，不归杨，则归墨。杨氏为我，是无君也；墨氏兼爱，是无父也。无父无君，是禽兽也。公明仪曰：'庖有肥肉，厩有肥马，民有饥色，野有饿莩，此率兽而食人也。'杨墨之道不息，孔子之道不著，是邪说诬民，充塞仁义也。仁义充塞，则率兽食人，人将相食。吾为此惧，闲先圣之道，距杨墨，放淫辞，邪说者不得作。作于其心，害于其事；作于其事，害于其政。圣人复起，不易吾言矣。

《墨子》书影
《墨子》一书是墨派代表作。

　　"昔者禹抑洪水而天下平，周公兼夷狄驱猛兽而百姓宁，孔子成春秋而乱臣贼子惧。诗云：'戎狄是膺，荆舒是惩；则莫我敢承。'无父无君，是周公所膺也。我亦欲正人心，息邪说，距诐行，放淫辞，以承三圣者。岂好辩哉？予不得已也。能言距杨墨者，圣人之徒也。"

【注释】

　　①春秋：春秋时期鲁国史官按年记载历史的书，孔子晚年曾对它进行删订。②杨朱：战国初期思想家，魏国人，字子居，又称杨子、阳子或阳生。他主张"为我""全性葆真"，不拔一毛以利天下，与墨翟的"兼爱"主张相反。

【译文】

　　"不久，世风日下，王道衰微，荒谬的学说和残暴的行为又出现了，臣子杀害君主的事有，儿子杀害父亲的事也有。孔子对此深感忧惧，便写了《春秋》这部书。《春秋》对天子、诸侯、大夫'褒善贬恶'，是天子权限内的事。所以孔子说：'了解我的，怕只有《春秋》这部书吧！责怪我的，恐怕也是《春秋》这部书吧！'

　　"圣明的帝王没有产生，诸侯们横行无忌，为所欲为，一些学者们乱发议论，不顾影响，杨朱、墨翟的学说盛极一时，几乎到了满天飞的地步，一般人的论调不属杨派，就属墨派。

杨派一切为了自己，这是目无君主，墨派主张不分亲疏，一视同仁，这是目无父母。目无君主和父母，这是禽兽的行为。公明仪说：'厨房里摆着肥肉，马栏里喂着肥马，可是，老百姓却饿得面黄肌瘦，野外到处摆着饿死者的尸体，这无异于是带领着野兽去吃人。'杨派、墨派的学说不停止流行，孔子的学说便得不到发扬光大，这简直是任从邪说坑害老百姓，阻塞仁义的道路。仁义的道路一被阻塞，这就等于是带领野兽去吃人，一定会出现人吃人的惨状。我对这个深感忧惧，所以，挺身而出，学习和捍卫先代圣人的学说，抨击杨派和墨派，驳斥那些乌七八糟的言论，使荒谬学说的制造者再也找不到市场。这种荒谬的学说，从心里产生出来，便要给工作带来危害，工作受了危害，也就危害了整个政治。我想，后世再有圣人出现，也不会改变我这些话的。

"从前，大禹治好了洪水，天下就太平了，周公征服了夷狄，赶走了猛兽，老百姓便安宁了，孔子著成了《春秋》，褒善贬恶，那些胡作非为的乱臣贼子便感到十分害怕。《诗经》里说：'我一攻打戎狄，惩罚刑舒，就没有人敢抵挡我了。'那些目无君主和父母的人，便正是周公所要惩罚的对象。我也要端正人心，根绝谬论，反对阴险的行径，驳斥无耻的谎言，来继承大禹、周公、孔子三位大圣人的业绩，我难道是喜欢辩论吗？实在是为形势所逼啊！只要是能够著书立言以反对杨墨学派的人，便不愧是圣人的门徒了。"

【原文】

匡章曰①："陈仲子岂不诚廉士哉②？居于陵③，三日不食，耳无闻，目无见也。井上有李，螬食实者过半矣④，匍匐往将食之⑤，三咽，然后耳有闻，目有见。"

孟子曰："于齐国之士，吾必以仲子为巨擘焉⑥。虽然，仲子恶能廉？充仲子之操，则蚓而后可者也。夫蚓，上食槁壤，下饮黄泉。仲子所居之室，伯夷之所筑与⑦？抑亦盗跖之所筑与⑧？所食之粟，伯夷之所树与？抑亦盗跖之所树与？是未可知也。"

【注释】

①匡章：齐国名将，其言行见于《战国策·齐策》和《吕氏春秋·不屈》。②陈仲子：齐国人，世称陈仲、田仲，又称于陵仲子。《淮南子·氾论训》说他"不入洿（同污）君之朝，不食乱世之食，遂饿而死"。③于陵：地名，在今山东长山县南，距临淄约二百里。④螬：即蛴螬，俗称"地蚕""大蚕"，是金龟子的幼虫。⑤将：拿，取。⑥巨擘：大拇指，引申为在某一方面杰出的人或事物。⑦伯夷：见《公孙丑上》第二章注。这里以伯夷代表廉洁的人。⑧盗跖：春秋时有名的大盗，姓展，名跖，柳下惠的兄弟。这里以盗跖代表恶人。

【译文】

匡章说："陈仲子难道不是个廉洁的人吗？他住在于陵，三天没有吃什么，已经饿得耳朵听不到声音，眼睛看不见东西了。井台上有只从树上掉下的李子，桃核虫咬食了它的大半果肉，他无力地爬上前去，捡起这个李子来就吃，也顾不上细细咀嚼，吞咽了三口，这才恢复了听觉和视觉。"

孟子说："在齐国的人士中，毫无疑问我将推仲子为首屈一指的人物。尽管如此，但仲子又怎么称得上廉洁呢？如果要彻底实现仲子的操守，那就只有变成蚯蚓然后才可以，蚯蚓这种虫，在地面上吃干巴巴的尘土，在地层深处饮清洁的黄泉。仲子所住的房子，是伯夷建造的呢？还是盗跖建造的呢？所吃的粮食，是伯夷种的呢？还是盗跖种的呢？这些都是不能知道的。"

【原文】

曰："是何伤哉？彼身织屦，妻辟纑①，以易之也。"

曰："仲子，齐之世家也。兄戴，盖禄万钟②。以兄之禄为不义之禄而不食也，以兄之室为不义之室而不居也，辟兄离母，处于于陵。他日归，则有馈其兄生鹅者，己频戚曰③：'恶用是鶃鶃者为哉④？'他日其母杀是鹅也，与之食。其兄自外至，曰：'是鶃鶃之肉也。'出而哇之⑤。以母则不食，以妻则食之；以兄之室则弗居，以于陵则居之。是尚为能充其类也乎？若仲子者，蚓而后充其操者也。"

【注释】

①辟纑：绩麻练麻。绩麻为辟，练麻为纑。②盖：齐国地名，是陈戴的食邑。③频戚：即颦蹙，不愉快的样子。④鶃鶃：鹅叫声。⑤哇：吐。

【译文】

匡章说："这有什么要紧呢？他亲自编织草鞋，老婆绩麻搓线，拿去换吃的、住的。"

孟子说："仲子，出身齐国的世族家庭；他的哥哥陈戴，封地盖邑每年能收到禄米几万石。仲子认为他哥哥的俸禄是不义的财物，便不食用，认为哥哥的房子是不义的产业，便不居住，避开哥哥，脱离母亲，一个人住在于陵。后来有一天回家看望母亲，正好碰上有个送一只活鹅给他哥哥的人。仲子独自皱着眉头：'要这只鹅鹅叫的怪东西派上什么用场呢？'过了些日子，他的母亲杀了这只鹅，拿给他吃。当他正吃的时候，他哥哥从外面跑了进来，说：'这便是那个鹅鹅叫的怪东西的肉。'仲子一听，便跑到外面去，'哇'的一声全都吐出来了。因为是母亲的东西便不吃，因为是妻子的东西便吃了；因为是哥哥的房子不住，因为是于陵的地方便住下，这样还能算是廉洁到顶了吗？像仲子这样的人，恐怕只有把自己变成蚯蚓然后才能把廉洁之风推向顶点吧。"

离娄章句上

【原文】

孟子曰："离娄之明①，公输子之巧②，不以规矩，不能成方员；师旷之聪③，不以六律④，不能正五音⑤；尧舜之道，不以仁政，不能平治天下。今有仁心仁闻而民不被其泽⑥，不可法于后世者，不行先王之道也。故曰：徒善不足以为政，徒法不能以自行。诗云⑦：'不愆不忘，率由旧章。'遵先王之法而过者，未之有也。圣人既竭目力焉，继之以规矩准绳，以为方员平直，不可胜用也；既竭耳力焉，继之以六律，正五音，不可胜用也；既竭心思焉，继之以不忍人之政，而仁覆天下矣。故曰：为高必因丘陵，为下必因川泽。为政不因先王之道，可谓智乎？"

【注释】

①离娄：相传为黄帝时人，目力极强，能于百步之外望见秋毫之末。②公输子：即公

输班（"班"也被写成"般""盘"），鲁国人，所以又叫鲁班，古代著名的巧匠。约生活于鲁定公或者哀公的时代，年岁比孔子小，比墨子大。事迹见于《礼记·檀弓》《战国策》《墨子》等书。③师旷：春秋时晋国的乐师，古代极有名的音乐家。事迹见于《左传》《礼记》《国语》等。④六律：中国古代将音律分为阴吕、阳律两部分，各有六种音。六律即阳律的六音，分别是太簇、姑洗、蕤宾、夷则、无射、黄钟。⑤五音：中国古代音阶名称，即宫、商、角、徵、羽，相当于简谱中的1、2、3、5、6这五音。⑥闻：名声。⑦诗云：引自《诗经·大雅·假乐》。⑧愆：过失。⑨率：遵循。

【译文】

孟子说："就算有离娄那样明敏的视力、公输般那样精巧的手艺，如果不用圆规和曲尺，就不能画出准确的方形和圆形；就算有师旷那样强的辨音能力，如果不用六律，就不能校正好五音；就算有尧舜那样高明的政治素养，如果不施行仁政，就不能把天下治理好。现在一些诸侯尽管有仁爱的心思和仁爱的声望，可是老百姓却不能蒙受他们的恩泽，他们不足为后世的人所效法的原因，就是因为他们不能奉行先代圣王之道。所以说，单有善念不够凭借来办好政治，只有良法不能自动执行，只有二者密切配合，才能做到法行政举。《诗经》里说过：'不要犯偏差，也不要有所遗漏，一切遵循旧的规章。'遵循古先圣王的法规行事而产生过失，几乎是从来没有的事。古代圣人既竭尽自己的目力进行测视，接着又用圆规、曲尺、水平仪和绳墨来造方的、圆的、平的、直的各种东西，那些东西便用之不尽了；古代圣人既竭尽自己的听力来辨音，接着又用六律来校正五音，这种经过校正的音调也就用之不尽了。古代圣王既竭尽心思来考虑政事，接着又施行了从不忍人出发的仁政，这样他的仁爱便广被天下万民了。所以说，堆高山就必须凭借原有的丘陵高地，挖深池就必须利用原有的河流沼泽。办理政治不凭借行之有效的古先圣王之道，能称得上是明智吗？"

【原文】

"是以惟仁者宜在高位。不仁而在高位，是播其恶于众也。上无道揆也①，下无法守也，朝不信道，工不信度，君子犯义，小人犯刑，国之所存者幸也。故曰：城郭不完，兵甲不多，非国之灾也；田野不辟，货财不聚，非国之害也。上无礼，下无学，贼民兴，丧无日矣。诗曰②：'天之方蹶③，无然泄泄④。'泄泄，犹沓沓也。事君无义，进退无礼，言则非先王之道者⑤，犹沓沓也。故曰：责难于君谓之恭，陈善闭邪谓之敬，吾君不能谓之贼。"

【注释】

①揆：度量。②诗曰：引自《诗经·大雅·板》。③蹶：动。④泄泄：多言，话多。⑤非：诋毁。

【译文】

"所以只有仁爱的人才适合处在较高的统治地位上。不仁爱的人处在较高的位子上，这就等于把他的劣迹散播到人群中去。在上的国君没有掌握正确的道术用以揣测天意民心，在下的臣民没有正确的法度可供遵守，朝廷上不相信道义，下面的工匠们否认尺度，做官的人违反义理，老百姓轻犯刑法，在这样的情况下国家还能存在，那真是侥幸的事。所以说，城墙不坚牢，武器装备不足，不是国家的灾难；农田没有开发，财富没有收聚，不是国家的祸害；只有在上位的人不讲礼义，居于臣下的人又不愿意学习，造反的老百姓起来了，那亡国的日子就没有多远了。《诗经》里又说：'老天正要降祸乱，不要多嘴多舌来附和。''泄泄'和'沓沓'差不多，都是嘈杂多言随声附和的意思。事君不过问做得对不对，进退不讲究礼法，开口便诋毁先代圣王之道，这种人跟多言无义的'沓沓'者是一路货色。所以，责求君主行他所认为难行的事，即行先王的仁政，就叫作'恭'；向君主陈说善道，阻塞邪念，就叫作'敬'；认为'我的君主不能行仁政'，就叫作'贼'。"

【原文】

　　孟子曰："规矩，方员之至也；圣人，人伦之至也。欲为君尽君道，欲为臣尽臣道，二者皆法尧舜而已矣。不以舜之所以事尧事君，不敬其君者也；不以尧之所以治民治民，贼其民者也。孔子曰：'道二：仁与不仁而已矣。'暴其民甚，则身弑国亡；不甚，则身危国削。名之曰'幽厉'①，虽孝子慈孙，百世不能改也。诗云②：'殷鉴不远，在夏后之世。'此之谓也。"

【注释】

　　①幽、厉：谥号名。《逸周书·谥法解》说："动祭乱常曰幽，杀戮无辜曰厉。"②《诗》云：出自《诗经·大雅·荡》。

【译文】

　　孟子说："圆规和曲尺，是最方最圆无以复加的极则，同样，古代圣人也是做人到达尽善尽美地步的极限。想做一个好的君主，便要尽君主之道；想做一个好的臣子，便要尽臣子之道。二者都不过是要效法尧舜罢了。不用舜侍奉尧的忠诚态度侍奉自己的君主，便是不尊敬君主的人；不用尧治理百姓的挚爱心情治理自己的百姓，便是残害百姓的人。'孔子说过：'治理国家的方法不外乎两种，也即是行仁政与不行仁政罢了。'一个君主残暴地虐待他的老百姓，其后果是：重则本身被杀，国家灭亡；轻则本身危险，国势削弱。死后蒙上'幽''厉'的恶名，后代尽管出了有作为的子孙，哪怕经过了百多代，也是更改不了这种坏名声的。《诗经》里的这么两句话：'殷商的鉴戒并不在远，就在夏的朝代。'说的就是这个意思。"

【原文】

　　孟子曰："三代之得天下也以仁，其失天下也以不仁。国之所以废兴存亡者亦然。天子不仁，不保四海；诸侯不仁，不保社稷；卿大夫不仁，不保宗庙①；士庶人不仁，不保四体。今恶死亡而乐不仁，是犹恶醉而强酒②。"

【注释】

　　①宗庙：这里指采邑（封地），因为卿大夫先有采邑然后才有宗庙。②强：勉强。

【译文】

　　孟子说："夏商周三代的开国之君禹、汤、文武得到天下是由于仁爱，它们的末代君主桀、纣、幽厉失去天下则是因为不施行仁政。诸侯国家兴盛、衰败和生存，这正是它们灭亡的原因。天子要是不仁，就不能保住四海之内的土地（即天下）；诸侯要是不仁，就不能保住国家；公卿大夫要是不仁，就不能保住祖先的宗庙；士子和老百姓要是不仁，就不能保全自己的身体。现在有些人讨厌死亡但却乐意干坏事，这就跟不喜欢喝醉酒却又偏偏要勉强去喝酒的人一样。"

【原文】

孟子曰："爱人不亲反其仁，治人不治反其智，礼人不答反其敬。行有不得者，皆反求诸己，其身正而天下归之。诗云①：'永言配命，自求多福。'"

【注释】

①《诗》云：出自《诗经·大雅·文王》。

【译文】

孟子说："自己爱别人，别人却不爱自己，自己便需要反躬自问：'难道是我对别人的仁爱还不够吗？'自己管理（或领导）别人，别人却不服管理（或领导），自己便应该反躬自问：'难道是我智谋不够吗？'自己对别人很有礼貌，别人却不加理睬，自己便应该反躬自问：'难道是我恭敬还不够吗？'凡是自己的行为没有得到预期效果的都要反过来从自己身上去找原因，自身做对了，天下的人自然而然会归向自己。《诗经》里就说过这样的话：'永远修德配天命，多福还得自己求。'"

【原文】

孟子曰："人有恒言①，皆曰'天下国家'。天下之本在国②，国之本在家，家之本在身。"

【注释】

①恒：经常。②本：根本。

【译文】

孟子说："人们有句口头常说的话，都说是'天下国家'。可见天下的根本在国，国的根本在家，家的根本则在于各个人本身。"

【原文】

孟子曰："为政不难，不得罪于巨室①。巨室之所慕②，一国慕之；一国之所慕，天下慕之；故沛然德教溢乎四海③。"

【注释】

①巨室：庞大的家族，指当时具有较大政治影响力的卿大夫的家族。②慕：倾慕，仰慕。③沛然：声势浩大的样子。

【译文】

孟子说："办理政治并不难，关键在于自己修身养性，不得罪那些很有影响的贤卿大夫的家族。因为那些贤卿大夫的家族所仰慕的，一国的人便也都会争着仰慕；一国的人所仰慕的，普天下的人便同样会争着仰慕；所以你的德教便会声势浩大、不可遏抑地充溢于天下了。"

【原文】

孟子曰："天下有道，小德役大德，小贤役大贤；天下无道，小役大，弱役强。斯二者天也。顺天者存，逆天者亡。齐景公曰：'既不能令，又不受命，是绝物也。'涕出而女于吴^①。今也小国师大国而耻受命焉，是犹弟子而耻受命于先师也。如耻之，莫若师文王。师文王，大国五年，小国七年，必为政于天下矣。诗云^②：'商之孙子，其丽不亿。上帝既命，侯于周服。侯服于周，天命靡常。殷士肤敏，裸将于京^③。'孔子曰：'仁不可为众也。夫国君好仁，天下无敌。'今也欲无敌于天下而不以仁，是犹执热而不以濯也。诗云^④：'谁能执热，逝不以濯？'"

【注释】

①涕出而女于吴：事见《说苑·权谋》记载。齐景公惧怕吴王阖闾伐齐，不得已把女儿嫁给阖闾。送别女儿时，哭着说："余死不汝见矣。"又说："余有齐国之固，不能以令诸侯，又不能听，是生乱也。寡人闻之，不能令，则莫若从。"②《诗》云：出自《诗经·大雅·文王》。③裸：宗庙祭祀的一种仪式，把郁鬯酒浇在地上以迎接鬼神。将：助。④《诗》云：出自《诗经·大雅·桑柔》）。

【译文】

孟子说："天下太平、政治上了轨道的时候，道德平庸的人供道德高尚的人役使，才能一般的人供才能高超的人役使；天下不太平、政治乱了套的时候，小国被大国奴役，弱国被强国奴役。这两种情况，都是由天的意志所决定的。顺从天意的就能生存，违背天意的就要灭亡。齐景公说过：'既没有能力命令别人，又不愿接受别人的命令，这是自绝于人。'他只得流着眼泪把女儿嫁给了吴国国君阖闾。现在一些小国学着大国一样奢侈享乐，却又不愿意接受大国的命令，这就跟学生把接受老师的命令看作是耻辱一样。要是果真以为可耻，就不如效法文王。效法文王，大国只需五年，小国只需七年，就一定可以统治整个天下了。《诗经》里说过：'商朝的子孙，人数不下十万，上帝既已授命文王，他们也只好向周朝臣服。他们臣服于周廷，可见上天的弃和取不一定，殷朝的臣子壮美而又聪敏，他们将要去灌酒助祭于周京。'孔子说过：'仁者力量的大小是不能以人数的多少来判定的。如果国君爱好仁德，他就会无敌于天下。'现在有些人一心想自己无敌于天下却又不施行仁政，这就像是想手执烫东西而又不愿用冷水浇手一样。《诗经》中说得好：'谁能手执烫东西，却不用水来浇濯？'"

【原文】

孟子曰："不仁者可与言哉？安其危而利其菑^①，乐其所以亡者。不仁而可与言，则何亡国败家之有？有孺子歌曰：'沧浪之水清兮^②，可以濯我缨；沧浪之水浊兮，可以濯我足。'孔子曰：'小子听之！清斯濯缨^③，浊斯濯足矣，自取之也。'夫人必自侮，然后人侮之；家必自毁，而后人毁之；国必自伐，而后人伐。太甲曰：'天作孽，犹可违；自作孽，不可活。'此之谓也。"

①薔:同"灾"。②沧浪:前人有多种解释。或认为是水名(汉水支流),或认为是地名(湖北均县北),或认为是指水的颜色(青苍色)。③濯:洗。缨:系帽子的丝带。

【译文】

孟子说:"对于那些不施仁爱的人,怎可用言辞来说服他们呢?处境危险,他们却视为安全,灾祸临头,他们却视为大吉大利,分明是自取灭亡的勾当(指不施仁爱),他们却当作无上的快乐。如果不仁的人可用言辞说服的话,那世上怎么还会有什么亡国败家的惨剧发生呢?从前有个儿童唱着一首这样的歌:'碧绿的河水清又清,可以洗我帽

得其民,斯得天下矣

上的缨,碧绿的河水忽变浊,可以洗我的泥巴脚。'孔子在一旁听了说:'后生们听呀!水清就可以洗帽绳,水浊就只能洗脚了。这都是由水本身的性质决定的。'由此可见,人们一定是自己先有招致侮辱的言行,然后别人才来侮辱他;一个家庭一定是自己先出现了漏洞,然后别人才会来毁坏它;一个国家一定是自己先给人以讨伐的借口,然后别人才来讨伐它。《尚书·太甲篇》的'天造的孽,人们还可以逃避,如果是自己造下的孽,那就活也活不了'。就正是这个意思。"

【原文】

孟子曰:"桀纣之失天下也,失其民也;失其民者,失其心也。得天下有道:得其民,斯得天下矣;得其民有道:得其心,斯得民矣;得其心有道:所欲与之聚之,所恶勿施尔也①。民之归仁也,犹水之就下,兽之走圹也②。故为渊驱鱼者,獭也;为丛驱爵者③,鹯也④;为汤武驱民者,桀与纣也。今天下之君有好仁者,则诸侯皆为之驱矣。虽欲无王,不可得已。今之欲王者,犹七年之病求三年之艾也⑤。苟为不畜,终身不得。苟不志于仁,终身忧辱,以陷于死亡。诗云⑥:'其何能淑⑦,载胥及溺⑧',此之谓也。"

【注释】

①尔也:如此罢了。②圹:同"旷",旷野。③爵:同"雀"。④鹯:一种像鹞鹰的猛禽。⑤艾:即陈艾,常用于灸病,存放时间越久,疗效越好。⑥诗云:引自《诗经·大雅·桑柔》。⑦淑:善,好。⑧胥:相。及:与。溺:落水。

【译文】

孟子说:"桀、纣两个暴君之所以会丧失天下,是由于失去了老百姓的拥护;而失去老百姓拥护的原因,又是因为失去了民心。要得到天下有它的方法:得到天下老百姓的拥护,就能得到天下;得到天下老百姓拥护有它的方法:得到天下的民心,便能得到天下老百姓的拥护;得到天下的民心有它的方术:他们所需要的,便替他们收聚起来,他们所不

愿意接受的，便不要强加到他们的头上去，不过这样罢了，难道还有什么别的窍门吗？老百姓归向于仁政，就像水往低处流，兽朝旷野跑。所以替深渊赶来游鱼的是水獭；替森林赶来飞鸟的是鹞鹰；替汤王和武王赶来老百姓的是夏桀和商纣。现在天下的国君中只要有爱好仁德、施行仁政的，那么其他的诸侯便都会替他把老百姓赶到境内来。这样的好国君，就算他不想统一天下，也是办不到的。现在那些妄想统一天下的人，就好像患了七年的久病，需要谋取三年的陈艾来医治一样。如果平时不去蓄藏，那就一辈子也得不到。一个国君如果对施仁政不感兴趣，那他就要一辈子处在忧愁和受凌辱之中，一直到他死亡。《诗经》里说过：‘这样子胡作非为又怎么能把事办好，到头来还是一块儿沉深深渊。’说的就是这种人。"

【原文】

　　孟子曰："自暴者①，不可与有言也；自弃者，不可与有为也。言非礼义②，谓之自暴也；吾身不能居仁由义，谓之自弃也。仁，人之安宅也；义，人之正路也。旷安宅而弗居，舍正路而不由，哀哉！"

【注释】

　　①暴：损害，糟蹋。②非：诋毁。

【译文】

　　孟子说："一个自暴自弃的人，不能跟他谈正经话；一个自弃的人，不可以跟他有所作为。一个人讲起话来诋毁礼义，叫作‘自暴’；自认为不能心怀仁德、行合正道，叫作‘自弃’。仁，是人平安居住的住宅；义，是人应走的正路。空着住宅而不居住，舍弃了正路而不走，这是多么令人悲哀的事情啊！"

【原文】

　　孟子曰："道在迩而求诸远①，事在易而求诸难。人人亲其亲、长其长②，而天下平。"

【注释】

　　①迩：近。②亲其亲、长其长：亲爱自己的双亲，尊敬自己的长辈。

【译文】

　　孟子说："治理天下的方法本来就在近处，却要丢下它向远处去求，自然那方法就离人更远了；治理天下的事本是轻而易举的，却要向难处去寻找，事情反而更难办了。只要人人各自亲爱自己的双亲，各自尊敬自己的长辈，那么天下自然就可以治理好了。"

【原文】

　　孟子曰："居下位而不获于上①，民不可得而治也。获于上有道：不信于友，弗获于上矣；信于友有道：事亲弗悦，弗信于友矣；悦亲有道：反身不诚，不悦于亲矣；诚身有道：不明乎善，不诚其身矣。是故诚者，天之道也；思诚者，人之道也。至诚而不动者，未之有也。不诚，未有能动者也。"

①获于上:《礼记》《中庸》也有这几句,郑玄注云:"获,得也。"获于上,是获得上级的信任之意。

【译文】

孟子说:"身处在下面的职位却不能得到上司的信任,便不可能治理好百姓。获得上司的信任有它的方法,一个人不被朋友所信任,便得不到上司的信任了。得到朋友的信任有它的方法,一个人侍奉父母却不能得到父母的欢心,便不会得到朋友的信任了。得到父母的欢心有它的方法,一个人反省自身缺乏诚意,便得不到父母的欢心了。要使本身具备诚心有它的方法,一个人不懂得什么是善,本身也就不会具备诚心了。所以诚心善性是天所赋予人的优良本性,考虑保持和发扬这种诚心善性是人为努力。一个人做到了至诚无伪而人们却不被感动,是绝对没有的事;缺乏诚心的人是不能感动别人的。"

【原文】

孟子曰:"伯夷辟纣,居北海之滨^①,闻文王作,兴曰:'盍归乎来! 吾闻西伯善养老者^②。'太公辟纣^③,居东海之滨^④,闻文王作,兴曰:'盍归乎来! 吾闻西伯善养老者。'二老者,天下之大老也,而归之,是天下之父归之也。天下之父归之,其子焉往? 诸侯有行文王之政者,七年之内,必为政于天下矣。"

【注释】

①北海之滨:其地在今濒临渤海的河北昌黎一带。②西伯:即周文王。③太公:即姜太公,因祖先曾封于吕地,故又姓吕,名尚,字子牙,号太公望。曾辅佐文王、武王灭商建立周朝。④东海之滨:其地在今山东莒县东部。

【译文】

孟子说:"伯夷逃避暴君纣王的统治,隐居在北海边上,听说文王兴盛起来了,精神振奋地说:'我为什么不到那里去呢! 我听说西伯是善于奉养老人的人。'太公姜尚逃避暴君纣王的统治,隐居在东海边上,听说文王兴盛起来了,精神振奋地说:'我为什么不到那里去呢! 我听说西伯是善于奉养老人的人。'伯夷和太公二位老人,是天下德高望重的老人,而他们都到西伯(即文王)那里去,这就等于是天下的父老归向西伯了。天下的父老都归向他,他们的儿子一辈不归向他又归向谁呢? 当今的诸侯们中如果有效法文王愿意施行仁政的,用不了七年时间,就一定能统一天下了。"

【原文】

孟子曰:"求也为季氏宰^①,无能改于其德,而赋粟倍他日。孔子曰:'求非我徒也,小子鸣鼓而攻之,可也。'由此观之,君不行仁政而富之,皆弃于孔子者也,况于为之强战? 争地以战,杀人盈野;争城以战,杀人盈城。此所谓率土地而食人肉,罪不容于死。故善战者服上刑,连诸侯者次之,辟草莱、任土地者次之。"

【注释】

①求也为季氏宰:求,冉求,孔子弟子。季氏,指季康子,鲁国卿。

　　孟子说:"冉求虽然做了鲁国公卿季康子的家臣,没有能力改变他的所作所为,却帮着他向老百姓征收比往日增加一倍的粮谷。孔子说:'冉求已经不是我们中的人了,弟子们可以大张旗鼓地去责数他的过错。'从这件事看来,凡是去帮助不行仁政的君主搜刮财富的人,都是被孔子所唾弃的,何况对于那些为霸主们去努力作战的人呢?为了争夺土地而进行战争,往往杀人遍野;为了争夺城池而进行战争,往往杀人满城,这就是我们所说的为了土地而吞噬人肉,这种人罪大恶极,处以死刑都不足以偿还他们的罪恶。所以那些能征惯战的人应该受到最重的刑罚,那些搞'合纵连横'唆使诸侯们拉帮结伙互相攻战的人该受次一等的刑罚,那些迫使百姓开荒山、尽地力以增加霸主们赋税收入的人也该受到更次一等的刑罚。"

【原文】

　　孟子曰:"存乎人者^①,莫良于眸子。眸子不能掩其恶。胸中正,则眸子瞭焉^②;胸中不正,则眸子眊焉^③。听其言也,观其眸人,人焉廋哉^④?"

【注释】

　　①存:察。②瞭:明。③眊:不明,蒙眬。④廋:藏匿。

【译文】

　　孟子说:"观察人的方法,没有比观察人的眼睛更好的了。眼睛不能掩盖人们内心的丑恶。一个人心中正直,眼睛就显得清明;心中不正直,眼睛看上去就不免昏花。听一个人的话,观察他的眼神,这个人内心的好坏又怎么能隐藏得了呢?"

【原文】

　　孟子曰:"恭者不侮人,俭者不夺人。侮夺人之君,惟恐不顺焉^①,恶得为恭俭?恭俭岂可以声音笑貌为哉?"

【注释】

　　①顺:顺从。

【译文】

　　孟子说:"一个真正恭敬的人不会侮辱别人,一个真正俭朴的人不会掠夺别人。那些侮辱、掠夺别人的君主,生怕别人不顺从他的欲望,又怎么做得到恭俭呢?恭、俭这两种美德难道是可以单凭悦耳的声音和讨好的笑脸做得出来的吗?"

【原文】

　　淳于髡曰^①:"男女授受不亲,礼与?"

　　孟子曰:"礼也。"

　　曰:"嫂溺则援之以手乎?"

　　曰:"嫂溺不援,是豺狼也。男女授受不亲,礼也。嫂溺援之以手者,权也^②。"

　　曰:"今天下溺矣,夫子之不援,何也?"

曰：“天下溺，援之以道；嫂溺，援之以手。子欲手援天下乎？”

【注释】

①淳于髡：齐国著名辩士，曾在齐威王、齐宣王和梁惠王的朝廷做官。事迹见于《战国策·齐策》《史记·孟荀列传》《史记·滑稽列传》等。②权：本指秤锤，衡量轻重。引申为衡量轻重而变通处理，即变通之意。

【译文】

淳于髡问孟子道：“男女之间不亲手递接东西，这是礼制规定的吗？”

孟子说：“是礼制的规定。”

淳于髡又说：“要是自己的嫂嫂掉进河里，那么，是不是要用手去援救她上岸呢？”

孟子说：“自己的嫂嫂掉进河里而不用手去援救，这是豺狼的行为。男女之间不亲手递接东西，这是礼制的规定。自己的嫂嫂掉进河里，可以直接用手去拉她上岸，这是变通的办法。”

淳于髡说：“现在天下像掉进了深渊，你却不救助，为什么呢？”

孟子说：“现在天下的人就像掉进了深渊中，得用道去援救，自己的嫂嫂掉进了河里，要用手去拉她。难道您要用手去救援掉进深渊中的天下老百姓吗？”

【原文】

公孙丑曰：“君子之不教子，何也？”

孟子曰：“势不行也①。教者必以正，以正不行，继之以怒；继之以怒，则反夷矣。‘夫子教我以正，夫子未出于正也。’则是父子相夷也②。父子相夷，则恶矣。古者易子而教之，父子之间不责善。责善则离，离则不祥莫大焉③。”

【注释】

①势：情势。②夷：伤害。③祥：好的、有福的。

【译文】

公孙丑问道：“做君子的不亲自教育儿子，是什么缘故呢？”

孟子答道：“这是由于情势上行不通。执教的人一定要用正道理去教育学生，用正道理而不发生效果，执教的人随之而来的往往是被激怒，执教的人一被激怒，就反而伤了双方的感情。儿子心里会这样非议父亲：‘您搬出正道理来一本正经地教育我，您自己的所作所为却并未合乎正道理。’这就伤了父子的感情。父子失和，可就坏了。古时候人们相互交换儿子来进行教育，父子之间避免互相拿正道理来责求对方。父子之间互相拿正道理来责求对方，彼此就会因此产生隔膜，彼此之间有了隔膜，那是最糟糕的事。”

【原文】

孟子曰：“事孰为大？事亲为大；守孰为大？守身为大。不失其身而能事其亲者，吾闻之矣；失其身而能事其亲者，吾未之闻也。孰不为事？事亲，事之本也；孰不为守？守身，守之本也。曾子养曾晳①，必有酒肉。将彻，必请所与。问有余，必曰‘有’。曾晳死，曾元养曾子，必有酒肉。将彻，不请所与。问有余，曰‘亡矣’。

将以复进也，此所谓养口体者也。若曾子，则可谓养志也。事亲若曾子者，可也。"

【注释】

①曾子：即曾参，春秋时鲁国人，与他的父亲曾皙同为孔子的弟子。

【译文】

孟子说："侍奉谁最为重要呢？侍奉父母最为重要；操守什么最为重要呢？操守一个人自身，使它不陷于不义最为重要。不让自身陷于不义而又能侍奉好他的父母的人，我听说过，本身陷于不义，却能侍奉好父母的人，我没有听说过。什么长者不应该侍奉呢？可侍奉父母却是最根本的；什么正义的事不应该坚持呢？使操守本身不陷于不义却是最根本的。曾子奉养他父亲曾皙，每顿饭一定要备办酒肉；用完餐将要撤去杯盘时，一定得请示父亲，余下的酒肉给谁吃；父亲要是问还有没有剩余，一定回答说有。曾皙死后，曾元奉养曾子，每顿饭也还是有酒肉，但用完膳将要撤席时，却不请示剩余的酒菜给谁吃，碰到父亲问还有没有剩余，就回答说没有了，为的是好将剩余的酒菜下餐再送上给父亲吃。这就是所谓养口体的。像曾子，就称得上说是顺从亲意（不单是养口体而已）。侍奉双亲能做到像曾子那样，就算行了。"

【原文】

孟子曰："人不足与适也①，政不足间也。惟大人为能格君心之非。君仁莫不仁，君义莫不义，君正莫不正。一正君而国定矣。"

【注释】

①适：同"谪"，谴责，指责。

【译文】

孟子说："对那些当权的小人不值得去指责，对他们的政治也不值得去非议。只有大德的人才能纠正君主思想上的错误。在一个国家内，君主是起决定作用：君主心存仁爱，下面便没有不心存仁爱的，君主行事合宜，下面便没有行事不合宜的。君主作风正派，下面便没有不正派的。君主得到端正，整个国家便自己安定了。"

【原文】

孟子曰："有不虞之誉①，有求全之毁。"

【注释】

①虞：预料。

【译文】

孟子说："有出乎意料之外的赞誉，也有本求无过而偏遭诋毁的事。"

【原文】

孟子曰："人之易其言也①，无责耳矣②。"

①易：轻易。言：发表言论。②责：责任。

【译文】

孟子说："人们之所以轻易发表言论，不过是因为他没有必要负什么责任罢了。"

【原文】

孟子曰："人之患在好为人师^①。"

【注释】

①患：毛病、缺点。好：喜欢、爱好。

【译文】

孟子说："人们的毛病，在于（缺乏自知之明）遇事喜欢充当人家的老师。"

【原文】

乐正子从于子敖之齐。

乐正子见孟子。孟子曰："子亦来见我乎？"

曰："先生何为出此言也？"

曰："子来几日矣？"

曰："昔者^①。"

曰："昔者，则我出此言也，不亦宜乎？"

曰："舍馆未定^②。"

曰："子闻之也，舍馆定，然后求见长者乎？"

曰："克有罪。"

【注释】

①昔者：昨天。②舍馆：指住宿的地方。

【译文】

乐正子跟随王子敖来到了齐国。

乐正子谒见孟子。孟子说："你也会来见我吗？"

乐正子说："先生为什么讲出这样的话来呢？"

孟子反问："你来了几天了？"

乐正子答道："前些日子来的。"

孟子说："既然你是前些日子来的，那么我说这样的话，不也是可以的吗？"

乐正子解释道："因为客馆还没有定，所以来迟了些。"

孟子说："你听说过，等客馆定下了，然后才来谒见长辈吗？"

乐正子说："这个是我的过错。"

孟子谓乐正子曰："子之从于子敖来，徒餔啜也^①。我不意子学古之道而以餔啜也。"

【注释】

①餔啜：吃吃喝喝。

【译文】

孟子对乐正子说："你随从王子敖来齐国，只不过是为了饮食。我真没有想到你学了古人的大道却用来谋取饮食。"

【原文】

孟子曰："不孝有三^①，无后为大。舜不告而娶^②，为无后也，君子以为犹告也。"

【注释】

①不孝有三：不孝的三件事是：一、对父母的过错阿意曲从，使父母陷入不义；二、家境贫困，父母年老，却不愿当官求俸禄以供养父母；三、不娶妻子，没有儿子，断绝了后代。②舜不告而娶：传说舜的父亲凶狠愚蠢，舜如果告诉他娶妻的事，肯定得不到他同意。不禀告不合礼，没有后代又是最大的不孝，两相权衡，只好"不告而娶"。

【译文】

孟子说："按礼制规定，对父母不孝的事有三件，其中又以没有子孙后代为最大。娶妻本应先告诉父母，帝舜不告诉父母而娶尧的两个女儿为妻，就是因为担心绝了后代，所以在明理的君子看来，他就算没有禀告父母，也和禀告了是一样的。"

舜害不危
舜的父母和弟弟多次害他，他都能逢凶化吉。后来舜做了帝王，仍然对父母极为尊敬。

【原文】

孟子曰："仁之实，事亲是也；义之实，从兄是也。智之实，知斯二者弗去是也^①；礼之实，节文斯二者是也^②；乐之实，乐斯二者，乐则生矣；生则恶可已也^③，恶可已^④，则不知足之蹈之、手之舞之。"

【注释】

①去：背离。②文：指修饰。③恶：通"勿"。④已：停止。

【译文】

孟子说："仁的实质，侍奉父母便是；义的实质，顺从兄长便是。智的实质，便是透彻地了解这两者的道理而执着地守着它片刻不离；礼的实质，便是调节这两者，既使它们不文过其实，又不失应有的礼仪；乐的实质，便是喜爱这二者，快乐也就自然地产生了；快乐一产生就无法再遏止了，快乐无法遏止，就情不自禁地要手舞足蹈起来了。"

【原文】

孟子曰："天下大悦而将归己。视天下悦而归己，犹草芥也，惟舜为然。不得乎亲，不可以为人；不顺乎亲，不可以为子。舜尽事亲之道而瞽瞍厎豫①，瞽瞍厎豫而天下化②，瞽瞍厎豫而天下之为父子者定，此之谓大孝。"

【注释】

①瞽瞍：舜的父亲。厎：致。豫：乐。②化：感化。

【译文】

孟子说："天下的人都很高兴，并且将要归附于自己，把天下的人征服并将归附于自己，看得像草芥一样不那么重要，只有舜是这样。在舜看来，儿子与父母的关系相处得不好，不可以做人；儿子不能事事顺从父母的心意，便不成其为儿子。所以，舜尽了一切事亲之道而使瞽瞍由不高兴到高兴了，瞽瞍由不高兴到高兴了，于是普天下的人都受到了感化；瞽瞍由不高兴到高兴了，于是天下作为父子的伦常关系也自此确定了，这就叫作大孝。"

离娄章句下

【原文】

孟子曰："舜生于诸冯①，迁于负夏，卒于鸣条，东夷之人也。文王生于岐周②，卒于毕郢③，西夷之人也。地之相去也，千有余里；世之相后也，千有余岁。得志行乎中国，若合符节④。先圣后圣，其揆一也⑤。"

【注释】

①诸冯：与下文的负夏、鸣条，皆古地名，具体所在已无法确指，传说都在今山东。②岐周：岐，即今陕西岐山县东北的岐山；"周"是国名。③毕郢：地名，在今陕西咸阳东部。④符节：古代朝廷用作凭证的信物，用金、玉、竹、铜、木等制作，形状不一，上写文字，剖分为二，双方各执一半，使用时将两半相合以验真假。⑤揆：尺度，准则。

【译文】

孟子说："舜出生在诸冯，迁居到负夏，死在鸣条，是东方边远地区人。文王出生在岐周，死在毕郢，是西方边远地区人。地域相距一千多里，时代相隔一千多年。当他们得志后在中国实现他们的抱负，简直没有两样，前代的圣人和后代的圣人，他们的准则都是一个样。"

【原文】

子产听郑国之政①，以其乘舆济人于溱洧②。孟子曰："惠而不知为政。岁十一月徒杠成③；十二月舆梁成④，民未病涉也。君子平其政，行辟人可也⑤；焉得人人而济之？故为政者，每人而悦之，日亦不足矣。"

①子产：姓公孙，名侨，字子产，春秋时郑国的贤宰相。②乘舆：指子产乘坐的车子。溱洧：两条河水的名称，汇合于河南密县。③十一月：周历十一月为夏历九月，下文十二月为夏历十月。徒杠：可供人徒步行走的小桥。④舆梁：能通车马的大桥。⑤辟：开辟，即开道的意思。

【译文】

子产在郑国当政，用他自己乘坐的车子在溱水和洧水那里把行人渡过去。孟子说："这只是小恩小惠，却并不懂得如何办好政事。要是十一月过人的小桥修成了，十二月过车辆的大桥修成了，老百姓便不会再为渡河的事担忧了。在上面做官的君子如果办好了政事，哪怕是出去时鸣锣开道，叫行人回避自己也是行得通的，又怎能去一一地帮助行人渡河呢？所以办理政事的人要讨得每个人欢心，那时间也是不够用的呢。"

【原文】

孟子告齐宣王曰："君之视臣如手足，则臣视君如腹心；君之视臣如犬马，则臣视君如国人；君之视臣如土芥，则臣视君如寇雠。"

王曰："礼，为旧君有服①。何如斯可为服矣？"

曰："谏行言听，膏泽下于民；有故而去，则君使人导之出疆，又先于其所往；去三年不反，然后收其田里。此之谓三有礼焉。如此，则为之服矣。今也为臣，谏则不行，言则不听；膏泽不下于民；有故而去，则君搏执之，又极之于其所往②；去之日，遂收其田里。此之谓寇雠。寇雠何服之有？"

【注释】

①为旧君有服：指离职的臣子为原先的君主服孝。②极：穷困，这里做使动用法，意思是使其处境极端困难。

【译文】

孟子告诉齐宣王说："君主把臣下看得如同自己的手足，臣下就会把君主看得如同自己的腹心；君主把臣下看得如同狗马，臣下就会把君主看得如同普通人；君主把臣下看得如同土块草芥一样不值钱，臣下就会把君主看得像仇敌一样。"

宣王听了这些话，心里觉得有些过分，便故意问道："礼制规定：不在职了的臣下还得为旧日的君主穿一定的孝服，在什么情况下才可以为旧日的君主服孝呢？"

孟子说："如果臣下劝善规过的话他照办了，好的建议他听取了，因而恩惠下达到了老百姓身上；臣下因故必须离国时，君主就派人引导护送他安全出境，又事先打发人到他所要去的地方布置妥善，并到处宣传他的长处优点；离国三年之后还没有回来，然后才收回他的田地和房屋。这就叫作三有礼。君主能做到这样，臣下在他死了后就会为他服孝。现在做臣下的人，劝善规过的话不被接受，正确的建议不去采纳，因而恩惠也达不到老百姓身上；臣下因故离国时，君主就派人逮捕他的家人亲属，又故意在他所要去的地方制造种种困难，置他于死地，刚一离开，便没收他的田地和房屋。这便叫作仇敌。既然是仇敌，还服什么孝呢？"

【原文】

孟子曰："无罪而杀士，则大夫可以去①；无罪而戮民②，则士可以徙③。"

【注释】

①去：离开。②戮：杀戮。③徙：迁徙。

【译文】

孟子说："君主杀害无辜的士人，做大夫的就可以离开这个国家；没有原因地屠杀老百姓，做士人的就可以迁往别处。"

【原文】

孟子曰："君仁莫不仁①，君义莫不义。"

【注释】

①莫：没有。

【译文】

孟子说："君主心存仁爱，下面的臣民便无不心存仁爱；君主行事合宜，下面的臣民便没有行事不合宜的。"

【原文】

孟子曰："非礼之礼，非义之义，大人弗为①。"

【注释】

①大人：有德行的君子。

【译文】

孟子说："似是而非的礼，似是而非的义，有大德的君子是不做的。"

【原文】

孟子曰："中也养不中①，才也养不才，故人乐有贤父兄也。如中也弃不中，才也弃不才，则贤不肖之相去，其间不能以寸②。"

【注释】

①中：指无过无不及的中庸之道，代指品德好的人。养：培养，熏陶，教育。②其间不能以寸：省略了"以寸量"的"量"字。

【译文】

孟子说："道德修养高尚的贤者应该熏陶培育道德修养不高的人，有才智的能人应该熏陶培育才智低下的人，所以人们愿意家里有贤能的父兄。要是道德修养高尚的贤者抛弃道德修养不高的人，有才智的能人抛弃才智低下的人，那么，贤和不贤两种人之间的距离，简直不能用分寸去量了。"

【原文】

孟子曰：“人有不为也^①，而后可以有为^②。”

【注释】

①为：作为。②而后：然后。

【译文】

孟子说：“人只有对某些事舍弃不干，然后才可以有所作为。”

【原文】

孟子曰：“言人之不善^①，当如后患何？”

【注释】

①不善：不好、缺点。

【译文】

孟子说：“专爱说别人的坏话，一旦因此而引起后患，应当怎么办呢？”

【原文】

孟子曰：“仲尼不为已甚者^①。”

【注释】

①甚：过分、过头。

【译文】

孟子说：“孔子不做过分的事。”

【原文】

孟子曰：“大人者，言不必信^①，行不必果^②，惟义所在^③。”

【注释】

①信：信守承诺。②果：结果。③义：义理、道义。

【译文】

孟子说：“作为有道德修养的君子，讲的话不一定句句守信，做的事不一定件件果断彻底，只看怎样说怎样做更为合适。”

【原文】

孟子曰：“大人者，不失其赤子之心者也^①。”

【注释】

①赤子：婴儿。

【译文】

孟子说：“所谓大人，就是没有失去他那爱老百姓如同爱婴儿一样的心的人。”

【原文】

孟子曰："养生者不足以当大事①，惟送死可以当大事②。"

【注释】

①养生：在父母生前奉养。②送死：置办父母的丧事。

【译文】

孟子说："生前奉养父母不能算作是大事，只有死后给他们办好丧事才称得上是大事。"

【原文】

孟子曰："君子深造之以道，欲其自得之也。自得之，则居之安；居之安，则资之深①；资之深，则取之左右逢其原②，故君子欲其自得之也。"

【注释】

①资：积累。②原：同"源"。

【译文】

孟子说："君子沿着正确的路子对学问进行高深的探究，目的就是要使自己自觉地得到学问。自己自觉地求得的学问，就能心安理得地坚守它；能心安理得地坚守它，日积月累，就能积蓄深广；积蓄深广，便能随心所欲，取之不尽，用之不竭，左右逢源，所以君子贵在自己自觉地求得学问。"

【原文】

孟子曰："博学而详说之，将以反说约也①。"

【注释】

①反：返回，通"返"。约：简明、扼要。

【译文】

孟子说："广泛地学习，详尽地解说，目的是要达到融会贯通，回到最简明最扼要的地步。"

【原文】

孟子曰："以善服人者①，未有能服人者也；以善养人②，然后能服天下。天下不心服而王者，未之有也。"

【注释】

①善：擅长。②养：教育。

【译文】

孟子说："拿自己的长处去折服别人，没有人肯折服；拿自己的长处去教育帮助别人，使别人也能获得这些长处，然后才能叫天下的人心服。天下的人不归心而能够统一天下的，是绝对不会有的事。"

【原文】

孟子曰："言无实不详①。不详之实②，蔽贤者当之。"

【注释】

①实：实际。②详：好。

【译文】

孟子说："言语没有有实际内容而不好的。只有那些阻碍进用贤者的人，才是不好的。"

【原文】

徐子曰①："仲尼亟称于水②，曰：'水哉！水哉！'何取于水也？"

孟子曰："原泉混混③，不舍昼夜，盈科而后进④，放乎四海，有本者如是，是之取尔⑤。苟为无本，七八月之间雨集，沟浍皆盈；其涸也，可立而待也。故声闻过情⑥，君子耻之。"

【注释】

①徐子：姓徐，名辟，孟子弟子。②亟：屡次。③混混：通"滚滚"，水势盛大的样子。④科：坎。⑤是之取尔："取是尔"的倒装句，取这个罢了。⑥声闻：名声，名誉。

【译文】

徐辟说："孔子曾多次赞美水道，'水啊，水啊！'请问他对于水取的是什么呢？"

孟子说："有本有源的泉水滚滚奔流，不分白天黑夜，注满空坑后又继续前进，一直到达大海。凡是做事重视本体的便这样，孔子所取的不过是这一点罢了。如果是无本无源，就像七八月间大雨滂沱，一下子沟沟洼洼水都满了，可是它的干涸却不必等待多久的时间。所以声誉如果超过了实际，就像无源之水，表面上一时浩浩荡荡，有道德的君子常把它看作是一种耻辱。"

周文王陵
周文王仁义远播，后世君子皆尊崇。文王的陵墓也被人视作神圣之地，不可侵犯。

【原文】

孟子曰："人之所以异于禽兽者几希①，庶民去之，君子存之。舜明于庶物，察于人伦，由仁义行，非行仁义也。"

【注释】

①几希：少，一点点。

【译文】

孟子说："人类所赖以区别于禽兽的地方很少，对于这很少的区别，一般老百姓抛弃它，君子保存了它。舜对于众多事物的道理能明了，对于人们的常情能洞察，所以他能很自然地走上仁义的道路，而不是勉强地去行仁义。"

孟子曰："禹恶旨酒而好善言。汤执中，立贤无方^①。文王视民如伤，望道而未之见。武王不泄迩^②，不忘远。周公思兼三王，以施四事；其有不合者，仰而思之，夜以继日；幸而得之，坐以待旦。"

【注释】

①方：常规。②泄迩：泄，狎；迩，近。

【译文】

孟子说："夏禹讨厌人家进献美酒，却爱听有益的话。商汤坚持中正之道，但起用贤人却能通权达变，打破常规。周文王看待老百姓，就像他们受了伤一样，百般抚慰。分明已接触到了道，却好像还没有看到一样，追求不懈。周武王不轻慢常在身边的近臣，也不忘怀散在他方的远臣。周公常常想要兼学夏、商、周三代的贤王，来实践禹、汤、文、武四位君主所开创的业绩；遇到有与他们不合的地方，便仰起头细加思考，不分白天黑夜，一旦侥幸豁然贯通，便兴奋得坐着等待天亮好立即拿去实行。"

【原文】

孟子曰："王者之迹熄而诗亡，诗亡然后春秋作^①。晋之乘、楚之梼杌，鲁之春秋^②，一也。其事则齐桓、晋文，其文则史。孔子曰：'其义则丘窃取之矣。'"

【注释】

①春秋：各国史书的通称。又，相传孔子依据鲁国史官所编《春秋》，加以整理修订而成编年体鲁《春秋》。据上下文，这里的《春秋》似指前者。②乘：晋史书名。下文《梼杌》《春秋》分别是楚国、鲁国史书名。

【译文】

孟子说："圣王采诗的盛举废止了，《诗经》就亡失了，《诗经》亡失了，然后孔子的《春秋》便产生了。晋国的《乘》、楚国的《梼杌》、鲁国的《春秋》，都是一样的史书，不过名称各自不同罢了。它所记的史事不过是齐桓、晋文图霸之类，它们的文字也只是一般史书的笔法。孔子说：'我作的《春秋》异乎上述那些史书的地方在于：《诗三百》褒善贬恶的微言大义，我个人在作《春秋》时便借用过来了。'"

【原文】

孟子曰："君子之泽五世而斩^①，小人之泽五世而斩。予未得为孔子徒也，予私淑诸人也^②。"

【注释】

①斩：衰竭、断。②私：暗地、私下。

【译文】

孟子说："在朝圣贤的流风余韵过了五代便衰竭了，在野圣贤的流风余韵也是过了五代便衰竭了。我没有赶上当孔子的学生，我是暗地里向别人学取孔子之道的。"

　　孟子曰："可以取，可以无取，取伤廉①；可以与，可以无与，与伤惠②；可以死，可以无死，死伤勇。"

【注释】

　　①廉：堂屋的侧边，引申为品行方正。②惠：仁慈。

【译文】

　　孟子说："可以取，也可以不取，取了有损于廉洁的称号，当然以不取为合适；可以给，也可以不给，给了有损于惠爱的称号，还是以不给为合适；可以死，也可以不死，死了有损于勇敢的称号，也应该以不死为合适。"

【原文】

　　逢蒙学射于羿①，尽羿之道，思天下惟羿为愈己，于是杀羿。孟子曰："是亦羿有罪焉。"

　　公明仪曰："宜若无罪焉。"

　　曰："薄乎云尔，恶得无罪？郑人使子濯孺子侵卫，卫使庚公之斯追之。子濯孺子曰②：'今日我疾作，不可以执弓，吾死矣夫！'问其仆曰：'追我者谁也？'其仆曰："'庚公之斯也③。'曰：'吾生矣。'其仆曰：'庚公之斯，卫之善射者也，夫子曰"吾生"，何谓也？'曰：'庚公之斯学射于尹公之他，尹公之他学射于我。夫尹公之他④，端人也，其取友必端矣。'庚公之斯至，曰：'夫子何为不执弓？'曰：'今日我疾作，不可以执弓。'曰：'小人学射于尹公之他，尹公之他学射于夫子。我不忍以夫子之道反害夫子。虽然，今日之事，君事也，我不敢废。'抽矢，扣轮，去其金，发乘矢而后反⑤。"

【注释】

　　①逢蒙：羿的学生和家众，后来叛变，帮助有穷国的相寒浞杀死了羿。羿：传说是古代有穷国的国君，以善射闻名。②子濯孺子：郑国大夫。③庚公之斯：卫国大夫。④尹公之他：卫国人。⑤乘矢：四支箭。

【译文】

　　逢蒙跟后羿学习射箭，完全掌握了后羿的射箭技巧，他心想天下只有后羿一人的射艺超过自己，所以就杀害了后羿。孟子对这件事评论道："这件事后羿本身也有过错。"

　　公明仪说："后羿似乎没有过错吧。"

　　孟子说："不过轻一点罢了，怎么能说没有过错呢？郑国有次派遣子濯孺子侵犯卫国，卫国打发庚公之斯追赶他。子濯孺子说：'今天我的病发了，拿不起弓来，我怕要死了呢！'他问驾车的人道：'追赶我的是谁？'驾车的人说：'是庚公之斯。'子濯孺子说：'我可以活命了。'驾车的人说：'庚公之斯是卫国很会射箭的人，您却说"我可以活命了"，这是什么意思呢？'子濯孺子说：'庚公之斯是在尹公之他那里学射箭的，尹公之他曾经向我学习射箭。尹公之他是个正派人，他选取的学生一定也是正派的。'庚公之斯追到了，问道：'您为什么不拿起弓来呢？'子濯孺子答道：'今天我的病发了，拿不起弓来。'庾公之斯说：'我向尹公之他学射箭，尹公之他又曾向您学射箭。我不忍心拿您传授的技艺反过来伤害您。但是，今天的事情，是国家的公事，我不敢完全撒下。'于是抽出箭来在车轮子上敲打，把金属箭头敲掉，一连发射出四支箭便回身走了。"

【原文】

孟子曰："西子蒙不洁^①，则人皆掩鼻而过之。虽有恶人^②，斋戒沐浴^③，则可以祀上帝。"

【注释】

①西子：指春秋时越国美女西施，这里以她代指美女。②恶：这里与"西子"相对，主要指丑陋。③斋：斋戒。

【译文】

孟子说："美女西施要是沾上一身污秽，人们都要掩着鼻孔走过她的身旁，尽管有个面貌奇丑的人，假使他诚心吃素，清洁自好，也可以让他去祭祀上帝。"

【原文】

孟子曰："天下之言性也，则故而已矣，故者以利为本。所恶于智者，为其凿也^①。如智者若禹之行水也，则无恶于智矣。禹之行水也，行其所无事也。如智者亦行其所无事，则智亦大矣。天之高也，星辰之远也，苟求其故，千岁之日至^②，可坐而致也。"

【注释】

①凿：穿凿附会。②日至：冬至。

【译文】

孟子说："天下的人讲论人性，只要按它的本来面目就可以了。按它的本来面目谈必须以顺乎自然为基础。对于那些自认聪明的人，我们之所以感到讨厌，就是因为这种聪明人很容易陷于穿凿附会。如果聪明人像大禹使水运行一样，那么对于聪明就用不着厌恶了。大禹的使水运行，因势利导，不加穿凿，做得不露一点痕迹。如果聪明人也能按它的本来面目讲论人性，做得不露痕迹，那么聪明的作用也就可算是大了。天虽然很高，星辰虽然很远，只要能用心寻求它运行的本来面目，即使千年以后的冬至，也是可坐在家里运算得出的。"

【原文】

公行子有子之丧^①，右师往吊。入门，有进而与右师言者，有就右师之位而与右师言者。孟子不与右师言^②，右师不悦曰："诸君子皆与驩言，孟子独不与驩言，是简驩也。"

孟子闻之，曰："礼，朝廷不历位而相与言^③，不逾阶而相揖也。我欲行礼，子敖以我为简^④，不亦异乎？"

【注释】

①公行子：齐国大夫。②右师：官名，这里指王驩。王驩，字子敖。③历：越过。④简：简慢。

【译文】

公行子有大儿子的丧事，右师到他家去作吊，右师一进门，立即就有人迎上去跟他说话，也有人在他就座后跑到他的座位旁边和他攀谈。孟子没有和他说话，右师不满地说："诸位大夫都跟我说话，只有孟子不跟我说话，这是有意慢待我。"

孟子知道这件事后，说："按照礼节，在朝廷上不跨越位子去跟别人说话，不越过台阶跟别人打拱。我是想按礼节行事，子敖却认为我是有意简慢，这不是怪事吗？"

【原文】

孟子曰："君子所以异于人者，以其存心也。君子以仁存心，以礼存心。仁者爱人，有礼者敬人。爱人者人恒爱之，敬人者人恒敬之。有人于此，其待我以横逆①，则君子必自反也：我必不仁也，必无礼也，此物奚宜至哉②？其自反而仁矣，自反而有礼矣，其横逆由是也③，君子必自反也：我必不忠。自反而忠矣，其横逆由是也，君子曰：'此亦妄人也已矣。如此则与禽兽奚择哉④？于禽兽又何难焉⑤？'是故君子有终身之忧，无一朝之患也。乃若所忧则有之：舜人也，我亦人也。舜为法于天下⑥，可传于世后，我由未免为乡人也，是则可忧也。忧之如何？如舜而已矣。若夫君子所患则亡矣。非仁无为也，非礼无行也。如有一朝之患，则君子不患矣。"

【注释】

①横逆：蛮横无理。②此物：指上文所说"横逆"的态度。奚宜：怎么应当。③由：通"犹"。下文"我由未免为乡人也"中的"由"也通"犹"。④择：区别。⑤难：责难。⑥法：楷模。

【译文】

孟子说："君子可以用来区别于一般人的，就是他的居心。君子居心于仁，居心于礼。仁爱的人慈爱别人，有礼的人尊敬别人。慈爱别人的人，别人也常常慈爱他；尊敬别人的人，别人也常常尊敬他。在这里有个人，他用蛮横无理的行为对待我，那么作为君子便一定会反躬自问：我一定是不仁，一定是无礼，不然的话，这样的事怎么会发生呢？要是自问做到了仁，自问做到了有礼，而那个人对我还是这样蛮横，君子一定再反躬自问：一定是我对人不忠。要是自问做到忠心耿耿，而那个人蛮横如故，那君子只好说：'这不过是个狂妄无知的人罢了，像这样，那他跟禽兽又有什么区别呢？对于禽兽又责难他什么呢？'所以君子有终生终世的忧虑，没有突然而来的祸患。至于他所忧虑的事就有这些：舜是人，我也是人。舜能在天下成为榜样，而且可以流传到后世，而我还不免是个普通的人，这就是可忧虑的事。忧虑又怎么办呢？一定要做到像舜一样。至于君子所担心的祸患却是没有的。不仁的事不做，无礼的举动不发生。这样，如有什么横祸飞来，君子也并不把它看作是令人难堪的事，因为它并不是自己招来的。"

禹、稷当平世,三过其门而不入,孔子贤之。颜子当乱世^①,居于陋巷。一箪食,一瓢饮,人不堪其忧,颜子不改其乐,孔子贤之。

孟子曰:"禹、稷、颜回同道。禹思天下有溺者,由己溺之也;稷思天下有饥者,由己饥之也。是以如是其急也。禹、稷、颜子易地则皆然。今有同室之人斗者,救之,虽被发缨冠而救之,可也。乡邻有斗者,被发缨冠而往救之^②,则惑也,虽闭户可也。"

【注释】

①颜子:即颜回,孔子弟子,以贤著称。②被发缨冠:古人戴帽子要先束发,然后用簪子把帽子固定在头发上,再系好帽带。披散着头发戴帽,这里是形容情况紧急,来不及像正常时那样戴帽子。救:止。

【译文】

禹和稷处在太平时代,他们急百姓之急,三次经过自家门口也不进去看看家人,孔子心里十分赞许他们。颜子生当乱世,住在狭小的巷里,一小篓饭,一瓢子水,人们谁也受不了这样的苦生活,颜子却并不改变他内心的快乐,孔子心里同样赞许他。

孟子对此评论道:"禹、稷和颜回行事尽管不同,但走的却是一条道路。禹心想天下要是还有蒙受洪水之灾的,就像是自己把他们推进水里一样,稷心想天下要是还有没饭吃的,就像是自己让他们饿肚皮一样,所以他们对解除百姓痛苦的工作会抓得这样紧。禹、稷和颜回要是互换一下地位,便都会像对方在他们原来的岗位上所做的一样。现在假定同房子的人有互相斗殴的,那就一定要去救他们,哪怕是披头散发连帽上的带子也来不及系在脖子上,就那么匆匆忙忙地连同帽子一起戴在头上赶去救他们也是行得通的。禹、稷急百姓之急便正像这样,要是邻居人家互相发生斗殴,也这样赶去劝阻,那就未免太糊涂了,哪怕是关起门来不管也是可以的。颜回居陋巷闭门读书,自得其乐便正像这样。"

【原文】

公都子曰:"匡章,通国皆称不孝焉。夫子与之游,又从而礼貌之,敢问何也?"

孟子曰:"世俗所谓不孝者五:惰其四支^①,不顾父母之养,一不孝也;博弈好饮酒,不顾父母之养,二不孝也;好货财、私妻子,不顾父母之养,三不孝也;从耳目之欲^②,以为父母戮^③,四不孝也;好勇斗很^④,以危父母,五不孝也。章子有一于是乎?夫章子,子父责善而不相遇也。责善,朋友之道也;父子责善,贼恩之大者。夫章子岂不欲有夫妻子母之属哉?为得罪于父,不得近。出妻屏子,终身不养焉。其设心以为不若是,是则罪之大者,是则章子已矣。"

【注释】

①四支:即四肢。②从:同"纵"。③戮:羞辱。④很:同"狠"。

【译文】

公都子说:"匡章这个人,全国人都说他不孝,您却跟他交游,并且对他相当敬重,请问这是什么原因？"

孟子答道："世俗认为不孝的事情有五种：四体不勤，不顾对父母的奉养，是一不孝；嗜好下棋饮酒，不顾对父母的奉养，是二不孝；贪好钱财，偏爱自己的老婆孩子，不顾对父母的奉养，是三不孝；放纵声色以至于犯罪，使父母蒙受耻辱，是四不孝；专逞血气之勇，喜欢与人格斗，以致连累父母有遭受刑戮的危险，是五不孝。章子在这五项中有一项吗？章子这个人不过是由于父子之间相责为善，把父子关系弄僵了罢了。相责为善，本是朋友相处应做的事，父子之间相责为善，这是最容易伤害感情的事。章子难道不想有夫妻子母的天伦之乐吗？因为得罪了父亲，不得和他接近，自己只好赶走老婆，疏远儿子，终身不受他们的侍养。他的设想认为不这样做，就是最大的罪过，这就是章子的为人吧。"

【原文】

曾子居武城^①，有越寇。或曰："寇至，盍去诸？"曰："无寓人于我室，毁伤其薪木。"寇退，则曰："修我墙屋，我将反。"寇退，曾子反。左右曰："待先生，如此其忠且敬也。寇至则先去以为民望，寇退则反，殆于不可。"沈犹行曰^②："是非汝所知也。昔沈犹有负刍之祸^③，从先生者七十人，未有与焉。"

子思居于卫^④，有齐寇。或曰："寇至，盍去诸？"子思曰："如伋去，君谁与守？"

孟子曰："曾子、子思同道。曾子，师也，父兄也；子思，臣也，微也。曾子、子思易地则皆然。"

【注释】

①武城：鲁地名，在今山东费县境内。②沈犹行：曾子弟子，姓沈犹，名行。③负刍：人名，或说是背柴草的人。④子思：孔子之孙，名伋。

【译文】

曾子住在武城，碰上越国军队来进犯。有的人对曾子说："敌兵就要到了，为什么不早点离开这里呢？"曾子同意了，临走时嘱咐看房子的人说："不要让别人住进我的房子里，损伤那里的树木。"敌兵退走了，就又捎回口信说："把我住房的墙屋修理好吧，我要回来了。"敌兵退走了，曾子回来了。他身边的人议论说："武城的大夫对待先生是这样的忠诚和恭敬，一旦敌兵到了，就先离去使百姓看着先生的样学；敌人退走了，先生就回来了，这样做恐怕是不大好吧。"沈犹行听了说："这样的事不是你们所能了解的。从前先生住在我们姓沈犹的那里，恰好有个名叫负刍的人制造乱子，当时跟随先生的七十个人，没有一人过问这件事的。"

子思住在卫国，齐国军队来进犯。有的人对子思说："敌兵就要到了，为什么不离开这里呢？"子思回答道："要是我走了，卫君跟谁一起守城呢？"

孟子对这两件事发表评论道："曾子、子思所走的同是一条正确的道路。曾子是师长，是父兄一辈的人；子思是臣子，是地位低下的人。他们两人如果互换一下地位，也都是会这样做的。"

【原文】

储子曰^①："王使人瞷夫子^②，果有以异于人乎？"

孟子曰："何以异于人哉？尧舜与人同耳。"

【注释】

①储子：齐国人，曾任齐相。②䁙：窥视。

【译文】

储子说："王打发人窥看您，果然有跟别人不同的地方吗？"

孟子说："有什么跟别人不同的地方呢？尧舜跟别人也是一样的罢了。"

【原文】

齐人有一妻一妾而处室者。其良人出^①，则必餍酒肉而后反^②。其妻问所与饮食者，则尽富贵也。其妻告其妾曰："良人出，则必餍酒肉而后反；问其与饮食者，尽富贵也，而未尝有显者来，吾将䁙良人之所之也^③。"

蚤起^④，施从良人之所之^⑤，遍国中无与立谈者^⑥。卒之东郭墦间之祭者^⑦，乞其余；不足，又顾而之他，此其为餍足之道也。其妻归，告其妾曰："良人者，所仰望而终身也，今若此。"与其妾讪其良人^⑧，而相泣于中庭^⑨。而良人，未之知也，施施从外来^⑩，骄其妻妾。

由君子观之，则人之所以求富贵利达者，其妻妾不羞也，而不相泣者，几希矣。

【注释】

①良人：古代妇女对丈夫的称呼。②餍：饱。③䁙：窥视。④蚤：同"早"。⑤施：斜。这里指斜行，斜从跟随。形容暗暗尾随着别人走的样子。⑥国中：都城中。⑦墦：坟墓。⑧讪：讥诮、讥骂。⑨中庭：庭中。⑩施施：得意的样子。

【译文】

齐国有个有一妻一妾的人家，她们的丈夫每次外出，就一定要酒足饭饱之后才回来。他的妻子问跟他一道喝酒吃饭的是些什么人，他就说都是有钱有地位的人。他的妻子告诉他的小老婆说："丈夫外出，一定要酒醉饭饱之后才会回来；问跟他一道饮酒吃饭的人，就说个个都是有钱有地位的人，可是，从来不曾有显贵体面一些的人到家里来。我打算偷看一下丈夫所去的地方。"

一天清早起来，妻子便悄悄地紧跟着丈夫去他所去的地方，发现整个都城中并没有谁同他站着交谈的。最后丈夫走到东门城外的坟墓中间，向那些扫墓的人乞讨些残羹剩饭；不够，又四面望望然后走到别的扫墓人那里去，这就是他天天醉饱的方法。他的妻子回去，把看到的情况告诉他的小老婆，并且说："丈夫是我们指望依靠度过一生的人，现在丈夫却是这副样子！"于是跟他的小老婆一起在庭中咒骂丈夫，哭成一团，丈夫却一点儿也不知情，得意扬扬从外面进来，在妻妾面前大耍威风。

在君子看来，现实生活中，一些人用来追求升官发财的手段，能够使他们的妻妾不感到羞耻而一块儿哭泣的，绝对是很少的。